THE
CASE
FOR A
CREATOR
창조설계의 비밀

The Case for a Creator
By Lee Strobel

Originally published in the U.S.A. under the title: The Case for a Creator
Revised Edition Copyright ⓒ 2004 by Lee Strobel
Grand Rapids, Michigan

Korean translation copyright ⓒ 2005 by Tyrannus Press
95 Seobinggo-Dong, Yongsan-Gu, Seoul, Korea

All rights reserved. No portion of this book may be reproduced or stored without the prior written permission of the publisher.

본 저작물의 한국어 판권은 'ZONDERVAN'과 독점 계약한 '두란노'가 소유합니다. 저작권법에 의거하여 한국 내에서 보호를 받는 저작물이므로 무단 전재와 무단 복제를 금합니다.

창조 설계의 비밀

지은이 | 리 스트로벨
옮긴이 | 홍종락
초판인쇄 | 2005. 2. 5.
40쇄 발행 | 2024. 9. 30.
등록번호 | 제3-203호
등록된 곳 | 서울시 용산구 서빙고동 95번지
발행처 | 사단법인 두란노서원
영업부 | 749-1059 FAX 080-749-3705
출판부 | 794-5100(#344)
인쇄처 | 영진문원

▌책값은 뒤표지에 있습니다.
ISBN 89-531-0506-4 03230

▌독자의 의견을 기다립니다.
tpress@tyrannus.co.kr http://www.Durano.com

CCI 6

두란노서원은 바울 사도가 3차 전도 여행 때 에베소에서 성령 받은 제자들을 따로 세워 하나님의 말씀으로 양육하던 장소입니다. 사도행전 19장 8-20절의 정신에 따라 첫째 목회자를 돕는 사역과 평신도를 훈련시키는 사역, 둘째 세계선교(TIM)와 문서선교(단행본·잡지) 사역, 셋째 예수문화와 경배와 찬양사역, 그리고 가정·상담 사역 등을 감당하고 있습니다. 1980년 12월 22일에 창립된 두란노서원은 주님 오실 때까지 이 사역들을 계속할 것입니다.

THE CASE FOR A CREATOR
창조 설계의 비밀

리 스트로벨 지음 · 홍종락 옮김 · 김정훈 감수

두란노

CONTENTS

 한 번쯤 해 볼 만한 멋진 여행!
유신론과 무신론의 최종법정으로 우리를 초대한다!

I 창조인가, 진화인가

1 흰 가운을 입은 과학자 vs. 검은 가운을 입은 성직자 ·············· 10

2 너희가 진화를 믿느냐? ·············· 24

3 다원주의를 의심하라 ·············· 40

4 과학과 신앙이 만나는 자리 ·············· 86

II 창조주를 지지하는 과학적 증거

5 태초에 설계된 빅뱅이 있었다? ······118

6 물리학은 지구에 박힌 창조주의 지문이다 ······157

7 우리는 특별히 계획된 행성에 살고 있다 ······189

8 다윈에게는 세포가 블랙박스였다 ······238

9 DNA는 인간 창조의 설계도이다 ······269

10 맹목적인 물질이 진화하면 '마음'이 만들어질까? ······302

11 이 탁월한 설계자는 도대체 누구란 말인가! ······335

주 ······359

한 번쯤 해 볼 만한 멋진 여행!

김정훈(감수자, 연세대학교 의과대학 교수)

보이는 모든 것이 아무런 목적도 없이 그저 시간만 오래 지나면 생긴다는 말을 누가 믿을까? 자연과학자들이 가장 최근까지 발견된 사실과 증거에 입각하여 이 우주와 그 안에 숨쉬는 생명은 지성을 갖춘 창조주의 도움이 없이는 도저히 그 기원을 설명할 수 없다는 주장을 이 책은 매우 설득력 있게 펼치고 있다.

자연과학적 훈련을 조금이라도 받은 사람이라면 누구나 드러난 현상 뒤에 마치 발견되어지길 기다리고 있는 듯 숨어 있는 여러 가지 상수들, 원리들, 정보들을 마주 대하고 놀란 적이 있을 것이다. 그러나 이것들이 어떻게 그 자리에 있게 되었는지는 깊이 생각을 안 해보았거나, 편견에 묶여 다른 가능성을 염두에 두려 하지 않았거나, 그 결론이 함축하는 의미를 받아들이기 거북한 나머지 결론 자체를 부인했는지도 모른다.

그러나 이제 상황은 바뀌었다. 과학자들이 입을 열기 시작했다. 전에는 침묵하던 주제를 깊이 생각해 보았고, 편견을 과감히 벗어나서 다른 가능성을 심도 있게 들여다보기 시작했고, 어디든 증거에 의해 이끌어지는 결론이라면 그 결론이 함축하는 의미까지도 용기 있게 따라가기로 했다. 유능한 저널리스트 리 스트로벨은 이 책에서 이제는 더 이상 침묵하지 않는 과학자들을 찾아 여정을 떠난다.

자, 이제는 여러분들이 직접 찾아 나설 차례다. 과학과 철학과 신학의 문제를 아우르는 각 분야의 두뇌들을 만나서 허심탄회한 대화를 나눠 보지 않겠는가? 결론은 여러분 각자의 몫이다. 그러나 평생에 한 번은 해 볼 만한 멋진 여행이 되지 않겠는가?

귀한 책을 감수할 수 있도록 배려해 준 두란노에 깊이 감사를 드린다. 미세 조정된 이 우주의 한 귀퉁이에서 정밀하게 조립된 분자 기계들을 조화롭게 움직이며 이 글을 써내려가고 있는 나 자신을 스스로 지각하면서 다시 한 번 나는 내 결론에 고개를 끄덕인다. 나는 창조주를 발견했다!! 그분께 모든 영광을 드리고 싶다.

유신론과 무신론의 최종 법정으로 우리를 초대한다!

김영길 (한동대학교 총장)

　이 책은 과학과 신앙의 끝없는 논쟁과 자리다툼에 마침표를 찍어 준다. 세력의 우세함을 과시하며 그 영역을 무한대로 확장하던 과학이 신앙에 역전을 당하고, 과학은 오히려 신앙을 뒷받침해 주고 추진력을 더해 준다.

　무신론의 근간이었던 다윈주의와 그것을 맹목적으로 옹호하던 '닫힌 과학'은 '열린 신앙'의 과학성에 의해 그 허위성이 무너진다.

　과연 법률 저널리스트다운 저자의 논리성은 다윈주의자들의 아킬레스건을 연타한다. 그러나 유신론을 과학의 시험대를 통과하게 하는 것은 오히려 저자 자신이다. 그의 태도는 '유신론을 옹호하는 변호사'라기보다는 유신론의 허구성의 가능성을 끊임없이 열어 두는 검사 측에 가깝다. 그런 그의 태도가 유신론의 과학성을 명쾌하게 반증한다.

　창세기 1장 1절의 말씀을 이토록 과학적으로 증명한 책이 또 있을까?

　우주론과 물리학, 천문학과 생화학, 생물학과 의식의 범주를 망라하는 그의 지적 탐구와 과학적인 증거 제시, 인터뷰 형식의 흥미로운 구성, 거시적이고 미시적인 시야의 조화, 빈틈없는 논리 진행은 '지적 설계자의 실재'를 선명하게 보여 준다.

　'과학 시대'를 살아가는 이들은 누구나 이 책에 흥미를 가질 것이다. 이 책이 이 시대의 세계관에 끼칠 영향력이 기대된다. 과학이 증언하는 '지적 설계자의 실재'에 대해 독자는 기대와 확신, 경이로움으로 배심원의 자리에 앉게 될 것이다.

「창조 설계의 비밀」은 존재 자체와 삶의 목적에 대해 고민하는 모든 현대인에게, 특히 젊은이들에게 강하게 권하고 싶은 책이다.
우리의 삶과 우주 만물의 설계자를 만날 수 있는 좋은 기회가 될 것이다.

강신후(서울대학교 재료공학부 교수)

I

창조인가, 진화인가

흰 가운을 입은 과학자 VS. 검은 가운을 입은 성직자

너희가 진화를 믿느냐?

다원주의를 의심하라

과학과 신앙이 만나는 자리

1
흰 가운을 입은 과학자 vs. 검은 가운을 입은 성직자

「시카고 트리뷴」의 석간 〈그린 스트리크〉의 마감 시간이 가까워지고 있었다. 마지막 원고를 넘기느라 발등에 불이 떨어진 기자들로 편집실은 바쁘게 돌아갔다. 유리로 된 파티션 뒤에서는 타이프라이터가 요란한 소리를 냈고, 원고 심부름을 하는 아이들이 책상 사이로 이리저리 바쁘게 뛰어다녔다. 어떤 기자들은 책상 앞에 웅크린 채 기사를 쓰느라 정신이 없었고, 편집자들은 전화기에 대고 고함을 질렀다. 벽시계는 몇 분 남지 않은 마감 시간을 알리고 있었다.

심부름을 하는 아이 하나가 시장 바닥 같은 그곳에 뛰어 들어와, 갓 나온 따끈따끈한 「시카고데일리 뉴스」 세 부를 사회부 한복판에 던져 놓았다. 그러자 편집 차장들이 달려들어 경쟁지의 1면을 허겁지겁 뒤지며, 그쪽에 선수를 빼앗긴 게 있는지 살폈다. 그 중 한 명이 신음을 토하더니 한 기사를 쭉 찢어내고는, 때마침 그 옆에 있던 재수 없는 한 기자의 얼굴 앞에 그것을 흔들어댔다.

"이걸 좀 보란 말야! 당장 취재하지 못해?"

불호령이 떨어진 것이다. 이제 그 기자는 몇 군데 재빨리 전화를 걸어 그것과 비슷한 기사를 만들어 내야만 한다. 인상 한 번 찌푸릴 틈도 없다.

시청, 형사법원, 일리노이주청, 경찰청에 나가 있는 기자들은 사회부 편집 차장들에게 연신 전화를 걸어 기사거리를 "제시하고" 있었다. 차장들은 일단 기자들이 간략히 요약한 상황을 들은 후, 수화기를 든 채 상관인 사회부 부장에게 보고했다.

"경찰에게 쫓기던 차가 버스와 충돌했답니다. 부상 다섯 명. 중상은 없습니다." 차장이 사회부장에게 소리쳤다.

"스쿨버스야?"

"아뇨. 시내버스랍니다."

사회부장은 인상을 찡그렸다. "3단 기사로 처리해!"

"3단." 차장은 전화기에 대고 방금 들은 말을 되풀이했다. 그러고 나서 그 취재 기자를 편집 기자에게 연결해 주었다. 편집 기자는 자세한 내용을 받아 적은 후, 몇 분 안에 다듬어진 기사를 만들어 낼 것이다.

당시는 1974년이었다. 나는 미주리 대학 언론학과를 졸업한 지 3개월 밖에 안 되는 신참기자였다. 열네 살 때부터 학교에서 학보 만드는 일을 한 나였지만, 그곳은 큰물이었다. 나는 벌써부터 기자 생활이 주는 흥분에 중독되어 있었다.

그러나 바로 그날, 나는 마치 개밥의 도토리처럼 겉도는 느낌을 받았다. 그래서 사회부로 어슬렁어슬렁 걸어가 내가 쓴 기사를 '기사 투입' 바구니에 아무렇게나 던져 넣었다. 별 볼일 없는 기사였다. 남부 교외에서 파이프 폭탄 두 개가 폭발했다는, 1단짜리 '단신'이었다. 이 기사는 사회면 10면, 즉 시카고 단신에 들어갈 운명이다. 우리 기자들은 그곳을 기사의 '쓰레기장'이라 불렀다. 그때까지 내 운명은 쓰레기장에 들어갈 기사나 쓰는 하찮은 것이었다.

그때였다. 사무실의 유리벽 바깥에 서 있던 편집국 부국장이 축 늘어져 있던 나를 불렀다. 그 부름은 내 운명의 전환을 알리는 신호탄이었다.

"무슨 일이십니까?"

"이걸 좀 읽어봐." 부국장은 내가 미처 그 기사를 읽어 볼 틈도 없이 계속 말을 이었다. "웨스트버지니아에서 기가 막힌 일이 벌어지고 있어. 사람들이 총에 맞고 학교에 폭탄이 터지고 말야. 시골 사람들 몇몇이 교과서에 불만을 품고 그랬다는군."

"정말입니까? 그거 좋은 기사감이군요."

나는 부국장이 건네준 AP 통신 보도 기사를 재빨리 훑어보았다. 웨스트버지니아의 목사들이 '하나님을 대적'하는 교과서를 비난하면서 교회에서 집회를 열고 있다는 내용이었다. 기독교인들에 대한 내 고정관념이 꿈틀거리기 시작했다. 당시 저자는 기독교인이 아니었으며 오히려 매우 비판적인 무신론자였다 – 편집자주.

"역시나 기독교인들이 문제라니까요. 이웃을 사랑하라. 판단하지 말라. 그런 건 다 옛날이야기에 불과하군요."

"웨스트버지니아로 가서 당장 취재해 봐. 조간용 기사를 만들어 오란 말야."

시간이 얼마 없었다. 그런데 당장 발걸음을 옮기는 내 팔을 붙잡은 부국장은 심각하게 말했다.

"이봐, 몸조심해."

나는 어리둥절했다. "무슨 말씀이십니까?"

그는 내가 쥐고 있는 AP기사를 가리켰다.

"이 시골 사람들 말이야. 기자들을 엄청 싫어해. 벌써 기자 두 명을 두들겨 팼다는군. 그러니까 영리하게 굴라구."

두려움인지 흥분인지 알 수 없는 감정이 불쑥 솟구쳤다. 어느 쪽이든 상관없었다. 기사를 쓰기 위해서는 무슨 일이든 해야 할 판이었다. 하지만 얄궂다는 생각은 떨칠 수 없었다. "화평케 하는 자는 복이 있나니"라는 말을 좋아하는 사람들을 취재하러 가면서, 두들겨 맞을까봐 걱정해야 한다니. 나는 작은 소리로 투덜거렸다.

"쯧쯧, 기독교인들이란…."

모든 것이 다윈 탓?

다음날 웨스트버지니아에 도착한 나는 찰스턴 시내의 번쩍이는 사무실 건물부터 황량한 산골 마을들에 이르기까지 기사거리를 찾아다녔다. 상황은 생각보다 훨씬 긴박했다. 많은 부모들이 아이들을 학교에 보내지 않았고, 석탄 광부들은 무단 파업에 들어가 지역경제를 흔들어 놓겠다고 위협했다. 텅 빈 스쿨버스들에 총격이 가해졌고, 일부 비어 있는 교실들에는 폭발물 습격이 가해졌다. 사람들은 "시골 촌놈들도 헌법상의 권리가 있다"라고 쓴 푯말을 들고 시가를 행진했다. 폭력 사태로 이미 두 명이 중상을 입었고, 거리에는 위협과 협박이 난무했다.

위기 상황에 대한 일일 속보는 통신사가 처리한다. 나는 이번 분쟁의 원인과 전망을 분석하는 해설 기사를 쓸 계획이었다. 그래서 일단 분쟁에서 갈등을 빚고 있는 주요 인물들과 약속을 잡은 후, 그들을 인터뷰했다. 그들은 "교과서"라는 말만 나와도 격한 의견들을 봇물처럼 쏟아냈다.

한 침례교 목사의 부인은 이렇게 주장했다.

"학교에 가서 공부하라고 아이들에게 사 준 책들이 오히려 하나님에 대한 사랑을 빼앗고 있어요. 게다가 병역기피자들과 혁명가들을 존경하라고 가르치면서, 부모에 대한 존경심은 잃게 만들지요."

최근 선출된 학교위원회 위원인 그녀는 교과서를 맹렬히 비난했다. 하지만 한 사회운동가는 그녀와 정반대 입장이었다.

"저는 이 훌륭한 교과서들이 진정한 미국의 정신을 반영하고 있다고 봅니다. 나는 백인 앵글로 색슨 개신교도뿐 아니라 모든 사람의 목소리에 귀를 기울이는 것이 미국의 정신이라고 믿습니다."

나는 이 일로 주민들 사이의 갈등이 정점에 달했을 때 사임할 수밖에 없었던 교장도 만났다. 그는 이 사태에 대해 어떻게 생각하느냐는 내 질문에 한심하다는 듯 고개를 가로젓고 한숨을 내쉬면서 말했다. "이곳 사람들은 패가 갈려 있습니다. 제가 보기에는 양쪽 모두 틀렸습니다."

한편 교실에서 수거된 300여종의 교과서가 9만 6천 권이 들어 있는 박스가 찰스턴 서쪽의 한 창고에 임시로 보관되어 있었다. 그 중에는 「파리 대왕」, 「인간의 굴레에서」, 「모비 딕」, 「노인과 바다」, 플라톤의 「공화국」 같은 고전들도 있었다.

사람들은 무엇 때문에 그토록 화가 난 것일까? 많은 사람들이 그런 책들이 주장하는 '상황윤리'에 분개한다고 했다. 한 교과서는 아이가 상인을 속여 동전을 챙긴 이야기를 소개하며, 학생들에게 이렇게 질문한다. "대부분의 사람들은 누군가를 속이는 것이 잘못이라 생각합니다. 하지만 속이는 것이 옳을 때도 있을까요? 그럴 때가 언제인지 말해 보세요. 그 이유는 무엇인지 말해보세요." 부모들은 이것을 그들이 자녀들에게 가르치려 애쓰는 기독교 가치관을 훼손하는 증거로 제시했다. 초등학생 자녀를 둔 한 부모는 불만이 가득찬 목소리로 이렇게 말했다.

"우리는 아이들이 바르게 살도록 가르치고 있습니다. 그런데 이런 책들은 잘못된 일이 옳을 수도 있다고 말합니다. 우리는 그 말을 믿지 않아요. 십계명은 반드시 지켜야 합니다."

그러나 문제의 근저에는 다른 것도 있었다. 그것은 미래, 변화, 새로운 사상, 문화적 변천에 대한 설익은 두려움이었다. 나는 그곳 사람들이 신앙의 토대를 좀먹는 현대 문명에 커다란 불만을 품고 있다는 것을 알 수 있었다. 한 신문은 이를 두고 "시위자들은 변화하는 세상에 대항해 반대 시위를 벌이고 있다"고 말했다.

숨겨진 불안은 지역 유지와 식사를 하며 이야기를 나누던 중에도 분명히 느낄 수 있었다. 내가 교과서 때문에 왜 그리 분개하느냐고 묻자, 그는 주머니에서 이번 교과서 분쟁을 다룬 한 신문 조각을 꺼내어 그 기사에 인용된 교과서의 발췌문을 읽어 주었다. "이 책이 우리 아이들에게 뭐라고 했는지 좀 들어 보세요. '창세기에 나오는 천지창조론과 바벨탑 이야기를 읽고 그 이야기들을 여러 가지 방식으로 해석해 보시오.'"

그는 역겹다는 듯 그 닳아빠진 신문 조각을 식탁 위로 내던지며 외쳤다.

"천지창조**론**이라니! 하나님의 말씀은 한낱 이론이 아닙니다! 창조에서 하나님을 빼면 뭐가 남습니까? 진화? 과학자들은 우리 아이들에게, 하나님의 창조는 어리석은 사람들이나 믿는 이론에 불과하지만 진화는 과학적 사실이라고 가르치고 싶어 합니다. 그러나 그건 틀린 말입니다. 그게 바로 이번 사태의 원인입니다."

나는 물었다. "이 모든 사태가 찰스 다윈 탓이라고 말씀하시는 겁니까?"

"만약 다윈이 옳다면, 우리는 그저 세련된 원숭이에 불과합니다. 성경은 틀린 이야기가 되죠. 하나님은 없는 겁니다. 하나님이 없다면, 옳고 그름도 없습니다. 우리가 원하는 대로 도덕을 만들어 낼 수 있게 되고, 우리가 믿는 모든 것의 토대가 무너집니다. 지금 이 나라가 제멋대로 돌아가는 것도 바로 그 때문입니다. 이제 사람들은 과학과 신앙, 진화와 성경, 십계명과 내키는 대로 만든 윤리 사이에서 선택해야 합니다. 우리는 이미 그 선택을 했으니 절대 물러서지 않을 겁니다."

그는 맥주를 들이킨 후 물었다. "교사용 지침서를 보셨습니까?"

"아뇨."

"학생들이 사자굴 속의 다니엘에 대한 성경 이야기와 사자에 대한 다른 이야기를 비교하게 하라고 나와 있죠. 여기서 말하는 다른 이야기가 뭔지 아시겠습니까?"

"안드로클레스와 사자 말인가요?" 나는 이솝 우화의 도망친 노예 이야기를 말하는 거냐고 물었다. 그 노예는 도망치던 중에 숲에서 만난 사자의 앞발에 박힌 가시를 뽑아 주었다. 도주는 실패하고 그는 붙잡혀 로마의 원형 경기장에서 사자에게 잡아먹힐 신세가 되었다. 그러나 경기장에서 만난 사자는 그가 가시를 뽑아 주었던 바로 그 사자였다. 사자는 노예를 잡아먹지 않고, 그의 손을 부드럽게 핥았다. 이것을 보고 크게 감동한 황제는 노예를 풀어 주었다는 이야기다.

그 남자는 먹으려고 집었던 감자 튀김을 흔들며 말했다. "그래요, 바로 그 얘기입니다. 성경을 그 이야기와 비교하라는 게 무슨 뜻입니까? 성경이 우화 모음집에 불과하다는 겁니까? 성경이 전부 꾸며낸 이야기라는 겁니까? 성경 말씀의 진정한 핵심을 무시한 채 맘대로 해석하는 건 있을 수 없습니다. 우리는 단호한 입장을 취해야 합니다. 그들이 우리 아이들의 신앙을 파괴하도록 내버려두지 않을 겁니다."

나는 마침내 분쟁의 뿌리에 도달한 기분으로 그 말을 최대한 빨리 받아 적었다. 그러나 한편으로는 그 말에 반박하고 싶었다.

이 사람은 진화가 증명된 사실이라는 걸 모르는 걸까? 과학과 기술의 시대에 하나님이라니. 하나님이 세상을 창조했고, 인간을 그 형상대로 지었다는 고대 신화를 믿는 일이 불합리하다는 걸 깨닫지 못한단 말인가? 이 사람은 정말 현대 우주론, 천문학, 동물학, 비교해부학, 지질학, 고생물학, 생물학, 유전학과 인류학이 분명히 틀렸다고 증명한 종교적 속임수를 자녀들의 삶 속에 심어 주고 싶은 걸까? 나는 이렇게 묻고 싶었다.

"이보쇼. 사자 굴의 다니엘하고 안드로클레스와 사자가 뭐가 다르다는 거요? 둘 다 허구 아니오!"

그러나 나는 논쟁하기 위해 이곳에 오지 않았다. 사건을 취재해서 보도해야 한다. 그것도 아주 괴상한 사건을!

20세기 후반, 원자를 쪼개고 사람이 달에 가고 진화를 증명하는 화석이 발견되는 이 시대에, 광신자 몇몇이 종교를 들먹이며 나라를 곤경에 빠뜨리고 있었다. 어처구니없는 일이었다. 나는 잠시 생각하다가 물었다.

"혹시 성경 말씀을 의심해 본 적은 없습니까?"

그는 내 시선을 우주로 향하게 하려는 듯 손을 휘저었다. "세상을 보십시오. 하나님의 지문이 도처에 있습니다. 나는 그것을 절대적으로 확신합니다. 그 외에 자연과 인간을 어떻게 설명할 수 있습니까? 하나님은 성경을 통해 우리가 어떻게 살아야 하는지 말씀해 주셨습니다. 우리가 그분을 무시한다면, 이 나라 전체가 큰 곤경에 빠지게 될 겁니다."

나는 더 이상 할 말이 없었다.

"아, 네. 취재에 협조해 주셔서 감사합니다."

그들의 분노는 극에 달했다

이 모든 이야기는 좋은 기사거리였지만 무언가가 더 필요했다. 내가 인터뷰했던 지도자들은 한결같이, 폭력은 성급한 이들이 저지른 불행한 사태라며 비난했다. 그러나 사건 전체를 알기 위해서는 분쟁의 급소를 살펴봐야 했다. 나는 토론 대신 폭력을 선택한 사람들의 격정을 들여다보고 싶었다. 다행히 기회는 빨리 찾아왔다.

숲이 우거진 외딴 마을에서 금요일 밤에 집회가 열린다는 소식을 입수했다. 교과서 문제로 성난 부모들이 모여서 아이들의 등교 문제를 놓고 투표를 한다는 것이다. 그들의 분노는 폭발 직전이었고, 기자들의 접근을 싫어한다는 정보도 입수했다. 그들은 일부 대형 신문들이 자신들을 '아무것도 모르는 촌놈'으로 풍자한 사실에 분개했다. 그래서 이번 집회는 사람들이 자유롭게 생각을 말할 수 있도록 충실한 지지자들만의 모임으로 계획되어 있었다.

절호의 기회였다. 나는 집회에 잠입해 실제로 벌어지는 상황을 있는 그대로 보기로 마음먹었다. 나는 「시카고트리뷴」의 파견을 받은 일류 사진 기자 찰리와 만났다. 우리는 수백 명의 흥분한 시위자들이 모여들 시골 학교의 체육관에 몰래 들어가기로 했다. 나는 몰래 상황을 취재하고, 찰리 역시 몰래 사진 몇 장을 찍기로 했다. 군중에 섞여서 들어가기만 하면 아무 문제가 없을 거라고 생각했다. 그러나 그것은 커다란 착각이었다.

우리가 타고 간 번쩍이는 신형 렌터카는 자갈밭 주차장에 아무렇게나 세워 둔 먼지투성이 트럭들과 낡은 차들 사이에서 단연 돋보였다. 우리는 실내체육관으로 몰려가는 인파에 섞여 태연을 가장하며 눈에 띄지 않으려고 조심했다. 찰리는 니콘 카메라를 허리까지 오는 재킷 아래 숨겼지만, 그의 장발까지 숨길 수는 없었다.

우리는 인파에 섞여 체육관 옆문으로 들어갔다. 두 개의 커다란 관람석을 가득 채운 사람들은 흥분하여 모두 제각각 떠들어 대고 있었다. 찰리와 나는 좌석이 모자라 문간에 서 있는 사람들 틈에 끼어 있었다. 아무도 우리에게는 신경 쓰지 않는 것 같았다. 흰색 짧은 셔츠에 좁은 타이를 맨 뚱뚱한 사람이 마이크를 들고 큰 소리로 외쳤다.

"모두 주목해 주십시오. 시작하겠습니다."

사람들은 진정하기 시작했다. 그와 동시에 많은 눈이 우리를 향하고 있었다. 마이크를 잡은 사람이 말했다.

"잠깐만! 여기 침입자들이 있소!"

그 말과 함께 그는 찰리와 나를 노려보았다. 우리 주위에 있던 사람들이 우리를 똑바로 쳐다보았다. 체육관은 조용해졌다.

"당신들, 이리 나오시오! 당신들 누구요? 여긴 당신들이 올 곳이 아니오!"

사람들은 우리에게 야유와 조소를 퍼부었다. 찰리와 나는 어찌할 바를 모르며, 마이크를 든 남자 쪽으로 주춤주춤 걸어갔다. 체육관 안의 모든 분노가 갑자기 우리 두 사람에게 쏠리는 것 같았다.

"이 사람들을 어떻게 해야겠소?" 그는 이 질문으로 군중에게 미끼를 던졌다. 사람들은 그야말로 흥분의 도가니에 빠져들었다! 인민재판을 받고 있는 기분이었다. 책에서나 읽은 표현대로 정말 내 무릎이 후들거리고 있었다. 사람들이 문을 막아섰다. 달아날 곳은 없었다. 몇 사람이 우리를 잡으려고 달려들었을 때, 전도사인 듯한 남자가 앞으로 나오더니 손을 들어 우리에게 달려든 사람들을 제지했다.

"기다려요! 잠깐만 진정하십시오!" 이내 소란이 가라앉았다.

"나는 지난 며칠동안 이 기자가 시내를 다니며 양쪽을 모두 인터뷰하는 모습을 보았습니다. 이 사람은 이번 사건을 있는 그대로 공정하게 보도하고 싶어 하는 것 같습니다. 이 사람에게 기회를 줍시다!"

군중들은 웅성거렸다. 투덜대는 목소리도 들렸다. 그는 내게 물었다.

"공정한 기사를 쓴다고 약속할 수 있소?"

나는 정말 그러겠다는 마음을 담아 고개를 끄덕였다. 그는 다시 군중을 바라보고 물었다. "지금 이 상황에서 누가 우리 이야기를 바깥에 제대로 알려주겠습니까? 이 친구들을 환영하고 이들이 그 일을 해 줄 거라고 믿어 봅시다!"

그 말이 군중의 마음을 움직인 것 같았다. 분위기는 금세 달라졌다. 일부 사람들은 박수갈채까지 보냈다. 누군가가 우리를 관중석의 앞자리 좌석으로 안내했다. 찰리는 사진을 찍기 시작했고 나는 노트와 펜을 꺼내들었다.

"어느 쪽으로건 우리는 이길 겁니다!"

우리를 구해 준 전도사가 집회를 주도했다. 그는 청중을 향해 「성병에 대한 정보」라는 제목의 책을 높이 쳐들었다.

"우리 자녀들이 바로 이런 역겨운 책을 읽고 있습니다!"

여기저기서 격한 목소리들이 터져나왔다.

"저 책들을 학교에서 몰아내시오!"

몇몇 사람들은 부흥회에서 "아멘" 하듯이 "몰아내시오!"를 반복했다.

앞에서 책을 흔들며 집회를 이끄는 남자의 흰 셔츠에서는 땀이 눙글게 번져나갔다. 그가 외쳤다.

"여러분, 문제의 핵심이 무엇인지 이해하려면, 싫어도 이 책들을 봐야 합니다! 지금 여러분의 자녀들이 어디선가 이 책들을 읽고 있을지 모릅니다. 이 책은 아이들에게 섹스가 도덕이나 하나님과는 상관없는 것처럼 가르치고 있습니다. 이 더럽고, 반국가적이고, 반기독교적인 책들을 거부하기 위해 우리 아이들을 한 주 더 학교에 보내지 말아야 합니다."

그의 말에 군중은 박수를 치고 열광했다. 싸움을 위한 기부금을 모으기 위해 켄터키프라이드 치킨 바구니가 돌려지자, 그 속으로 돈이 쏟아졌다. 집회는 그런 분위기로 한 시간 반 동안 이어졌다.

"우리는 흙덩이에서 진화된 존재가 아닙니다. 우리는 전능하신 하나님의 형상으로 창조되었습니다. 그리고 하나님은 우리가 세상에서 어떻게 살아야 할지를 알려주는 최고의 교과서도 주셨습니다!"

사람들은 그 전도사의 말에 큰 소리로 공감을 표했다. 그는 더 크게 외쳤다. "우리가 받아들일 승리는 완승뿐입니다. 우리는 어느 쪽으로건 이길 겁니다!" 그러고 나서 다음 주에도 등교 거부를 계속할지 묻자, 군중들은 그렇게 하자고 답했다. 집회의 목표는 달성되었다. 전도사가 그곳에 모인 사람들을 위해 짤막하게 축도를 하자 집회는 끝났다.

비로소 기사 작성에 필요한 자료를 모두 확보한 나는 서둘러 호텔방으로 돌아갔다. 그리고는 일요일자 신문에 실릴 기사를 급히 써서 보냈다. 그 기사는 "바이블벨트 카운티에서 벌어진 교과서 전쟁"이라는 1면 머리기사로 실렸다. 그 다음날에는 내가 쓴 후속 심층기사가 1면에 실렸다.

나는 시카고로 돌아오는 비행기에서 지난 며칠을 돌아보며, 그 전도사와의 약속을 지켰다는 데 스스로 만족했다. 나는 양쪽 모두를 공평하게 다룬, 균형 있고 책임감 있는 기사를 쓰려고 최선을 다했다. 그러나 솔직히 말해 그건 어려운 일이었다.

금요일 밤 그 체육관에서, 나는 기독교의 실체를 있는 그대로 본 것 같았다. 그것은 한마디로 공룡이었다. 왜 그들은 모래에 처박은 머리를 빼내지 않는 걸까? 이제 하나님이 할 일은 더 이상 없다는 명백한 사실을 왜 인정하지 못하는 걸까? 흰 가운을 입은 현대의 과학자들은 검은 가운을 걸친 중세의 성직자들을 무찔렀다. 다윈의 진화론, 아니 진화라는 절대적 사실에 따르면, 신이 내린 보편적 도덕이란 없다. 장소와 상황에 따라 달라지고 문화적으로 결정되는 가치들만 있을 뿐이다.

그 일이 있은 후 여러 해가 지났다. 코넬 대학의 저명한 진화생물학자이자 역사학자인 윌리엄 프로바인이, 내가 진화론에 대해 직관적으로 알았던 내용을 한 논쟁을 통해 명백히 밝혀 주었다. 그는 다윈주의가 옳다면, 피할 수 없는 5가지 결론에 도달하게 된다고 말했다.

1) 신이 존재하는 증거는 없다.
2) 사후 생명은 없다.
3) 윤리의 절대적 토대는 없다.
4) 삶의 궁극적 의미는 없다.
5) 인간에게 진정한 자유의지란 없다.

내가 취재한 웨스트버지니아의 분쟁은 구닥다리 신앙이 죽음을 앞두고 헐떡거리고 있다는 걸 보여 주는 상징에 불과했다. 점점 더 많은 젊은이들이 진화에 대한 철통 같은 증거를 배우고, 기적이 불가능함을 이해하게 되고, 궁극적으로 과학이 우주의 모든 것을 설명하리라 믿고 있다. 이제 보이지 않는 하

하나님과 천사와 귀신은 꾸며낸 이야기의 등장인물이 되고 있다. 물 위를 걷고, 한 순간에 수천 명을 먹일 물고기와 떡을 만들어 내며, 죽은 자 가운데서 다시 살아난 예수에 대한 믿음도 소수가 신봉하는 미신으로 전락해 버리고 있다. 이런 식으로라면, 기독교 신앙은 웨스트버지니아 주의 캠벌크릭 같은 황량한 산골 마을에서나 겨우 그 명맥을 잇게 될 것이었다.

내 생각에, 그날은 이미 다가와 있었다.

✢ ✢ ✢

최종 질문

1. 과거의 저자처럼 기독교에 적대적인 사람을 만난 적이 있는가? 그 사람이 그렇게 된 이유는 무엇일까? 저자의 태도 중에서 개인적으로 공감할 수 있는 부분이 있다면 어떤 부분인가?

2. 당신은 기독교에 대해 어떤 견해를 갖고 있는가? 기독교의 신빙성에 대해 1(전혀 믿을 수 없다)부터 10(절대 믿을 수 있다)까지 점수를 매긴다면 몇 점이나 주겠는가? 당신의 견해에 대한 구체적인 근거는 무엇인가? 세월이 지나면서 당신의 견해는 달라졌는가? 만약 그렇다면 어떻게 달라졌으며 그 계기는 무엇인가?

3. 기독교는 현대 과학 앞에서 약화되었는가 강화되었는가? 그런 평가를 내린 근거는 무엇인가?

4. 코넬 대학의 역사학, 생물학 교수인 윌리엄 프로바인은 "다원주의가 옳다면 다섯 가지 결론을 피할 수 없다"고 말했다. 1)신이 존재하는 증거는 없다. 2)사후 생명은 없다. 3)윤리의 절대적 토대는 없다. 4)삶의 궁극적 의미는 없다. 5)인간에게 진정한 자유의지란 없다.' 그의 말이 옳다고 생각하는가? 왜 그렇게 생각하는가? 그가 내린 결론 중 당신에게 가장 의미심장하게 다가오는 것은 무엇이며, 그 이유는 무엇인가?

2

너희가 신화를 믿느냐?

> 문제는 사람들이 세계에 대한 불합리하고 초자연적인 설명이나 상상 속에서만 존재하는 귀신들을 거부하고, 사회적·지적 도구인 과학을 진리의 유일한 창조자이자 출발점으로 받아들이게 만드는 일이다.
> — 하버드 대학 유전학자 **리처드 르원틴**

> 과학은 유물론이나 과학적 자연주의로 알려진 철학과 동일시되었다. 이 철학은 자연이 존재하는 모든 것이고, 인간이 탐구할 수 있는 유일한 대상이라고 주장한다. 과학이 주장하는 논리대로라면, 자연은 스스로 창조되었어야 한다. 그리고 창조의 과정에는 하나님이 들어갈 여지가 없다는 결론이 나온다.
> — 진화의 비판자 **필립 존슨**

1966년, 라디오에서는 언제나 비틀즈가 흘러나왔다. 텔레비전에서는 빌 코스비가 흑인으로서는 처음으로 드라마 시리즈 주연을 맡았다. 당시 빵 한 덩이 가격이 19센트였고, 포드 회사의 신형 모델은 1,600달러였다.

시카고 북서부 외곽에 있는 프로스펙트 고등학교 신입생이었던 나는 어느 날, 3층 과학실에서 학교 주차장을 내려다보고 있었다. 창가에 앉은 나는 과학 수업을 들으면서 처음으로 무신론자로서 살아갈 수 있는 정보를 얻었다.

나는 생물 시간이 좋았다. 언론과 법률 분야에 매력을 느끼던 내 논리적 세계관과 증거를 중시하는 생물 수업의 내용이 잘 맞았기 때문이다. 나는 병적인 호기심을 가진 소년이었다. 언제나 문제의 해답을 구했고 무엇이든 작동 원리를 알고 싶었다.

생물 선생님은 개구리의 배를 갈라 음식물이 어떻게 소화되고, 생명이 어떻게 유지되는지 보여 주었다. 이것이야말로 내가 원하던 수업 방식이었다. 과학은 나를 괴롭히던 온갖 "왜?"에 대한 해답을 주었다. 나는 초파리를 길러 유전자 실험을 했고, 식물들의 생식 과정을 알기 위해 그 속을 갈라 보았다. 내게 있어 과학은 경험적인 것, 믿을 만한 것, 의심할 수 없는 사실, 실험으로 증명된 진실이었다. 그 외의 모든 것은 그저 의견이나 추측, 미신, 분별없는 믿음에 불과하다고 생각하며 무시했다.

당시 내 상태는 철학자 모어랜드가 대다수 사람들에 대해 묘사한 것과 같았다. 그는 많은 사람들이 '과학적'이라는 용어를 "좋고, 합리적이고, 현대적"인 그 무엇으로 생각하며, 과학적이지 않은 것은 구식이고 이성적인 사람들이 믿을 게 못되는 것으로 생각한다고 말했다.

과학에 대한 나의 신뢰는 소련에서 만든 인류 최초의 인공위성 스푸트니크호가 발사된 이후 미국에서 자란 내 성장기의 산물이다. 당시 미국은 우주 과학에서 소련에 뒤처지자 과학과 기술이야말로 미국이 생존하기 위한 열쇠라고 생각했다. 정부는 젊은이들이 과학자가 되도록 적극 격려했다. 그래야 미국이 먼저 인공위성을 쏘아 올려 한 발 앞서간 적국 소련을 따라잡고 추월할 수 있기 때문이었다.

그 후 1960년대로 접어들어 미국이 사회적 혼란을 겪기 시작하자, 사회의 관습들도 뒤집어졌다. 도덕의 기초 또한 상대주의와 상황 윤리로 허물어졌고 전통도 하나씩 무너졌다. 그러나 이런 혼란 속에서도 과학만은 끄떡없이 서 있었다. 과학은 사회적 혼란의 폭풍우 속에서도 자리를 지킬 수 있는 견고한 방법론으로 뿌리를 내린 토대이자 닻이었다. 과학은 미국의 "할 수 있다" 정신을 반영하듯 계속 전진했다.

과학에 대한 감탄이 늘어가면서 하나님에 대한 확신은 약해졌다. 당연한 결과였다. "왜"를 따지는 나의 질문들은 주일 학교에서도, 중학생 시절 세례 문답 공부 시간에도 언제나 환영받지 못했다. 다른 학생들은 아무런 의심 없이 성경의 진리를 받아들이는 것 같았지만, 내게는 그것을 믿을 이유가 필요했다. 그러나 나의 이런 호기심은 대부분 타박만 맞았다. 나는 성경 구절과 마틴 루터, 현실과는 거리가 멀어 보이는 중세 신학자들의 글을 읽고 외우고 암

송해야 했다.

'이미 오래 전에 죽은 이 광신자들이 무엇을 믿었든 나와 무슨 상관이람?' 나는 신앙과 영성 같은 '믿을 만한 것이 아닌' 문제들에는 관심이 없었다. 오히려 증거가 '확고한' 과학적인 사실들에 끌렸다. 하나님의 존재를 믿을 만한 과학적이고 합리적인 증거가 없다면, 거기에 관심 둘 이유도 없다고 생각했다.

바로 그 시절, 1966년 생물 수업이 있던 그 중요한 날에 나는 영국의 동물학자 리처드 도킨스가 말하는 "지적으로 온전한 무신론자가 될 수 있게 해 주는" 과학적 발견들을 배우기 시작한 것이다.

진화의 이미지

나는 시각적으로 사고하는 사람이라서 그림을 잘 기억하는 편이다. 그래서인지 고등학생 시절, 학교에서 배운 것과 다른 책들에서 열심히 읽은 내용들도 몇 개의 그림으로 기억에 남아 있다.

첫 번째 이미지: 스탠리 밀러의 실험 – 튜브와 플라스크, 전극

무엇보다 내 머릿속에 강한 인상으로 남아 있는 그림이 하나 있다. 튜브, 플라스크, 전극으로 이루어진 그림이다. 그것은 당시 시카고 대학원생이던 스탠리 밀러가 1953년에 생명체의 기초 요소를 인공적으로 만들어 냈을 때 사용한 실험 기구들이다. 밀러는 원시 지구의 대기 상태를 재현하고, 거기다 번개에 해당하는 전기 스파크를 주어 아미노산이 함유된 붉은 응축물을 만들어 냈다.

밀러의 실험에 대해 처음 들었을 때, 나의 이성은 그 실험이 논리적으로 함축하고 있는 바까지 후다닥 내달렸다. 그 논리는 이런 것이었다. '생명의 기원이 순전히 자연적 과정으로 설명될 수 있다면, 신이 더 이상 할 일은 없다!'

만약 밀러의 실험대로 유기체가 '원시 수프'(진화론에서는 지구가 생긴 지 수천만 년 내지 수억 년이 지난 후에 당시의 바다에 여러 종류의 유기 화합물과 생명체가 생겨나는 데 필요한 기본 물질이 풍부하게 들어 있었다고 주장한다. 이때 바다의 상태를 가리키는 말)에서 저절로 생겨나 오랜 세월에 걸쳐 점점 더 복잡한 생명체로 발달할 수 있다면, 하나님은 존재할 필요가 없다. 그런 과정을 잘 보여 준 것이 다음 이미지였다.

두 번째 이미지 : 다윈의 '생물계통수(生物系統樹)

처음 찰스 다윈의 「종의 기원」을 읽었을 때, 그 책에는 그림이 딱 하나밖에 없는 듯했다. 생명체의 발달을 묘사하기 위한 다윈의 스케치였다. 맨 밑바닥에는 하나의 고대 조상이 있고, 그것이 몇 개의 큰 가지로 뻗어 나가다가 다시 작은 가지를 치고, 이 과정이 되풀이되면서 다양하고 복잡한 생명체로 진화하는 모습이었다. 이런 진화의 모습은 한 그루 나무가 자라는 모습과 비슷해서, '생물계통수(生物系統樹)'라 부른다.

최근 한 교과서에서는 다윈주의를 인용해 모든 형태의 생명체는 "먼 옛날에 살았던 알려지지 않은 어떤 원형(原型)에서 생겨난 친척"이라고 가르치고 있다.

내가 볼 때 작은 범주의 진화 또는 서로 다른 종류의 동물들 내부에서 변이 같은 현상이 있는 것은 분명했다. 예를 들면, 수십 가지 품종의 개들이 섞여 살고 있는 동네에서는 세대가 거듭될수록 다양한 잡종 개들이 태어난다. 그래서 나는 원시 세포가 오랜 시간에 걸쳐 인간을 포함한 생물체의 모든 종으로 변화한 과정이 자연 선택에 의한 무작위 변이 때문이라는 진화의 주장에 매혹되었다. 어류는 양서류로, 양서류는 파충류로, 파충류는 다시 조류와 포유류로 변화되었고, 인간은 원숭이와 조상이 같다는 주장이다.

밀러는 원시 지구의 화학 수프에서 생명체가 저절로 생겨날 수 있다는 사실을 실험으로 보여 주었다. 다윈의 이론은 수백만 종의 유기체가 오랜 세월에 걸쳐 서서히 점진적으로 발달한 과정을 설명해 주었다. 게다가 모든 생물체의 조상이 같다는 주장을 확증해 주는 이미지까지 있었다.

세 번째 이미지: 에른스트 헤켈의 '배아발생도'

독일의 생물학자 에른스트 헤켈은 모든 생명체가 공통 조상에서 나왔다는 또 다른 증거를 제시했다. 내가 읽은 거의 모든 진화와 관련된 책에는 그의 '배아발생도'가 나와 있다. 헤켈은 물고기, 도롱뇽, 거북이, 병아리, 돼지, 송아지, 토끼와 사람의 배아 그림들을 나란히 놓고, 그 모두가 발생 초기 단계에는 놀랄 만큼 닮아 있다는 사실을 분명히 보여 주었다.

나는 배아 발생의 초기 단계를 보여 주는 헤켈 그림을 보면서 여러 척추동물들과 인간의 모습을 구별하기 어렵다는 사실에 충격을 받았다. 누가 이것들을 구별할 수 있을까? 인간 배아가 다른 척추동물과 같은 뿌리를 가지고 있을 가능성은 얼마든지 있는 듯했다. 모든 생물에게는 공통 조상이 있음을 "솔직히 시인해야 한다"는 다윈의 말이 옳은 게 분명했다. 그리고 복잡하게 발달하는 진화의 이미지는 다음에서 이야기할 화석에서 분명히 볼 수 있었다.

네 번째 이미지: 잃어버린 연결고리

시조새의 화석은 너무나 놀라운 것이었다. 한 고생물학자는 그것을 "진화의 강력한 상징이 될 수 있는 과거의 신성한 유물"이라고 불렀다. 시조새는 1억 5천만 년 전에 살았던 생물이다. 날개, 깃털, 새의 창사골에 도마뱀 같은 꼬리와 날개에 달린 발톱 때문에 파충류와 현대 조류 사이를 잇는 중간 고리로 불린다.

나는 시조새 화석이야말로 다윈의 이론을 뒷받침하는 강력한 증거라고 생각했다. 존슨에 따르면, 「종의 기원」이 출간된 직후 독일에서 발견된 시조새 화석은 '다윈주의의 신뢰성을 확립하고, 회의론자들이 신앙을 잃어 버리게 만드는 데 크게 기여했다고 한다."

이 이미지들은 진화에 대해 내가 받은 교육의 출발점에 불과했다. 진화에 대한 공부를 마쳤을 무렵, 나는 다윈의 설명으로 하나님의 필요성이 모두 사라졌다고 확신하게 되었다. 나는 고등학교나 대학에서 다윈의 진화론을 공부하면서 믿음이 흔들리게 되었다고 말하는 영적 회의론자들을 수없이 만났다. 2002년에는 하나님에 대한 신앙 고백을 거부했다는 이유로 이글스카우트에서 쫓겨난 한 학생에 대한 글을 읽었다. 그 아이는 "중학교 3학년 때 진화론을 배운 이후로 줄곧 무신론자였다"고 했다. 내게는 전혀 놀라운 사실이 아니었다. 같은 맥락에서 옥스퍼드의 진화론자 도킨스는 이렇게 말했다.

"진화의 의미에 대해 알면 알수록, 불가지론적 입장에서 점점 더 나아가 무신론을 향하게 된다."

다윈 vs. 하나님

그러나 모든 사람이 다윈의 진화론과 하나님이 공존할 수 없다고 믿는 것은 아니다. 다윈의 진화론과 기독교의 교리를 함께 믿으면서도 아무런 갈등을 느끼지 않는 일부 과학자와 신학자들도 있다.

노벨상을 수상한 생물학자 크리스티앙 드 뒤브는 "과학이 무신론을 강요하거나 확증한다는 것은 말이 안된다"고 주장했고, 브라운 대학의 생물학 교수인 케네스 밀러는 진화는 "하나님을 반대하지 않는다"고 선언했다. 열정적 자연주의자이자 철학자인 마이클 루스는 "다윈주의자가 기독교인이 될 수 있을까?"라는 질문에 "물론!"이라고 대답했다. 그는 "다윈주의가 무신론을 함축한다는 사실을 보여 주는 설득력 있는 논증이 제시된 적이 없다"고 주장했다. 휘트워스 대학에서 강의했던 생물학자 진 폰드는 자신을 "과학자, 진화론자, 찰스 다윈의 열렬한 찬미자이자 기독교인"이라고 자랑스럽게 소개한다. 그녀는 자신의 주장을 이렇게 설명했다.

"진화가 일어났다고 믿는 것, 즉 인간과 모든 생명체가 거대한 가계도의 일부로 엮여 있고, 첫 번째 세포가 화학적 진화의 자연적 과정으로 생겨났다는 사실을 믿는 것은 무신론적 세계관을 요구하지도, 조장하지도 않는다."

그러나 이런 주장들에도 불구하고 나는 다윈주의가 어떻게 하나님에게 의미 있는 역할을 남길 수 있는지 이해할 수 없었다. 진화 과정은 그 정의상 누군가에 의해 유도되지 않는다고 배웠는데, 내게는 그 말이 진화의 배후에서 조종하는 초자연적인 신도 없다는 얘기로 들렸다.

최근에 나온 한 교과서는 이 점을 아주 분명히 밝히고 있다. "다윈은 유도되지 않은, 즉 특정한 목적이 없는 변이와 맹목적이고 비지성적인 자연 선택을 결합시켜 생명 작용에 대한 신학적·영적 설명을 불필요하게 만들었다."

과학자들이 정의하는 다윈주의가 이런 것이라면, 하나님은 해고 통지서를 받은 게 아닐까? 이 마당에서 어떻게든 하나님에게 모호한 역할이나마 남겨주려는 시도는 부질없어 보였다. 코넬 대학의 윌리엄 프로바인의 생각도 마찬가지다. 그는 이렇게 말했다.

"신이 세상의 시작 버튼을 눌러 놓고 미묘하게, 도무지 탐지할 수 없을 만큼 미묘한 방식으로 자연 법칙을 통해 세계를 보존하고 역사한다는 신학적 견해가 널리 퍼져 있다. 그러나 그런 종류의 하나님을 믿는다는 것은 사실상 무신론을 믿는 것과 같다."

기독교인들은 하나님이 자신의 활동을 철저히 감추시고 숨는 초연한 신이 아니라고 주장할 것이다. 그들은 하나님은 성경이 "그의 영원하신 능력과 신성이 그 만드신 만물에 분명히 보여 알게 되나니"라고 밝힐 정도로 이 세상일에 깊이 개입하는 분이라고 말할 게 분명하다. 케임브리지 출신의 과학 철학자이자 디스커버리 연구소 산하 과학문화센터의 책임자인 스티븐 마이어는 그와 관련해서 이렇게 말했다.

"많은 진화생물학자들은 과학이 신의 존재 가능성을 절대적으로 배제할 수는 없다는 사실을 시인한다. 그들은 자연 현상에서 과학적 탐지가 불가능할 정도로 은밀하게 창조 활동을 하는 하나님과 같은 설계자가 있을 것이라는 가능성을 부인할 수 없다. 그러나 대부분의 과학적 유물론자들에게 그런 탐지 불가능한 존재는 고려할 가치가 없어 보인다. 현대 다윈주의는 하나님이 유도한 진화적 변화 과정은 염두에 두지 않는다."

그는 진화생물학자 고(故) 조지 게이로드 심슨의 유명한 발언을 인용했다. 심슨은 "인간을 염두에 두지 않았으며, 특정한 목적이 없는 자연적인 과정의 결과물, 그것이 바로 인간"이라고 말하며 다윈주의가 그렇게 가르친다고 주장했다. 마이어는 이 말의 의미를 더욱 분명하게 해석했다. "본질적으로 특정한 목적이 없는 자연적 과정을 하나님이 유도했다고 말하고, 하나님이 세상을 설계하는 대신 자연적인 메커니즘을 설계했다고 말하는 것은 자가당착이 분명하다."

과학과 신앙에 대해 폭넓은 글을 써온 낸시 피어시는 "하나님이나 자연선택 중 하나를 선택해야지, 둘 다 가질 수는 없다"고 주장한다. 그녀는 다윈이 전능하신 하나님이라는 존재가 자신의 이론을 훼손시킬 것임을 파악했다고 다음과 같이 지적했다.

"다윈은 우리가 진화의 과정에 하나님을 허용하면, 하나님은 '올바른 변이'만 일어나도록 하기 때문에… 자연선택을 불필요하게' 만들 거라고 주장했다."

법학 교수이자 진화에 대한 획기적 비판서 「심판대 위의 다윈」을 쓴 필립 존슨도 그런 주장에 공감한다.

"다윈주의의 요점은 자연이 스스로를 창조할 수 있으므로 초자연적 창조주가 필요 없음을 보이는 것이다."

실제로 많은 진화론자들이 존슨의 비판을 거북하게 여기면서도 이 문제에 대해서는 그와 의견을 같이 한다. 진화생물학자 에른스트 마이어는 "다윈주의의 진정한 핵심"은 자연선택이고, 그것은 "신의 개입이 아니라 자연적인 방법으로… 적응에 대한 설명을 가능케 한다"고 주장했다.

또 다른 저명한 진화론자인 프랜시스코 아얄라는 이렇게 말했다. "다윈의 가장 위대한 업적은 생물체를 창조주나 다른 외부의 동인(動因) 없이 자연적 과정인 자연선택의 결과물로 설명할 수 있음을 보인 데 있다."

아얄라는 과학자가 되기 전에 도미니크 수도회 사제로 서품을 받았는데, 최근 한 인터뷰에서 여전히 하나님을 믿느냐는 질문에 대답을 회피했다. 어느 변호사가 독설가 윌리엄 프로바인에게 이렇게 물었다. "지적으로 정직한 진화론자가 기독교인이 될 여지가 있는지요? 아니면 그런 사람은 교회 문 앞에서 자기 뇌 상태를 점검해 봐야 하는 건지요?"

프로바인의 대답은 간단했다. "물론 뇌를 점검해 보셔야 합니다." 그에게 있어 '크리스천 진화론자'라는 용어는 모순된 말인 게 분명했다.

퓰리처상을 수상한 사회생물학자 에드워드 윌슨은 이 문제에 대해 아주 강경하게 "인류가 다윈주의의 자연 선택으로 진화했다면, 하나님이 아니라 유전적 우연과 환경적 필연이 종을 만든 것"이라고 말했다.

「타임」지는 이 문제를 다음과 같이 간결하게 요약했다. "찰스 다윈은 자신의 입으로 말한 것처럼 신을 살해할 뜻은 없었지만, 결국 그렇게 하고 말았다."

「종의 기원」이 있으면 성경은 필요 없다?

학생 시절 나는 진화론과 관련된 다양한 주장들에 대해 알지 못했다. 그저 직관적으로 다윈의 이론은 부모님이 어릴 때부터 내게 주입하려 애썼던 기독교 신앙을 거부할 지적 토대가 될 것이라고 느꼈을 뿐이다.

나는 늘 "왜?"라고 질문해서 부모님을 괴롭혔다. 부모님은 그 질문에서 벗어나기 위해 내 생일 선물로 백과사전을 사 주셨다. 언젠가 그 백과사전에서 진화에 대한 부분을 찾아 읽었던 기억이 난다. 그때 읽은 내용은 기독교와 다원주의가 결코 양립할 수 없다는 인상을 강하게 주었다. 백과사전에는 이렇게 쓰여 있었다.

"성경은 하나님이 만물의 창조주, 보존자, 궁극적인 목적이라고 주장한다. 많은 기독교인들은 이 주장을 믿기 때문에, 생명체 안에 존재하는 자연적 힘으로 진화가 이루어졌다는 사상을 받아들이지 못한다."

그러나 나는 그렇지 않았다. 원시 지구의 원시적인 점액질에서 생명체가 누구의 도움도 없이 생겨날 수 있다면 창조주는 더 이상 필요 없게 된다는 논리적인 주장을 반갑게 받아들였다. 결국 인간이 자연 선택이라는 비인격적인 힘의 산물에 불과하다면, 하나님이 인간을 그분의 형상대로 창조할 필요 역시 애초부터 없는 것이다. 「종의 기원」이 있다면 성경은 필요 없게 된다.

학자 대니얼 데닛은 다윈주의를 일컬어 "거의 모든 전통적 개념들을 갉아먹고 세계관을 혁명적으로 바꿔 놓은 보편적인 산(酸)"이라고 말했다. 나는 데닛이 말한 내용을 개인적인 차원에서 충분히 경험하고 있었다.

내 세계관은 분명히 혁명적으로 달라지고 있었다. 그런데 젊고 낙관적이었던 나는 내 새로운 철학에 담긴 일부 실망스러운 부분들을 점검할 준비를 하지 않았다. 나는 영국의 무신론자 버트런드 러셀이 그려 보인 암울한 사태를 가볍게 무시했다. 러셀은 과학이 우리에게 "목적 없고 의미 없는" 세계를 보여 주었다고 말했다.

나는 하나님 없는 세계에 함축된 이 '확고한 절망'에 직면하기보다는 하나님의 도덕 구조에서 벗어나 새롭게 얻은 자유를 마음껏 누렸다. 하나님 없는 삶은 온전히 나 자신을 위한 삶을 뜻했다. 나는 언젠가 내 행동에 책임을 져야 한다는 부담에서 벗어나 해방감을 느꼈다. 이제부턴 마음껏 행복과 쾌락을 추구해도 될 것 같았다.

60년대와 70년대에 걸쳐 성혁명이 시작되고 있었고, 나는 하나님의 찡그린 눈길을 의식할 필요 없이 원하는 대로 마음껏 쾌락에 빠져들 수 있었다. 저널리스트였던 나는 윤리와 도덕의 성가신 규칙에 얽매이지 않고 자유롭게 경쟁에 뛰어들 수 있었다.

과학적 유물론이 이 세상엔 물질 외에 아무것도 없고, 사람은 죽고 나면 완전히 끝이라고 가르치는데 뭐가 문제겠는가? 그 말이 함축하는 바를 놓고 씨름하기에 나는 너무 젊었다. 나는 다만 내가 취재한 기사의 영향으로 새로운 입법과 사회 개혁이 이루어지길 바라며, 성공적인 저널리스트로서 불멸의 족적을 남기기 위해 전력을 다했다. 죽음으로 모든 게 끝이라고 해도, 그 문제는 나중이었다. 우선 그 전까지 해야 할 일이 너무 많았다.

교회 권위자들이 내가 하나님에 대해 던지는 질문에 대답할 의향이나 능력이 없는 듯 보였던 어린 시절에 이미 내 무신론의 씨앗은 뿌려졌다. 특히 다윈주의 앞에서는 하나님이 필요 없다는 사실을 발견한 후 내 불신은 점점 더 자라났다. 대학 수업 중에 과학적 사고를 하는 사람이라면 신약 성경이 예수에 대해 하는 말을 믿을 수 없다는 말을 들었을 때, 내 무신론은 활짝 꽃피었다.

대학교 2학년 말 무렵, 나의 무신론적 태도는 매우 확고해졌다. 기자가 된 후에는, 웨스트버지니아에서 취재했던 시위자들처럼 분별없는 신앙인들을 점점 더 참을 수 없어졌다. 나는 과학의 시대를 살면서 믿음에 연연하고, 현대 과학주의 사고를 거부하는 그들의 완고함을 이해할 수 없었다. 오만이 하늘을 찌를 듯한 나는 이렇게 생각했다. '그런 사람들은 평생 천국의 본향에 대한 헛된 기대와 상상의 하나님이 주는 갑갑한 도덕에 매여 살라 그래. 나는 논리적이고 일관성 있는 조사를 통해 세상에서 물질적 과정만을 추려낸 과학자들과 역사학자들이 내린 결론을 따를 거야.'

"당신, 머리가 어떻게 된 거 아냐?"

언론과 법률을 공부한 나는 정확한 해답을 찾지 않고는 못 배기는 성미였다. 그러니 웨스트버지니아를 취재한 지 5년 후, 아내 레슬리가 예수님을 따르기로 결심했을 때 내 반응은 곱지 못했다. 나는 아내에게 비꼬듯 물었다. "당신, 머리가 어떻게 된 거 아냐?"

그토록 합리적인 사람이 어떻게 헛된 기대와 가장, 신화와 전설이 뒤섞인 불합리한 종교를 믿을 수 있는지 이해할 수 없었다.

그런데 몇 달이 지나면서 레슬리의 인격은 달라졌고 가치관이 변했다. 그녀는 더 사랑이 넘치고 남을 많이 배려하는 진실한 사람이 되어 갔다. 누군가가 그녀를 좋은 방향으로 바꿔 놓고 있는 게 분명했다.

나는 무슨 일이 벌어지고 있는지 조사해야겠다는 생각이 들었다. 그래서 믿음과 하나님, 성경에 대해 더 많은 질문을 하기 시작했다. 어디든 해답을 얻을 수 있는 곳으로 가리라 마음먹었다. 복잡한 영적 탐구는 거의 이 년 동안이나 이어졌다. 나는 이 여정을 회고하고 확장해서「예수는 역사다」라는 책을 썼고, 그 책에서 나사렛 예수에 대한 역사적 증거를 놓고 13명의 저명한 전문가들에게 얻은 해답들을 검토했다. 그 다음에 쓴 책인「특종! 믿음 사건」에서는 기독교에 대한 "8대 난제", 즉 어릴 때부터 나를 괴롭혀 왔지만 아무도 대답해 주지 않았던 의문들에 대한 답을 찾아보았다.

그러나 이 두 권의 책들에서는 내가 취재한 내용 중 중요한 또 다른 측면에 대해서는 거의 다루지 않았다. 과학은 내가 무신론을 받아들이게 된 결정적인 역할을 했다. 그래서 나는 과학계의 최신 연구 결과가 하나님에 대해 뭐라고 말하는지에 대해 문제를 제기하는 데 많은 시간을 들였다. 나는 열린 마음으로 이렇게 물어 보았다.

• 과학과 믿음은 언제나 부딪칠 운명인가? 과학적으로 사고하는 사람은 필

연적으로 종교적 믿음을 받아들일 수 없다는 내 생각이 과연 옳을까? 아니면 영적인 것과 과학적인 것의 관계를 바라보는 근본적으로 다른 방법이 있을까?

- 과학의 최신 증거들은 하나님의 존재를 뒷받침하는가, 부인하는가?
- 과학이 최근에 발견한 바에 비추어 볼 때, 나를 무신론으로 이끌었던 진화의 이미지들은 여전히 유효한가?

1980년대 초, 내가 처음으로 이 문제들을 살펴보기 시작했을 때 나는 자신 있는 결론을 내리기에 충분한 증거를 발견했다. 그러나 그 이후 많은 것이 달라졌다. 과학은 언제나 거침없이 발전하고, 지난 20년 동안 과학적 지식의 저장소에서는 훨씬 더 많은 자료들이 쏟아졌다.

결국 나는 새로운 질문을 던져야겠다고 생각하게 되었다. '더욱 깊고 풍부해진 현대 과학 연구의 결과는 내가 오래 전에 내렸던 결론을 반박할까, 확증할까?' 말을 바꿔 보자. '현재 과학의 화살은 다윈과 하나님 중 어느 쪽을 가리키고 있을까?'

노벨상을 두 번이나 수상한 라이너스 폴링은 "과학은 진리 추구"라고 말했다. 나는 바로 그 일을 시작하기로 마음먹었다. 내가 수십 년 전에 했던 취재의 폭을 넓혀 주고 새롭게 해 줄, 새로운 여정에 나서기로 한 것이다.

나의 접근 방식은 여러 과학 분야에서 가장 최근에 발견한 내용들에 대해 그 분야의 전문가들을 찾아가 반대 심문을 하는 것이었다. 나의 심문 대상은 주로 과학계에서 지배적인 위치를 차지하는 전문가들 중에서 자신의 지식을 대중적인 언어로 잘 설명할 수 있고, 자연주의와 유물론에 갇혀 있기를 거부하는 박사급 교수들이었다. 결국, 어떤 가설이든 처음부터 배제하는 것은 말이 되지 않는다. 나는 모든 가능성을 추구할 자유를 원했다.

나는 회의론자의 입장이 되어 각 주제에 대한 모든 견해들을 읽어 보고, 그 견해들에 대해 이제까지 제기된 것 중 가장 어려운 반론들을 제기하기로 했다. 더욱 중요한 것으로, 내가 무신론자였을 때 나를 괴롭혔던 의문 사항들을 전문가들에게 물어 볼 참이었다. 어쩌면 그 질문들은 이 책을 읽는 독자의 영적 여정에서도 장애물로 작용했을지 모르겠다.

그렇다면 독자도 이제부터 시작될 나의 취재에 함께 참여하길 바란다. 가능한 선입관을 벗어 던지고 열린 마음으로 이 놀라운 과학자들과 과학 훈련을 받은 철학자들과 내가 나누는 대화에 귀를 기울여 보라.

편견을 넘어서는 일은 매우 어렵다. 적어도 나는 그랬다. 한때 나는 무신론자로 남아 있을 이유가 많았다. 나는 내 부도덕한 생활 방식에 책임을 물을 하나님이 존재하는 걸 바라지 않았다. 미국 중서부에서 가장 영향력 있는 신문의 법률 담당 기자였던 나는 보이지 않는 영적 권위자 앞에서 겸손히 순종하는 것보다는 사람들을 못살게 구는 일에 더 익숙했다.

그러나 나는 질문을 하는 훈련뿐 아니라 어디든 해답이 이끄는 곳으로 가는 훈련도 받았다. 이 책의 독자들도 예전에 교실에서 배웠을 내용에 도전하려는 마음을 먹기 바란다. 그때 배운 내용들이 최신의 발견들로 인해 무색해졌을 수도 있기 때문이다.

과학자들도 그런 태도가 가장 바람직하다고 할 것이다. 권위의 산실인 국립과학원에서도 이렇게 말했다. "모든 과학 지식은 원칙적으로 새로운 증거가 확보되면 달라질 여지가 있다."

이 새로운 증거가 무엇을 보여 줄까? 이제 과학이 지난 이삼십 년 동안 부지런히 써 내려온 놀랍고도 새로운 이야기에 깜짝 놀라고 경탄할 준비를 하라.

이론물리학자 조지 스탠시우와 과학철학자 로버트 어그로스는 이렇게 말했다. "과학의 옛이야기는 과학적 유물론이다. 그것은 존재하는 것은 물질 뿐이고 모든 것은 물질의 관점에서 설명될 수 있다고 주장한다." 그러나 그들의 말에 따르면 최근 들어 "과학은 계속해서 극적인 혁명들을 겪었고" 그로 인해

"인간과 인간의 지위에 대한 현대적인 개념이 달라졌다."

이제부터 놀라운 사건 전환이 전개될 것이다. 흥미로운 사람들과 함께 경이로운 "과학의 새 이야기"를 펼쳐보려고 하기 때문이다. 먼저 처음에 나를 무신론으로 이끌었던 책들을 다시 다루어 보는 인터뷰부터 시작하겠다.

최종 질문

1. 다윈의 진화론을 처음 접했던 때를 기억하는가? 어떤 상황이었는가? 그때 당신은 어떻게 반응했나? 그 후로 다윈주의에 대한 당신의 견해는 달라졌는가? 달라졌거나 달라지지 않은 이유는 무엇인가? 당신은 이 문제를 객관적으로 재검토할 의향이 있는가?

2. 이 장에서 소개된 "진화의 이미지" 중 어느 것이 진화론에 대한 당신의 생각에 결정적인 영향을 끼쳤는가? 어떤 면에서 그랬는가?

3. 저자는 다윈주의에 대한 믿음이 무신론자가 되겠다는 결정에 중요한 영향을 미쳤다고 말했다. 진화론은 당신의 영적 견해에 어떤 영향을 끼쳤는가?

4. 과학을 "진리의 유일한 아비"로 여겨야 한다는 하버드의 유전학자 리처드 르원틴의 견해를 어떻게 생각하는가? 그의 발언은 과학적인가 철학적인가? 당신은 과학을 얼마나 신뢰하는가? 과학의 한계가 무엇이라고 생각하는가? 무언가에 대해 알 수 있는 방법으로 과학적 방법 외에 어떤 것이 있을까?

5. 창조주에 대한 과학적 증거를 조사하지 못하게 막는 선입관이나 편견으로는 무엇이 있을까? 그런 것들을 제쳐 두고 열린 마음을 가지려면 어떻게 해야 할까? 창조주를 지지하는 논거에 대한 이 조사로 당신은 어떤 결과를 기대하는가?

3
다윈주의를 의심하라

> 교육받은 사람이라면 우리가 단순한 사실로 알고 있는 진화론의 정당성을 더는 의심하지 않는다.
> – 진화생물학자 **에른스트 마이어**

> 논쟁의 대상이 되는 소수 집단 가운데 진화를 전적으로 거부하는 과학자들의 수가 가장 빨리 늘어나고 있다. 눈부신 경력을 자랑하는 많은 과학자들이 이 입장을 지지하고 있다.
> – 「사이언스 다이제스트」지의 **래리 햇필드**

생물학자, 화학자, 동물학자, 물리학자, 인류학자, 분자 및 세포생물학자, 생체공학자, 유기화학자, 지질학자, 천체물리학자 외 다른 과학자들 백 명이 있었다. 케임브리지, 스탠포드, 코넬, 예일, 럿거스, 시카고, 프린스턴, 퍼듀, 듀크, 미시건, 시러큐스, 템플과 버클리 등 유명 대학에서 박사 학위를 받은 사람들이었다. 그들 중 상당수는 예일 대학원, MIT, 털레인, 라이스, 에머리, 조지메이슨, 르하이 대학 등 미국 여러 지역 대학의 교수들이었다. 또 그들 중에는 수리양자화학센터 소장과 프린스턴 대학의 플라즈마 물리연구소, 스미소니언 연구소의 국립자연사박물관, 로스앨러모스 국립연구소, 로렌스 리버모어 연구소의 과학자들도 있었다. 이 사람들은 모두 한 가지 사실을 세상에 알리고자 했다.

"우리는 진화에 대해 회의적이다."

텔레비전 7부작 시리즈인 〈진화〉의 해설자들은 "세계의 모든 훌륭한 과학자와 여러 과학적 증거들이 다윈주의에 근거한 진화론을 지지한다"고 주장했다. 그런데 앞서 말한 교수들과 연구소 연구원들, 기타 과학자들은 이 프로그램을 보고 나서, 전국으로 배포되는 한 잡지에 "진화에 대한 과학적 이의"라는 제목으로 2쪽 분량의 광고를 실었다.

그들의 성명은 직접적이고 도전적이었다. "우리는 임의의 돌연변이와 자연선택이 생명의 복잡성을 설명할 수 있다는 주장에 회의적이다. 다윈주의 이론을 지지하는 증거를 주의 깊게 검토하도록 해야 한다."[1]

그들은 편협한 근본주의자들이나 웨스트버지니아 산골의 시위자들, 맹렬한 광신자들이 아니었다. 그들 중에는 세계에서 세 번째로 많이 인용되는 화학자이자 노벨상 후보자인 헨리 쉐퍼, 라이스 대학 나노 과학기술연구소의 제임스 투어, 예일 대학원 세포분자생리학 교수 프레드 피그워스 같은 세계적인 수준의 존경받는 과학자들도 있었다. 이 위대한 과학자들은 동료들의 박해가 있을 위험에도 불구하고 '진화'라는 임금님은 벌거숭이라고 소리쳤다. 물론 이는 과학계에서 금기시되는 생각이었다.

고등학교와 대학을 거치며 진화론을 공부할 때, 나는 저명한 과학자들이 다윈주의 이론에 대해 심각한 회의를 품고 있는 있다는 이야기를 단 한 번도 듣지 못했다. 오히려 진화론에 반대하는 사람들이 있다면, 과학에 대해 아무 것도 모르면서 성경의 주장만 들이대는 무식한 목사 같은 사람들일 것이라고 생각했다. 역사학자 피터 보울러에 따르면, 자연선택에 대한 중요한 과학적 비판은 이미 오래 전부터 있어 왔다고 한다. 1900년 무렵에 "진화론에 반대하는 사람들은 자연선택이 절대 다시는 되살아나지 못할 것이라고 확신했다"[2]고 한다. 그 사실 역시 나는 처음 듣는 소리다.

2001년에 인기리에 상영된 〈진화〉 시리즈의 시청자들도 그런 말을 듣지 못했다. 사실 많은 과학자들이 이 프로그램에서 보여 준 진화에 대한 편파적인 묘사에 반발했다. 151쪽에 달하는 한 비판서는 〈진화〉 시리즈가 '다윈주의 이론의 증거에 내재한 과학적 문제점들을 정확하고 공정하게 제시하지 않았고' 심지어 "진화생물학자들 사이의 불일치"를 체계적으로 묵살하기까지 했다고 주장했다.[3]

나는 현대 과학이 하나님을 지지하는지 무신론을 지지하는지 판정하기 위해 심층 취재를 하면서, 과연 다윈주의가 무신론의 합리적인 토대가 되는지 알아보려면 먼저 신화론의 주장들을 제대로 검토해야겠다고 생각했다.

유물론적 다윈주의가 주장하는 진화론이 사실이라면 내가 학창 시절에 내렸던 무신론적 결론이 여전히 맞기 때문이다. 이 문제를 해결한 후에라야 비로소 더 나아가 창조주에 대한 설득력 있는 증거가 있는지 살펴보고 평가할 수 있을 것이다.

다시 학창 시절로 되돌아간 심정이 된 나는 진화의 아이콘(밀러의 실험, 다윈의 진화계통수, 헤켈의 배아발생도, 시조새 화석)을 재검토하기로 결정했다. 열정적인 학생이었던 나는 그 진화 아이콘들을 자세히 살펴보고, 생명의 기원에 얽힌 복잡성을 특정한 목적 없이 저절로 이루어지는 진화 과정으로 설명할 수 있다고 확신했다.

진화의 상징들은 여전히 건재하다. 그 상징들은 지금도 많은 생물학 교과서에 등장하여 학생들의 머릿속에 박히고 있다. 그런데 그것들이 전달하려는 메시지는 정확한가? 다윈주의는 정말 믿을 만한 이론인가?

어느 날 나는 밤늦게까지 이런 생각을 하며 컴퓨터 키보드 앞에 웅크린 채 비행기표를 찾아 인터넷을 뒤지고 있었다. 그때 아내가 살며시 들어왔다.

"뭐해요?"

"시애틀로 가려고. 내게 영향을 주었던 진화의 이미지들을 제대로 설명해 줄 과학자가 거기 있거든. 왠지 그 사람과 말이 잘 통할 것 같아. 그 사람도 대학 시절 진화론을 공부했거든. 그리고 어떻게 되었는지 알아?"

아내는 어리둥절한 표정으로 물었다.

"그가 어떻게 되었는데요?"

"무신론자가 되었지."

첫 번째 인터뷰: 조나단 웰스 박사

조나단 웰스가 고등학생이던 1950년대 후반에는 학교에서 배우는 과학이 다윈주의에 깊이 물들어 있지 않았다. 그러나 프린스턴 대학에서 지질학을 공부하면서, 그는 지질학이 진화론의 렌즈를 통해 모든 것을 본다는 사실을 알게 되었다. 어렸을 때부터 교회에 다녔던 웰스였지만, 대학 3학년쯤 되자 어느새 자신을 무신론자로 여기게 되었다.

나는 물었다. "박사님의 무신론은 다윈주의에 영향을 받았습니까?"

"물론입니다. 진화 이야기는 내가 어릴 때 배웠던 종교적 이미지들을 대신했습니다. 나는 더 이상 영적인 것이 필요하지 않았습니다."

나는 시애틀 도심의 칙칙한 사무실용 빌딩 4층에 위치한 디스커버리 연구소에서 웰스와 마주 앉았다. 웰스가 선임연구원으로 있는 연구소 산하 과학문화센터는 '자연과학 자체뿐 아니라 자연과학이 사회에 미치는 영향'에 대한 웰스의 열정이 담겨 있는 조직이었다.

그는 버클리의 캘리포니아 대학에서 지질학과 물리학으로 학사를 마쳤고, 부전공으로 생물학을 공부했다. 그리고 예일 대학원에서 종교 연구로 박사학위를 땄다. 웰스의 전공 분야는 다윈을 둘러싼 19세기의 논쟁이었다. 웰스는 1994년에 다시 버클리 대학에서 분자와 세포생물학 박사 학위를 받았는데, 그의 연구 초점은 주로 척추동물 발생학과 진화였다. 그 후 웰스는 버클리에서 생물학 분야의 박사 후 과정 연구원으로 일했다. 웰스는 여러 과학 잡지에 진화의 과학적·문화적 측면에 대한 글을 기고했다.

웰스는 논쟁을 두려워하지 않는 성격이었다. 그는 군대에서 2년 동안 복무한 후, 버클리의 반전활동가가 되어 월남 참전을 거부하다 감옥에 가기도 했다. 그 후 캘리포니아 외곽의 오두막에서 살다가 자연 세계의 장엄함에 매혹되어 그 배후에 하나님이 계신다는 새로운 확신을 얻었다. 영적 관심을 되찾은 웰스는 여러 가지 종교적 가능성을 찾아 영적 지도자들과 설교자들, 명상

가들을 찾아다녔다.[4]

그러나 나는 웰스에게 영적 지혜를 구하기 위해 시애틀로 간 것이 아니었다. 내가 그를 찾은 이유는 과학에 대한 그의 전문 지식 때문이었다. 그리고 그가 쓴 책의 제목이 첫눈에 나를 사로잡았기 때문이었다. 2000년에 출간된 그의 책 「진화의 아이콘」은 다윈주의 진화론이 진리라고 확신하게 했던 이미지들을 과학의 눈으로 예리하게 파헤치고 있었다. 그 책은 다른 몇 가지 진화의 상징들과 더불어 밀러의 실험, 다윈의 진화계통수, 헤켈의 배아발생도, 시조새 화석을 모두 다루고 있었다. 무엇보다 내 호기심을 자극한 것은 "진화에 대해 가르치는 많은 내용들이 틀린 이유(Why Much of What We Teach about Evolution Is Wrong)"라는 이 책의 부제였다.

드디어 나는 그 이미지들과 다윈주의의 전반적 신빙성이라는 폭넓은 문제를 심층 취재할 기회를 잡았다. 나는 편안한 의자에 앉아 나무 책상 너머의 웰스를 마주보았다. 인터뷰에 앞서 잡담을 나눌 때는 부드럽고 온화한 모습을 보이던 웰스였지만, 진화론이라는 중대한 주제를 파고 들어가자 금세 진지하고 활기에 넘쳤다. 35년 전, 진화의 아이콘들에 이끌려 자연주의와 무신론으로 가는 여정에 올랐던 나는 그에게 '진화'라는 사건의 진상을 듣고 싶은 마음이 간절했다.

아이콘 조사하기

우선 나는 진화의 네 가지 이미지에 영향을 받아 무신론에 빠져들었던 이야기를 웰스에게 간략하게 들려주었다. 그는 내 이야기를 듣고 공감한다는 듯 약간씩 고개를 끄덕였다. 마치 내가 겪은 일을 다 이해하고 있다고 안심시키려는 것 같았다.

나: "박사님은 그 네 가지 상징과 다른 이미지들을 모두 다루시면서 그것들

을 '진화의 아이콘'이라고 부르셨습니다. 왜 그런 용어를 사용하셨습니까?"

웰스: "과학자에게 다윈주의의 증거를 대라고 하면 거의 누구나 그 네 가지 이미지들을 예로 들지요. 그것들은 우리 아이들이 보는 교과서에도 실려 있습니다. 왜냐하면 많은 과학자들이 그것들이야말로 진화의 증거라고 믿기 때문이죠."

나: "진화의 증거가 될 수 있는 다른 아이콘들은 어떤 겁니까?"

웰스: "박쥐의 날개, 돌고래의 물갈퀴, 말의 다리, 인간의 손을 살펴보면, 서로 뼈 구조가 비슷합니다. 이것은 동물과 인간이 모두 하나의 공통조상에서 나왔다는 증거로 제시되지요. 그 다음은 나무줄기에 붙어 있는 얼룩나방의 사진입니다. 그 사진은 나방이 포식자인 새들의 공격을 피해 자연선택으로 겉모습이 변하는 과정을 보여 주는 사례로 교과서에 실려 있습니다. 물론 다윈의 유명한 핀치 새도 마찬가지 경우지요. 자연선택을 지지하는 증거로 쓰이는 갈라파고스 군도의 새들 말입니다. 그러나 가장 유명한 아이콘은 아마도 원숭이 비슷한 원인이 인간으로 서서히 진화해 가는 그림일 겁니다. 그것은 인간이 목적 없는 자연적 원인에 의해 진화한 동물에 불과하다고 암시하고 있지요. 이 그림이 패러디된 만화를 많이 보셨을 겁니다."

나: "논의를 더 진행하기에 앞서, 용어 정의부터 분명히 하는 게 좋을 것 같군요. 사람들은 보통 '진화'를 말할 때 시간의 흐름에 따라 변화가 일어난다는 뜻으로 씁니다. 하지만 그건 정확한 의미가 아닌 것 같은데요."

웰스: "물론입니다. 그것이 다윈주의가 말하는 전부라면 어떤 논쟁도 일어나지 않을 겁니다. 시간이 경과함에 따라 생물학적 변화가 있었다는 사실에는 누구나 동의하니까요. 진화를 그저 '변이의 계승'으로만 정의하는 사람들도 있습니다. 어쨌든 한 가지 종 내의 모든 유기체가 변이의 계승을 통해 이어져 있다는 데는 모두가 동의합니다. 이 현상은 생물의 생식이라는 평범한 과정에서 나타는 현상이니까요.

다윈주의의 주장은 이보다 훨씬 더 야심만만합니다. 그것은 모든 생명체가 하나의 공통조상에서 나와 변이된 후손이라는 이론입니다. 인간이 원숭이와 같은 조상의 후손일 뿐만 아니라, 더 나아가 초파리와도 조상이 같다는 서사요. 다윈주의는 '변이의 계승'이라는 이론으로 지금까지 생겨난 모든 새로운 종을 설명할 수 있다고 주장합니다. 신다윈주의는 여기에서 더 나아가 이런 변이가 유전자의 임의적인 돌연변이에 작용하는 자연선택의 결과라고 주장하지요."

나: "이 아이콘들이 진화의 증거로 가장 많이 인용되는 사례들이라면, 그것들을 하나씩 검토하신 후 어떤 판단을 내리셨습니까?"

웰스: "그것들은 완전히 틀렸거나 일부 오해의 소지가 있습니다."

나: "틀렸거나 오해의 소지가 있다고요? 잠깐만요. 그렇다면 과학 선생님이 내게 거짓말을 했다는 말씀입니까? 그건 좀 너무한데요!"

웰스: "아닙니다. 내 말은 그런 뜻이 아닙니다. 과학 선생님도 아마 그 아이콘들이 엉터리 증거라는 사실을 몰랐을 겁니다. 그러나 결과는 마찬가지입니다. 과학 교사들이 지금까지 학생들에게 가르친 내용의 상당 부분은 틀렸습니다. 기자님이 그 아이콘들에 대해 들었던 말 역시 대부분 엉터리일 겁니다."

나는 그 말뜻을 곰곰이 따져 보았다.

"좋습니다. 박사님의 논리를 따라가 보죠. 이 아이콘들이 다윈주의를 입증하는 최고의 증거들이고, 그 때문에 과학자들이 그토록 자주 인용했다면…."

그는 내 생각을 읽고 말을 이었다. "그런데 그것들이 가짜거나 오해의 소지가 있다면, 그 사실은 우리에게 무엇을 말해 주는가가 이 문제의 핵심이지요. 내가 제기하는 의문 역시 바로 그것입니다. 진화의 아이콘들은 정말 과학인가, 아니면 신화인가 하는 문제 말입니다."

바로 내가 풀고 싶었던 의문이었다. 나는 내게 영향을 주었던 아이콘 하나하나를 확실하게 짚어 보는 식으로 이야기를 풀어 가기로 했다. 우선 가장 큰 영향을 끼쳤던 아이콘부터 시작했다. 스탠리 밀러의 실험 사진이 떠올랐다. 원시 지구의 대기와 같은 환경에 전기 충격을 주어 생명체의 기본 구성 요소인 아미노산을 만들어 낸 1953년의 실험에 사용된 튜브와 플라스크, 전극 사진 말이다. 그 실험의 메시지는 생명체가 창조주의 개입 없이 자연적으로 만들어질 수 있다는 것이다. 나는 결정적으로 그 실험 때문에 이 세상에 더 이상 하나님은 필요 없다고 단정 짓고 있었던 것이다.

첫 번째 이미지 ; 밀러의 실험

지금도 많은 생물학 교과서에 실려 있는 밀러의 실험이 타당한지 여부는 그가 실험에서 원시 지구의 환경을 정확히 반영하는 대기를 사용했는가에 달려 있다. 당시 밀러는 노벨상 수상자이자 지도 교수였던 해럴드 유레이의 대기 이론에 상당히 의지하고 있었다.

나: "오늘날 그 실험에 대한 과학적 평가는 어떻습니까? 밀러가 조성한 대기 상태는 정확했습니까?"

웰스: "글쎄요. 원시 대기가 어떤 상태였는지 확실히 아는 사람은 없습니다. 하지만 원시 대기가 밀러가 조성한 것과는 전혀 다르다는 사실에는 의견 일치를 보고 있습니다. 밀러는 메탄, 암모니아, 수증기에다 수소가 많이 들어간 혼합물을 선택했습니다. 당시 많은 과학자들은 원시의 대기 상태가 그럴 거라고 생각했기 때문입니다. 그러나 현대의 과학자들은 그렇게 생각하지 않습니다. 카네기 연구소의 한 지구물리학자는 이렇게 말했지요. '원시 지구의 대기가 메탄과 암모니아로 이루어졌다는 증거는 과연 맞는 것일까? 그 주장을 뒷받침하는 증거는 하나도 없고, 그에 반대되는 증거는 오히려 많다.' [5]

1970년대 중엽, 벨기에의 생화학자인 마르셀 플로르킨은 밀러의 원시대기론을 바탕으로 한 개념은 '폐기되었다'고 선언했습니다. 저명한 생명 기원

연구자들인 클라우스 도스와 시드니 폭스는 밀러가 잘못된 혼합 가스를 사용했음을 확증했어요. 그리고 1995년에 「사이언스」지는 '원시 대기가 밀러의 실험에서 가정한 것과는 전혀 다르기' 때문에 이제 전문가들은 그 실험의 결과를 받아들이지 않는다고 했지요."

나: "요즈음 과학자들은 원시 지구의 대기가 무엇으로 이루어졌다고 생각합니까?"

웰스: "현재 최선의 가설에 따르면, 원시 대기에는 수소가 거의 없었을 겁니다. 수소는 대기권 밖으로 빠져나갔을 테니까요. 아마도 원시 대기는 이산화탄소, 질소, 그리고 수증기로 구성되었을 겁니다. 1960년대부터 대부분의 지구화학자들이 원시 대기는 밀러의 실험에 사용된 혼합 가스와 전혀 다른 상태였다고 밝혔는데도 아직도 교과서는 밀러의 실험이 원시 지구의 환경을 재현한 것처럼 소개하고 있죠."

나: "정확한 대기를 사용해 그 실험을 재연하면 어떤 일이 벌어집니까?"

웰스: "분명히 말씀드리지만 아미노산을 얻지 못합니다. 그건 확실해요. 그런데도 일부 교과서들은 실제 대기를 사용해도 여전히 유기분자들을 얻을 수 있다고 얼버무립니다. 그것으로 문제가 해결된다는 듯 말입니다."

나: "유기분자들이라구요? 저는 생화학자가 아닙니다만, 그게 생명체의 선구 물질은 아닐까요?"

웰스는 잠시 움찔하는 듯했지만 곧 목소리를 높였다.

"그럴 듯하게 들립니다만, 그게 뭔지 아십니까? 포름알데히드입니다! 바로 시안화물 말입니다! 그게 유기분자일지는 모릅니다. 하지만 버클리의 내 실험실에서는 뚜껑 있는 병에 담긴 포름알데히드도 둘 수 없습니다. 너무 독성이 강하거든요. 병뚜껑을 열면 그 안에서 나온 포름알데히드 가스만으로도 주위의 단백질이 익어 버립니다. 그것은 생명체의 배아를 죽이지요. 현실의 원시 대기를 사용해 생명 기원의 첫 단계에 들어선다는 건 그야말로 웃기는 소립니다. 훌륭한 유기화학자가 포름알데히드와 시안화물을 생체분자들로 바꿀 수 있는 건 사실입니다. 그러나 포름알데히드와 시안화물이 생명의 기원에 적합한 기질(基質)이 된다는 건 말도 안되는 소리지요."

내가 웰스의 이야기를 음미하고 있는 동안 그는 결정타를 먹였다.

"그렇게 하면 무엇이 생기는 줄 아십니까? 방부제입니다!"

깨진 달걀 다시 붙이기

일부 교과서들은 아직 모르고 있지만, 과학의 발전이 밀러의 실험을 눌러버린 것이 분명했다. 그러나 나는 다른 가설도 알아보고 싶었다.

나: "어느 날 어떤 과학자가 원시 지구의 실제 대기 조성에서 아미노산을 만들어 낸다고 합시다. 저도 그게 화학적으로 가능하지 않다는 건 압니다만, 그냥 그렇다고 칩시다. 아니면 아미노산이 혜성을 타거나 다른 방식으로 지구에 왔다고 가정해 봅시다. 제가 묻고 싶은 건 이겁니다. 그 아미노산이 살아 있는 세포로 생성되기까지 얼마나 많은 과정을 거쳐야 할까요?"

웰스: "물론, 아주 많이 걸리지요. 아주 믿기 어려울 만큼 많이요. 우선 아주 복잡한 과정을 거쳐 올바른 종류의 아미노산이 정해진 개수에 맞게 제대로 연결되어야 하나의 단백질 분자가 만들어집니다. 그리고 그것이 살아 있는 세포가 되려면 여전히 아주 먼 길을 가야 합니다. 우선 수십 개의 단백질 분자들이 올바른 순서로 배열되어야만 살아 있는 세포 하나가 만들어지지요. 그런데 그 일이 이루어질 확률은 놀랄 만큼 낮습니다. 무기물과 살아 있는 가장 원시적인 유기체 사이의 간격은 그야말로 너무나 엄청납니다."

나: "예를 하나만 들어주실 수 있겠습니까?"

웰스: "무균 평형염류용액이 들어 있는 시험관에 살아 있는 세포 하나를 넣고 세포에 구멍을 내어 내용물이 용액에 스며들도록 합니다. 이제 시험관에는

살아 있는 세포를 만드는 데 필요한 모든 분자가 다 들어 있습니다. 어때요? 밀러의 실험보다 훨씬 많은 것을 이뤄 낸 셈이죠. 생명체에 필요한 모든 구성 요소를 다 갖추었으니까요."

나: "그렇군요."

웰스: "그런데 문제는 그 조건에서 살아 있는 세포를 만들 수 없다는 겁니다. 그런 일을 시도하는 것조차 아무런 의미가 없습니다. 그것은 물리학자가 점점 위로 올라가 달까지 다다를 바위를 얻을 수 있는지 실험하는 것과도 같습니다. 제정신이라면 어떤 생물학자도 시험관에 담긴 분자들이 살아 있는 세포로 바뀔 수 있다고 생각하진 않을 겁니다."

나: "다시 말해 생명체를 창조하려면 무기물에서 세포의 구성 요소들을 만들어 내는 어려움은 물론이고, 그 요소들이 올바른 방식으로 결합해야 하는 훨씬 더 큰 문제가 생긴다는 거군요."

웰스: "바로 그겁니다! 제가 말씀드린 예에 등장한 세포는 결국 죽었습니다. 깨진 달걀은 다시 붙지 않는 원리와 같은 것이죠. 그러니 밀러의 타르 용액에 담긴 아미노산이 살아 있는 세포에 필요한 구성 요소들(모든 효소, DNA 등) 사이를 가로막는 수천 가지 단계를 넘어갈 수 있다 해도, 그것과 생명체 사이에는 헤아릴 수 없이 먼 간격이 있습니다."

나: "하지만 최초의 세포는 오늘날 가장 단순한 단세포 생물보다도 훨씬 더 원시적이었을 겁니다."

웰스: "그렇다고 해도 마찬가지입니다. 적당한 시간, 적당한 장소에서 적당한 부분들을 적당한 방식으로 조립하면서 엉뚱한 물질은 배제시키기란 한마디로 너무 어려운 일입니다. 솔직히 우리가 이제 곧 생명의 기원을 자연적으로 설명할 수 있다는 말은 바보 같은 소리지요."

나: "그럼 생명체가 어떤 지시나 안내도 없이 그 스스로 조립되었음을 설명할 수 있는 이론은 없습니까?"

웰스: "'이론'은 무척 애매한 단어입니다. 이론을 만드는 것은 어렵지 않습니다. 문제는 그것이 고려할 만한 실험적 증거를 확보하고 있느냐는 거지요. 나는 실험을 해야 직성이 풀리는 사람입니다. 나는 얼마간의 증거를 보고 싶은 건데, 그 증거가 전혀 없습니다.

일례로 DNA의 가까운 친척인 RNA가 분자의 요람이 되어 그것에서 원시 세포들이 발달했을 거라는 이론이 인기를 끌고 있습니다. 이 'RNA 세계' 가설은 한동안 아주 그럴듯한 이론으로 기대를 모았지요. 하지만 살아 있는 세포가 되기 전에 RNA가 어떻게 만들어졌는지, RNA가 원시 지구의 열악한 조건에서 어떻게 살아남았는지는 아무도 설명하지 못했습니다. 생화학자 제럴드 조이스가 'RNA 세계 이론'을 거부하면서 이런 말을 했어요. 'RNA가 생존하는 첫 번째 생체 분자가 되기 위해서는 허수아비 위에다 허수아비를 계속 쌓아나가야 한다.' 한마디로, 그 이론은 막다른 골목에 처해 있어요. 지금까지 제기된 다른 모든 생물의 지면발생 이론들 역시 똑같은 운명을 맞았지요."

"…그리고 기적이 있었다"

돌이켜 보면 내 유물론 철학을 떠받쳐 준 토대는 역사를 통해 조금씩 부서져 내렸다. 한때 내 무신론의 위대한 협력자였던 밀러의 실험도 이제는 그저 과학적 호기심거리로 전락하고 말았다.

나: "오늘날 밀러의 실험은 어떤 의미가 있습니까?"

웰스: "과학적으로는 사실상 의미가 없습니다. 하지만 역사적으로 볼 때는 흥미로운 실험입니다. 바로 그 이론 때문에 여러 해 동안 많은 사람들이 생명이 저절로 생겨날 수 있다는 믿음을 갖게 되었거든요. 하지만 나는 그것이 잘못되었다고 확신합니다. 이제 밀러의 실험은 과학 교과서에 들어갈 자리가 없다고 봅니다. 각주 정도라면 모를까."

나: "하지만 대부분의 교과서에서 밀러 실험은 상당한 비중을 차지하고 있지 않습니까?"

웰스: "불행히도 그렇습니다. 요즘에도 그 실험은 교과서 본문에, 대부분 사진과 함께 크게 실립니다. 잘못된 일이죠. 생명이 어떻게 시작되었는지를 실험으로 증명해 냈다는 인상을 주거든요. 본문에다 원시 지구의 대기가 밀러가 생각했던 것과 다를 수도 있다는 단서를 다는 경우도 있기는 하지만요. 그래도 어쨌든 그 뒤에다가 현실적인 대기 환경을 사용한 실험에서도 유기분자들이 생겨난다는 말을 꼭 덧붙입니다. 내가 볼 때 그 말 역시 오해하기 쉬운 표현입니다."

나는 오늘날 밀러의 실험을 접하는 학생들을 떠올렸다. 그들은 생명 창조의 복잡성을 알고 있기나 한 걸까? 교과서에 실린 밀러의 실험이 말하는 바를 제대로 이해할까, 아니면 이제 과학자들은 무기물이 어떻게 살아 있는 세포가 되었는지를 밝혀 내기 직전이라는 결론을 내릴까? 하나님에게서 벗어날 핑계를 찾는 젊은이라면 생명 기원의 문제가 진화론의 거침없는 전진을 가로막는 사소한 장애물에 불과하다는 그릇된 결론을 내리지는 않을까?

나: "밀러 실험이 왜 아직도 교과서에 실려 있다고 생각하십니까?"

웰스: "그것이 경험 과학을 가장한 유물론 철학이기 때문이죠. 밀러의 실험은 생명의 기원에 대한 다른 유물론적 설명이 없으니, 생명은 그런 식으로밖에 생길 수 없다는 태도를 취하고 있지요. 누군가 '지적 설계' 같은 다른 설명 방식을 거론하려 들면 진화론자들은 그에게 과학자가 아니라고 공격하죠."

웰스의 설명은 생명 기원 문제에 관한 전문가 월터 브래들리와 나눴던 또 다른 인터뷰 내용과 일치했다.

당시 나는 그에게, 첫 번째 살아 있는 세포가 어떻게 자연적으로 생겨날 수 있었는지를 둘러싸고 과학자들이 제시한 여러 이론들에 관한 질문을 던졌다. 질문의 내용은 주로 임의적 우연, 화학적 친화력, 스스로 조직을 만드는 경향,

우주에서 온 씨앗, 심해 열수구, 그리고 선구 물질의 조립을 촉진하기 위한 진흙의 사용 등에 관한 것이었다. 브래들리는 그 중 어느 것도 과학적 검증을 제대로 통과하지 않았음을 보여 주었다.[6]

다른 많은 과학자들도 같은 결론에 도달했다. 저널리스트 그레그 이스터브룩은 생명의 기원에 대해 이렇게 썼다. "과학은 생명이 어떻게 시작되었는지 전혀 모른다. 그 누구도 불모의 태초 세계가 어떤 단계를 거쳐 연약한 생명의 화학으로 넘어갔는지 밝힐 수 없다."

브래들리는 그레그의 견해에 동의할 뿐 아니라, 무생물과 생물 사이의 커다란 간격을 메우기란 불가능하다는 점을 고려한다면 생명이 저절로 생겨날 수 있다는 이론이 발전할 가능성은 없다고 말했다. 그렇기 때문에 그는 생명 창조의 배후에 지적 존재가 있음을 암시하는 "절대적으로 압도적인 증거"를 확신했다. 그는 이렇게 말했다.

"나는 지적 설계자가 있다고 합리적으로 추론하는 사람들보다 생명이 자연적으로 생겨났다고 믿는 사람들이 훨씬 더 맹목적이라고 생각합니다."

종교적 신앙을 의심의 눈초리로 바라보는 사람들조차, 생명이 저절로 생겨날 확률은 터무니없이 낮으며 생명의 기원에는 유물론적 과정 이외의 뭔가가 더 있는 게 틀림없다는 결론을 내린다. 그들은 현실적으로 그 모든 일을 설명할 수 있을 것처럼 보이는 유일한 단어는 '기적'임을 알고 있다. 사실 '기적'이란 말은 많은 과학자들이 질색하는 단어지만, 그 단어를 쓸 수밖에 없는 상황인 듯하다.

2002년, 미국에서 손꼽히는 과학 저널리스트이자 자신을 "변절한 가톨릭 신자"라고 주장하는 존 호건은 과학자들이 우주의 탄생 비밀이나 "작은 행성 지구의 무생물이 어떻게 살아 있는 생명체가 되었는지" 전혀 모르고 있다고 주장했다. 그리고 이어서 다음과 같이 말하며 '기적'을 언급했다. "따라서 과학은 우리의 존재가 확률적으로 거의 존재 불가능한 기적이라는 사실을 발견했다고 할 수 있다."

생화학자이자 영적 회의론자이며, DNA의 분자 구조를 발견한 공로로 노벨상을 공동수상한 프랜시스 크릭은 몇 년 전 '기적'이란 말을 조심스럽게 꺼냈다. "지금 우리에게 주어진 모든 지식으로 무장한 정직한 사람이라면, 어떤 의미에서 생명의 기원이 거의 기적으로 보인다고 말할 수밖에 없을 것이다. 하나의 생명이 탄생하기 위해 갖추어야 할 조건들이 너무도 많기 때문이다."

브래들리는 매우 단호하게 말했다 "현재 생명의 기원을 설명하는 자연주의적 이론은 없습니다. 그런데 앞으로도 그런 이론이 나올 가능성이 없어 보인다면, 초자연적인 설명을 고려하는 것이 가장 적절한 처사라 믿습니다. 그것이야말로 증거에 기초를 둔 가장 논리적인 추론이라고 생각합니다."

두 번째 이미지; 다윈의 진화계통수

진화의 다음 이미지로 다가갈 시간이었다. 가장 유명한 진화의 아이콘 중 하나는 「종의 기원」에서 실린, 다윈이 직접 그린 그림이다. 다윈은 그 그림을 통해 모든 생물이 하나의 공통조상에서 나왔고, 자연선택이 우리가 현대 세계에서 보는 수많은 유기체의 발달을 낳았다는 이론을 주장했다. 다윈의 진화계통수(進化系統樹)는 내게 다윈주의 진화론이 그토록 매력적인 이유를 한눈에 보여 주었다. 그것은 마치 자연사의 모든 것을 설명해 주는 열쇠 같았다. 그러나 그 계통수가 우리가 살고 있는 현실과 일치하는지가 문제였다.

나: "다윈이 그 그림을 그린 후 한 세기가 넘도록 계속 화석이 발견되었습니다. 그의 진화계통수가 입증된 게 아닐까요?"

웰스: "절대 그렇지 않습니다. 화석 기록의 도해로서 계통수는 처참한 실패작입니다. 그러나 그것이 다윈의 이론을 잘 드러내고 있는 것만은 분명합니다. 다윈은 한 개체군의 일부가 어떤 조건에 노출되고 같은 개체군의 또 다른

일부가 다른 조건에 노출되면, 자연선택으로 인해 두 개체군이 다른 방식으로 변화할 수 있다고 믿었습니다. 시간이 지나 한 종이 여러 가지 변종을 낳고, 이 변종들이 계속해서 달라지면, 녀석들은 결국 별개의 종이 될 거라고 생각했던 겁니다. 그렇기 때문에 다윈의 그림은 가지를 뻗어 나가는 나무의 패턴이 된 거지요. 다윈 이론의 핵심 중 하나는 '사소하고, 연속적이고, 유리한 변이가 서서히 축적됨으로써' 자연선택이 일어나되 '갑작스럽거나 커다란 변화'는 불가능하다는 것입니다."

나: "박사님 말씀은 진화계통수가 다윈의 생각을 잘 보여 주긴 하지만, 과학자들이 화석에서 발견한 물리적 증거로는 뒷받침되지 않는다는 겁니까?"

웰스: "바로 그겁니다. 사실 다윈은 화석 기록이 자신의 계통수를 지지하지 않는다는 것을 알고 있었습니다. 그는 화석 기록에서 동물의 대집단들, 다윈은 그것을 '경계(division)'이라 불렀고, 오늘날 과학자들은 '문'(門)이라고 합니다만, 이 대집단들이 갑자기 나타난다는 사실을 인정했습니다.[7] 그것은 다윈의 이론과는 맞지 않는 것이죠.

다윈의 이론은 하나의 공통조상에서 조그만 차이 때문에 갈라져 나왔다가 그 차이가 점점 커져 마침내 오늘날과 같은 거대한 차이를 이룬다는 장구한 변천을 예측합니다. 그러나 다윈이 활동하던 당시에도 화석 증거는 그의 이론과 정반대되는 내용을 보여 주었지요. 문 단위의 차이점들이 급속하게 나타난 '캄브리아기 폭발'이 그 예입니다.

다윈은 미래에 발견될 화석들이 자신의 이론을 입증해 주리라 믿었지만 그런 일은 생기지 않았습니다. 오히려 지난 150년 동안 발견된 화석들은 캄브리아기 폭발이 과학자들이 생각한 것보다 훨씬 더 갑작스럽고 광범위하게 일어났다는 사실을 보여 주면서 다윈의 진화계통수를 뒤엎어 버렸습니다."

나: "캄브리아기 폭발이요? 자세히 설명해 주십시오."

웰스: "캄브리아기는 대략 5억 4천만 년 이전에 시작된 것으로 추정되는

지질학 시대입니다. 우리는 캄브리아기 폭발을 '생물학적 빅뱅'이라고 부릅니다. 그 시기에 지금 멸종한 동물문뿐 아니라, 오늘날까지 살아 있는 대부분의 주요 동물문이 갑자기 나타났기 때문입니다. 화석 기록에 따르면 캄브리아기 이전에는 일부 해파리, 해면, 벌레들만 있었습니다. 그러나 점진적인 변이의 장구한 역사를 말하는 다윈 이론을 뒷받침할 만한 증거는 없습니다.

그러다 캄브리아기로 들어서자 갑자기 '펑!' 하고 빅뱅이 일어난 거죠. 이 시기에 절지동물(현대의 곤충, 게 등이 해당), 극피동물(현대의 불가사리와 성게), 척색동물(현대의 척추동물) 등이 나타났습니다. 포유류는 나중에 나타났지만, 척색동물은 캄브리아기 초기에 모습을 보이고 있습니다.

이것은 다윈의 진화계통수와 정반대되는 모습이지요. 근본적으로 전혀 다른 이 동물들이 완전히 발달된 형태로 갑자기 나타난 겁니다. 이것을 두고 고생물학자들은 화석 기록이 보여 주는 가장 놀라운 단일 사건이라고 합니다."

나: "놀랐습니다. 처음 듣는 말입니다. 그 동물들은 얼마나 갑작스럽게 나타났습니까? 제가 실감할 수 있도록 설명해 주십시오."

웰스: "미식축구 골라인에 서 있다고 상상해 보십시오. 골라인 선은 첫 번째 화석, 즉 단세포 미생물 화석입니다. 이제 경기장으로 걸어 들어갑니다. 마침내 중앙선을 지나 반대쪽 골라인으로 점점 다가갑니다. 지금까지 눈에 들어온 거라곤 이 단세포 미생물 화석들뿐입니다. 그런데 경기장 반대쪽에 이르자 해면과 해파리와 벌레들이 보이기 시작합니다. 그러다 어느 순간 발걸음을 한 걸음 앞으로 내딛자 '펑!' 하고 갑자기 온갖 종류의 동물들이 나타납니다. 한 진화학자가 말한 것처럼, 주요 동물군의 화석 기록은 제우스의 머리에서 나온 아테네처럼 다 자란 모습으로[8] 세상에 등장하지요.

누구도 그걸 가지를 뻗어 가는 나무라고 말할 수는 없습니다! 일부 고생물학자들은 다윈의 이론이 전반적으로 옳다고 생각하면서도, 그것이 진화계통수라는 나무가 아니라 잔디라고 부릅니다. 별개의 풀잎들이 불쑥불쑥 고개를 내밀었기 때문입니다. 중국의 한 고생물학자는 다윈의 나무가 실제로 거꾸로 서 있다고 말합니다. 동물들이 처음 등장할 때부터 주요 동물군이 나오기 때문입니다. 결국 캄브리아기 폭발은 다윈의 나무를 뿌리째 뽑아 버렸죠."

가설이 무너지다

그러나 나는 웰스의 말에 이의를 제기했다.

"하지만 다윈이 옳았을지도 모릅니다. 화석 기록이 아직 불완전한 것일 수도 있으니까요. 다음 주에라도 어딘가에서 새로운 화석들이 발견되어 자연사가 새로 쓰일지 누가 알겠습니까? 아니면 생물학적 빅뱅 이전에 존재하던 생물들 몸이 너무 작거나 연해서 화석 기록에 흔적을 남기지 않았던 것은 아닐까요? 그렇지 않다고 증명할 방법도 없으니까요."

웰스는 약간 발을 뺐다. "저도 과학자로서 내년에라도 갑자기 캄브리아기 폭발이 있기까지의 간격을 메워 줄 화석층이 발견될 가능성을 열어 두고는 있습니다. 하지만 그런 일이 일어나지 않을 거라고 확신합니다. 다윈 이후 이미 오랜 세월이 흘렀고, 수백만 개의 화석들이 발굴되었지만 그런 일은 없었습니다. 캄브리아기 이전에 어떤 원종들이 있었다면, 그 화석들을 보존하기에 충분히 양호한 퇴적암들이 있었는데도 말입니다. 이 분야의 두 전문가는 '화석 기록의 결함으로 얼버무리기엔 캄브리아기 폭발이 너무 큰 사건'이라고 합니다. 저도 그들의 말에 전적으로 동의합니다.

선(先)캄브리아기 화석들이 너무 작거나 연해서 흔적이 남지 않은 거라는 주장을 살펴볼까요? 이미 발견된 화석 중엔 30억년도 더 된 바위에 생긴 박테리아 미화석(微化石)들이 있습니다. 그리고 오스트레일리아에서 캄브리아기 이전의 몸체가 부드러운 생물들의 화석이 이미 발견되었지요. 사실, 과학자들은 캄브리아기 폭발 시기 화석에서도 부드러운 몸체의 동물들을 발견했습니다. 그래서 오늘날 진화론자들은 캄브리아기 이전에 공통조상이 있었음을 증명하기 위해 분자 수준의 증거를 찾고 있습니다."

나: "그 작업은 어떻게 되어 가고 있습니까?"

웰스: "그리 잘 되고 있진 않습니다만, 이런 식으로 진행됩니다. 우선, 화석 자체에서 분자 수준의 증거를 얻을 수는 없습니다. 분자 수준의 증거는 살아 있는 생물에서만 나오거든요. 그래서 먼저 불가사리 안에서 생명의 기본이 되는 분자, 즉 리보솜 RNA를 골라 그것을 조사합니다. 그 다음 뱀, 벌레와 개구리의 RNA를 연구합니다. 유사성을 찾는 겁니다. 만약 다양한 범주의 동물들이 갖고 있는 리보솜 RNA를 비교해서 상호 유사성을 찾고, 그것들이 공통조상에서 출현했다고 가정한다면, 이론적인 진화계통수를 세울 수 있게 되지요.

그러나 이 방법에는 문제점이 너무 많습니다. 먼저 분자 수준의 계통수와 해부학에 근거한 계통수를 비교해 보면 서로 다르다는 걸 알 수 있습니다. 게다가 하나의 분자를 두 개의 다른 연구소에 갖다 주면 서로 다른 계통수가 나옵니다. 연대 결정을 포함해 일관성이 전혀 없습니다. 전부 그런 식이지요. 이 모든 사실에 근거해 볼 때, 과학자인 나는 공통조상이 존재한다는 가정에 의문을 제기할 수밖에 없습니다.

물론, 어떤 단계에서는 하나의 공통조상에서 계통이 이어진다는 가정이 맞습니다. 아무도 그 점을 부인하지는 않습니다. 초파리를 예로 들면, 여러 세대를 거슬러 공통조상이 되는 하나의 초파리까지 올라갈 수 있습니다. 단일 종 안에서의 공통조상은 직접 관찰된 바입니다. 그리고 호랑이, 사자 등 모든 고양이과가 하나의 공통조상에서 나온 것일 가능성도 있습니다.

종(種), 속(屬), 과(科), 목(目), 강(綱) 등 분류학상 위계에서 볼 때, 종 단위에서 공통조상이 있다는 것은 분명한 사실입니다. 하지만 더 높은 단위에서도 그럴까요? 분류학상의 단위가 높아질수록 그건 점점 더 불확실한 추론이 됩니다. 그러다 문(門) 단위에 이르면, 아주 위태로운 가설이 되지요. 증거가 그것을 뒷받침해 주지 않으니까요."

사실은 분명했다. 아무도 다윈의 계통수가 화석 기록으로 드러난 내용을 정확하게 묘사한다고 주장할 수 없었다. 다윈주의자들의 구구한 설명이 없는 것이 아니지만, 증거는 다윈의 예측을 입증하지 못했다. 그러나 학창 시절 그 그림을 처음 접했을 때, 나는 그것이 다윈이 제시한 혁명적 사상의 성공적인 결과물이라고 결론 내렸던 것이다.

나는 물었다. "그 그림은 요즈음 교과서들에도 실려 있습니까?"

웰스의 놀랍다는 표정으로 대답했다. "그럼요. 사실 그 그림이 실려 있는 건 상관없습니다. 그것은 흥미로운 이론을 잘 보여 주는 좋은 그림이라고 생각합니다. 하지만 학교에서 아이들에게 모든 동물이 공통조상에서 나왔다는 이론이 사실이라고 가르치는 건 용납할 수 없습니다. 그건 사실이 아닙니다!"

그는 목소리에 힘을 주어 자신이 말하려는 요점을 강조했다.

"모든 증거를 고려할 때, 다윈의 계통수는 생명의 역사에 대한 묘사로서 틀렸습니다. 거기서 더 나아가 다윈의 이론은 좋은 가설도 못된다고 말하고 싶군요."

세 번째 이미지 ; 헤켈의 배아발생도

진화에 대해 배우는 모든 학생이 그렇듯, 웰스 역시 다윈주의를 지지하는 최고의 증거라는 설명이 따라 붙는 에른스트 헤켈의 배아발생도를 학생 시절에 봤다. 그러나 웰스는 척추동물 발생학 분야에서 박사 학위 연구를 하며 비로소 그 그림의 실체를 알게 되었다.

헤켈의 가장 유명한 이미지들은 발생의 세 가지 단계에 있는 물고기, 도롱뇽, 거북이, 병아리, 돼지, 송아지, 토끼와 사람의 배아들을 나란히 보여 준다. 다윈에 따르면, 초기 배아들 사이의 놀라운 유사성은 모든 생물이 하나의 공통조상에서 나왔다는 그의 이론을 지지하는 "가장 강력한 단일 사실"이었다.

나는 학생 때 19세기에 그려진 그 그림을 처음 접한 후 푹 빠졌다. 초기 단계의 배아들은 서로 너무나 닮아 있었다. 아무리 머리를 굴려 봐도 이 현상에 대한 논리적인 설명은 공통조상뿐이었다. 나는 다윈이 이겼다고 판단했다. 그러나 진상을 알고 보니, 당시로서는 상상도 못했을 해괴망측한 것이었다.

나: "이 그림들을 보셨을 때, 저처럼 이것이 다윈주의를 지지하는 강력한 증거라고 생각하셨습니까?"

웰스: "물론이죠. 그런데 나중에 대학원 공부를 하면서 배아들의 실제 사진과 헤켈이 그린 그림을 비교할 기회가 생겼습니다."

나: "어땠습니까?"

웰스: "깜짝 놀랐습니다! 헤켈의 그림과 실제 배아 사이에는 커다란 차이가 있었습니다. 정말 믿기 어려운 일이었습니다. 그래도 한동안은 사물을 지나치게 단순화하는 교과서의 특성이겠거니 하며 합리화했습니다. 그러나 시간이 갈수록 헤켈의 그림에 문제가 있다는 생각이 들더군요."

나: "아니, 왜죠?"

웰스: "저는 그 그림에서 세 가지 문제점을 발견했습니다. 첫째, 첫 번째 단계의 유사성은 조작된 것입니다."

웰스의 목소리에는 감정이 실려 있지 않았지만 그 내용은 분명 충격적인 비난이었다.

"조작되었다고요? 정말입니까?" 학생 때 내가 철석같이 믿었던 책들이 그토록 뻔뻔스럽게 거짓말을 했다니, 상상할 수도 없는 일이었다.

웰스: "꾸며졌다, 왜곡되었다, 그릇된 인상을 준다 등 여러 가지로 말할 수 있겠지만, 그 핵심은 조작되었다는 겁니다. 헤켈은 하나의 목판으로 다른 동물의 배아를 찍어 내기까지 했습니다. 자신의 이론을 너무나 확신한 나머지 각 동물의 배아를 따로 그릴 필요조차 없다고 생각한 겁니다. 또 실제보다 더

비슷하게 보이게 하기 위해 그림을 조작하기도 했고요. 어쨌든 그의 그림들은 실제 배아들과 달랐습니다."

나: "놀랍군요! 그 사실이 처음으로 밝혀진 건 언제입니까?"

웰스: "1860년대 후반입니다. 헤켈의 동료들이 그를 사기꾼이라며 비난하며 폭로했던 것입니다."

나: "잠깐만요. 제가 1960년대와 70년대에 배우던 교과서에서도 그 그림들을 본 기억이 납니다. 그 사실이 폭로된 지 100년이 넘게 지났는데도 말입니다. 어떻게 그럴 수 있습니까?"

웰스: "그러게 말입니다! 그 그림은 아직도 쓰이고 있습니다. 진화생물학을 배우는 상급과정 교과서에 나오죠. 사실 근래에 나온 10권의 교과서가 이 주제를 얼마나 정확하게 다루고 있는지 분석하고 점수를 매겨봤습니다. 그 중 8권에는 F를 줄 수밖에 없었습니다. 나머지 2권이 그나마 조금 나아서 D를 줬습니다."

나는 갑자기 화가 치밀었다. 내가 다윈주의를 받아들이고 무신론자가 되는 데 결정적인 역할을 한 그림들이 조작된 것이었고, 과학자들은 그 사실을 1세기 동안이나 알고 있었다니!

나: "정말 믿기 어려운 사실이군요. 이 일로 화가 나지 않으십니까?"

웰스: "물론 화가 납니다. 나도 그 그림이 옳다고 배우면서 자랐으니까요. 나도 속았습니다. 그런데 몇 년 전 몇몇 생물학자들이 어떤 글에서 이 일을 폭로했을 때, 하버드의 진화론자인 굴드는 새로운 얘기도 아니라며 불평했습니다. 그는 20년 전부터 그 사실을 알고 있었다고 했죠! 전문가들에게 그것은 비밀도 아니었습니다.

굴드는 배아발생도가 한 세기가 넘도록 분별없이 재활용된 것에 대해 교과서 저자들이 부끄럽게 여겨야 한다고 했습니다. 적어도 그에게는 그것을 "학문적 살해행위"라고 부를 정도의 솔직함은 있었거든요."

헤켈의 죄는 무엇인가?

헤켈의 배아발생도에 대한 웰스의 첫 번째 폭로는 충격이었다. 나는 다른 문제들에 대해서도 빨리 듣고 싶었다.

나: "나머지 두 문제는 무엇입니까?"

웰스: "사소한 문제 하나는 헤켈이 표본을 세심하게 선택했다는 겁니다. 그는 척추동물의 7개 강 중에서 일부만 보여 줍니다. 그의 가장 유명한 배아발생도에는 여덟 개의 서로 다른 동물이 있습니다. 그 중 넷은 포유류지만 모두 태반류입니다. 배아발생도에서 빠진 두 종류의 포유류는 모양이 완전히 다릅니다. 나머지 네 동물은 척추동물의 네 강(파충류, 조류, 양서류와 어류)을 보여 주는데, 그가 생략한 나머지 강들에 비해 모습이 서로 비슷합니다. 그는 양서류를 대표하는 것으로 개구리 대신 도롱뇽을 사용했습니다. 개구리는 모습이 전혀 다르기 때문입니다. 그러니 그는 각 강(綱)에서 결과를 조작하기에 가장 쉬운 동물을 선정한 것이지요."

조작이라니! 그것은 과학의 규약을 근본적으로 깨뜨리는 일이 아닌가? 나는 비꼬는 투로 말했다.

나: "그게 사소한 문제라면 큰 문제는 무엇입니까?"

웰스: "발생학자인 내게 있어 가장 심각한 문제는, 헤켈이 주장한 초기 단계의 발생이라는 게 전혀 초기가 아니라는 사실입니다. 실제로 그것은 발생의 중간 단계에 해당합니다. 좀 더 초기 단계로 거슬러 가보면 배아들은 훨씬 서로 다른 모습을 하고 있습니다. 그러나 헤켈은 의도적으로 그 전 단계를 몽땅 생략했습니다."

나: "네? 무슨 말인지 잘 모르겠군요. 그것이 왜 중요합니까?"

웰스: "배아들은 초기 단계에서 가장 비슷하니 그것이 바로 생명체가 공통조상에서 나왔다는 증거라고 주장했던 다윈의 말을 생각해 보십시오. 그는 초기 단계들이 공통조상의 모습을 보여 준다고 생각했습니다. 물고기 같은 모양

말입니다.

발생학자들은 '발생 과정의 모래시계'라는 표현을 종종 합니다. 모래시계의 폭처럼 변하는 배아들 간의 차이를 나타내는 비유입니다. 척추동물의 배아들은 세포분열 초기 단계에서 서로 매우 다른 모습으로 출발합니다. 예를 들어 포유류의 세포분열은 파충류나 조류 등 다른 강의 세포분열과 확연히 다릅니다. 그것들을 서로 혼동할 여지는 전혀 없죠. 사실 개개의 강 내에서도 배아들은 전혀 다르게 생겼거든요. 이런 패턴은 곳곳에서 볼 수 있습니다.

그러다 중간 단계, 물론 헤켈이 초기 단계라고 주장했던 그 시기에 접어들면 배아들은 좀 더 비슷해집니다. 그러나 헤켈이 주장했던 정도의 유사성은 어림도 없습니다. 그다음 과정에 이르면 배아들은 다시 확연히 달라집니다."

이것은 치명적인 비판이었다! 한 세기가 넘도록 교과서에 수없이 실렸던 헤켈의 배아발생도가 오류 투성이였던 것이다. 나는 웰스에게 물어보지 않을 수 없었다.

나: "배아발생도에 그토록 문제가 많은데도, 왜 과학자들은 학생들에게 그것을 계속 보라고 합니까?"

웰스: "가장 흔한 설명은, 틀린 그림이기는 하지만 기본적으로 옳은 개념을 가르친다는 겁니다. 하지만 전 그 말에 동의할 수 없습니다.

한 교과서는 헤켈의 그림을 보여 주고 나서 이렇게 말합니다. '성체가 되었을 때는가 전혀 다른모습의 동물들이 초기 발생 단계에서는 놀랄 정도로 유사할 때가 많다.' 1999년에 나온 한 교과서는 헤켈의 그림을 약간 수정하여 싣고 학생들에게 이렇게 말합니다. '이 척추동물들의 초기 발생 단계가 서로 놀랄 만큼 닮았다는 데 주목하라.'

또 다른 교과서의 그림 옆에는 이런 설명이 붙어 있습니다. '척추동물들의 초기 배아들은 서로 많이 닮았다.' 어떤 교과서는 아예 딱 잘라 말합니다. '척추동물 대부분의 초기 배아들이 서로 매우 닮았다는 발생학적 사실은 다윈이 진화의 개념을 세우는 데 자극제가 되었다.'"9

앞서 말했다시피, 배아들이 발생 초기 단계에서 가장 비슷하다는 말은 틀렸습니다. 물론 일부 다원주의자들은 논조를 바꿔 헤겔의 문제들을 은근슬쩍 넘어가려 하지요. 그들은 배아들 간의 차이가 존재하는 이유를 진화론으로 교묘하게 얼버무리려 하죠. 그러나 그것은 진화론자들이 캄브리아기 폭발에 대해 하는 짓과 똑같습니다. 다윈의 이론에 대한 주된 증거가 되어야 할 화석 증거나 배아 증거가 엉터리로 드러나면, 그들은 즉시 이렇게 말합니다. '글쎄, 우리는 진화론이 옳다는 걸 아니까, 증거가 왜 들어맞지 않는지 진화론을 사용해 설명해 봅시다.' 이런 식으로 나가면 진화론에 대한 증거는 도대체 어디서 구할 수 있을까요?"

그렇게 따지는 웰스의 목소리에선 불만과 혼란스러움이 함께 느껴졌다.

나는 그의 말에 동의한다는 듯이 고개를 끄덕이며 말했다.

"그것이 내가 알고 싶은 부분입니다. 진화론이 옳다고 받아들여야 할 이유가 도대체 무엇입니까?"

아가미에 관한 진실

웰스의 설명을 듣고 있노라니 학생 시절에 배아발생도를 보고 철석같이 믿었던 나 자신이 바보처럼 느껴졌다. 웰스가 앞서 해체한 두 가지 아이콘에 대해서도 마찬가지였다. 사기 행각의 피해자가 된 것 같은 기분이었다.

그러나 모든 생물이 하나의 공통조상에서 나왔다는 증거로 배운 것은 헤켈의 배아발생도뿐만이 아니었다. 선생님들은 모든 인간의 배아가 발생 단계에서 목에 아가미 같은 구조를 갖는 시기를 거친다고 하셨다. 그것은 인간의 조상들이 바다에서 살았다는 확신을 심어 준 매혹적인 정보였다.

내가 어릴 때 즐겨 읽었던 백과 사전도 "포유류의 태아들은 어류의 아가미와 닮은 아가미구멍이 생기는 단계를 거친다"고 분명히 밝히고 있었다. 내게는 그 말이 인류의 조상이 어류라는 이야기처럼 들렸다. 1996년 「라이프」지는 인간의 배아에 "아가미와 아주 비슷한 그 무엇"이 생기는데 그것이 "진화의 가장 명백한 증거 중 하나"라고 설명했다. 근래에 출판된 일부 생물학 교과서들조차 인간 배아에 "아가미 주머니" 또는 "아가미 틈새"가 있다고 주장한다. 이 다채로운 정보들은 처음 들은 순간부터 내 머리에서 떠나지 않았다.

나: "아가미는 우리 조상이 바다에서 살았다는 강력한 증거 아닙니까?"

웰스: "대부분의 사람들이 그렇게 말하지요. 하지만 잠시 배꼽 쪽을 내려다보십시오. 이제 목을 만져 보십시오. 피부가 접혀져 생긴 이랑들이 있습니다, 그렇죠? 배아는 몸을 구부리고 있습니다. 목에는 이랑들이 있습니다. 물론 이것들은 피부가 접힌 것만은 아닙니다. 그보다 훨씬 더 복잡하지요. 그러나 이것은 척추 동물의 배아가 발생하면서 보이는 해부학적 특성일 뿐입니다. 분명히 말합니다. 그것은 아가미가 아닙니다!

그 단계에서는 물고기도 아가미가 없지요. 인간에게 있는 그 이랑들은 나중에 귀와 턱 부분이 되고, 어류는 아가미가 됩니다. 그것은 절대 아가미구멍이 아닙니다. 그것을 아가미와 비슷한 구조라고 하는 것은 진화론적 시각에서 진화의 증거로 해석하는 것일 뿐입니다. 그것은 목 부위의 주름으로 아가미와는 비슷하지도 않습니다. 영국의 발생학자 루이스 울퍼트가 말한 것처럼 유사성은 착각일 뿐이지요.

이런 그릇된 생각이 계속해서 영향력을 발휘하는 걸 보면 흥미롭습니다. 진화론자들은 한때 '개체 발생은 계통 발생을 반복한다'는 유명한 표현을 가르쳤습니다. 그것은 배아들이 발생 과정에서 그 동물의 진화 과정 전체를 되풀이한다는 말을 근사하게 표현한 것이죠. 그러나 이 이론은 지난 수십 년 동안 배척되어 왔습니다. 경험적으로 틀렸기 때문입니다. 그런데도 지금까지도 '아가미구멍' 이론 같은 것들은 사라질 줄을 모릅니다."

날개, 물갈퀴, 다리, 손

인터뷰의 앞부분에서 웰스는 공통조상에 대한 또 다른 범주의 증거를 언급했다. 그것은 척추동물의 팔다리와 날개에서 볼 수 있는 '상동성'(相同性)이다. 나는 학생 때 박쥐의 날개, 돌고래의 지느러미, 말의 다리, 인간의 손 사이에서 보이는 골격 구조의 유사성에 대한 그림들을 보았다. 이들 팔다리와 날개들은 각기 다른 용도로 적응했지만, 그 근저에 있는 유사성 혹은 '상동성'은 그들 모두가 공통조상에서 나왔음을 증명한다는 말도 들었다. 인터뷰를 시작할 때 웰스는 이 현상에 대해 간략하게 언급했다.

나: "상동성은 다윈주의를 지지하는 좋은 증거 아닙니까?"

웰스: "사실 이 상동성을 포착하고 이름을 붙인 것은 다윈의 선배들이었습니다. 그들은 진화론자들이 아니었습니다. 다윈이 활동할 당시 가장 유명한 해부학자였던 리처드 오웬은 상동성이 '변이의 계승'이 아니라, 공통원형 또는 설계를 가리킨다고 말했습니다."

나: "하지만 분명 유사성이 있습니다. 그걸 부인할 수는 없잖습니까?"

웰스: "그래요. 그러나 변이의 계승과 설계 어느 쪽으로든 설명이 가능하죠. 예를 들어 '베라의 실수'를 보십시오."

나: "베라의 실수라뇨? 그게 뭡니까?"

웰스: "필립 존슨이 1990년에 팀 베라라는 생물학자가 쓴 책에 근거해 만들어 낸 용어입니다. 베라는 화석 기록을 자동차 모델 시리즈에 비유했습니다. 1953년형과 54년형 코르벳(스포츠카)을 나란히 놓고 비교하고, 그 다음 54년형과 55년형을 놓고 비교하면, 변이의 계승이 있었다는 게 분명해집니다. 그는 고생물학자들이 화석을 가지고 하는 일이 바로 이렇게 변이의 계승을 밝혀 내는 작업이라 했죠. 그리고 '그 증거가 너무나 확실하고 포괄적이어서 합리적인 사람들이 결코 부인할 수 없다'고 했습니다.

그러나 이 비유는 베라의 요점을 입증하기는커녕 오히려 설계자가 개입했을 가능성을 보여 줍니다. 코르벳 시리즈는 엔지니어가 그린 도면에 근거한 것이므로, 그 공정을 유도하고 실행에 옮기는 지성이 개입한 겁니다. 그것이 다윈주의 공정으로 생겨났음을 보이고 싶다면, 일단 어떻게든 자동차 한 대를 얻게 된 후, 녹, 바람, 물과 중력 등 자연적인 힘이 그 차를 신형 모델로 바꾼다는 사실을 증명해야 할 것입니다.

여기서 내가 말하고자 하는 것은, 베라는 유사한 형태들이 연속되는 현상만으로는 아무 것도 설명할 수 없다는 사실을 보여 주었다는 것이지요. 뭔가 메커니즘이 필요합니다."

나: "그러면 다윈주의에 대해선 어떤 메커니즘이 제안되었습니까?"

웰스: "그 중 하나는 '공통발생경로'라는 겁니다. 상동적 특성을 가진 두 동물을 배아 단계까지 거슬러 올라가 보면, 유사한 세포에서 유사한 과정을 거쳐 나왔을 거라는 주장이지요. 하지만 대부분 그렇지 않습니다.

앞에서 개구리 얘기를 했습니다. 어떤 개구리들은 발생 과정에서 도롱뇽과 비슷하고, 어떤 개구리들은 새와 비슷하지만, 다 자라고 나면 모두 거의 같은 모습의 개구리입니다. 그러니 발생경로설은 틀렸습니다. 발생학을 연구하는 사람치고, 그 이론을 진지하게 받아들이는 사람을 보지 못했습니다.

요즘은 유사한 유전자에서 상동성이 나온다는 설명이 더 일반적입니다. 다시 말해 서로 다른 두 동물에서 비슷한 특성이 나타나는 이유는 그것이 각 배아에 있는 유사한 유전자에 의해 만들어지기 때문이라는 겁니다. 그러나 그렇게 되는 경우도 별로 없는 것으로 드러났지요. 실제로는 다른 유전자에서 유사한 특성들이 나타나는 경우도 있고, 그보다 훨씬 많은 경우 유사한 유전자에서 전혀 다른 특성들이 나타납니다.

눈을 예로 들어봅시다. 쥐, 문어, 초파리들 사이에는 유사한 유전자가 하나 있습니다. 쥐의 눈과 문어의 눈을 보면 표면적인 유사성이 있는데, 그건 이상한 일입니다. 아무도 녀석들의 공통조상이 그런 눈을 갖고 있을 거라고 생각하지 않기 때문입니다. 더욱 놀라운 점은 초파리의 눈처럼 홑눈이 많이 모인 겹눈은 쥐나 문어의 눈과 전혀 다르다는 겁니다. 그러나 쥐, 문어, 초파리의 눈은 모두가 같거나 매우 유사한 유전자에 의해 만들어집니다.

실제로 이들 유전자는 너무 비슷해서 이 유전자가 없는 초파리에다 쥐에서 가져온 동종의 유전자를 넣으면 초파리의 눈이 정상적으로 생겨날 정도입니다. 그러니 발생경로설이나 유사유전자설도 상동성을 설명하지는 못합니다."

나: "그럼 답이 뭡니까?"

웰스: "솔직히 말하면 신비입니다. 상동성에 대한 자료를 읽어 보면 전문가들이 그것을 신비로 여긴다는 걸 알 수 있습니다. 비록 다원주의를 포기하지는 못하지만, 그들은 자신들이 문제를 해결하지 못했다는 걸 압니다. 메커니즘의 문제를 해결하지 못했다면, 공통조상인지 공통설계인지 구별하지 못했다는 뜻입니다. 둘 중 어느 쪽이나 될 수 있습니다. 증거는 어느 한 쪽을 가리키고 있지 않습니다.

나는 과학자들이 이 문제를 해결하지 못했다는 사실을 학생들이 알 권리가 있다고 생각합니다. 그러나 일부 교과서들은 상동성을 그저 공통조상에서 생겨난 유사성으로 정의합니다. 교과서는 공통조상 때문에 생기는 유사성이 공통조상을 증명한다고 주장합니다. 이것은 순환논증입니다."

인간 유전자, 원숭이 유전자

웰스가 유전학 이야기를 꺼내니 공통조상설에 대해 물어 보고 싶었던 다른 질문이 떠올랐다.

나: "인간과 원숭이의 유전자가 98퍼센트 내지 99퍼센트 똑같다는 최근 유전학 연구 결과는 어떻게 된 겁니까? 그건 우리가 공통조상으로부터 나왔다는 증거 아닐까요?"

웰스: "신다윈주의의 주장처럼 인간이 인간 유전자의 산물이라고 가정한다면, 인간과 침팬지 사이의 극적인 차이는 2퍼센트의 유전자에서 나온다는 말이 됩니다. 그런데 문제는 소위 몸을 구성하는 유전자들이 그 98퍼센트 안에 있다는 겁니다. 차이가 나는 2퍼센트의 유전자는 해부학적 구조와는 거의 상관이 없는 비교적 사소한 유전자들입니다. 그러니 인간과 침팬지 DNA의 유사성은 신다윈주의가 해결해야 할 문제가 됩니다.

그리고 해부학적으로 유사한 두 생물이 유전적으로 유사한 경우가 많은 것은 당연한 일입니다. 물론 늘 그런 것은 아닙니다. 놀랄 만큼 차이가 나는 생물들도 있습니다. 그러나 이것이 과연 공통조상설을 증명할 수 있을까요?"

웰스: "아닙니다. 이것은 공통설계로도 설명할 수 있지요. 설계자는 같은 건축 자재를 사용해 다른 생물을 창조하기로 결정할 수 있습니다. 그것은 건설업자들이 같은 자재를 사용해 모양이 전혀 다른 다리들을 만들어 내는 것과 같습니다."

나는 머릿속으로 이 개념과 씨름하면서 잠시 다리를 펴 보기 위해 일어섰다. 창가로 걸어가 복잡한 도로에 늘어선 차들과 양쪽 인도를 바쁘게 지나는 사람들을 내려다보았다. 순간 기초적인 예증이 될 만한 생각 하나가 떠올랐다. "내가 박사님 말씀을 이해했는지 보십시오. 차도와 인도를 화학적으로 분석한다면, 둘은 똑같거나 아주 유사할 겁니다. 둘 다 콘크리트로 만들어졌을 테니까요. 그러나 그것이 두 가지가 하나의 공통조상에서 생겨났다는 뜻은 아닐 겁니다. 골프카트가 다니는 길이 수백만 년에 걸쳐 점점 더 넓어지고 다져져서 저런 차도와 인도가 되었다는 식으로 말입니다. 기본적으로 같은 자재를 사용했기 때문에 성질이 유사하긴 하지만 기능적으로 다른 구조물을 건설하기로 결정한 공통 설계자가 있었다는 것이 더 나은 설명일 겁니다."

웰스는 내가 제시한 예를 한동안 생각하더니 말했다.

"본질적으로는 그렇습니다. 골프카트가 다니는 길이 인도와 차도로 진화될 수 있다는 말은 이상하지만, 생물 진화에 대한 주장 중에는 더 이상한 것들도 있습니다. 중요한 논점은 유사성만으로는 설계와 다원주의 중 어느 쪽이 옳은지 알 수 없다는 겁니다."

헤켈의 배아발생도에서 벗어나기는 했지만 쟁점은 동일했다. '발생학이나 상동성 안에서 모든 생물이 하나의 고대 공통조상으로부터 나와 오랜 시간에 걸쳐 진화했다는 설득력 있는 증거를 찾을 수 있는가?' 나의 결론은 이렇다. 다윈은 틀렸다. 여러 생물의 초기 단계 배아들에 대한 검토 결과는 그의 이론을 지지하지 않는다. 그리고 일부 척추동물의 수족과 날개 사이의 부정할 수 없는 유사성만으로는 그 원인이 설계인지 공통조상인지 알 수 없다. 이번에도 진화의 아이콘은 설득력을 발휘하지 못했다.

나는 시계를 쳐다보았다. 로스앤젤레스로 돌아가는 비행기를 놓치지 않으려면 이쯤에서 학창 시절 배운 네 가지 진화의 이미지 중 마지막 것을 다뤄야 했다. 그것은 한때 많은 다윈 비판자들의 입을 효과적으로 다물게 했던, 선사 시대 생물의 경이로운 화석이다.

네 번째 이미지 ; 잃어버린 연결고리 시조새 화석

1859년 『종의 기원』이 출간되었을 때, 다윈은 "내 이론에 대해 제기할 수 있는 가장 명백하고 심각한 반론"은 화석 기록이 그의 진화 가설을 뒷받침하지 않는다는 사실이라고 시인했다.

그는 이렇게 물었다. "종(種)들이 감지할 수 없을 정도의 미세한 변이를 거쳐 다른 종들로부터 나왔다면, 왜 그 중간 형태가 발견되지 않는 걸까?"

다윈은 이 문제를 화석 기록이 불완전한 탓으로 돌렸고, 미래에는 화석의 발견으로 자신의 이론이 입증될 거라고 예측했다. 그 말이 신호이기라도 한 듯, 2년 후 과학자들은 독일의 한 채석장에서 시조새의 화석을 발굴했다. 다윈의 지지자들은 감격했다. 파충류와 현대 조류를 잇는 이 잃어버린 연결고리가 다윈의 책이 출간되자마자 그토록 빨리 발견되다니. 그들은 그것을 필두로 앞으로 다윈의 주장을 입증하는 많은 화석들이 발견될 거라 확신했다.

영국 국립 역사박물관에서 시조새 화석을 처음 보고, "경외감에 말 그대로 무릎을 꿇었던" 과학자들과 많은 사람들처럼, 나 역시 그 선사시대 생물의 극적인 사진들에 매혹되었다. 나는 시조새 화석이 진화에 대한 책들에서 크게 다뤄지는 것을 보고, 그것 말고도 많은 중간 고리들이 발견되었을 거라고 미루어 짐작했다. 그러나 내 생각은 틀렸다.

그 후 나는 화석 기록이 다윈을 완전히 실망시켰다는 사실을 알게 되었다. 마이클 덴튼은 암울한 상황을 이렇게 요약했다. "고생물학 분야에선 암석들이 계속해서 새롭고 신기하고 기괴한 형태의 생명체를 내놓았지만 다윈의 예측과 달리 수많은 중간 형태는 하나도 나오지 않았다. 지구의 구석구석에서 지질 탐사 활동이 비약적으로 늘어나고, 이제껏 알려지지 않았던 형태의 신기한 생물들이 많이 발견되었지만, 무한한 연결고리들은 여태 하나도 발견되지 않았고 화석 기록은 다윈이 「종의 기원」을 쓸 당시만큼이나 여전히 불연속적이다. 한 세기가 지난 지금까지 중간 종은 전혀 나타나지 않고 있는데, 이것은 화석 기록의 가장 두드러진 특징 가운데 하나다."

덴튼에 따르면, 이제 화석 기록은 "생물 진화라는 개념에 엄청난 도전이 되고 있다." 그러나 시조새는 어떤가? 이 놀라운 생물의 화석, 결이 고운 석회암에 새겨진 구체적인 이미지는 지금까지의 경향과 선명한 대조를 이루는 듯했다.

나: "시조새 화석은 파충류와 조류 사이의 간격을 메우고 있지 않습니까?"

웰스: "거기에는 몇 가지 문제점이 있습니다. 과연 시조새의 화석이 다윈의 진화론을 입증할 수 있을까요? 글쎄요, 그렇진 않습니다. 코르벳 시리즈가 진화론에 대한 예증이 되지 못하는 것과 같은 이유입니다. 중간 형태 하나로 진화론을 입증한다는 건 아무래도 역부족입니다. 어떻게 해서 파충류에서 조류

로 넘어가는지 설명해야 하니까요.

문제는 파충류에서 조류로 넘어가는 단계입니다. 그건 놀랄 만큼 거대한 산격입니다. 이 과정이 순전히 자연적인지, 아니면 설계지의 개입이 있었는지가 문제입니다. 시조새 화석은 참으로 아름답지만, 둘 중 어느 쪽인지는 말해주지 않습니다. 오늘날에도 오리너구리 같은 이상한 동물들이 있습니다만 녀석들이 중간종이라고 생각하는 사람은 없습니다. 별개의 종의 특성을 갖고 있다고 보지요."

나: "하지만 시조새는 반은 조류, 반은 파충류 아닙니까?"

웰스: "아닙니다. 절대 그렇지 않습니다. 시조새는 깃털이 달린 새입니다. 조류는 생식 체계, 골격 구조, 폐, 체중, 근육의 분포 등 여러 가지 중요한 측면에서 파충류와는 아주 다릅니다. 시조새는 분명히 새입니다. 어류와 파충류의 중간형태가 아닙니다.

그러나 시조새 이야기에는 매우 흥미로운 부분이 있습니다. 분기학(分岐學)이라는 진화론의 분과는 그중 대표적인 것을 다룹니다. 이것은 다윈의 이론을 극단적으로 밀어붙입니다. 분기학자들은 상동성이나 신체적 유사성을 공통조상에서 유래한 결과로 정의합니다. 그리고는 상동성을 통해 진화계통도 상의 동물들을 묶어 낼 수 있다고 말하는데, 그것만으로도 이미 순환논증입니다. 그들은 화석 기록을 다루며 조류가 파충류에서 유래했다고 가정합니다. 그리고나서는 파충류 중에서 골격구조가 조류와 비슷한 놈들을 찾습니다."

나: "그들이 어디서 그런 것을 찾습니까?"

웰스: "여기야말로 환상적인 부분입니다. 그것들이 발견된 시기는 시조새 수백만 년 이후입니다! 우선, 시조새는 새가 분명합니다. 그리고 화석 기록상으로 보면 조류의 조상격인 파충류와 흡사한 생물이 나타나는 시점은 시조새로부터 수천만 년 이후입니다. 그러나 잃어버린 고리는 여전히 없습니다! 이제 진화론자들은 그 간격을 메우기 위해 또 다른 이론적 조상을 찾는 일에 골몰

하고 있지만, 아직 그것은 발견되지 않았습니다."

나 : "그렇다면 시조새는 현대 조류의 조상이 아니란 말입니까?"

웰스 : "절대 아닙니다. 고생물학자들은 그 점에 대해 대체로 동의하고 있습니다. 구조적인 차이점이 너무 많거든요. 1985년, 캔자스 대학의 고생물학자 래리 마틴은 시조새는 현대 조류의 조상이 아니라 완전히 멸종한 조류의 일종이라고 분명히 말했습니다."

다윈의 주장을 입증해 주던 시조새의 위력도 이제 끝났다. 열렬한 진화론자 피에르 르콩트 듀누이도 이에 대해 다음과 같이 동의한다.

> 우리는 예외적인 사례인 시조새 화석을 진정한 연결 고리로 여길 수 없다. 연결 고리라는 말은 파충류와 조류 같은 강(綱)이나 그보다 더 작은 분류 단위 사이에서 나타나는 전이 단계를 뜻한다. 아직 중간 단계가 발견되지 않았고 전이의 메커니즘이 알려지지 않는 상태에서, 서로 다른 두 분류에 속한 특성들을 보이는 동물을 진정한 연결고리로 볼 수는 없다.[10]

그러나 시조새가 중간 생물로 판명되었더라도, 그것은 고전적 다윈주의를 부인하는 화석기록들에 맞서기에는 역부족이다. 필립 존슨은 이에 관해 이렇게 말했다. "지금 우리가 다윈주의를 입증하는 사례 한두 가지를 찾는 게 아니라 다윈주의를 테스트하는 거라면, 조상으로 내세울 만한 그럴싸한 후보 하나로는 충분하지 않다. 그것만으론 전 세계에 걸친 연속적인 진화적 변화를 가정하는 이론을 구할 수 없다."

사기꾼과 칠면조

그러나 진화론에 대한 전폭적인 믿음을 가진 고생물학자들은 조류의 파충류 조상을 찾아내려고 열광적으로 노력해 왔다. 그들의 열정 덕분에 최근 과학계는 망신살이 뻗쳤다. 웰스는 그 중 몇 가지 사례를 들려 주었다.

"몇 년 전, 미국 국립지리학회는 애리조나의 한 광물전시회에서 구입한 화석이 실제로 날 수 있었던 조류와 '육상 공룡 사이의 잃어버린 연결고리'라고 발표했어요. 그것은 정말 그렇게 보였지요. 그들이 '아르케오랍토르'라고 부른 그 화석에는 공룡의 꼬리와 새의 앞날개가 함께 있었습니다. 1999년에 「내셔널지오그래픽」지는 이를 근거로 깃털 달린 공룡이 첫 번째 새의 조상이라는 새로운 증거에 관한 기사를 실었죠."

"상당히 설득력 있게 들리는데요."

"하지만, 문제는 그게 조작품이라는 겁니다! 한 중국인 고생물학자가 누군가 원시 새에다 공룡의 꼬리를 붙였다는 걸 증명했습니다. 그 누군가가 과학자들이 찾던 모습의 화석을 만들어 낸 것입니다. 곳곳에서 비판이 터져 나왔습니다. 스미소니언 박물관의 조류담당 큐레이터는 조류가 공룡에서 진화했다는 '열렬한 믿음을 가진 열광적 과학자들'과 지리학회가 한통속이 되었다고 비난했습니다."

그 다음에 웰스의 입에서 나온 말은 내게 너무나 냉소적으로 느껴졌다.

"그 화석층들에서는 위조품들이 끊임없이 나오고 있습니다. 화석 중개인들은 거기에 엄청난 돈이 걸려 있다는 걸 알기 때문이죠."

나는 그런 비난을 곧이곧대로 받아들이기 어려웠다. 그러다 채플 힐 노스캐롤라이나 대학의 진화생물학자이자 조류학자인 앨런 페듀치아의 인터뷰 기사를 보고는 생각이 달라졌다. 「디스커버」지 기자가 아르케오랍토르 사기극 얘기를 꺼내자 페듀치아는 이렇게 말했다. "아르케오랍토르는 빙산의 일각에 불과합니다. 수십 개의 위조 화석들이 널려 있고, 그것들이 고생물학 분야에 어두운 그림자를 드리우고 있습니다. 화석 전시회에 가면, 어느 것이 위조품이고, 어느 것이 진짜 화석인지 분간하기가 어렵습니다. 나는 최근에 소위 깃털 달린 공룡들이 많이 발견된 퇴적층 부근, 즉 중국 동북부 라오닝성에 위조 화석 공장이 있다는 말을 들었습니다.[11] 기자가 왜 그런 사기극이 벌어지느냐고 묻자 페듀치아는 대답했다. "돈 때문입니다. 중국에서 화석 무역은 큰 사업입니다. 그 화석 위조품들은 벌써 몇 년 째 암시장에서 엄청난 액수에 팔리고 있습니다. 좋은 위조품을 만들 수 있는 사람은 누구나 큰돈을 벌 수 있습니다."[12]

아르케오랍토르 사기극이 밝혀지던 시기에 또 다른 희한한 사건들이 벌어졌다. 당시 웰스는 플로리다의 한 컨퍼런스에 참석 중이었는데, 그 전시회의 스타는 밤비랍토르라는 동물의 화석이었다. 그것은 새와 비슷한 특성을 가졌을 것으로 추정되는 닭만한 크기의 공룡이었다.

웰스가 말했다. "이번에도 고생물학자들은 그것이 잃어버린 연결고리라고 했습니다. 그리고 재구성되어 전시된 동물에는 깃털, 혹은 깃털 비슷한 구조가 달려 있었습니다. 그런데 문제는 이제까지 깃털 달린 화석이 발견된 적이 없다는 겁니다! 그러나 과학자들이 거기에 깃털이 있어야 한다고 말했기 때문에 깃털이 추가되었습니다. 그리고 그 공룡이 더욱 더 새처럼 보였던 이유는 재구성 담당자가 독수리 박제에 집어넣는 인조 눈을 사용했기 때문이었습니다. 그 다음, 그 컨퍼런스에 참석한 한 무리의 분자생물학자들이 6천 5백만 년 된 공룡 뼈에서 새의 DNA를 발견했다고 보고했습니다. 자, 그건 대단한 발견이었죠! 그들은 그것이 새와 공룡이 가까운 친척임을 증명하는 유전적 증거라고 주장했답니다.

그런데 문제는 그 DNA를 추출해 낸 뼈가 조류 계통과는 전혀 상관이 없는 공룡뼈라는 겁니다. 더욱이, 그들이 발견한 DNA는 조류와 90퍼센트나 99퍼센트 정도 유사한 게 아니었습니다. 그것은 100퍼센트 칠면조 DNA이었습니다! 병아리도 100퍼센트 칠면조 DNA를 갖고 있지는 않습니다. 100퍼센트의 칠면조 DNA를 가진 건 칠면조뿐입니다.

그런데 그 분자생물학자들은 공룡 뼈에서 칠면조 DNA를 발견한 것입니다. 그리고 그 내용이 「사이언스」지에 실렸습니다! 그 기사의 표제는 '공룡과 칠면조의 유전적 연관성'이었습니다. 정말 웃기지도 않은 일이죠."

웰스의 이야기를 듣고 있으니 다음 질문이 떠올랐다. "칠면조 DNA가 거기 들어간 걸 도대체 어떻게 설명하시겠습니까?"

웰스는 고개를 저으며 대답했다. "누군가 발굴 현장에 칠면조 샌드위치를 흘렸거나 실험실 오염이 있었을 겁니다. 내가 만약 대학원 연구에서 이런 내용을 보고했다면, 나는 웃음거리가 되어 쫓겨났을 겁니다. 사람들은 내게 이렇게 말했겠죠. '가서 그 실험을 다시 하게나. 그건 오염된 거야.'

그러나 어떻게 된 것이, 칠면조 사건은 진지하게 받아들여져 「사이언스」지에 실리기까지 했습니다! 그 조사 결과를 보고한 과학자조차 자신의 조사 내용에 '상당히 회의적'이라고 시인했습니다. 그러나 사람들은 그 황당한 실험 결과를 기꺼이 받아들여 다윈주의 이론에 대한 자신들의 믿음을 뒷받침하는 데 사용했습니다."[13]

자바인의 전설을 찾아서

인터뷰를 마치기 전에 반드시 다뤄야 할 또 하나의 아이콘이 있었다. 역시 화석 증거와 관련된 그것은 원숭이 같은 생물들이 변화를 거쳐 현대 인류까지 이어지는 행렬을 그린 그림이다. 이 그림은 1998년 판 「종의 기원」의 표지를 화려하게 장식했다. 많은 사람들은 이 "궁극적인 아이콘"을 하나의 이론 정도가 아니라 확립된 사실로 받아들인다.

전설적인 뉴스캐스터 월터 크론카이트는 진화에 관한 한 다큐멘터리에서 이렇게 말했다. "충분히 거슬러 올라가면, 우리는 인간과 침팬지의 공통조상을 만나게 됩니다. 내 아버지의 아버지의 아버지, 이런 식으로 50만 세대 정도

대략 500만 년을 거슬러 올라가면, 거기에 한 마리의 원숭이가 있습니다."

내가 인간 진화에 대한 이런 식의 개념을 갖게 된 것은 백과사전을 탐독하던 어린 시절부터였다. 내가 즐겨 찾아보는 표제어 중 하나는 "선사시대의 인간"이었는데, 나는 반은 원숭이고 반은 사람인 "자바인"에게 매혹되어, 그 부분을 몇 시간 동안이나 보았다. 그 백과사전은 두 쪽에 걸쳐 선사시대 인간들의 행렬을 집중 조명했다. 미국 자연사박물관에 있는 자바인의 흉상 그림은 설명과 함께 두 번째 줄에 나와 있었다. 경사진 앞머리, 두꺼운 이마, 돌출된 입, 들어간 턱, 어리벙벙한 표정의 자바인은 원숭이와 인간의 혼합체에게서 기대할 수 있는 모습 그 자체였다. 나는 그의 얼굴을 살펴보고, 눈을 들여다보면서 인간 진화가 사실이라는 확신을 굳힐 수 있었다.

백과사전에는 네덜란드의 과학자 유진 듀보아가 1891년과 1892년에 인도네시아의 한 섬에서 발굴 작업을 하는 도중 "강기슭에서 일부 뼈들을 파낸" 과정이 분명하게 기록되어 있다. 그가 50만년 이전으로 추정한 자바인은 "뇌가 더 작은 조상으로부터 현대인에 이르는 발달 과정의 한 단계에 해당한다." 듀보아의 말에 따르면, 자바인은 원숭이와 인간 사이의 잃어 버린 연결 고리가 분명했다.

나는 이 모든 사실을 아무런 의심 없이 믿었다. 그러나 나는 자바인 이야기의 자세한 진실을 몰랐다. 나중에 한 작가는 이렇게 썼다. "자바인이 두개골 하나, 대퇴골(넓적다리뼈), 치아 세 개, 그리고 엄청난 상상력으로 만들어졌다는 사실은 그리 잘 알려지지 않았다."[14] 어린 시절 나를 그토록 사로잡았던 자바인의 생생한 모습은 다윈주의가 옳다고 가정할 때 마땅히 갖추었어야 할 모습에 대한 진화론자들의 추측이 낳은 결과물에 불과했다!

인간 진화에 대해 나름의 생각을 갖추기 시작하던 젊은 시절에도, 나는 나중에 가서야 밝혀진 다음 사실을 알지 못했다. 오늘날의 기준으로 보면, 듀보아의 비열한 행태는 그가 발견한 화석을 유인원의 화석으로 고려하는 것조차 못하게 했을 것이다. 대퇴골과 두개골의 주인은 서로 다른 게 분명했다. 케임브리지 대학의 저명한 해부학자 아서 키스 경에 따르면, 그 두개골은 인간의 것이 분명했고 뇌의 용량도 오늘날 인간의 그것과 다르지 않았다.[15] 19명의 진화론자들로 이루어진 진상 조사단이 제출한 342쪽의 보고서는 듀보아의 주장을 뒤엎었고, 자바인은 인간 진화에 대한 어떤 실마리도 제공하지 않는다는 결론을 내렸다."[16]

내가 알던 바와는 달리 자바인은 원인(猿人)이 아니라 "인간 가족의 진정한 일원"이었다. 그러나 이런 사실이 「타임」지에는 아무런 영향을 미치지 못한 듯, 「타임」지는 지난 1994년에도 자바인을 인간의 합법적인 조상으로 다룬 기사를 실었다.

인간 진화의 이야기

웰스는 자바인에 대한 잘못된 정보 때문에 결국 다윈의 진화론을 전폭적으로 받아들이게 된 내 이야기를 주의 깊게 들었다. 그는 그런 불행한 상황이 지금도 계속되고 있다고 지적했다.

"고인류학(古人類學)의 주요 문제들 중 하나는 현재 발굴된 화석 전체에 비할 때, 인간의 선조라 할만한 생물의 것은 그 수가 보잘것없다는 겁니다. 그것도 두개골 조각이거나 치아뿐일 때가 많습니다.

덕분에 표본들을 진화론에 맞게 재구성할 여지가 아주 많죠. 예를 들어 「내셔널지오그래픽」지는 케냐에서 발견된 7개의 화석 뼈를 가지고 여성의 몸을 재구성하기 위해 네 명의 화가를 고용했습니다. 그들은 전혀 다른 네 가지 그림을 내놓았습니다. 하나는 현대 흑인 여성과 비슷했고, 또 하나는 늑대 인간 같았고, 또 하나는 고릴라처럼 이마가 넓었으며, 또 하나는 이마가 거의 없고 턱은 부리 달린 공룡과 비슷했습니다.

물론 화석 증거가 이처럼 부족하다 보니 조상과 후손 간의 믿을 만한 관계를 재구성하는 일도 거의 불가능하죠. 한 인류학자는 그 임무가 「전쟁과 평화」 중에서 무작위로 13쪽만 선택하여, 그것으로 소설의 줄거리를 재구성하는 일과 같다고 말했습니다."[17]

웰스는 손을 뻗어 「진화의 아이콘」을 다시 집어들고 페이지를 뒤졌다.

"나는 「네이처」지의 수석 과학 기자인 헨리 지가 1999년에 이 문제에 대해 아주 솔직하게 말했다고 생각합니다. 그는 '화석들 사이의 시간 간격이 너무 크기 때문에 조상과 후손 관계라고 단정할 만한 분명한 증거는 발견할 수 없다'라고 썼습니다. 그는 각 화석을 '다른 화석과의 연관성도 알 수 없고, 각기 압도적인 간격의 바다를 떠도는 외딴 섬'이라고 불렀습니다. 실제로 그는 '천만 년 전부터 5백만 년 전까지, 즉 생물의 수천 세대에 해당하는 기간 동안' 인간의 진화에 대한 화석 증거는 고작 '작은 상자 하나에 들어갈 정도에 불과하다'고 말했습니다.

결국 헨리는 전통적인 인간 진화론은 '인간의 편견에 따라 구성된 사실을 짜 맞춘 인간의 발명품'이라는 결론을 내렸습니다. 이어서 그는 아주 퉁명스럽게 이렇게 말했죠. '화석들을 죽 늘어놓고, 그것들이 계통을 보여 준다고 주장하는 것은 진위를 검사할 수 있는 과학적 가설이 아니며, 그 타당성은 잠자리에서 아이들에게 들려주는 이야기 정도밖에 되지 않는다. 흥미롭고 교훈적일 수는 있지만 절대 과학적이지 않다.'"[18]

웰스는 책을 내려놓았다. "결론은 현재 발견된 소수의 화석들을 가지고는 인간 진화사를 재구성하지 못한다는 겁니다. 그 화석들이 인간 진화론을 뒷받침한다고 생각하는 유일한 이유는 다른 사실들을 근거로 하여 다윈주의가 옳다고 가정하고 있기 때문입니다. 그 사실들에 비추어 진화론이 옳다면, 그것을 근거로 한 인간 역사 또한 진화로 이루어졌다고 추정할 수 있을 겁니다. 다윈은 그의 책 「인간의 유래」에서 바로 그렇게 했습니다.

그런데 다윈주의의 다른 증거가 엉터리라면 어떻게 되는 겁니까? 지금 우리는 오늘날 학생들을 가르칠 때 사용하는 수많은 다른 진화 아이콘들의 주요 문제들은 다루지도 않았습니다. 다윈의 정체를 폭로하는 책들도 적지 않습니다. 그리고 앞서 말한 것처럼 이 분야에서 다윈주의를 지지하는 결정적인 증거는 없습니다. 그러니 인간 진화라는 문제는 더 이상 설자리가 없습니다.

그러나 다윈주의자들은 인간 생명의 이야기가 곧 진화의 이야기라고 가정한 다음, 화석들을 적당하다 싶은 기존의 이야기에다 끼워 넣습니다. 그 사람의 편향에 따라 이야기는 여러 형태를 띨 수 있습니다. 이런 맥락에서 한 인류학자는 그 과정이 어찌나 '정치적이고 주관적'인지 '고인류학은 과학의 형태는 갖추었으나 알맹이는 없다'고까지 말했습니다.

실제로 고인류학자 미샤 랜도는 인간 진화의 이야기와 옛날 민간 설화 사이의 유사성을 다룬 책을 썼습니다. 그녀는 고인류학의 많은 고전 텍스트들이 '구체적 증거 못지않게 전통적인 이야기 구조로 되어' 있으며, 이런 테마들은 '화석 자료 연구로 추론할 수 있는 범위를 훌쩍 넘어간다'는 결론을 내렸습니다."

나는 몇 분 동안 웰스가 한 말을 곰곰이 생각해 보았다. 그의 말이 옳았다. 자바인의 추락은 많은 점을 시사했다. 그것은 나를 포함한 수많은 사람들이 화석과 다른 증거(이후의 발견들로 정당성이 의문시되거나 부인된)를 통해 다윈주의의 신봉자가 되었다는 사실을 잘 보여 준다. 그러나 이로 인한 피해 사례가 너무 많았다. 학생들은 이후의 조사 결과들을 알지 못한 채 어엿한 자연주의자로 자라났다.

이제는 어린 시절에 보던 닳아빠진 「월드북 백과 사전」들을 들춰보면, 완전한 과학과 다윈주의의 가정이 어떤 식으로 함께 작용해 상상에 근거한 진화의 행렬에 어떻게 옛 친구 자바인을 집어넣었는지 알 수 있다. 그러나 불행히도 이런 사례는 자바인으로 끝나지 않았다. 그 사례가 너무 많아 소위 인간 진화의 기록 전체를 믿을 수 없을 지경이다.

버클리의 진화생물학자 클라크 하웰은 "인간 진화를 포괄하는 이론은 없다. 이제까지 그런 이론은 한 번도 없었다"고 인정했다.

시대에 뒤떨어지고, 왜곡되고, 위조된 실패

화석 기록에 대한 토의 막바지에, 내가 무신론자로 전락하도록 길을 터 주었던 네 가지 이미지를 되돌아보았다. 고개를 내저을 수밖에 없었다.

내게 남겨진 것은 실험 결과가 무의미한 것으로 밝혀진 생명의 기원 실험, 캄브리아기 폭발이라는 생물학적 빅뱅으로 뿌리 뽑힌 진화계통수, 현실을 반영하지 않는 조작된 배아발생도, 그리고 진화론에 결정적인 중간 형태를 도무지 내놓지 않는 화석 기록이었다. 의혹이 꼬리에 꼬리를 물었다.

다윈주의의 증거가 이것뿐인가? 물론 그렇지 않다. 그러나 이 아이콘들의 운명은 대진화의 증거를 엄밀하게 살펴볼 때 거듭 벌어지는 상황을 잘 보여 주는 실례다. 나는 웰스와의 만남보다 훨씬 포괄적인 오랜 탐구를 통해 진화론의 과학적·철학적 토대에 대해 계속 취재하는 과정에서 계속해서 동일한 결과들을 얻었다. 100명이나 되는 과학자들이 다윈주의에 대한 이의를 공식적으로 밝힌 것도 당연했다.

그러나 진화의 아이콘이 하나씩 신빙성 없는 것으로 밝혀질 때마다, 다윈주의자들은 특유의 신앙적 열정으로 처음부터 그것이 전부가 아니었다고 주장하며, 새로운 조사 결과는 정말 대진화를 지지한다고 내세운다. 그리고 그들로부터 새로운 이론들이 만들어지고, 새로운 이야기들이 흘러나온다. 이제 원래의 아이콘이 뒷받침해 주지 않아도 진화론 자체는 의문시되지 않는다. 대신 그들은 새로운 모델을 정당화하는 근거로 진화론을 다시 사용한다.

일례로, 몇 년 전 굴드와 그의 동료는 '단속평형설'이라 불리는 새로운 가설을 제안했다. 그것은 화석의 간격을 설명하기 위한 절박한 시도였다. 고립된 개체군들 사이에서 어떤 식으로든 전혀 새로운 종들이 갑자기 생겨났는데, 이상하게도 그 과정을 보여 주는 화석은 하나도 남지 않았다는 주장이었다. 이 새로운 생물들이 더 크고 중심 되는 개체군에 복귀할 때, 새로운 종들의 갑작스러운 등장을 보여 주는 화석들이 남게 되었다는 것이다. 이 모델은 가차 없는 비판을 받았다. 해답보다는 문제점을 더 많이 안고 있었기 때문이었다. 결국, 다윈주의는 아직도 설득력 있는 경험적 증거를 찾고 있는 하나의 철학 단계를 벗어나지 못하고 있다.

이와 유사하게, 신다윈주의자들은 작은 유전적 변이가 생물의 커다란 생리적 차이를 낳을 수 있다는 증거로 날개가 넷 달린 초파리들을 자랑스럽게 제시했다. 그러나 웰스가 그의 책에서 지적한 바와 같이, 이 초파리들은 인공적으로 보존된 세 가지 돌연변이 변종들 사이에서 주의 깊게 번식시켜야 한다. 그러나 자연에서 그런 환경이 조성될 확률은 대단히 낮다. 게다가 이 돌연변이 초파리의 수컷은 짝짓기에 어려움이 있고, 여분의 날개가 아무런 기능도 하지 못하는 심각한 장애를 가지고 있었다. 웰스는 이렇게 말했다.

"진화의 증거로 제시된 날개 넷 달린 초파리는 서커스에 등장하는 머리 둘 달린 송아지보다 나을 게 없습니다."

자세히 조사해 보니 최신 아이콘들조차도 추락하는 진화론의 신빙성을 뒷받침하지 못하는 것으로 드러났다. 나는 마침내 다윈주의에 대한 신념을 유지할 만큼 충분한 믿음이 내게 없었음을 깨닫게 되었다. 진화론의 증거들은 다윈주의의 가장 거창하고 포괄적인 주장들을 뒷받침할 수 없었다.

"설계"의 증거들 외치다

짐을 꾸려 공항으로 갈 시간이 다가오자 나는 웰스에게 다윈주의 진화론을 지지하는 종합적인 주장에 대해 몇 가지 질문을 더 던지고 싶어졌다.

"박사님은 여러 해 동안 이 주제를 연구하셨습니다. 가장 최근에 제시된 과학적 증거를 고려할 때 다윈주의에 대해 어떤 결론을 내리시겠습니까?"

내 말이 떨어지기가 무섭게 웰스는 단호한 어조로 대답했다.

"내 결론은 다윈주의에 대한 논거는 파산지경이라는 겁니다. 다윈주의에 대한 증거는 너무 불충분할 뿐 아니라 체계적으로 왜곡되어 있습니다. 이제 머지 않아 사람들이 어이없어 하며 '어떻게 이런 걸 믿었을까?'라고 말하게 되리라 확신합니다. 그게 정확히 언제일지는 모릅니다. 지금부터 이삼십 년 후 정도가 될까요? 다윈주의는 과학을 가장한 유물론 철학에 불과하고, 사람들은 이제 그 실체를 파악하고 있는 거지요. 자, 말을 해 놓고 보니 많지는 않지만 일부 진화 과정의 여지가 보이는군요. 그러나 일부의 경우에 진화가 일어난다는 말과 진화가 모든 것을 설명한다는 주장은 전혀 다르지요."

나는 물었다. "대진화가 타당성 있는 이론임을 입증하는 일에 실패했다면, 박사님은 과학의 증거는 무엇을 보여 준다고 생각하십니까?"

웰스는 일말의 주저함도 없이 확신에 찬 목소리로 말했다.

"나는 과학이 설계 쪽을 힘있게 가리킨다고 믿습니다. 배아 발생은 과학자인 내게 "설계다!"라고 외칩니다. 캄브리아기 폭발은 진화보다 설계를 더 잘 설명해 줄 수 있는 증거입니다. 내 생각에는 상동성 역시 마찬가지입니다. 생명의 기원은 설계자가 있다고 부르짖고 있습니다. 모든 증거가 다윈주의 관점보다는 설계의 관점에서 볼 때 더욱 잘 맞아떨어집니다."

나는 다시 말했다. "분명히 짚고 넘어가야겠군요. 박사님의 말씀은 진화의 증거가 약하기 때문에 지적 설계자가 있을 것 같다는 정도가 아닌 것 같은데요. 박사님은 설계자에 대한 분명한 증거가 있다고 말씀하시는 겁니까?"

웰스가 대답했다. "그렇습니다. 하지만 그 둘은 연관되어 있습니다. 다윈주의 이론의 주요 기능 중 하나는 설계가 들어설 자리를 없애 버리는 것이기 때문입니다. 기자님도 그것을 경험했을 것이고, 나도 그것을 겪어 봐서 압니다. 그러니 진화에 대한 논거가 약하다는 걸 입증할 때 설계로 가는 문이 열리게 되는 거지요. 그리고 우주론, 물리학, 천문학, 생물학 등에서 가장 최근에 나온 분명한 증거들을 모두 모아 분석해 보면, 지적 설계자를 지지하는 논거가 더할 나위 없이 강력함을 발견하게 될 겁니다."

나는 자리에서 일어나 웰스와 악수를 나누었다.

"이제부터는 그걸 알아봐야겠습니다."

참고 문헌

- Michael Denton, *Evolution: A Theory in Crisis*, Bethesda, Md.: Adler & Adler, 1986.
- Hank Hanegraaff, *The Face that Demonstrates the Farce of Evolution*. Nashville: Word, 1998.
- Phillip Johnson, *Darwin on Trial*, Downers Grove, Ill.: InterVarsity Press, second edition, 1993.
- Jonathan Wells, *Icons of Evolution*. Washington, D.C.: Regnery, 2000.

최종 질문

1. 조나단 웰스와의 인터뷰를 읽기 전, 1점("전적 불신")부터 10점("전적 동의")까지의 채점기준을 가지고 다윈주의에 대해 점수를 매겼다면 몇 점을 주었겠는가? 그런 점수의 근거는 무엇인가? 진화론에 대한 웰스의 비판을 읽고 난 후 그 점수가 바뀌었는가? 어떻게 바뀌었는가?
2. 조나단 웰스가 폭로한 내용 중 가장 놀라운 것은 무엇이었는가? 그 이유는?

3. 웰스가 논한 진화의 다양한 아이콘을 하나씩 검토해 보자. 각 아이콘을 평가하면서 그것이 다윈주의에 대한 타당한 증거가 된다고 보는지 각자의 생각을 말해 보자. 무엇 때문에 그런 결론을 내리게 되었는가? 당신이 배심원이고 그 아이콘들이 다윈주의가 옳다는 증거로 제시된다면, 다윈주의에 대한 합리적 의심을 풀게 될까? 어느 쪽으로 대답하건 그 이유를 말해보자.

4. 웰스의 판단에 따르면, 다윈주의의 증거는 "대단히 부적합할 뿐 아니라 체계적으로 왜곡되어 있고" 이삼십년 후에는 "사람들이 과거를 되돌아보고 어이없어 하며 '어떻게 이런 걸 믿었을까?'라고 말하게 될 것이다." 당신은 대부분의 사람들이 이런 결론에 이르려면 어떤 일이 일어나야 한다고 생각하는가? 그런 일이 일어날 가능성이 얼마나 된다고 생각하는가?

4
과학과 신앙이 만나는 자리

> 나는 과학과 종교의 대화를 적극 찬성한다. 그러나 건설적인 대화가 가능하다고 생각하는 건 아니다. 과학의 발전으로 인해 지성인이 종교를 가질 수 없게 되었다곤 할 수 없지만 적어도 지성인이 종교를 갖지 않을 수 있게 되었다. 우리는 과학이 이룩한 이 위업 앞에서 물러서서는 안 된다.
>
> – 물리학자 **스티븐 와인버그**

> 과학과 종교는 함께 지식을 추구하는 친구이지 적이 아니다. 물론 그렇지 않다고 생각할 사람도 있을 것이다. 이 과학의 시대에 종교적 믿음은 구식 사고방식이고, 현실적이지 못하다는 생각이 우리 사회에 퍼져 있기 때문이다. 그러나 내 생각은 다르다. 사실 나는 오늘날 소위 '과학의 시대'를 사는 사람들이 지금보다 과학에 대해 조금만 더 깊이 안다면 내 견해에 공감하게 되리라고 생각한다.
>
> – 물리학자 출신 신학자 **존 폴킹혼**

세계에서 가장 위대한 관측우주론자인 앨런 렉스 샌디지는 댈러스에서 열린 한 회의에서 단상으로 올라갈 준비를 하고 있었다. 그는 별들의 신비를 파헤쳐 퀘이사_{준항성전파원, 강한 전파를 내는 성운(星雲)으로 은하 중심핵의 폭발에 의해 생긴 천체}의 신비를 풀었고, 구상성단_{球狀星團, 수십만 개에서 수백만 개의 별들이 공 모양으로 모여 있는 항성의 집단. 우리 은하계 안에는 100개 이상의 구상성단이 있다}의 나이를 밝혔고, 멀리 떨어진 은하계의 거리도 알아냈다. 우주 팽창량도 측정했다.

전설적인 천문학자 에드윈 허블의 사사를 받은 샌디지는 이 시대의 어떤 과학자보다도 널리 존경을 받고 있다. 그는 미국 천문학회, 스위스 물리학회, 영국 왕립천문학회의 명예 회장을 지냈고, 천문학계의 노벨상이라 불리는 스웨덴 과학원의 명예장을 수상했다. 「뉴욕타임즈」지는 그를 일컬어 "우주론의 저명한 원로"라고 불렀다.

1985년에 열린 과학과 종교에 관한 이 회의에서 샌디지가 단상의 어느 쪽에 앉을지는 의심의 여지가 없었다. 토론의 주제는 우주의 기원이었고, 토론자들은 하나님을 믿는 사람과 그렇지 않은 사람들로 나뉠 것이었다.

회의 참석자 중 상당수는 유대인인 샌디지가 어린 시절부터 무신론자였음을 잘 알고 있었다. 게다가 샌디지처럼 대단한 과학자라면 틀림없이 하나님의 존재에 대해 회의적일 거라는 믿음이 지배적이었다. 같은 맥락에서 「뉴스위크」지는 "과학자들이 우주의 비밀을 더 깊이 들여다볼수록, 그들의 마음과 정신에서 하나님은 사라져 갈 것"이라고 쓴 바 있다. 그러니 샌디지가 회의론자들 쪽 좌석에 앉을 것은 불 보듯 뻔한 일이었다.

그런데 뜻밖의 일이 벌어졌다. 샌디지가 유신론자들 사이에 자리를 잡고 앉았던 것이다. 좌중이 일시에 소란스러워졌다. 더욱 놀랍게도, 그는 빅뱅에 대해 발언하던 도중에 50의 나이에 기독교인이 되기로 결정했다는 사실을 공식적으로 털어놓았다.

샌디지는 넋이 나간 청중을 향해, 빅뱅은 기존의 물리학 영역 내에서 설명할 수 없는 초자연적인 사건이라고 말했다. 과학은 우리를 제1사건까지 데려다 주었지만, 더 멀리 있는 제1원인까지는 데려다 줄 수 없다. 물질, 시간, 공간, 에너지의 갑작스러운 출현은 태초에 어떤 초월적 존재가 있었음을 증명하는 것이었다.

샌디지는 나중에 한 기자에게 이렇게 말했다. "세상은 과학으로 설명할 수 있는 것보다 훨씬 복잡합니다. 그런데 이런 사실을 알려 준 것은 바로 과학이었습니다. 나는 초자연적인 것을 통해서만 존재의 신비를 이해할 수 있습니다."

우연히 그 회의에 들렀던 스티븐 마이어는 그날 청중석에 앉아 있다가 샌디지의 말을 듣고 깜짝 놀랐다. 젊은 지구물리학자인 그는 인생의 의미를 철학적으로 탐구하던 끝에 기독교인이 되었지만, 과학이 신앙을 뒷받침할 증거를 제공할 수 있다는 것은 생각도 하지 못했던 것이다.

샌디지에 이어 하버드의 저명한 천체물리학자 오웬 깅그리치도 빅뱅이 유신론적 세계관에 가장 잘 들어맞는 듯하다는 결론을 내렸다. 이어진 생명의 기원에 대한 토론 참석자들 중에는 샌프란시스코 주립대학의 생화학자 딘 케니언이 있었다. 그는 생명체의 등장이 아미노산 사이의 내재적 친화력 때문에 "생화학적으로 예정" 되어 있었다는 요지의 영향력 있는 책을 공저했다. 그가 펼친 이론은 살아 있는 최초의 세포가 비생물 물질로부터 어떻게 자가조직을 할 수 있었을까 하는 난제에 대한 가장 그럴듯한 설명이었다.

그런데 케니언은 연단 위에서 자기 책의 결론들을 부인하고 자신은 더 이상 생명의 기원에 대한 모든 자연주의적 이론을 믿을 수 없게 되었다고 선언했다. 그는 세포 분자의 엄청난 복잡성과 정보를 포함하는 DNA의 특성들은 생명의 설계자를 대변하는 증거라고 믿게 되었다.

과학과 종교의 불화에 대한 얘기는 없었다. 오히려 마이어는 최고 수준의 학문적 성과를 이뤄 낸 전문가들이 자신을 유신론자라고 소개하는 광경을 보았다. 그들의 믿음은 과학적 증거를 무시한 믿음의 도약이 아니라, 과학적 증거 때문에 내린 결론이었다. 그와 관련해서 샌디지는 이렇게 말했다. "이제 많은 과학자들이 자신들의 연구 활동으로 인해 믿음을 갖고 있다."

마이어는 하나님을 믿는 과학자들의 주장에 사로잡혔다. 회의에서 제기된 세 가지 쟁점인 우주의 기원, 생명의 기원, 인간 의식의 본질과 관련된 모든 토론에서 유신론자들이 지적 주도권을 쥐고 있었다. 토론자로 참석한 회의론자들조차 자연주의적 설명의 단점을 시인했다. 유신론자들에 대한 그들의 주된 반응은 고작해야 "지적 설계의 개념만 들먹이지 말고 과학적 답변을 내놓으라"고 말하는 것뿐이었다. 그들의 반론은 별로 설득력 있게 들리지 않았다. 마이어는 이런 생각이 들었다.

'세상이 설계된 듯 보이는 이유는 아마도 정말 설계되었기 때문이겠지!'

회의가 끝나고 집으로 돌아온 마이어는 그날 경험한 내용 때문에 가슴이 뛰었다. 과학을 전공했지만, 그는 하나님에 대한 믿음을 뒷받침하는 강력한 과학적 연구 결과들을 몰랐던 것이다. 그는 이 모든 내용을 더욱 철저히 조사해 볼 가치가 있다고 판단했다. 당시 그는 알지 못했지만, 그가 평생을 바쳐야 할 소명이 구체화되는 순간이었다.

두 번째 인터뷰 : 스티븐 마이어 박사

물리학과 지질학을 공부한 마이어는 영국의 명문 케임브리지 대학으로 가서 과학사와 과학철학으로 석사 학위를 받았다. 거기서 그는 분자생물학, 물리학사, 진화론 연구에 집중했다. 그 후에는 생물학 중 생명의 기원과 관련된 과학적, 방법론적 쟁점들을 분석한 논문으로 케임브리지에서 박사 학위를 받았다. 그것은 댈러스에서 열린 회의에서 케니언의 강연을 들었을 때 그가 흥분했던 분야였다.

지난 15년 동안 마이어는 신생 지적 설계 운동의 가장 박식하고 강력한 대변자 중 한 사람으로 수많은 책을 썼으며, 케임브리지, 옥스퍼드, 예일, 베일러, 텍사스 대학과 그 외 여러 곳에서 열린 심포지엄에 토론자로 참석했다. 그와 논쟁을 벌인 회의론자 중에는 「스캡티컬 인콰이어러」지의 편집장 마이클 서머가 있다. 그는 「기원과 설계」, 「학제간 연구 저널」, 「내셔널 리뷰」 등과 같은 다양한 잡지들에 글을 실었고, 「월스트리트 저널」, 「워싱턴 타임즈」, 「시카고 트리뷴」과 여러 신문들에 기고한 바 있다. 그 외에도 미국 공영 라디오방송, PBS와 위성 방송 등에서 다원주의자들과 대결했다.

휘트워스 대학의 철학과 부교수로 있는 마이어와 인터뷰를 하기 위해 워싱턴 주의 눈 내리는 스포케인으로 갔을 때, 나는 그가 동료들에게 작별 인사 중인 걸 몰랐다. 마이어는 곧 그 대학을 떠나 시애틀의 디스커버리 연구소 산하 과학문화센터의 책임자 겸 선임연구원으로 가게 된다는 이야기를 하던 중이었다.

우리는 조용한 곳에서 인터뷰를 하기 위해 캠퍼스 바깥의 어느 사무실로 들어갔다. 우리는 서로 마주보고 앉아 거의 하루 종일 속사포 같이 이어지는 활발한 대화를 나누었다. 그때 우리가 나눈 대화를 받아쓴 원고는 무려 소책자 한 권 분량이었다! 잠시 개인적인 이야기를 나눈 뒤, 우리는 과학과 신앙의 문제에 집중해서 인터뷰를 시작했다. 물론 그의 견해는 내가 학교에서 다원주의를 공부하게 되면서 가졌던 견해와 크게 달랐다.

"과학은 진리의 유일한 원천이 아닙니다"

나: "우리는 과학이 다른 모든 형태의 지식을 압도한다고 믿는 기술 문화 속에서 살고 있습니다. 철학자 모어랜드는 물리학 박사 학위를 취득한 어느 공학자의 말을 이렇게 인용했지요. '그의 말에 따르면, 과학만이 합리적이고 과학만이 진리를 밝힌다. 다른 모든 것은 신념과 의견에 불과하다. 더 나아가 그는 과학적 방법으로 측정되거나 검사될 수 없는 것은… 옳을 수도, 합리적일 수도 없다고 주장한다.'[1] 그 외에도 하버드의 유전학자 리처드 르윈틴도 과학이 '진리의 유일한 원천'이라고 주장했지요. 이 견해에 동의하십니까?"

마이어: "아니요. 동의하지 않습니다. 얄궂게도, 과학이 진리의 유일한 원천이라는 말은 자기모순입니다. 그 명제 자체가 과학적 방법의 검사 대상이 될 수 없기 때문이죠. 그것은 무너질 수밖에 없는 철학적 가정입니다.

저는 과학을 존중하지만 과학적 지식이 다른 지식들보다 반드시 앞선다고 보지는 않습니다. 모어랜드도 과학보다는 자기 관찰을 통해 더욱 분명히 알 수 있는 것들이 있다고 주장한 적이 있지요. 저는 자기관찰을 토대로 제게 자유의지가 있다는 것을 압니다. 사회과학 분야에서 어떤 연구가 이와 반대되는 결과를 내놓는다 해도, 저는 그것을 믿지 않을 겁니다."

마이어는 벽에 있는 전등 스위치를 가리켰다. "저는 제가 저 스위치를 켤 수 있다는 걸 압니다. 따라서 제가 그렇게 하도록 결정되어 있다고 말하는 사람들에게 이의를 제기합니다."

마이어는 그렇게 말하고 몸을 기울여 불을 켰다. "게다가, 역사는 반복적 실험의 검사 대상이 될 순 없지만, 우리에게 많은 것을 알려 줍니다. 과학이 자연계에 대한 여러 가지 중요한 것들을 가르쳐 준다는 사실에는 의문의 여지가 없습니다. 그러나 진짜 의문거리는 '그 중요한 것들이 관찰되는 현상 너머의 무언가를 가리키는가?' 하는 것입니다. 제 생각에 그 대답은 '그렇다'입니다. 과학은 우리에게 많은 참된 것들을 가르쳐 주는데, 그 중 일부는 하나님을 가리키고 있습니다."

나: "하지만 학생 시절 나는 다원주의를 배우며 과학과 신앙이 대립관계라고 들었습니다. 과학이 단연코 믿을 만하고 우세한 것으로 배웠지요. 과학과 기독교가 불화할 수밖에 없다고 믿는 사람에게 뭐라고 말씀하시겠습니까?"

마이어: "글쎄요, 과학과 신앙 간의 관계를 그런 식으로도 개념화시켜 온 사람들이 있는 것은 분명합니다. 그들은 과학과 신앙이 근본적으로 반목할 수밖에 없다고 주장합니다. 과학과 신앙이 서로 무관하고 상호 작용할 수 없는 구별된 별개의 두 영역이라고 말하는 사람들도 있지요.

그러나 나는 개인적으로 세 번째 접근법을 취합니다. 그것은 과학적 증거가 실제로 유신론에 대한 믿음을 뒷받침한다는 입장입니다. 실제로, 지난 50년 동안 폭넓은 과학 분야에서 밝혀진 증거들은 유신론의 확고한 논거를 제공해 주었지요. 유신론만이 이 모든 증거들에 대해 지적으로 만족할 만한 인과적 설명을 제공할 수 있습니다."

나: "예를 든다면요?"

마이어: "현대 우주론자들이 동의하는 바처럼 우주에 시작이 있다면, 그것은 우주를 초월하는 원인이 있다는 의미입니다. 현대 물리학자들이 발견하고 있는 바처럼 물리 법칙들이 생명을 허용하도록 미세하게 조정되어 있다면,

그 법칙들을 미세하게 조정한 설계자가 있다는 뜻일 겁니다. 분자생물학이 보여 주는 바와 같이 세포에 정보가 있다면, 그것은 바로 지적 설계에 대한 정보를 가리킵니다. 맨 처음 생명이 시작되려면 생물 정보가 필요했을 터인데, 그렇다면 물질 영역 너머에 그에 앞서 존재하는 지적 원인이 있다는 뜻 아닐까요? 이상은 세 가지 사례에 불과합니다. 이제 겨우 시작일 뿐이지요."

NOMA의 문제

나: "과학과 신앙을 그런 식으로 섞는 일은 위험하지 않을까요? 많은 과학자들이 과학과 신앙은 서로 다른 '교도권'(敎導權) 아래에서 서로 다른 영역을 차지한다는 스티븐 제이 굴드의 말을 따르고 있습니다. 굴드는 이 철학을 NOMA라 불렀는데, '교도권의 분리(nonoverlapping magisteria)'를 의미하는 약자입니다. 그는 이렇게 말했죠. '과학의 그물은 경험적 우주에…, 종교의 그물은 도덕적 의미와 가치의 문제들에 쳐져 있다.'[2] 과학의 변치 않는 사실들과 종교의 변덕스러운 믿음 사이를 가르는 분명한 선이 필요하지 않을까요?"

마이어: "저도 NOMA가 부분적으로 옳다고는 생각합니다." 나는 그가 선선히 시인하자 좀 놀랐다.

마이어: "형이상학적으로 중립적인 과학의 영역들이 있습니다. '주기율표에는 몇 개의 원소가 있는가?' '주어진 조건 하에서 자연은 보통 어떻게 움직이는가?' '중력을 묘사하는 수학 방정식은 무엇인가?' 등이 그렇지요. 이런 질문들은 커다란 세계관의 문제에 영향을 끼치지 않습니다. 어떤 사람들은 '과학은 천체(heavens)가 어떻게 움직이는지 연구하고 성경은 천국(heaven)에 가는 법을 알려 준다'는 갈릴레오의 오랜 경구를 인용하기도 합니다."

나: "고리타분하긴 해도 분명히 일리가 있는 말이군요."

마이어: "물론입니다. 과학과 종교는 분명 관심과 초점의 대상이 다릅니다.

한쪽은 삼위일체의 본질을 묻고, 다른 쪽은 빅뱅 때 어떤 소립자가 있었는지를 묻지요.

그러나 커다란 세계관의 쟁점들에 직접적으로 영향을 미치는 과학적 문제들이 있습니다. 예를 들면 생명의 기원과 관련된 문제가 그렇습니다. 자연주의적 모델이 옳다면, 유신론은 불필요한 가설이 됩니다. 이처럼 과학과 형이상학이 상호작용을 하는 지점, 세계관의 문제가 걸려 있는 지점에서는 NOMA 원칙을 적용하는 것이 불가능합니다. 그 부분에선 과학의 발견이 필연적으로 세계관의 문제에 영향을 끼치기 때문이죠. 두 가지를 떼어 놓는 유일한 방법은 이쪽이나 저쪽의 주장을 빼는 것뿐입니다.

NOMA에 따르면 과학은 사실의 영역이고, 종교는 도덕과 믿음의 영역입니다. 여기서 핵심 문제는 성경적 기독교가 사실에 대해 매우 구체적인 주장을 한다는 것이죠. 성경적 기독교는 시작이 있는 우주, 창조의 과정에서 분명한 역할을 담당하신 하나님, 특정한 본성을 가진 인간을 주장하고, 성경상의 역사적 사건들이 실제 시공간상에서 일어났음을 주장합니다. 역사적으로 유명한 기독교의 신조인 사도신경을 살펴볼까요?

'전능하사 천지를 만드신 하나님 아버지를 내가 믿사오며, 그 외아들 우리 주 예수 그리스도를 믿사오니, 이는 성령으로 잉태하사 동정녀 마리아에게 나시고, 본디오 빌라도에게 고난을 받으사, 십자가에 못 박혀 죽으시고, 장사한 지 사흘 만에 죽은 자 가운데서 다시 살아나시며.'

여기서 본디오 빌라도는 1세기 팔레스틴에 살았던 역사적 인물입니다. 나사렛 예수가 같은 시대에 살았다는 주장이 나오고, 그가 죽은 자 가운데서 살아났다는 주장이 덧붙여집니다. 기독교 신앙은 본질적으로 실제 세계에 대한 것들을 주장합니다. 성경에 따르면, 하나님은 시공간 속에서 자신을 드러내셨습니다. 그렇기 때문에 기독교는 역사와 과학이 사실에 대해 주장하는 내용과 일부 상호작용을 하게 되고, 그 와중에 갈등이나 동의가 있게 되죠.

NOMA가 제 역할을 하게 하려면, 과학이나 신앙, 혹은 둘 다를 희석해야 합니다. 굴드는 분명히 그렇게 했습니다. 그는 종교란 그저 윤리적 가르침, 위로, 혹은 의미에 대한 형이상학적 신념의 문제라고 했지요. 그러나 기독교는 분명히 그 이상의 실체가 있다고 주장합니다."

나: "굴드에 관한 말은 조금 모호하게 들리는군요. 구체적인 사례를 듣고 싶습니다. 그가 NOMA를 유지하기 위해 기독교를 희석시킨 구체적 사례를 하나만 들어 주시겠습니까?"

마이어: "그러죠. 굴드는 그의 책에서 부활하신 예수님이 의심 많은 도마에게 나타난 사건을 그저 '도덕적 설화' 로 축소시킵니다.[3] NOMA의 규칙 하에서는 그래야 했거든요. 왜냐하면 부활하신 예수님의 출현은 모두 하나의 종교 문헌, 즉 성경에만 등장하고, NOMA에 따르면 종교는 도덕과 가치관의 문제에 대해서만 권리 주장을 해야 하기 때문입니다. 그러나 성경은 분명 예수님의 출현을 실제로 일어난 역사적 사건들로 묘사하고 있습니다. 기독교의 존립 여부는 그 사건이 실제로 일어났다는 확신에 달려 있습니다.

NOMA는 종교를 도덕적 문제들에만 제한시켜 이런 가능성을 배제하려 하지만, 성경의 저자들은 NOMA가 했던 것처럼 하나님을 비사실적 영역에만 제한시키는 것은 옳지 않다고 생각합니다. 글쎄, NOMA에 잘 들어맞는 종교도 있을 겁니다. 그러나 성경적 기독교는 그럴 수 없습니다. 그것은 신앙만이 아니라 사실 위에 세워져 있기 때문이죠."

법학 교수 필립 존슨도 NOMA 개념을 강도 높게 비판했다. "스티븐 제이 굴드는 종교인들에게 도덕에 대한 주관적 의견을 표현할 자유를 제공하며 아량을 베푼다. 그러나 그들이 '사실' 을 결정하는 과학자들의 권위에 도전하지 않는다는 조건이 붙는데, 그들이 결정한 사실 중 하나는 하나님이 위안을 주는 신화에 불과하다는 것이다."[4]

나는 마이어의 말을 정리해 보았다. "과학과 성경적 기독교는 많은 부분에서 그 관심사가 다르지만, 분명히 겹치는 영역이 있군요."

마이어: "그렇습니다. 바로 그런 부분에서 과학과 기독교는 서로 동의하거나 반대하지요. 대체로 계몽주의 전통 아래에서 글을 썼던 19세기 역사가들은 과학과 기독교가 겹치는 지점에서 항상 이견이 있어 왔으며, 두 영역 중에서 과학이 더욱 확실한 신념체계라고 판단했습니다."

나: "박사님은 어느 쪽을 믿으십니까?"

마이어: "내 판단은 상당히 다릅니다. 나는 과학의 증언이 유신론을 지지한다고 믿습니다. 앞으로도 긴장과 갈등이 끊이지 않겠지만, 지난 50년 동안 과학은 유신론을 지지하는 방향으로 힘차게 달려왔습니다."

마이어는 잠시 말을 멈추더니, 강한 어조로 결론지었다.

"제대로 하기만 하면, 과학은 하나님을 가리킵니다."

무(無)로부터의 창조

마이어의 견해는 학창 시절의 내 견해와 완전히 달랐다. 나는 다윈의 설득력 있는 자연주의적 이론들에 넘어가 "하나님은 전혀 필요 없다!"고 확신했었다. 그러나 마이어는 과학과 신앙이 같은 진리를 가리키고 있다고 확신했다. 나는 더 자세한 내용을 알아보기로 했다. "박사님은 과학이 유신론을 지지한다고 믿으시는군요. 그렇다면 그 근거를 여섯 가지만 들어 주시겠습니까?"

마이어: "새로운 우주론부터 시작하겠습니다. 대폭발 이론과 그에 따르는 일반상대성 이론의 뒷받침 말입니다. 이 두 이론에 따르면, 우주에는 분명한 시작점이 있습니다. 지금은 대부분의 과학자들이 에너지, 물질, 공간과 시간에 시작점이 있었다고 믿습니다. 이것은 대단히 반유물론적인 믿음입니다.

시간과 공간, 물질과 에너지, 자연법칙을 들먹여 봐야 우주의 기원을 설명할 수는 없습니다. 일반상대성 이론은 그러한 영역을 초월하는 원인의 필요성을 제시합니다. 그리고 유신론은 그런 존재, 즉 하나님이 있다고 단언합니다. 한마디로, 우주론에서는 자연주의가 힘든 시간을 보내고 있는 거지요. 우주론을 파고들면 들수록 '유신론 가설'을 제거하기가 더욱 어려워집니다. 대폭발 이론과 일반상대성 이론은 기독교인들이 '크레아씨오 엑스 니힐로(*creatio ex nihilo*, 무로부터의 창조)'라 부르는 사실을 과학적 서술로 설명합니다.

노벨상 수상자 아르노 펜지아스도 이렇게 말했습니다. '현재 우리가 가진 최고의 자료들은 먼 옛날 모세오경, 시편, 성경 외에는 아무 자료도 없는 상태에서 예측했던 내용과 동일하다.'[5]

두 번째 증거는 '인본적 미세 조정'입니다. 이것은 달라졌을 수도 있었던 근본적인 물리 법칙과 매개 변수들이 정확한 수치를 갖고 있다는 겁니다. 그러니까, 이 수치들이 지금과 같아야 할 본질적인 이유가 없다는 거지요. 그러나 이 모든 법칙들과 상수들이 수학적으로 믿기 어려운 방식으로 모여 우주에서 생명 탄생이 가능하도록 만들었습니다.

우주의 팽창률을 예로 들어 보죠. 그것은 1조×1조×1조×1조×1조 분의 1로 미세하게 조정되어 있습니다. 다시 말해, 팽창률이 어느 쪽으로든, 조금 빠르거나 조금 느리게 변했다면, 생명을 부양할 수 있는 우주는 없었을 겁니다. 프레드 호일 경은 이렇게 말했지요. '우리 주변을 둘러싼 사실들을 상식적으로 해석해 보면, 어떤 초지성적 존재가 물리학, 화학, 생물학에 끼어들었고, 자연에는 이렇다 할 만한 맹목적 힘이 없다는 결론이 나온다.'[6]

이처럼 우주가 미세하게 조정된 것으로 보이는 이유는 실제로 미세조정자가 있기 때문일지도 모릅니다. 물리학자 폴 데이비스는 '누군가 우주를 설계했다는 인상을 강하게 받는다'고 했지요. 나는 이 말에 전적으로 동의합니다. 이것은 지적 설계에 대한 강력한 증거입니다.

과학이 하나님을 가리키는 세 번째 사례는 생명의 기원과 생명이 생겨나는 데 필요한 정보의 기원입니다. 생명은 그 근본에서부터 정보가 필요합니다.

그 정보는 DNA와 단백질 분자에 저장돼 있습니다.

옥스퍼드의 리처드 도킨스는 '유전자의 기계어 부호는 신비스러울 정도로 컴퓨터와 유사하다'고 했습니다. 그런데 컴퓨터는 지적 공학자가 만든 소프트웨어 프로그램으로 돌아간다는 것이지요. 컴퓨터 코드든, 상형문자 비문이든, 책이든, 동굴의 그림이든 우리가 경험하는 모든 정보는 지성적 존재의 증거가 됩니다. 그렇다면 모든 생물의 모든 세포 속에 있는 정보에 대해서도 마찬가지로 생각할 수 있지요."

나: "그건 무지에 호소하는 오류 아닙니까? 생명이 어떻게 시작되었는지 과학자들이 당장은 설명하지 못한다고 해서, 그것을 초자연적 결론이 옳다는 증거로 볼 수는 없습니다."

마이어: "아닙니다. 무지에 호소하는 오류가 아닙니다. 우리는 단지 모든 자연주의적 진화론들이 모두 정보를 설명하지 못했기 때문에 설계를 추론하는 것은 아닙니다. 우리가 설계를 추론하는 이유는 지금까지의 모든 진화론이 실패했고, 우리가 정보를 생성할 수 있는 또 다른 존재를 알고 있기 때문입니다. 그것은 지성입니다. 저는 이것이 매우 옳은 논증이라고 생각합니다.

과학과 신앙은 적대 관계가 아니다

마이어는 이어서 네 번째 사례로 넘어갔다.

"그 다음으로, 다윈주의 자연선택으로 설명될 수 없는 분자 안에 설계의 증거가 있습니다. 생물 속에 있는 이 통합적이고 복잡한 분자 체계 속에는 신호전달회로, 정교한 모터, 온갖 종류의 생물학적 회로소자가 있습니다. 분자생물학자 마이클 베히는 이것을 '환원불가능한 복잡성'이라 부르죠."

나: "그 논증의 근거는 무엇입니까?"

마이어: "이런 생물학적 기계들이 작동하기 위해서는 다양한 부분들이 모

두 필요합니다. 그러나 무작위 변이에 가해지는 자연선택의 과정으로 어떻게 그런 체계를 만들 수 있겠습니까? 자연선택은 작동하는 것들을 보존할 뿐입니다. 다시 말해, 그것은 생물이 다음 세대까지 살아남도록 돕습니다. 그것이 적자생존(適者生存)입니다.

환원 불가능할 정도로 복잡한 체계들의 문제는 체계 안의 모든 부분이 다 갖춰지고 긴밀한 조정을 통해 서로 협력하기 전까지는 작동을 하지 않는다는 겁니다. 그러니 자연선택은 그런 체계를 만드는 데 도움이 안됩니다. 일단 만들어진 체계를 보존할 따름입니다. 그리고 진화가 순전히 우연에 의해 거대한 도약을 해서 한 번에 그런 체계를 만들어 내기란 사실상 불가능합니다.

이 말을 하면 불가피하게 따라오는 질문이 있습니다. '그렇다면 그런 생화학적 기계는 어떻게 생겨났을까?' 하는 것이죠. 베히는 이런 생물학적 체계들이 설계된 듯 보이는 이유가 그것들이 정말 설계되었기 때문일 거라고 말합니다. 결국 환원 불가능하게 복잡한 체계들을 대할 때마다 그것들이 어떻게 생겨났는지 살펴보면, 항상 설계자가 원인이었습니다."

나: "지금 박사님이 펼치신 논증이 어느 정도나 설득력 있다고 보십니까?"

마이어: "아주 강력하다고 생각합니다. 다윈주의자들이 제기하는 빈약한 반론들을 보면 그 사실을 알 수 있습니다. 그리고 그것은 또 하나의 사례일 뿐입니다. 그 다음 사례인 캄브리아기 폭발은 생명의 역사에 담긴 설계를 증명하는 또 다른 놀라운 증거입니다."

나: "이전 인터뷰에서 조나단 웰스 박사님은 '생물학의 빅뱅'을 설명해 주셨습니다. 그는 주로 다윈주의를 반박하는 논증의 관점에서 말씀하셨죠."

마이어: "맞아요. 캄브리아기에는 20가지에서 35가지에 이르는 전혀 새로운 구조의 몸체를 갖는 생물들이 갑자기 나타납니다. 엄청난 복잡성의 증가인데, 그것은 갑작스럽게 이루어졌고 이행 단계의 중간 형태가 없습니다.

이것은 설계에 대한 확실한 증거이기도 합니다. 우리의 경험상, 정보는 항상 의식적 활동의 결과이기 때문입니다. 여기 이 생물들의 몸체를 창조하는 데 필요한 엄청난 양의 새로운 생물학적 정보가 지질학적인 어느 한 시점에서 갑자기 주입된 것입니다. 이것은 다윈주의 메커니즘이 내놓을 수 있는 정보량을 훨씬 능가합니다. 다윈주의는 그것을 설명할 수 없습니다. 설계가 더 나은 설명입니다.

이 새로운 체제들이 얼마나 갑작스럽게 출현했습니까? 한 고생물학자는 이렇게 말했습니다. '내가 생물학을 전공한 친구들에게 묻고 싶은 내용은 이것이다. 도대체 진화가 얼마나 빠르게 일어나야 그것을 더 이상 진화라고 부르지 않을까?' 다윈은 자연이 갑작스런 도약을 하진 않는다고 말했습니다. 그러나 여기에는 커다란 도약이 있습니다. 이것은 지적 행위자가 일으킨 것입니다. 결과적으로, 캄브리아기 폭발은 다윈의 진화론에 반대하는 부정적 논거일 뿐 아니라 설계를 지지하는 강력하고도 적극적인 논거이기도 하죠."

나: "좋아요. 저는 여섯 가지 사례를 요청했습니다. 여섯 번째는 무엇입니까?

마이어: "나는 인간의 의식이 인간 본성에 대한 유신론적 견해를 분명히 지지한다고 생각합니다. 유대교와 기독교에서 인간은 단순한 물질 이상의 존재라고 가르칩니다. 인간은 마빈 민스키의 말처럼 그저 '살로 만들어진 컴퓨터'가 아니라, 하나님의 형상으로 빚어진 존재입니다. 우리에겐 자기 반성, 재현 예술, 언어, 창의성 등과 같은 능력이 있습니다. 뇌 속에 있는 물질의 물리적 상호 작용만으로 이런 종류의 의식을 설명할 순 없습니다. 이런 능력은 어디서 왔을까요? 나는 이 문제에서도 유신론이 최선의 설명이라고 봅니다."

마이어는 의자 끝에 걸터앉더니 절박한 어조로 마무리했다. "여기 초월적이고 지적인 원인을 가리키는 여섯 가지 증거의 앙상블이 있습니다. 이것은 대단히 놀라운 사실입니다! 자연주의가 모든 것을 설명한다고 말했던 19세기 과학자들은 이런 것들에 대해 알지 못했습니다. 지난 50년 동안의 발견 덕분에, 오늘날 우리는 훨씬 많은 것을 알게 되었습니다."

나: "박사님이 말씀하신 증거들을 토대로 하면, 하나님을 지지하는 논증은 어떻게 완성됩니까?"

마이어: "첫째, 유신론은 초월적 창조주에 대한 개념으로 자연주의적 설명보다 빅뱅에 대해 인과적으로 적절한 설명을 제공합니다. 우주의 원인은 물질, 시간, 공간을 초월해야 합니다. 그런 것들은 빅뱅과 더불어 존재하게 되었기 때문이죠. 유대-기독교의 하나님은 정확히 이런 초월성을 갖고 있습니다.

우주의 기원 그 자체까지 거슬러 올라가는 우주의 물리법칙과 상수의 미세한 조정, 그 초기 조건의 정확한 윤곽은 지적 설계자의 필요성을 보여 줍니다. 유신론은 초월적일뿐 아니라 즉 하나님이 분명히 있다고 단언합니다. 따라서 유신론은 빅뱅 우주론과 인본적인 미세조정 모두를 설명할 수 있지요.

범신론은 우주의 기원을 설명할 수 없습니다. 범신론자들은 물리적 우주와 같은 시공간에 존재하는 비인격적인 신을 믿기 때문이죠. 그런 신이라면 무에서 우주를 창조할 수 없습니다. 그런 신은 물리적 우주와 독립적으로 존재할 수 없기 때문입니다. 물리적 우주가 존재하지 않았다면, 범신론적 신도 존재하지 않았을 것입니다. 존재하지 않았던 범신론적 신이 우주를 만들 수는 없었을 겁니다."

나: "신이 세상을 창조하셨지만 혼자 굴러가도록 내버려 두셨다는 이신론(理神論)은 어떻습니까? 이신론으로도 우주의 기원을 설명할 수 있지 않나요?"

마이어: "이신론으로도 설명이 가능합니다. 하지만 빅뱅과 더불어 설계의 증거가 나타나기 때문에 이신론은 설득력을 잃고 맙니다. 이신론은 우주가 창조된 이후 설계나 창조의 신중한 행위를 보여 주는 증거들을 설명하지 못합니다. 이신론적 신은 결코 자연에 개입하지 않습니다만 우리는 생명의 역사를 통해 지적 설계의 증거를 보고 있습니다. 세포에 담긴 풍부한 정보량은 우주가 생겨나고 한참 후, 첫 번째 생명체에 지적 설계가 개입한 강력한 증거입니다.

이런 사실에 비추어 볼 때, 오늘날 우리가 과학을 통해 알게 된 내용들은 하나님이 존재하신다는 더 큰 확신을 갖게 하죠. 저는 유신론이 우리가 논의한 과학적 증거의 앙상블에 대한 최선의 설명이라고 단언할 수 있을 정도로 이 증거들의 무게가 대단하다고 생각합니다. 과학과 신앙은 적대 관계가 아닙니다. 과학적 증거와 성경의 가르침을 올바로 해석할 때, 그 둘은 서로를 지지할 수 있고, 분명히 서로 뒷받침합니다. 그 사실을 의심하는 모든 사람들에게 이렇게 말하고 싶습니다. 증거를 직접 조사해 보라고 말입니다."

마이어의 숨 가쁜 설명은 명쾌했다. 과학의 발견들로 하나하나 쌓인, 하나님을 지지하는 누적 증거는 어마어마해 보였다. 물론 나는 아직도 질문하고 싶은 것이 많았다. 그 중 몇 가지에 대해서는 마이어에게 물어볼 생각이었고, 나머지는 마이어가 언급한 증거의 범주 각각에 해당하는 전문가들과 인터뷰를 하기 위해 아껴 둘 생각이었다. 우선은 창조주를 지지하는 논증을 확립하려면 하나님을 지지하는 증거가 얼마나 많아야 하는가부터 시작하기로 했다.

창조주 가설(God Hypothesis)

법률계에서는 법정이 다르면 증거의 기준도 다르다. 형사 사건의 경우, 검사는 피고의 유죄를 합리적인 의심의 여지없이 입증해야 한다. 그러나 대부분의 민사 사건에서는 원고는 그보다 훨씬 낮은 기준으로도 이길 수 있다. 그것을 우월적 증거라고 부른다, 일부 민사 사건의 경우에는 그 두 증거 사이에 위치한, 명확하고 확실한 세 번째 증거 기준이 있다.[7]

나는 마이어에게 신학적 영역에서는 어떤 수준의 증거가 적합한지 물었다. 그러자 그는 하나님의 증거라는 주제에 대한 흥미로운 역사를 들려주었다. 나는 그 이야기를 들으며 다른 질문들을 일단 뒤로 미루기로 했다.

마이어: "한 가지 극단은 기독교 신앙에 그것을 증명할 증거들이 있다는 사실을 부인하고 우리에게 필요한 것은 믿음뿐이라는 입장입니다. 소위 '신앙주

의' 이죠. 계몽주의가 위세를 떨칠 때, 신 존재에 대한 일부 유신론적 증거가 실패한 것으로 여겨지면서 나온 입장입니다.

프랑스 철학자 데카르트는 하나님이 존재한다는 절대적 확실성을 확립하기 위해 상당히 엉성한 증거를 몇 가지 제시했습니다. 그는 소위 '연역적 논증'을 사용했습니다. 대전제와 소전제가 있는데 이 전제들이 참이고 논증의 논리가 옳다는 것을 보일 수 있다면 따라오는 결론은 확실하다는 것입니다. 예를 들면 이런 겁니다. '모든 인간은 죽는다. 소크라테스는 인간이다. 그러므로 소크라테스는 죽는다.' 데카르트는 그것을 넘을 수 없었습니다. 자신의 논증으로 하나님이 존재한다는 철통 같은 확실성을 만들어 내려 했기에 하나님의 존재를 절대적으로 입증하거나 반증할 방법은 없습니다.

그 결과, 하나님의 존재를 증명하는 논증은 소용이 없고 신앙에는 합리적 근거가 없다는 의견이 생겨났습니다. 그리고 그때 다윈이 나타나 하나님의 지적 설계가 낳은 결과물로 보이는 것이 실제로는 설계자 없이 자연적 메커니즘을 통해 설명될 수 있다는 것을 보였고, 하나님을 믿는 합리적인 증거가 없다는 확신을 더욱 부추겼습니다.

이제 종교를 믿는 사람들은 선택해야 했습니다. 합리적 근거가 없으므로 신앙을 거부하거나, 신앙에는 합리적 토대가 필요하다는 생각 자체를 거부해야 했습니다. 신앙인으로 남은 사람들은 후자의 입장을 택했고 이렇게 말했습니다. '나는 믿는다. 내 믿음에 대한 합리적 근거는 없지만 그런 건 필요하지 않다.' 그 후 그들은 신앙과 이성을 구별하는 전략을 채택했습니다. 그것은 결국 신앙과 과학은 별개의 영역을 차지한다는 결론으로 이어졌지요.

그러나 세 번째 의견이 있습니다. 그것을 사용하면 연역적 논증 없이도 신앙을 지지하는 설득력 있는 주장을 펼 수 있습니다. 1998년 수학자 윌리엄 뎀스키와 나는 함께 논문을 하나 썼습니다. 그 내용은 유신론적 믿음을 뒷받침하는 데 쓰일 수 있는 추론 모델을 밝히는 것이었습니다. 우리는 그것을 '최선의 설명을 찾는 추론'이라 부릅니다.

이 추론은 우리가 일상생활에서 늘 사용하는 실용적인 형태입니다. 어떤 현상이나 사건을 설명하고 싶을 때, 우리는 광범위한 가설을 검토하고 그 중 상황을 가장 잘 설명할 만한 가설을 세웁니다. 바꿔 말하면, 가능한 설명들을 남김없이 분석하고 주어진 자료를 모두 담아낼 수 있는 설명이 하나 남을 때까지 계속 정보를 더해 갑니다.

더 좋은 가설을 고르는 방법은 그 가설이 증거를 설명할 수 있는 능력을 보는 것입니다. 같은 증거를 설명할 수 있는 가설이 하나 이상일 때도 많습니다. 예를 들면, 우리가 방금 살펴본 것처럼 이신론과 유신론은 둘 다 우주의 기원을 설명할 수 있죠. 그러나 자료를 계속해서 살펴보면, 우주가 생겨난 이후 생물에 나타나는 설계의 증거를 설명할 수 있는 것은 유신론뿐임을 알게 됩니다. 그러면 유신론의 설명할 수 있는 능력이 더 뛰어나다고 할 수 있습니다.

우리는 일상생활에서 이러한 추론을 사용해 상당히 신뢰도가 높은 결론에 도달합니다. 탐정들과 변호사들, 과학자들이 모두 이 방법을 사용합니다. 이 추론법을 사용할 때 실제로 상당한 확실성에 이를 수 있습니다.

앞서 우주론, 물리학, 생물학, 인간 의식을 거론하며 언급한 증거를 살펴볼 때, 유신론이 가진 폭넓고 놀라운 설명력을 알게 됩니다. 하나님의 존재는 자연주의나 범신론 등 주요 경쟁세력을 포함한 다른 어떤 세계관보다 더 간단하고, 적절하고, 포괄적으로 폭넓은 증거들을 설명합니다. 그리고 유신론을 보강하고 보충하는 증거들이 지금도 계속 발견되고 있습니다.

1992년에, 과학사가인 프레드릭 번햄은 '창조주 가설'은 '지난 100년 내 어느 시기보다 더 인정받고 있다'고 했습니다.[8] 저는 여기서 더 나아가 유신론은 '인정받는' 정도가 아니라 그 증거가 충분히 강력하여 하나님이 살아 계시다는 평결을 보증한다고 말하겠습니다."

과학자들의 동기

마이어의 분석을 듣다 보니 몇 가지 질문이 떠올랐다.

나: "유신론에 대해 여섯 가지 과학적 증거를 제시할 기회를 드렸습니다. 그리고 다른 전문가들과 그 문제를 깊이 있게 살펴보면서 구체적인 반론을 제시할 생각입니다. 하지만 우선 그에 앞서 박사님께 적어도 네 가지 포괄적 반론을 제시하고 싶습니다."

마이어: "좋습니다. 첫 번째 질문이 무엇입니까?"

나: "유신론에 대한 과학적 증거가 그토록 강력하다면, 왜 더 많은 과학자들이 하나님을 믿지 않습니까? 1966년의 한 조사에 따르면, 60퍼센트의 과학자들이 하나님을 믿지 않거나 하나님에 대해 회의적이었습니다. 최고의 엘리트 과학자들을 살펴보면 그 비율은 더 높아집니다."[9]

마이어: "우선, 새로운 발견들이 퍼져 나가 그 함축하는 바가 충분한 고려의 대상이 되기까지는 시간이 걸립니다. 유신론에 대한 최고의 증거 중 일부는 아주 최근에 등장했죠. 그래서 구체적인 한 분야에 집중하는 과학자들은 유신론의 증거가 되는 다른 분야의 발견들을 알지 못할 수도 있습니다.

또 유물론적 세계관은 서구 문화의 지성계에서 150년 넘게 주도권을 행사해 왔습니다. 그것은 과학, 철학, 학문 일반의 배후에 놓인 세계관이 되었고, 거의 모든 학문 활동에 전제되어 있습니다. 그것에 반대한 일부 사람들은 맹렬한 적대와 때로는 박해를 겪었습니다. 상황이 그렇다 보니 많은 과학자들이 유신론적 세계관을 검토하거나 그것에 대해 공개적인 지지를 표시할 엄두가 나지 않을 겁니다."

마이어의 대답을 들으니 샌디지의 말이 떠올랐다. 그는 신앙을 지독히 멸시하는 과학계의 분위기를 이렇게 설명했다. "자신을 신자로 밝히기를 주저하게 됩니다. 엄청난 불명예가 따르거든요."[10]

마이어: "마지막으로, 과학적 문화 내에서는 철학적으로 대단히 의문스러

운 신념 체계들이 있습니다. 많은 과학자들은 과학이 자연주의적 설명만 허용해야 한다고 믿습니다. 설계 가설을 고려 대상에서 아예 배제하는 겁니다. 많은 과학자들이 가리개를 쓴 채 설계의 증거를 인정하길 거부합니다. 그렇게 되면 일종의 '집단사고' 의견일치를 이루려는 유형·무형의 압력 때문에 비합리적 의사결정이 이루어지는 현상 가 생겨나게 됩니다."

그의 답변은 그럴 듯했지만 그 말을 들으니 또 다른 질문이 떠올랐다. "그 문제는 양면적입니다. 회의론자 마이클 셔머는 지적 설계 운동에 참가하는 거의 모든 사람이 기독교인이라고 했습니다. 그것은 과학적 정당성의 토대를 허무는 현상 아닙니까? 어쩌면 그들은 자신들이 찾고자 하는 내용을 찾기 위해 혈안이 된 나머지 자연주의적 설명에 마음을 열지 않는 건지도 모릅니다."

마이어: "모든 과학자에겐 동기가 있습니다. 그러나 과학적 이론이나 법정의 사건, 철학적 논증의 정당성을 평가할 때 그 동기를 거론하는 일은 부적절합니다. 증거나 논증은 누가 왜 그걸 제시하는가와 상관없이 그 자체일 뿐입니다. 지적 설계 운동을 펼치는 모든 사람이 근본주의자라 해도 문제가 되지 않습니다. 그들의 논증은 그 자체로 평가되어야 합니다."

나: "하지만 지적 설계 운동이 기독교인들만의 운동입니까?"

마이어: "그렇지 않습니다. 지적 설계 운동의 지지자 중에는 불가지론자나 유대인도 있습니다. 그러나 여전히 그건 문제가 안된다고 생각합니다. 다윈주의를 옹호하는 사람들의 절대 다수는 자연주의자나 유물론자입니다. 그렇다면 동기 운운하는 논리는 그쪽에도 적용할 수 있습니다.

그밖에, 그 문제를 이렇게도 볼 수 있죠. 어떤 과학자가 유신론이 옳다는 증거를 받아들여 하나님을 믿게 되었다면, 그는 그 분야에서 과학 활동을 계속할 자격을 잃어야 합니까? 물론 그렇지 않습니다. 이런 지엽적 문제들을 넘어서 증거를 살펴보자는 겁니다. 설계가 최선의 설명인지 아닌지 말입니다."

나: "과학자들이 기적의 가능성을 설명의 한 방식으로 받아들이게 되면,

그로 인해 추가 연구의 의욕을 상실하게 되지 않을까요? 생물학자 케네스 밀러는 지적 설계자의 존재를 추론하게 되면 과학은 막다른 골목에 이를 거라고 말했습니다. 어떤 분야에 대해 양손을 치켜들고 '하나님이 하신 일이야'라고 말하고 나면, 그 후로는 과학적 탐구를 계속할 이유는 없을 것 같은데요?"

마이어: "누가 할 소린지 모르겠군요."

나: "무슨 말씀이신가요?"

마이어: "생명의 기원과 관련된 문제를 예로 들어봅시다. 이 질문은 '지구상에 세포가 어떻게 생겨났을까?' 입니다. '유물론적 과정을 포함하는 답만을 허용하겠다'는 주장은 폭넓은 연구를 저해하는 발언입니다. 생명의 기원에 대해 가능한 인과적 설명 중 하나가 바로 지성의 개입이기 때문입니다."

나: "그러니까, 박사님은 지적 설계의 가능성을 배제하는 일이야말로 지적·과학적 탐구를 방해한다고 보시는군요?"

마이어: "그렇습니다. 나는 그런 일이 벌어지는 것을 많이 목격했습니다."

나는 손가락으로 마이어를 가리키며 '그것 보십시오' 하는 투로 말했다. "박사님은 게임의 규칙을 바꾸고 싶으신 거군요. 그렇죠?"

마이어: "그렇다고 볼 수도 있습니다. 과학은 자연주의적 설명만 고려해야 한다는 제멋대로 된 규칙은 옳지 않다고 생각합니다. 자유로운 진리 추구를 촉진하는 방법론적 규칙을 따라 과학사의 새로운 시대를 열자는 겁니다. 과학자는 증거가 이끄는 곳이라면 어디든 따라가도록 허용되어야 합니다. 그렇게 해서 얻은 결론을 거북해하는 사람들이 있다 해도 말입니다."

눈높이 맞추기

나의 네 번째 반론은 "반목적론(disteleology)"이라는 주제와 관련이 있었다. 그것은 생물계와 물질계에서 볼 수 있는 외견상 어설픈 설계에 대한 것이다. 밀러는 이렇게 썼다. "설계 이론을 받아들여야 한다면, 수많은 결함과 불완전을 설계자의 탓으로 돌리지 않을 수 없다."[11]

이 말은 불완전한 설계가 완전한 하나님의 존재를 반박한다는 의미를 담고 있다. 밀러가 인용한 한 가지 사례는 척추동물의 눈이다. 그는 이렇게 썼다. "지적 설계자가 왜 망막의 신경망을 빛이 들어오는 쪽에 두었는지 의아하다. 이러한 배치 때문에 빛이 산란되어 시야가 흐려지고, 심지어는 빛에 민감한 망막(시각 영상을 뇌에 전하는 시세포를 만들어내는) 위로 신경망이 지나가는 지점에 맹점이 생긴다."[12]

옥스퍼드의 리처드 도킨스를 포함한 다른 다윈주의자들도 눈의 어설픈 구조를 헐뜯었다. 그 중 조지 윌리엄스는 "망막이 뒤집혔다"고 하면서 그것이 "멍청하게" 설계되었다는 말까지 했다.[13] 내게도 이것은 지적 설계에 대한 강력한 반론으로 보였다.

나: "설계자가 있다면, 어설픈 눈의 설계는 실제로 그가 지적이지 않다는 증거 아니겠습니까?"

마이어: "망막이 뒤집혀 있는 데는 생리학적으로 중요한 이유가 있습니다. 몸이라는 체계의 설계를 전체적인 틀에서 볼 때 그러한 망막의 구조는 눈이 척추동물의 경우, 필요한 엄청난 산소량을 처리할 수 있게 해 주는 타협점입니다. 이것 때문에 약간의 맹점이 생기는 것은 사실이지만, 사람에게는 눈이 두 개 있고 두 맹점이 겹치지 않기 때문에 문제가 되지 않습니다. 눈은 실제로 엄청난 설계물입니다."

그 말과 함께 마이어는 자리에서 일어나 책상에 기대놓은 서류 가방 속에서 종이들을 뒤적이더니 기사 복사본 한 장을 꺼내 내게 주었다. "생물학자 조지 아윱은 눈이 엉터리로 창조되었다는 주장을 반박하기 위해 이 글을 썼습니다."

나는 기사를 살펴보았다. 망막 세포생리학을 전공한 아윱 교수는 그 글에서 이런 결론을 내리고 있었다.

> 척추동물의 망막은 직관적으로 이상해 보이는 부분이 있지만, 기능 설계 소비자가 요구하는 기능상의 요건을 고루 갖추도록 제품을 설계하는 행위 의 탁월한 사례다. 망막의 설계 덕분에 눈은 고도의 예민함과 민감함을 갖출 수 있다. 망막이 최적의 설계가 아니라는 것은 사실이 아니다. 과연 눈의 구조를 바꾸면서 그 기능을 현저하게 떨어뜨리지 않을 수 있을까?[14]

나는 좀 약이 올랐다. 그래서 종이를 내려놓으며 말했다. "좋습니다. 그것이 반목적론의 좋은 예가 아닐지 모릅니다. 하지만 다른 사례도 많습니다."

마이어: "너무 급하시군요. 여기서 좋은 교훈을 하나 배울 수 있습니다. 사람들은 잘못된 생물학적 설계에 대해 많은 주장을 하지만, 나머지 상황을 다 알게 되면 사정은 전혀 달라집니다. 사람들은 한 가지 변수만 보고 더 낫게 설계될 수 있었다며 그것이 잘못된 설계라고 주장합니다. 그러나 엔지니어들은 설계를 위해 전체 변수를 최적화해야 한다는 사실과 전체적으로 최선의 결과를 얻으려면 타협이 불가피하다는 사실을 압니다."

나: "자세한 설명이 필요한 말이군요. 예를 하나 들어 주십시오."

마이어: "흔히 제시되는 사례는 노트북 컴퓨터입니다. 모니터 화면만 본다면, '설계가 잘못 됐군. 더 컸어야지'라고 말할 수 있습니다. 또 메모리만 본다면, '설계가 잘못 됐어. 용량이 더 컸어야지'라고 말할 수 있습니다. 그리고 키보드만 본다면, '설계가 잘못 됐군. 사용하기에 더 편리했어야지'라고 할 수도 있습니다.

그러나 엔지니어에게 맡겨진 일은 최고의 모니터 화면, 최고의 메모리, 최고의 키보드를 만드는 것이 아닙니다. 그의 일은 어떤 특정한 크기와 무게, 가격과 휴대성을 갖춘 선에서 최고의 컴퓨터를 만드는 것입니다. 모니터 화면이 더 커질 수 있을까요? 물론이죠. 하지만 휴대성에 문제가 생깁니다. 컴퓨터의 메모리가 더 커질 수 있을까요? 물론입니다만 가격이 너무 비싸지고 맙니다.

따라서 어쩔 수 없는 절충이 생기게 되죠. 각 개별 부품이 최적의 상태가 아니라고 비판할 수 있을지 모르지만, 그것은 문제를 제대로 보지 못한 것입니다. 진짜 문제는 컴퓨터가 전체적으로 얼마나 잘 작동하는가죠. 훌륭한 엔지니어는 그렇게 일합니다. 그것은 반목적론의 사례들 중 일부를 설명해 줍니다."

나: "해명은 그럴 듯하지만, 완벽한 설명은 될 수 없는 것 같습니다. 설명하기 더 어려운 반목적론의 사례들이 있다는 건 인정하셔야 할 겁니다."

마이어: "그 점을 부정하지는 않습니다. 터무니없는 것들도 있지만 사려 깊고 진지한 사례들도 있지요. 그런 사례들을 해명하려면 더 많은 노력이 필요합니다. 일례로, 굴드는 팬더의 엄지가 하나님의 설계가 아니라 날림 작품으로 보인다고 주장했습니다. 그러나 팬더 전문가들은 그것이 대나무 껍질을 벗기는 데 아주 효과적이라고 하던데요. 좋은 설계의 기준이 없는 상황에서 그것이 좋은지 나쁜지 말하기는 무척 어렵습니다. 팬다의 엄지는 제 기능을 대단히 잘 수행하고 있는 듯 보입니다.

반목적론의 또 다른 사례들은 신정론(神正論), 즉 자연적 악과 하나님을 조화시키는 문제입니다. 사람들에게 해를 입히는 바이러스와 박테리아는 어떨까요? 하나님이 그것들을 창조하셨을까요? 19세기의 자연신학자들은 완벽한 하나님이 세상을 창조하셨다면, 세상도 완전할 거라고 믿었습니다. 그래서 그들은 다윈의 반목적론적 논증에 맞서지 못했습니다.

그러나 성경은 자연이 완전하다고 말하지 않습니다. 성경에 따르면 악이 세상에 들어와서 원래의 설계를 망가뜨렸기 때문에 쇠퇴와 악화가 나타났습니다. 우리는 어떻게 이 일이 일어났는지 구체적인 내용까지 모두 알지는 못하지만, 성경의 로마서는 자연계가 구원을 바라며 신음하고 있다고 분명히 밝히고 있습니다. 원래의 창조 세계에 뭔가 문제가 생겼기 때문입니다.[15] 그런 성경의 기록에 비추어 볼 때, 자연에서 설계의 증거와 쇠락의 증거를 모두 볼 수 있으리라 예상할 수 있고 실제로도 그렇습니다."

나는 서류 가방 속의 노트북을 내려다보았다. 반목적론에 대한 마이어의 설명이 상당히 타당하다는 걸 인정할 수밖에 없었다.

향후 조사를 위한 지도

인터뷰를 마무리하면서 나는 1985년에 댈러스에서 열린 회의에 참석했던 마이어가 그랬듯이 하나님을 지지하는 확실한 과학적 증거들에 감격했다. 지금까지 훑어본 망원경부터 현미경까지의 증거는 모두 창조주 쪽을 힘차게 가리키고 있었다. 학창시절의 나로선 꿈도 꾸지 못했던 상황이다. 취재를 계속해야다는 생각이 강하게 들었다.

그러나 마음 깊은 구석 한편으로는 회의도 들었다. 창조주를 지지하는 논증이 더욱 철저한 검사에도 과연 승산이 있을까? 나를 괴롭혔던 문제들을 제기한 전문가들의 반대 심문을 거치고도 살아남을까? 마이어가 설명했던 다양한 증거 범주들을 여러 해 동안 연구한 이들은 어떤 매혹적인 이야기들을 새롭게 들려줄까? 그 결과 마이어의 논거는 강화될까 약화될까, 아니면 파괴될까?

법률 전문 저널리스트인 나는 많은 재판에서 검사가 모두진술(冒頭陳述)을 통해 배심원들에게 공소를 제기한 요지를 설명하는 광경을 많이 보았다. 그러나 판사는 언제나 검사의 말이 증거는 아니라고 배심원단에게 설명한다. 검사의 말은 향후 증인들이 제시하는 증언들을 판단하는데 도움이 되는 도로 지도일 뿐이다.

어떤 의미에선 마이어가 제공한 지식이 유신론을 지지하는 과학적 증거의 요지라고 볼 수 있다. 이제 우주론, 물리학, 천문학, 미생물학, 생물 정보, 의식 분야의 전문가들을 찾아가 그 논증이 마이어의 주장처럼 강력한 것인지 알아볼 시간이었다. 내 계획은 말 그대로 처음, 즉 우주의 기원부터 시작하는 것이었다. 우주의 기원은 우리가 도저히 헤아릴 수 없을 만큼 강력한 에너지의 폭발과 더불어 시작되어 그 메아리가 수십억 년이 지난 지금까지 들려오고 있다.

나는 빨리 새로운 취재를 시작하고 싶어 몸이 근질거렸다.

하나님의 묘한 미소

나는 떠나기에 앞서 잠시 시간을 내어 마이어에게 받은 인상을 정리해 보고 싶었다. 그의 학문적 깊이와 재치, 쾌활한 진지함과 열정이 마음에 들었다. 과학, 철학, 신학에 대해 마이어와 대화를 나눴지만 정작 그의 개인적인 의견은 듣지 않았다는 걸 깨달았다. 과학자에서 지적 설계의 대변자로 자리를 옮긴 마이어의 여정은 내게 매력적으로 느껴졌고, 그의 영성이 궁금해졌다.

나: "여러 해 동안 유신론을 뒷받침하는 과학적 증거들을 연구하셨는데, 그것이 박사님의 신앙에 어떤 영향을 미쳤습니까?"

마이어: "물론 내 신앙을 강화시켜 주었습니다. 지금은 하나님을 증거하는 발견들이 더 많이 나오고 있기 때문에 무척 신이 납니다. 이 발견들의 결과로 점점 더 많은 사람들이 유신론적 신앙을 자연 속의 증거에 대한 최선의 설명으로 인정하고 하나님께 마음을 열게 될 것입니다."

마이어는 거기서 멈췄다. 거기까지는 안전한 답변이었다. 그는 좀 더 위험을 감수해야 할지 가늠하고 있었다. 그는 하나님과의 관계 같은 개인적인 일에 대해 마음을 터놓는 것보다는 미생물학의 가치를 논하는 것을 더 편안히 여길 사람처럼 보였다. 그러나 가만히 앉아 듣다 보니 내 생각이 틀렸다는 걸 알 수 있었다.

"내 영적 여정에 대해 말씀드리지 않은 부분이 있습니다. 나는 2년 정도 니체의 실존주의에 빠진 적이 있습니다. 니체는 지금까지 우리가 논한 것과는 다른 이유로 유신론을 반대했지요. 그는 이렇게 물었습니다. '왜 하나님은 다스리고 나는 섬겨야 하는가?' 니체의 그런 태도가 나와 잘 맞았습니다. 행복하려면 왜 하나님의 뜻에 순종해야 한단 말입니까? 그러나 나는 그분 없이는 행복할 수 없다는 걸 알았습니다. 점점 나쁜 생활에 젖어들며 비참해지기만 한다는 것을 알았죠. 그래서 나는 말 그대로 하나님께 주먹을 흔들어 댔습니다. 사도 바울이 말하는 지적 반역이 내 삶에서 아주 분명히 나타난 것이지요. 기독교인으로서 생각하는 오늘날에도 내 마음은 바울이 말한 것처럼 육신적으로 흘러가는 경향이 있습니다. 그런데 바로 그때마다 하나님에 대한 과학적 증거는 나를 붙잡아 줍니다. 내 안에는 자기몰두와 자기도취라는 자연적 경향이 있습니다. 그러나 하나님이 실재하시고, 창조주시며, 우리가 그분과 바른 관계를 맺어야 한다는 사실을 모두에게 알리시기 위해 그분이 이 세상에서 하신 일들을 무시할 수는 없습니다.

나는 하나님이 하신 그 일들을 우주론과 물리학과 생물학뿐 아니라, 성경의 역사적 계시, 특히 예수 그리스도의 계시 안에서도 봅니다. 그분에게는 너무도 강력한 흡인력이 있습니다! 아인슈타인과 나폴레옹도 그렇게 생각했죠. 나사렛 예수님은 그들의 관심을 사로잡았고, 나의 관심도 사로잡고 계십니다.

나는 성경의 예수님이 진짜가 아니라면 그 캐릭터를 창조한 사람을 섬겨야겠다고 생각한 적이 있습니다. 예수님은 내가 이해할 수 있는 수준을 넘어선 분입니다! 그리고 자연 속에 있는 하나님에 대한 증거는 내가 그분과 더욱 깊고 충만한 관계를 누리도록 끊임없이 자극합니다. 과학적 증거에 대한 연구는 기독교인으로서의 내 삶과 별개가 아닙니다. 그 일은 나의 신앙 경험 속에 깊이 박혀 있습니다.

어느 대학에서 처음으로 하나님에 대한 증거를 논하는 과목을 가르치기 시작했을 때, 나는 그런 논증이 마음의 우상을 만들거나 과학을 신격화시킨다는 몇몇 사람들의 주장을 듣고 풀이 죽은 적이 있었죠. 그 후 한동안은 말을 조심했지요. 그러나 이제는 아닙니다. 이 논증이 하나님이 우리에게 자신을 드러내기 위해 사용하셨던 증거라고 더욱 확신하게 되었으니까요.

밤하늘의 별을 바라보거나 DNA 분자의 구조와 정보를 품고 있는 성질에 대해 생각하는 시간은, 그것들을 만드신 창조주를 경배하는 시간입니다. 성경의 신빙성과 우주와 생명의 창조주가 하나님이라는 온갖 증거가 밝혀진 지난 몇 년 동안, 하나님의 입술에 어렸을 묘한 미소를 생각해 보았습니다. 나는 그런 증거들이 밝혀진 것이 하나님의 섭리라고 생각합니다. 그리고 광대한 우주와 고생물학의 먼지 나는 유물과 복잡한 세포 속에서 우리가 그 분의 지문을 발견할 때 하나님이 기뻐하실 거라고 믿습니다.

그렇기 때문에 내가 하나님에 대한 과학적·역사적 증거를 탐구하는 일은 인지적 활동만이 아니라 예배 행위이지요. 창조주께 합당한 공로와 존귀와 영광을 돌려드리는 방법이기도 하구요. 창조를 자연적 과정만으로 설명하는 것은 우리 모두 빠지기 쉬운 일종의 우상숭배입니다. 자연주의적 생각을 가진 동료들이 그렇게 한다고 그들을 무조건 비판하는 것은 아닙니다. 나 역시 그런 존재니까요. 우리는 모두 하나님을 경시하고 우리가 그분의 피조 세계에 들어있지 않은 것처럼, 하나님의 헤아릴 수 없는 창조력의 산물이 아닌 것처럼 생각하고 행동합니다.

자연과 성경에서 하나님의 증거들을 볼 때, 나는 거듭해서 그분이 누구신지 생각하게 됩니다. 그리고 내가 누군지 생각하게 됩니다. 나는 그분이 필요한 존재입니다."

참고 문헌

- William Demski, *The Design Revolution: Answering the Toughest Questions about Intelligent Design*. Downer's Grove, Ill.: InterVarsity, 2004.
- Alister McGrath,. *Glimpsing the Face of God*. Grand Rapids, Mich.: Eerdmans. 2002.
- Stephen C. Meyer, Evidence for Design in Physics and Biology."In *Science and Evidence for Design in the Universe*, eds. Michael J. Behe, William A. Demski, and Stephen C. Meyer. San Francisco: Ignatius, 1999.
- ─. Modern Science and the Return of the God Hypothesis."In *Science and Christianity: Four Views*, ed. Richard F. Carlson. Downer's Grove, Ill.: InterVarsity, 2000.
- J. P. Moreland, *Christianity and the Nature of Science*. Grand Rapids, Mich.: Baker, 1989.
- Larry Witham, *By Design: Science and the Search for God*. San Francisco: Encounter, 2003.

최종 질문

1. 이번 장을 여는 인용문들을 다시 읽어보라. 그 두 인용문은 전혀 다른 관점을 대표한다. 어느 관점이 당신의 현재 입장을 보다 정확히 나타내는가? 당신이 현재의 관점을 갖게 된 요인은 무엇이 있는가?

2. 과학과 신앙은 별개의 영역을 차지해야 하고 서로 섞여서는 안 된다는 스티븐 제이 굴드의 소위 NOMA 원리를 대하고 난 뒤, 당신의 첫 번째 반응은 어떤 것이었나? 스티븐 마이어의 분석으로 당신의 견해는 강화되었는가, 달라졌는가?

3. 마이어는 유신론을 뒷받침하는 현대 과학의 여섯 가지 사례를 제시한다. 이 중 어느 영역이 가장 흥미로운가? 가장 의심스러운 영역은 무엇인가? 마이어가 말한 이 여섯 가지 범주의 증거가 옳다면, 창조주를 지지하는 논거가 얼마나 강하다고 생각하는가? 마이어가 지적설계이론에 대한 반론들에 잘 대답했다고 생각하는가? 그의 대답 중 어떤 것이 설득력이 있었는가? 왜 그렇게 생각하는가?

4. 마이어는 모든 과학자에겐 동기가 있지만 "과학적 이론의 타당성을 평가할 때 동기를 거론하는 것은 부적절하다"고 했다. 당신은 그 말에 동의하는가? 그 이유는?

5. 마이어는 한때 **왜 하나님은 다스리고 나는 섬겨야 하는가?**라는 니체의 질문에 공감했다고 말했다. "행복하려면 왜 하나님의 뜻에 순종해야 하지?" 마이어는 그렇게 물었던 경험을 회상하며 이렇게 말했다. "그러나 나는 그분 없이는 행복할 수 없다는 걸 알았습니다. 점점 나쁜 생활방식으로 빠져 들어가 비참해지기만 했지요. 그래서 나는 말 그대로 하나님께 주먹을 흔들어댔습니다." 당신은 하나님을 향해 주먹을 흔든 적이 있는가? 왜 그런 반응을 보이게 되었는가? 그 후 그 문제는 어떻게 해결되었는가? 하나님에 대한 현재 당신의 견해가 그분의 존재에 대한 과학적 증거를 평가할 때 어떤 영향을 끼치게 될까?

II

창조주를 지지하는 과학적 증거

태초에 설계된 빅뱅이 있었다?

물리학은 지구에 박힌 창조주의 지문이다

우리는 특별히 계획된 행성에 살고 있다

다윈에게는 세포가 블랙박스였다

DNA는 인간 창조의 설계도이다

맹목적인 물질이 진화하면 '마음'이 만들어질까?

이 탁월한 설계자는 도대체 누구란 말인가!

5

태초에 설계된 빅뱅이 있었다?

> 대폭발 이론에 대한 수많은 경쟁가설은 제쳐 놓자. 무언가가 무(無)에서부터 우주 전체를 만든 게 분명하다. 초월적인 무엇이 이 모두를 가동시켰다는 깨달음, 그것이야말로 자연 과학자들로 하여금 '기적'이라는 용어를 쓰게 한다.
>
> — 저널리스트 **그레그 이스터브룩**

> 대폭발이 유신론을 지지한다는 가장 확실한 논거는 일부 무신론 물리학자들이 대폭발에 대해 얘기하는 것을 너무도 껄끄러워 한다는 사실일 것이다. 그래서 때로 그들은 과학적 견해들을, 대체 그럴 만한 가치가 있나 싶을 정도로 너무나 집요하게 제시한다. 무신론 물리학자들에게는 보통 이론들이 자신의 이론을 입증할 때 보여 주는 학문적 열정보다 훨씬 강렬한 어떤 심리적 힘이 작용하고 있는 것 같다.
>
> — 천체물리학자 **C. J. 아이섬**

나는 집 근처 가판대에서 잡지들을 훑어보고 있었다. 아름다운 모델이 「글래머」지의 표지를 장식하고 있었다. 「모터 트렌드」의 표지에는 맵시 있는 고성능 차량들이 달리고 있었다. 그 「디스커버」 표지에는 새하얀 바다를 배경으로 아무 장식도 없는 수수한 빨간 구(毬)가 있었다. 지름이 2cm 되어 보이는 작은 구였다. 그것은 우주가 태어난 지 무한소분의 일 초 되던 때 우주 전체의 실제 모습이었다. 표지의 머리기사는 이렇게 소리치고 있었다.

"모든 것은 어디에서 왔을까?"[1]

수천 년 전 유대인들은 이 질문의 답을 알고 있다고 믿었다.

"태초에 하나님이 천지(天地)를 창조하시니라."

유대인들의 구약 성경은 이렇게 시작된다. 그들은 모든 것이 태초의 "피아트 룩스(fiat lux), 즉 빛이 있으라"고 명령하신 하나님의 음성으로 시작되었다고 주장했다. 그것은 단순한 미신일까, 아니면 신이 허락한 통찰일까? 평생 우주의 기원을 연구한 과학자들은 이 문제를 어떻게 보고 있을까?

우주 기원의 문제는 과학의 증거가 창조주를 가리키는지 그 반대쪽을 가리키는지에 대한 조사를 시작하기에 좋은 출발점으로 보였다. 당시 나는 세상이 젊은가 늙었는가 하는 기독교 내부의 논쟁에는 별로 관심 없었다. 내게 "언제"는 "어떻게"만큼 중요한 문제가 아니었다. 내가 정말 알고 싶었던 것은 '과학적 모델과 이론들은 모든 것의 기원을 어떻게 설명하는가?'[2]였다.

노벨상 수상 물리학자 스티븐 와인버그는 그의 저서에서 이렇게 선언했다.

"태초에 폭발이 있었다. 그것은 지구상에서 볼 수 있는 친숙한, 명확한 중심에서 시작해 주위의 대기로 점점 더 퍼져나가는 그런 폭발이 아니라, 모든 곳에서 동시에 시작되어 태초로부터 서로 떨어져 나가는 물질입자들로 모든 공간을 채우는 폭발이었다. 무한소분의 일 초의 어느 순간, 우주의 온도는 천억 도에 달했다. 당시 우주의 온도는 가장 뜨거운 별의 중심보다 더 뜨거웠다. 그 정도 열기 속에선 보통의 물질, 분자나 원자, 심지어 원자의 핵조차도 붙어 있을 수 없었다."[3]

또 그는, 갈라져 나가는 물질은 음전자, 양전자, 전하와 질량이 모두 없는 중성미자 같은 원소들로 이루어져 있다고 설명했다. 흥미롭게도 그 중엔 광자도 있었다. "우주는 빛으로 충만했다."

빌 브라이슨은 이렇게 주장했다. "3분 후, 현재와 앞으로 존재하게 될 모든 물질의 97퍼센트가 만들어졌다. 우리에겐 우주가 있다. 우주는 가장 경이롭고 만족스러운 가능성의 장소이며, 아름다운 곳이다. 그리고 그 모두가 샌드위치 하나를 만들 시간에 생겨났다."[4]

가장 흥미로운 질문은 무엇이 우주를 갑자기 생겨나게 만들었는지에 관한 것이다. 브라이슨을 포함한 여러 사람들은 우주의 존재 자체가 어떻게든 그 기원까지 설명한다고 말한다. "우주를 만드는 법"이라는 장에서 그는 "가짜 진공"이나 "스칼라장" 또는 "진공 에너지"(기존의 무(無)에다 일정량의 불안정성을 끌어들여 대폭발을 촉발시키고 우주 전체가 출현하게 만든 모종의 특성 또는 그 무엇)에 대한 색다른 이론들에 대해 막연히 추측한다.

"무에서 뭔가 생겨난다는 건 불가능해 보인다. 그러나 한때 아무 것도 없었고 이제 우주가 있다는 사실은 그것이 가능할 수도 있다는 분명한 증거다."[5]

그러나 그 증거를 더욱 잘 설명할 수 있는 다른 방법은 없을까? 혹시 그 신비한 원인이 하나님은 아닐까? 에드워드 밀른이 상대성에 대한 수학 논문을 요약하면서 한 말이 옳을지도 모른다. "우주의 첫 번째 원인, 그것은 결국 독자가 판단할 문제지만, 그분 없는 우리의 그림은 불완전하다."

나는 이번 인터뷰를 진행하면서 이론물리학이라는 파악하기 어려운 세계로 들어가게 될 것을 알고 있었다. 이 분야에서는 때로 학문적으로 심오한 내용과 엉터리 같은 소리를 분간하기가 어렵다. 2002년 하반기에, 그 사실을 잘 보여 주는 논쟁이 벌어졌다. 대폭발 이전에 무엇이 있었을 것인지에 대해 두 명의 프랑스 수학물리학자(우연히도 이들은 쌍둥이다)가 내놓은 대단히 사변적 이론이 문제가 된 것이었다. 과학계는 그들 형제가 우주 시작 직전의 순간에 대해 새로운 견해를 가진 진정한 천재들인지, 아니면 주제도 모르고 진지하게 헛소리를 지껄이는 과학자에 불과한지 판단할 수 없었다. 「뉴욕타임즈」는 도발적인 헤드 카피와 함께 이 내용을 실었다. "그들은 천재인가 사기꾼인가?"

어떤 교수는 그들의 논문이 흥미롭다고 하고, 어떤 교수는 미친 소리라고 했다. 또 다른 교수는 이렇게 항변했다. "과학적으로 보면 그것은 완전히 헛소리이다. 그러나 요즘 등장하는 많은 논문들도 그와 별반 다르지 않다." 두 쌍둥이 과학자는 최저점으로 박사 논문을 겨우 통과했지만, 정작 그 내용을 실은 「뉴욕타임즈」는 나중에 그 논문 내용을 받아들이지 않는다고 발표했다.

우주의 새벽녘(과학자들이 들여다볼 수 있다고 믿는 가장 먼 시간인 첫 10^{43}분의 1초까지)에 대한 탐구에는 분명 어느 정도 추측이 필요할 것이다. 이에 대한 이론들은 많다. 스탠퍼드의 한 저명한 우주론자는 이렇게 시인했다. "이것들은 종교

적 질문들과 매우 유사하다."⁶

나는 팔자 편한 이론가들의 근거 없는 추측이나 관념적인 사색에는 전혀 관심이 없었다. 변치 않는 수학적 사실과 우주론의 객관적인 자료, 또 그것들로부터 도출할 수 있는 가장 합리적인 추론만 원했다. 바로 그 때문에 나는 이 문제들을 가지고 수십 년 동안 연구와 논쟁에 임해온 한 유명한 전문가를 찾아 조지아 주로 향했다.

세 번째 인터뷰: 윌리엄 레인 크레이그 박사

1971년에 대학을 졸업한 크레이그는 신의 존재를 지지하는 다양한 논증(이하 유신논증有神論證)이 빈약하고, 구시대적이며, 쓸모없다고 배웠고 실제로 그렇게 믿고 있었다. 그러나 철학자 스튜어트 해커트의 책을⁷ 접하고 난 뒤 생각이 달라졌다. 이 어려운 학술 서적은 베스트셀러 목록에 오를 만한 것이 아니었다. 겸손한 해커트는 몇 년 후 이렇게 말했다. "그 책은 무거운 문체와 기술적 문맥 때문에 처음부터 싹수가 노랬다." 그래도 그 책은 크레이그를 깜짝 놀라게 했다.

명석한 사상가 해커트는 유신논증들을 진지하게 받아들였고, 주변의 모든 반론, 상상할 수 있는 모든 반론에 맞서 그것들을 엄밀하게 옹호했다. 그가 펼친 논증 중 한 가지는 우주에는 시작이 있을 수밖에 없으므로 창조주도 있다는 내용이었다. 크레이그는 그 논증에 흥미를 느끼고 영국의 신학자 존 히크 밑에서 박사 과정을 거치며 그 논증의 건전성을 검토해 보기로 결심했다. 그 논증은 엄밀한 검사를 견뎌 낼 수 있을까? 크레이그는 결국 그 주제로 박사 학위 논문을 썼다. 그로 인해 크레이그는 우주론을 탐구하는 데 인생을 바치게 되었다.

크레이그는 수많은 책과 논문을 저술했다. 또한 '미국 철학회', '과학과 종교 포럼', '미국 기독 과학자협회', '시간의 철학회' 등 9개 전문학회의 회원이며 현재 탈봇 신학교 연구 교수로 재직 중이다.

애틀랜타 외곽에 있는 크레이그의 집은 물어보지도 않고도 찾아갈 수 있었다. 「예수는 역사다」와 「특종! 믿음 사건」을 쓰기 위해 이미 그 집을 두 번이나 간 적이 있기 때문이다. 두 번 모두 인터뷰를 마치고 그의 학문적 깊이와 티 없는 순수함에 깊은 감명을 받았다. 그에겐 복잡한 개념들을 이해하기 쉽게 전달하는 신비한 능력이 있다. 이 어려운 주제를 다루는 데서도 그 드문 능력이 발휘될 수 있을지 시험해 볼 기회였다.

우주가 영원하지 않으며 대폭발로 시작되었다는 증거들에 근거해서 유신 논증에 대해 인터뷰할 준비가 되었다. 크레이그는 유신 논증을 "하나님의 존재를 증명하는 가장 그럴듯한 논증 가운데 하나"로 믿고 있었다.

칼람(Kalam), 우주론적 논증

나: "박사님은 공식적으로 '칼람의 우주론적 논증'이라 불리는 유신 논증의 대표적인 옹호자이십니다. 그것이 무엇인지 정의하시기 전에, 배경 정보를 좀 주십시오. 칼람(kalam)이 무슨 뜻입니까?"

크레이그: "우선 이 논증의 기원부터 설명하겠습니다. 아리스토텔레스는 신이 우주의 창조주가 아니라 그저 우주에 질서를 불어넣었을 뿐이라고 믿었죠. 그는 신과 우주 모두 영원하다고 보았습니다. 물론 그런 견해는 하나님이 무에서 세상을 창조하셨다는 히브리 전통 철학의 개념과 달랐습니다. 그래서 나중에 기독교인들은 아리스토텔레스를 반박하려 했습니다. 이 주제를 다룬 저명한 기독교 철학자로는 4세기에 살았던 이집트 알렉산드리아의 요하네스 필로포누스가 있습니다. 그는 우주에 시작이 있다고 주장했지요.

이슬람 세력이 아프리카 북부를 점령했을 때, 이슬람 신학자들은 이 논증을 받아들였습니다. 그들도 창조를 믿었기 때문입니다. 그래서 서구 기독교에서는 이 전통이 잊혀졌지만, 이슬람 중세 신학 내에서는 이 철학이 고도로 발달되었습니다. 이슬람의 가장 유명한 옹호자 중 한 사람은 1058년부터 1111년까지 살았던 알 가잘리였지요.

이 논증은 이슬람 신학자들 곁에 살았던 유대인 사상가들을 통해 결국 라틴어권 기독교 국가들로 역수입되었습니다. 특히 당시 이슬람교도에게 정복당했던 스페인이 그랬습니다. 이 논증들은 곧 뜨거운 논쟁거리가 되었습니다.

13세기 이태리 철학자 보나벤투라는 이 논증을 지지했습니다. 17세기 영국 철학자 존 로크도 이 논증을 사용했지요. 이 논증이 이슬람권에서 나왔다는 걸 그가 알고 있었는지는 정확하지 않습니다. 결국 이 논증은 18세기 독일 철학자 임마누엘 칸트에게까지 전해졌습니다. 칼람(*Kalam*)이라는 단어는 '말' 혹은 '교리'를 뜻하는 아랍어지만 중세 이슬람 신학의 흐름 전체를 특징짓게 되었습니다. 칼람이라고 불린 이 중세의 고도로 이론적인 신학은 나중에 그 전통이 끊어졌습니다."

나: "지금 박사님이 말씀하신 옛 철학자들 중 우주의 기원에 대한 과학적 증거를 알았던 사람은 아무도 없었을 겁니다. 그들은 어떻게 우주에 시작이 있다고 주장하게 되었습니까?"

크레이그: "그들은 철학적, 수학적 추론에 의지했습니다. 그러나 20세기의 과학자들이 대폭발에 대한 분명한 자료를 발견하기 시작하면서 이 논증에 경험적인 토대가 생기게 되었지요."

나: "칼람 논증을 간단히 정리해 주셨으면 좋겠는데요."

크레이그: "알 가잘리는 칼람 논증을 간단히 세 단계로 이렇게 나누었습니다. 1단계—존재하기 시작한 것에는 원인이 있다. 2단계—우주는 존재하기 시작했다. 3단계—따라서 우주는 원인이 있다.' 그 다음으로 우주의 원인이 된다는 것의 의미를 개념 분석해 보면, 거기서 하나님의 속성들을 발견할 수 있습

니다."

나는 1000년 가까이 된 알 가잘리 논증의 세 단계를 밟아나가기로 결심했다. 첫 번째 단계의 요점은 점점 더 많은 논쟁의 대상이 되고 있다.

제1단계-존재하기 시작한 것에는 원인이 있다

크레이그: "처음 칼람 논증을 옹호하기 시작했을 때, 나는 존재하기 시작한 것에는 원인이 있다는 대전제를 거의 모든 사람이 받아들일 거라고 예상했습니다. 우주에 시작이 있었다는 소전제가 훨씬 더 많은 논쟁거리가 될 거라고 생각했지요. 그러나 무신론자들이 우주에 시작이 있었다는 사실을 부인하기 어려울 정도로 많은 과학적 증거들이 축적되었습니다. 그래서 무신론자들은 소전제 대신 대전제를 공격하지 않을 수 없었습니다.

이건 정말 너무나 이상한 일입니다! 형이상학적으로 볼 때 존재하기 시작한 모든 것에는 그것을 존재하게 만든 원인이 있어야 합니다. 무엇이든 아무 원인 없이 무로부터 불쑥 생겨나지 않으니까요. 그러나 무신론자 틴 스미스는 이 주제에 대한 공저에서 '우리가 무에서, 무에 의해, 무를 위해 생겨났다는 것이 가장 합리적인 믿음'이라는 주장을 펼칩니다. 무신론의 게티즈버그 연설에 대한 적절한 결론처럼 들리지 않습니까! 이것이 가장 합리적인 견해라고 생각할 수 있다는 사실이 놀라울 뿐입니다.

이런 입장을 취하는 사람들은 대전제가 틀렸음을 증명하려 들지 않습니다. 그럴 수가 없기 때문이죠. 대신, 그들은 팔짱을 끼고 '당신은 그게 옳다는 걸 증명할 수 없어요'라고 말하며 완강하게 회의적인 태도를 취하죠. 극단적으로 회의적인 태도를 취해서 어떤 것에도 설득되지 않기로 작정하는 겁니다."

나: "하지만 그들도 회의적인 태도를 취할 권리가 있습니다. 결국 입증 책임은 대전제를 확립하기 위해 확실한 증거를 제시해야 할 박사님께 있으니까요."

크레이그: "그렇긴 하지만 터무니없이 높은 기준의 증거를 요구해선 안 됩니다."

나: "그러면 박사님은 어떤 실제적인 증거를 제시하실 수 있습니까?"

크레이그: "먼저 절대적 무(無)의 개념을 정확히 파악하고 나면, 대전제는 직관적으로 명백해집니다. 아무 원인 없이 무에서 무엇인가 생겨날 수 있다는 생각은 마법보다 더한 우격다짐입니다. 마술사가 모자에서 토끼를 끄집어 낼 때는 적어도 마술사와 모자는 있지 않습니까? 그러나 무신론에서는 우주가 그냥 무에서 불쑥 생겨납니다. 그리고 나서는 아무 설명도 없습니다. 사람들이 절대적 무의 개념을 이해한다면, 시작이 있는 것은 무에서 불쑥 생겨날 수 없고, 뭔가 그것을 생기게 만든 원인이 있어야 한다는 사실을 분명하게 알 수 있을 겁니다."

나: "반박하기 어려운 사실입니다만, 직관보다 더 실질적인 걸 제시하실 수 있습니까? 뭔가 과학적인 증거가 있을까요?"

크레이그: "물론 이 전제가 옳다는 경험적 증거는 있습니다. 이것은 끊임없이 확증되고 결코 반증되지 않는 원리입니다. 무엇이든 원인 없이 무에서 생겨나는 것을 본 적이 없다는 것이지요. 출근하느라 집을 비운 사이 거실에 무작정 말 한 마리가 불쑥 생겨나 카펫을 더럽히면 어쩌나 걱정하는 사람은 없습니다. 그런 일은 결코 일어나지 않기 때문입니다. 우리는 그런 일을 염려하지 않습니다.

그러니 이것은 과학으로 끊임없이 실증되는 원리입니다. 적어도 이 전제가 참이라고 생각할 이유는 충분하다는 건 인정해야 합니다. 이 원칙을 긍정하는 쪽과 부정하는 쪽을 선택해야 한다면, 증거는 어느 쪽을 지지합니까? 이 전제를 부정하는 쪽보다는 긍정하는 쪽이 더 그럴 듯하다는 것은 분명합니다."

그래도 나는 사전 조사를 통해 칼람 논증의 대전제에 대한 실질적 반론이 최소한 하나는 있다는 걸 알고 있었다. 반론의 출처는 양자물리학이란 괴상한 세계다. 원자보다 더 작은 수준의 그곳에선 온갖 이상한 일들이 벌어진다. 우주가 아주 초기단계였을 때는 바로 그 수준으로 존재했다. 그때는 우주 전체가 대폭발을 통해 전자, 양성자, 중성자로 튀어나가고 있었다. 인과율에 대한 우리의 평범한 이해 방식은 요지경 같은 "양자의 기묘한" 환경에서는 적용되지 않을 수도 있다. 과학 저술가 티모시 페리스의 표현을 빌면 양자 물리학의 세계는 "고전 과학의 논리적 토대가 파괴되는" 곳이다.

우주는 공짜 점심인가?

나는 공깃돌 크기의 우주가 실린 표지 때문에 산 「디스커버」지를 꺼내 펼쳐 들고 다음 내용을 크레이그에게 읽어 주었다.

> 양자론은 진공이 양자의 불확실성에 지배를 받는다고 주장한다. 이것은 사물이 진공 상태에서 생겨날 수 있다는 뜻이다. 물론 그것들은 금세 다시 사라져 버릴 가능성이 크다. … 이론적으로는 물리학자들이 진공 요동이라 부르는 양자의 변덕에 의해 개, 집, 행성 등 무엇이건 불쑥 생겨날 수 있다. 그러나 확률적으로 볼 때는 아원자 입자들이… 생겨났다가 극히 잠깐 동안 지속될 가능성이 가장 높다. … 분자 정도 크기의 물체가 저절로 계속해서 만들어질 가능성은 대단히 낮다. 그렇지만 1973년, 콜럼비아 대학의 조교수 에드워드 트라이언은 우주 전체가 이런 식으로 생겨났을 가능성을 시사했다. … 물리학자 앨런 구스의 표현을 빌자면, 우주 전체는 '공짜 점심' 일지도 모른다.[8]

나는 잡지를 덮어 크레이그의 책상 위로 던졌다. "트라이언은 '우리 우주는 가끔 생겨나는 그런 일들 중 하나에 불과하다는 것이 나의 소박한 제안이다'라고 말합니다. 어쩌면 그의 말이 옳을지도 모릅니다."

크레이그는 주의 깊게 듣고 있었다. "좋은 질문입니다. 이 기사가 다루고 있는 아원소 입자들은 '가상 입자'라고 합니다. 그것들은 이론적 존재들이고, 실제로 존재하는지는 불투명합니다.

그러나 여기에 대해 훨씬 더 중요한 요점이 있습니다. 이 입자들이 진짜라면 무에서 생겨날 수 없다는 것입니다. 양자 진공은 대부분의 사람들이 진공을 생각할 때 연상하는 것과는 달리 절대 무의 상태가 아닙니다. 오히려 요동하는 에너지의 바다며 격렬한 활동의 영역이고, 풍부한 물리적 구조를 갖추고 물리 법칙으로 기술할 수 있는 상태입니다. 이 입자들은 진공 속에서 요동하는 에너지에 의해 나오는 것으로 생각됩니다.

그러므로 이 입자들은 무에서 무엇인가 생겨나거나 원인 없이 무엇인가 생겨나는 사례가 아닙니다. 양자 진공과 진공에 갇힌 에너지가 이 입자들의 원인이니까요. 그렇다면 이제 이렇게 물어 보아야 할 차례입니다. '양자 진공 전체의 기원은 무엇일까? 그것은 어디서 나온 걸까?'"

그는 내게 질문에 대해 생각할 여유를 주고는 말을 이었다.

"이것은 창조의 문제를 좀 더 이전으로 밀어 낸 것뿐입니다. 이제는 이 요동하는 에너지의 바다가 어떻게 생겨났는지 설명해야 합니다. 이해하겠습니까? 양자물리학이 기술하는 영역 내에서 양자물리학 법칙이 작동한다면, 양자물리학으로 그 영역 자체의 기원을 제대로 설명할 수는 없습니다. 그 영역 전체가 어떻게 생겨났는지 설명하기 위해서는 그 영역을 넘어서는 초월적인 그 무엇이 필요합니다. 그래서 기원 문제로 돌아간 겁니다."

크레이그의 대답은 만족스러웠다. 칼람 논증의 대전제를 심각하게 위협할 만한 합리적인 반대는 없어 보였다. 수 세기 전의 철학자들이 이 논증을 사용할 때부터 상황은 언제나 마찬가지였다.

크레이그: "유명한 회의주의자 데이비드 흄도 그 전제를 부정하지 않았습니다. 1754년에 흄은 이렇게 썼습니다. '나는 원인 없이 무엇인가 생겨날 수 있을 거라는 엉터리 주장은 하지 않았다.' 우주의 기원에 대한 과학적 증거가

발견된 20세기에 와서야 사람들은 비로소 우주가 무에서 생겨났을지 모른다는 말을 하기 시작했습니다.

역사적으로 그런 불합리한 주장을 옹호한 사람은 없었습니다. 그렇기 때문에 나는 이것이 우주의 기원에 대한 증거 때문에 무신론자들이 얼마나 궁지에 몰렸는지를 반증하는 현상이 아닌가 생각합니다."

제2단계 – 우주는 존재하기 시작했다

나는 칼람 논증의 소전제로 넘어갔다. "우리가 백 년 전에 만나 이 자리에 앉았다면, 우주가 과거 구체적인 시점부터 존재하기 시작했다는 생각은 논쟁의 여지가 대단히 많았을 겁니다. 그렇지 않습니까?"

크레이그: "물론입니다. 물질계가 영원하다는 가정은 고대 그리스인들로부터 계속 이어져온 생각이죠. 기독교인들은 성경의 계시를 근거로 이 가정을 부인했지만, 세속 과학은 언제나 우주가 영원하다고 가정했습니다. 기독교인들은 우주가 정지 상태인 것처럼 보이지만, 그래도 하나님이 창조하심으로 시작된 것이라고 해야 했습니다. 그렇기 때문에 20세기에 들어와 우주가 변하지 않는 영원한 실재가 아니라는 증거가 발견된 것은 비기독교인들에게 너무나 큰 충격이었습니다. 그들에게 있어 그것은 전혀 예상 밖의 사건이었죠."

나: "우주가 과거의 어떤 시점에 시작되었다는 사실을 어떻게 압니까?

크레이그: "본질적으로, 그 사실을 확립할 수 있는 두 가지 경로가 있습니다. 하나는 수학적 내지 철학적 경로, 다른 하나는 과학적 경로입니다. 수학적 논증부터 시작하죠. 이것은 앞서 소개한 필로포누스와 중세 이슬람 신학자들의 사상을 이어받은 것입니다."

수학적 경로

크레이그는 초기 기독교인과 이슬람 학자들이 수학적 추론을 사용해 무한한 과거가 불가능함을 보였다고 설명했다. 따라서 그들은 우주의 나이가 유한하다는 결론을 내릴 수밖에 없었다. 즉 우주에 시작이 있음이 분명하다는 것이다. "그들은 무한 수의 사건이 있다고 가정하면 실제로 불합리한 결론이 나온다고 지적했습니다. 무한한 과거에는 실제로 무한 수의 사건이 있을 것이므로, 과거는 무한할 수가 없습니다."

그 말을 이해하는 데 시간이 걸렸다. 나는 수학을 잘하지 못했다. 그래서 손을 뻗어 녹음기의 '일시 정지' 버튼을 눌렀다. "잠깐만요, 빌. 이 문제에 대해 내가 제대로 이해하려면, 상황을 명확히 해 줄 예증들이 필요합니다."

크레이그는 벌써 몇 가지를 생각하고 있었는지 "그래요. 좋습니다"라고 대답했다. 녹음기를 다시 켜자 그는 말을 이었다.

"공깃돌을 예로 들어보겠습니다. 내가 무한한 개수의 공깃돌을 가지고 있는데 그 중 일부를 당신에게 주고 싶어 한다고 가정해 봅시다. 내가 당신에게 무한수의 공깃돌을 주는 겁니다. 공깃돌 더미 전체를 주는 것도 한 가지 방법이 될 겁니다. 그럴 경우 나에겐 공깃돌이 하나도 남지 않겠지요.

그러나 홀수 공깃돌만 전부 주는 것도 방법일 겁니다. 그럼 내게도 무한한 공깃돌이 남아 있을 거고, 리도 무한개의 공깃돌을 갖게 될 겁니다. 리도 나만큼 많은 공깃돌을 갖게 되는 거지요. 우리는 실제로 내가 공깃돌을 홀수와 짝수로 나누기 전에 가지고 있던 원래의 양만큼 많은 공깃돌을 갖게 될 겁니다!

또 다른 방법은 네 번째 공깃돌부터 전부 당신에게 주는 겁니다. 그렇게 하면 당신은 무한개의 공깃돌을 갖게 되고, 내겐 세 개 밖에 남지 않을 겁니다.

이 예승은 사물에 대한 무한수의 개념이 모순적 결과를 낳는다는 걸 보여줍니다. 내가 당신에게 공깃돌을 다 준 첫 번째의 경우, 무한대 빼기 무한대는 0입니다. 내가 홀수 공깃돌을 다 준 두 번째 경우에도, 무한대 빼기 무한대는 무한대입니다. 그런데 내가 네 번째 이후의 공깃돌을 다 준 세 번째 경에도, 무한대 빼기 무한대는 3입니다. 각 경우에 우리는 똑같은 수에서 똑같은 수를 뺐지만, 다른 결과가 나왔습니다.

그 때문에, 수학자들은 초한수 연산에서 뺄셈과 나눗셈을 하지 못하도록 되어 있습니다. 모순이 생기기 때문입니다. 실무한(實無限)의 개념은 그야말로 개념일 뿐입니다. 그것은 우리 머릿속에서만 존재합니다. 일정한 규칙 내에서 작업할 때, 수학자들은 개념적 영역에서 무한량과 무한수를 다룰 수 있습니다. 그러나 이것이 요점입니다, 실무한의 개념은 실세계에서 벌어질 수 있는 일을 기술한 것이 아니라는 것이죠. 여기까지 이해가 됩니까?"

나 : "네, 그러니까 과거에 무한수의 사건이 있을 수 없다는 말이죠?"

크레이그 : "그렇죠. 그렇게 되면 비슷한 역설에 빠지기 때문입니다. '공깃돌'을 '과거의 사건들'로 바꿔 보십시오. 그럼 뒤따라오는 불합리한 결과를 알 수 있을 겁니다. 따라서 우주의 과거에는 무한수의 사건들이 있을 수 없습니다. 우주에는 시작이 있어야 합니다.

사실 우리는 더 나아갈 수 있습니다. 실제 무한수 중 얼마간을 가질 수 있다 해도, 하나씩 더해서는 무한수를 모을 수 없습니다. 왜냐하면 아무리 많이 더해봐야 무한대에 이르는 것이 아니라 언제나 하나 더 보태기만 할 뿐이기 때문입니다. 우리는 이것을 무한 횡단의 불가능성이라고 부르기도 합니다.

그러나 과거가 정말 무한이라면, 우리는 무한한 과거를 가로질러 오늘에 이르렀다는 뜻이 될 겁니다. 그것은 누군가 음수를 모두 세어서 현재 0에 이르렀다는 것과 같은 의미입니다. 말이 안되요. 그렇기 때문에, 우주에는 시작이 있었음이 틀림없다는 결론을 내릴 수 있습니다."

그러나 나는 크레이그의 논증을 허물 여지가 있는 모순점을 하나 발견했다. "우주가 무한히 오래되었다는 개념이 불합리한 결론을 도출한다면, 하나님이 무한히 오래 계셨다는 개념은 어떻습니까? 박사님의 추론은 영원한 하나님에 대한 개념도 자동적으로 배제하는 것 아닙니까?"

크레이그 : "꼭 그렇지는 않아요. 무한한 과거를 지나며 지탱해 온 하나님의 개념은 배제됩니다. 그러나 그것은 하나님에 대한 고전적 개념이 아닙니다. 시간과 공간은 대폭발로 시작된 하나님의 피조물입니다. 시간의 시작 이전으로 거슬러 올라가면, 그저 영원입니다. 영원은 초시간성을 뜻합니다. 영원하신 하나님은 초시간적인 존재입니다. 하나님은 창조의 순간에 이르기까지 무한대의 시간을 지탱해 오신 게 아닙니다. 그건 터무니없는 소리죠. 하나님은 시간을 초월하십니다. 그분은 시간 너머에 계십니다. 하나님은 우주를 창조하시고 시간 안으로 들어오실 수 있지만, 이 둘은 서로 전혀 다른 문제입니다."

나는 그의 말들을 머릿속으로 재빨리 정리해 보고 논리정연하다는 결론을 내린 후 물었다. "수학적 경로가 얼마나 신빙성이 있다고 생각하십니까?"

크레이그 : "나는 확신합니다! 이건 정말 훌륭한 논증입니다. 내가 우주의 시작에 대한 과학적 증거가 거의 없던 19세기에 살고 있다 해도, 이 논증만으로도 우주의 과거가 유한하다고 믿었을 겁니다. 내게 있어 과학적 증거는 철학적 추론을 근거로 이미 도달한 결론에 대한 확증일 뿐입니다."

과학적 경로

이제 우리는, 우주가 수십억 년 전의 대폭발로 만들어졌다는 과학적 증거에 대해 논의하기 시작했다. "과학자들이 대폭발 모델을 받아들이게 된 발견에는 어떤 것들이 있습니까?"

크레이그 : "1915년에 아인슈타인은 일반상대성 이론을 개발하고, 그것을 우주 전체에 적용하기 시작했을 때, 그는 자신의 이론이 정지 상태의 우주를 허용하지 않는다는 것을 발견하고 깜짝 놀랐습니다. 그의 방정식에 따르면, 우주는 바깥쪽으로 혹은 안쪽으로 폭발하고 있어야 했습니다. 그는 우주를 정지 상태로 만들기 위해, 우주를 안정 상태로 붙들어 둘 상수를 하나 삽입하는

식으로 자신의 방정식을 손봐야 했습니다.

　1920년대 러시아의 수학자 알렉산더 프리드만과 벨기에의 천문학자 조지 르메트르는 아인슈타인의 이론에 근거한 모델들을 개발했습니다. 그들은 우주가 팽창하고 있다고 예측했습니다. 물론 이것은 시간을 거슬러 올라가면 우주에 기원이 있고, 그 이전에는 우주가 존재하지 않았다는 뜻이지요. 천문학자 프레드 호일은 조롱조로 이것을 빅뱅(Big Bang), 즉 대폭발이라 불렀는데, 그게 공식 이름이 되어 버린 거죠!

　1920년대부터 과학자들은 이러한 수학적 모델을 뒷받침하는 경험적 증거를 찾기 시작했습니다. 일례로 1929년, 미국의 천문학자 에드윈 허블은 먼 은하계에서 우리에게 오는 빛이 정상보다 더 붉어 보인다는 것과 그것이 하늘의 모든 부분에 있는 은하계의 보편적 특성이라는 사실을 발견했습니다. 허블은 이러한 적색 이동을 은하계들이 우리에게서 멀어지고 있다는 사실 때문에 생기는 현상으로 설명했습니다. 그는 우주가 말 그대로 엄청난 속도로 흩어지고 있다는 결론을 내렸습니다. 허블의 천문학 관측은 프리드만과 르메트르의 예측에 대한 최초의 경험적 확증이었습니다.

　그 다음 1940년대에 조지 가모프가 등장합니다. 그는 대폭발이 정말 일어났다면 우주의 배경 온도가 절대영도(絶對零度, 영하 273.16℃)보다 겨우 몇 도 높을 거라고 예측했습니다. 그는 이것이 우주 초기 단계의 유물일 거라고 말했습니다. 아니나 다를까 1965년, 두 과학자들이 우연히 우주배경복사를 발견했는데, 그것은 절대영도보다 고작 3.7도 높았습니다. 이는 대폭발 모델이 예측했던 현상이고, 우주의 초기 고밀도 상태의 잔재라는 것 말고는 다른 설명이 불가능했습니다.

　대폭발에 대한 세 번째 주요 증거는 가벼운 원소들의 기원입니다. 탄소와 철 같은 무거운 원소들은 별들의 내부에서 합성된 후 초신성을 통해 우주 공간으로 폭발합니다. 그러나 중수소와 헬륨 같은 매우 가벼운 원소들은 별들의 내부에서 합성되었을 리가 없습니다. 그것들을 만들기 위해서는 훨씬 더 강력한 화로가 필요하기 때문입니다. 이 원소들은 수십억 도가 넘었던 대폭발의 화로에서 만들어졌음이 분명합니다. 다른 설명은 없습니다.

그래서 대폭발에 대한 예측들은 과학적 자료들로 일관되게 입증되어 왔습니다. 게다가 대폭발 이론을 논파하려는 다른 경쟁 모델들의 시도가 모두 실패로 돌아갔다는 사실도 무시할 수 없는 보강 증거입니다. 대폭발 모델은 의심의 여지없는 놀라운 과학적 신빙성을 갖고 있습니다."

나 : "많은 사람들이 놀랐지요."

크레이그: "이루 말할 수 없는 충격이었습니다. 그때까지 우주는 당연히 정지 상태에 있고 영원히 존재하는 것으로 여겨졌으니까요."

나는 최근 들어 표준 대폭발 모델이 더욱 다듬어졌다는 것을 알고 있었다. "대부분의 과학자들은 우주가 어떻게 시작되었는지 기술할 때 인플레이션 이론(inflation theory, 초팽창 이론)을 덧붙입니다. 그 이론으로 우리가 대폭발을 보는 방식이 어떻게 달라졌습니까?"

"인플레이션은 대부분의 이론가들이 덧붙이는 묘안입니다." 크레이그는 그렇게 시인하고는 잠시 머뭇거리다가 말을 이었다. "하지만 개인적인 생각으로는 그 이유가 다소 의심스럽습니다."

나는 깜짝 놀랐다. "왜 그렇습니까?"

크레이그: "대폭발은 혼란스럽고 무질서한 사건이 아니었습니다. 말 그대로 지적 생명체의 존재를 위해 인간이 이해할 수 없을 만큼 복잡하고 정확하게 미세 조정된 것으로 보입니다. 다시 말해, 오늘날 우리가 보는 우주와 우리의 존재 자체는 아주 특별한 일련의 초기 조건에 의지하고 있죠. 이 현상은 대폭발이 우연한 사건이 아니라 설계된 사건이라는 강력한 증거입니다. 이 사실을 거북하게 여기는 이론가들은 이러한 특별한 초기 조건 없이도 우리가 사는 곳과 같은 우주를 얻을 수 있는 방법을 설명함으로써 이 문제를 회피하고 싶

어 합니다. 인플레이션은 그런 시도 중 하나입니다."

인플레이션 이론에 대한 여러 책과 글들을 읽은 나였지만, 서로 공통 정의 하에서 인터뷰를 진행할 수 있도록 크레이그에게 설명을 요청했다.

크레이그: "인플레이션 이론에 따르면 우주는 그 역사의 아주 초기에 초고속 또는 '급격한' 팽창을 겪었습니다. 그러다 오늘날 관측되는 바처럼, 보다 완만한 팽창으로 자리를 잡았습니다. 이 급격한 팽창 이론은 우주의 초기 조건들을 우리가 관찰할 수 있는 범위 너머로 날려 버림으로써 우주 기원의 문제를 회피합니다. 그러니 어떤 의미에서 인플레이션은 과학적 증거에서 생겨난 개념이라기보다는 표준 대폭발 모델이 제시하는 우주의 특별한 초기 조건들을 회피하고 싶은 마음에서 생겨난 것으로 볼 수 있습니다.

그리고 인플레이션 자체도 여러 가지 문제에 시달려 왔습니다. 50가지에 가까운 서로 다른 인플레이션 모델들이 우후죽순처럼 생겨나, 어느 것이 옳은지, 과연 옳은 것이 있기나 한지는 아무도 모릅니다. 인플레이션이 일어났다는 경험적 검사법이 없습니다. 그래서 오늘날 대부분의 이론가들이 인플레이션을 받아들이기는 하지만, 나는 그 모두에 다소 의심을 품고 있습니다. 철학적 편견에서 나온 개념처럼 보이기 때문입니다."

나는 잠시 크레이그의 말을 따져 보았다. 인플레이션 이론이 어떻게 대폭발 모델 전반에 대한 확신에 손상을 입힐 수 있는지 알 수 없었다. "이 인플레이션은 대폭발이 있고 나서 100만분의 1초 후에 벌어졌기 때문에 우주의 기원 문제에 대해서는 아무 영향도 미치지 않을 것 같은데요?"

크레이그: "그렇습니다. 인플레이션 이전의 우주는 여전히 하나의 특이성에서 출발하니까요."

나: "잠깐, 뭐라고요?"

크레이그: "특이성(singularity)이라고 했습니다. 시공간의 곡률과 온도, 밀도와 압력이 무한대가 되는 상태입니다. 그것이 시작점입니다. 대폭발이 일어

난 점입니다."

나: "아, 알았습니다. 그럼 오늘날 대폭발 모델의 타당성을 어떻게 평가하십니까?"

크레이그: "그것은 현대우주론의 표준 패러다임입니다. 그 대강의 틀은 과학적 사실로 매우 든든하게 확립되었다고 말할 수 있습니다. 스티븐 호킹도 '이제는 거의 대부분의 사람들이 우주와 시간 자체가 대폭발로 시작되었다고 믿는다'[9]고 했지요"

지금까지 크레이그는 칼람 논증의 대전제와 소전제를 뒷받침하는 강력한 증거들을 제시했다. 이제 남은 것은 결론과 그에 대해 논리적으로 따라오는 놀라운 함축이었다.

제3단계 – 따라서 우주에는 원인이 있다

13세기 기독교 철학자 토마스 아퀴나스는 하나님의 존재를 논증할 때면 언제나 우주가 영원하다는 아리스토텔레스의 견해에서부터 출발했다. 그는 왜 그렇게 어려운 가정에서 출발해 하나님의 존재를 증명하려 들었을까? 아퀴나스의 대답은 우주에 시작이 있다는 전제에서 출발하면 자신의 임무가 너무 쉬워지기 때문이라는 거였다! 우주에 시작이 있다면, 무언가가 우주를 존재하게 만든 것이 분명하다.

그러나 이제 현대 천체물리학과 천문학은 아퀴나스의 말대로 하나님의 존재를 거의 부인할 수 없게 하는 증거, 우주에 시작이 있다는 전제를 기독교인들에게 던져 주었다. 크레이그는 그 이야기를 꺼내며 강한 어조로 말했다.

"존재하기 시작한 것은 원인이 있는데 우주가 존재하기 시작했다면, 우주의 기원에는 분명 어떤 초월적 원인이 있다는 뜻이 됩니다.

무신론자 카이 닐슨도 이렇게 말했습니다. '갑자기 커다란 폭발음이 들렸다고 하자… 누군가 내게 '무슨 소리입니까?' 라고 묻는데 내가' 아무 것도 아닙니다. 그냥 소리가 난 겁니다' 라고 대답한다면 어떨까. 그 사람은 내 말을 받아들이지 않을 것이다.' 물론 그의 말이 옳습니다. 그리고 그런 작은 폭발에도 원인이 필요하다면, 대폭발은 말할 필요도 없지 않겠습니까? 이것은 피할 수 없는 결론이자 무에서의 창조라는 수천 년 된 유대 기독교 교리에 대한 놀라운 확증입니다."

불가지론자였던 미국의 천문학자 로버트 재스트로는 "천문학의 기록과 성경 창세기 기록의 근본 요소는 같다. 인간의 탄생으로 이어지는 연속적인 사건들이 빛과 에너지가 번쩍 하는 시간상의 명확한 어떤 순간에 시작되었다"는 사실을 인정하지 않을 수 없었다. 그러나 논리적으로 따졌을 때 대폭발에 원인이 있다는 사실이 분명하다 해도, 그 원인의 정체에 대해 또한 논리가 얼마나 말해 줄 수 있을지 궁금했다.

나: "그 원인에 대해서는 어느 정도나 구체적으로 추론할 수 있습니까?"

크레이그: "우리는 그에 대한 몇 가지 특성을 파악할 수 있습니다. 시공간의 원인은 의지의 자유와 엄청난 능력을 가진 존재, 자존하며 시작이 없고, 초시간적이고, 무한하고, 비물질적이고, 인격을 가진 존재입니다. 그것은 하나님의 핵심 개념입니다."

나: "잠깐만, 잠깐만요! 많은 무신론자들은 치명적 모순점을 지적합니다. 그들은 어떻게 창조주는 원인이 없이도 '자존' 할 수 있는지 이해하지 못합니다. 무신론자 조지 스미스는 '모든 것이 원인이 있어야 한다면, 신은 그 모든 것에서 어떻게 면제되었는가?' 라고 말합니다. 데이비드 브룩스는 이렇게 말했잖아요. '모든 것에 원인이 있어야 한다면, 제1원인에도 원인이 있어야 한다. 그렇다면 신은 누가 만들었는가? 이 제1원인이 언제나 존재했다고 말하는 것은 이 이론의 기본 가정을 부인하는 것이다.' 그들에게 뭐라고 답하시겠습니까?"

크레이그: "그런 반론들은 요점을 놓치고 있습니다. 그들은 칼람 논증의

첫 번째 전제를 이해하지 못한 게 분명합니다. 칼람 논증의 대전제는 '모든 것에 원인이 있다'가 아니라 '존재하기 시작하는 모든 것에 원인이 있다'는 것입니다. 나는 모든 것에 원인이 있다고 주장하는 저명한 철학자를 알지 못합니다. 그러니 그들은 공식화된 칼람 논증을 제대로 다루고 있지 않습니다.

그리고 이것은 하나님을 옹호하기 위해 만든 특별한 변론이 아닙니다. 우주는 영원하기 때문에 원인이 필요 없다고 오랫동안 주장해 온 사람들이 바로 무신론자들 아닙니까? 우주는 영원히 자존할 수 있는데 하나님은 그럴 수 없다고 주장하는 근거는 뭐지요?"

나: "왜 창조주가 꼭 하나여야 합니까? 많은 창조자가 개입했을 수도 있지 않습니까?"

크레이그: "오캄의 면도날(Ockham's razor)이 다른 창조자들을 깎아 버릴 테니까요."

나: "오캄의 면도날이라뇨? 그것이 무엇입니까?"

크레이그: "결과를 설명하는 데 필요 이상으로 원인을 증가시켜서는 안 된다는 과학적 원리입니다. 하나의 창조주로도 결과를 설명하는 데 충분하기 때문에, 뚜렷한 증거 없이 다수의 창조자를 상정하는 것은 부당한 일입니다."

나: "좀 설득력이 약한 듯한데요."

크레이그: "그건 보편적인 과학적 방법론으로 받아들여지는 원리입니다. 그밖에도, 칼람 논증이 창조주에 대한 전부를 증명할 수는 없습니다. 우리가 다양한 고려 사항을 보지 못하도록 막는 것은 아무것도 없습니다. 일례로 나사렛 예수는 일신론(一神論)의 진리를 선언했고, 죽은 자 가운데서 부활함으로 그의 진실함이 입증되었습니다. 그의 부활에 대해서는 신빙성 있는 역사적 증거가 있습니다.[10] 결과적으로, 우리는 그가 한 말이 옳다고 믿을 만한 충분한 근거를 가지고 있습니다."

나는 그 점을 인정하면서도 우주 원인의 정체에 대한 다른 반론들을 생각하지 않을 수 없었다. 그중 가장 심란한 것은 기독교인들이 믿는 것처럼 창조주가 인격적인 존재인지, 아니면 많은 뉴에이지 옹호자들의 주장처럼 비인격적인 힘에 불과한지 칼람 논증이 말해 줄 수 있는가였다.

인격적 창조자

나: "박사님은 좀 전에 우주의 원인이 인격적 존재라는 증거가 있다고 말씀하셨습니다. 그것이 논리적으로 어떻게 추론될 수 있는지 모르겠습니다. 사실 스미스는 박사님의 논증들이 제1원인이 살아 있(었)을지, 의식이 있(었)을지 입증하지 못한다고 불평했습니다. 그리고 그는 '생기와 의식 없는 신은 유신론에 거의 쓸모가 없다'고 말합니다. 일리 있지 않나요?"

크레이그: "아뇨. 제 생각은 다릅니다. 칼람 논증의 가장 놀라운 특성 중 하나는 우주의 원인이 초월적이라는 것, 그 이상을 말해 준다는 데 있습니다. 칼람 논증에 따르면 인격적 창조주가 있어야 합니다."

나: "어째서 그렇습니까?"

크레이그: "과학적인 것과 인격적인 것, 두 가지 설명 방식이 있습니다.

과학적 설명은 어떤 현상을 특정한 초기 조건들과 자연 법칙의 관점에서 설명합니다. 그리고 자연 법칙은 그 초기 조건들이 어떻게 발전하여 문제의 현상이 생겨났는지 설명해 줍니다. 반면, 인격적 설명들은 행위자 자체와 그의 결단, 의지의 관점에서 상황을 설명합니다.

부엌에 들어섰는데 렌지 위에서 끓고 있는 주전자를 봤다고 합시다. 그래서 물어봅니다. '주전자가 왜 끓고 있지?' 아내는 이렇게 대답할 수 있습니다. '글쎄요. 불꽃의 동역학 에너지가 주전자의 금속 바닥을 통해 물로 전도되어 물분자들이 점점 더 빨리 진동하다가 마침내 증기의 형태로 튀어나가는 거예요.' 그건 과학적 설명에 해당합니다. 하지만 아내는 이렇게 말할 수도 있습니다. '차 한 잔 하려고 올러놨어요.' 그건 인격적 설명에 해당합니다. 둘 다 타당하지만 같은 현상을 다른 방식으로 설명합니다."

나 : "그것과 우주론이 무슨 관계가 있습니까?"

크레이그 : "우주의 처음 상태에 대해서는 과학적 설명이 있을 수 없습니다. 그것이 처음 상태이기 때문에, 이전의 초기 조건들과 자연 법칙의 관점에서 설명될 수 없습니다. 그러니 우주의 처음 상태에 대한 설명은 인격적 설명으로 이루어져야 합니다. 의지를 갖고 우주를 창조한 행위자를 가정한 설명만이 가능합니다. 그것이 우주의 원인이 인격적이어야 하는 첫 번째 이유입니다.

두 번째는, 우주의 원인은 시공간을 초월하기 때문에 물리적 실체일 수가 없다는 것입니다. 그것은 비물리적이고 비물질적이어야 합니다. 그런데 초시간적이고 비물질적일 수 있는 것은 두 가지 밖에 없습니다. 하나는 수(數)나 수학적 실재처럼 추상적 대상입니다. 그러나 추상적 대상은 아무것도 만들어 내지 못합니다. 또 다른 비물질적 실재는 마음입니다. 마음은 원인이 될 수 있으므로 우주가 무형의 마음의 산물로 존재하게 되었다는 것은 말이 됩니다.

마지막 이유를 설명하는 데 도움이 될 만한 비유를 하나 들어보겠습니다. 물은 섭씨 0도에서 업니다. 영원한 과거부터 온도가 영하였다면, 존재하던 모든 물은 영원한 과거부터 얼어붙었을 겁니다. 물이 무한한 시간 전부터 얼어붙기 시작하기란 불가능할 겁니다. 바꿔 말하면, 충분한 조건이 채워져야, 즉 온도가 충분히 낮아야 물이 자동적으로 얼어붙는 결과가 나올 겁니다.

그러니 우주가 충분한 조건이 채워질 때마다 생겨나는 기계적인 결과에 불과하고 그 충분한 조건이 영원 전부터 채워졌다면, 우주는 영원한 과거부터 존재했을 겁니다. 결과적으로 원인과 결과가 영원히 공존하게 될 겁니다.

그렇다면 영원한 원인을 가지고 유한한 우주의 기원을 어떻게 설명하시겠습니까? 내가 생각할 수 있는 설명은 한 가지뿐입니다. 그것은 우주의 원인이 자유의지를 가진 인격적 행위자라는 겁니다. 그는 선행하는 결정적 조건 없이 새로운 결과를 창조할 수 있습니다. 그는 '빛이 있으라'고 말하기로 선택할 수 있고, 그 말에 우주가 존재하게 됩니다. 나는 이 논증에 대해 타당한 답변을 제시하는 무신론자를 보지 못했습니다."

문제를 좀 더 단순화시키긴 했지만, 영국 물리학자 에드먼드 휘터커는 그의 책에서 이와 비슷한 말을 했다. "물질과 에너지가 그전에도 존재하다가 갑자기 활동하게 되었다고 생각할 근거가 없다. 그 순간을 영원 속의 다른 모든 순간들과 구별하는 기준이 무엇이 될 수 있을까? 무로부터의 창조(creation ex nihilo), 무에서 자연을 창조하는 신의 의지를 가정하는 편이 훨씬 간단하다."[11]

크레이그는 우주의 원인이 인격적인 존재라는 훌륭한 논거를 제시했지만, 오늘날 그 창조주가 여전히 살아 있는지에 관해서는 아무 증거도 제시하지 않았다. 창조주는 우주를 가동시킨 후 존재하는 걸 멈추었는지도 모를 일이다. 스미스도 이와 같이 생각해서 "크레이그의 논증은 먼 과거의 신비한 제1 원인의 존재를 보여 줄 수 있을 뿐이다. 그것은 제1 원인이 현재도 존재한다는 사실을 확증해 주진 못한다"고 말했다. 그러나 크레이그는 이 반론에 당황하지 않았다.

"창조주는 지금도 존재할 확률이 상당히 높습니다. 그는 우주를 초월하고 자연 법칙을 넘어서기 때문입니다. 자연 법칙 역시 그가 만든 것입니다. 따라서 자연법칙 안의 그 무엇이 그를 소멸시킬 수 있을 것 같지는 않습니다. 물론 기독교인들은 이 창조주가 침묵하지 않고 나사렛 예수의 인격, 사역과 부활을 통해 결정적으로 자신을 계시했다고 믿습니다. 그것은 그가 지금도 살아 있고 역사 속에서 일한다는 것을 보여 줍니다.

다시 말하지만, 칼람 논증이 모든 것을 증명하지는 않습니다. 그러나 그건 상관없습니다. 우리는 그 창조주가 여전히 존재한다는 다른 증거들을 자유롭게 둘러볼 수 있습니다. 그가 기도에 응답하는지, 예수를 죽은 자 가운데서 살렸는지, 예언의 성취를 통해 자신을 계시했는지 등을 살펴보면 되지요. 그것을 입증할 책임은 한때 그가 존재했다가 더 이상 존재하지 않는다고 주장하는 사람이 져야 할 것 같습니다."

크레이그의 말은 논리적인 듯했지만 나는 계속 '너무 성급한데'라고 생각했다.

칼람 논증은 어딘가 너무 무미건조했다. 크레이그의 증거는 너무 빈틈이 없었다. 대폭발 배후에 인격적 창조주가 있었다는 그의 결론은 정말 타당한 것일까, 거기서 빠져나갈 방법은 정말 없는 걸까?

너무 많은 것들이 걸려 있기에 모든 합리적 가능성을 꼼꼼히 살피지 않을 수 없었다. 우주의 절대적 기원의 필요를 부정하고, 대폭발이 함축하는 창조주를 배제하는 설명은 없는지도 함께 살펴야 했다.

대폭발에 대한 대안들

근년에 와서 표준 대폭발 모델에 대한 대안을 내놓으려는 노력들이 더욱 활발해졌다. 많은 과학자들은 우주에 시작이 있으면 창조주가 있어야 한다는 사실을 탐탁지 않게 여긴다. 물리학 법칙들이 창조 사건을 설명하지 못하는 것 때문에 심란해하는 과학자들도 있다.

아인슈타인은 팽창 우주의 개념이 "짜증스럽다"[12]고 말했다. 한 저명한 과학자에 따르면 "그 신학적 함축 때문이다."[13] 영국의 천문학자 아서 에딩턴은 팽창 우주의 개념이 "불쾌하다"고 했다. MIT의 필립 모리슨은 "그것을 거부하고 싶다"고 했고, 재스트로는 그것이 "과학적 정신의 입맛에 맞지 않는다"며 이렇게 덧붙였다.

> 과학 안에는 일종의 종교가 있다. 우주에 질서와 조화가 있다고 믿는 이들의 종교다. '모든 사건은 이전에 일어난 사건의 결과로 합리적으로 설명될 수 있다. 모든

결과에는 그 원인이 있다. 제1원인은 없다'는 과학자들의 종교적 신앙이고, 오늘날 이것은 침해당하고 있다. 알려진 물리법칙이 통하지 않는 조건 하에서 우리가 발견할 수 없는 힘과 상황의 결과로 세계가 시작되었다는 발견이 제기되면서부터이다. 그런 일이 벌어질 때 과학자들은 통제력을 잃는다. 만일 그것이 함축하는 바를 꼼꼼히 따져 본다면, 과학자들은 충격받을 것이다.[14]

나: "과학자들의 이러한 태도 때문에 대폭발 개념을 회피하려는 시도들이 생겨난 것일까요?"

크레이그: "그런 것 같습니다. 1948년 제안된 정상우주론(定常宇宙論, Steady State theory)이 그 좋은 예가 됩니다. 우주가 팽창하고 있는 것은 사실이되 은하계가 서로 멀어짐에 따라 새로운 물질이 무에서 생겨나 빈 공간을 채우고 있다는 이론이죠. 물질은 창조되지도 파괴되지도 않는다는 열역학 제1법칙과는 반대로, 우주가 계속해서 새로운 재료로 채워지고 있다는 겁니다."

나: "재밌군요. 그 증거는 무엇이었습니까?"

크레이그: "증거요? 아무것도 없었습니다! 단 하나의 실험적 근거도 확보하지 못했습니다. 그건 순전히 대폭발모델이 예측하는 우주의 절대적 기원을 회피하려는 마음에서 나온 이론이었습니다. 사실 그 이론의 창시자 중 한 명인 프레드 호일 경은 이러한 동기를 공공연히 밝혔습니다. 그는 영원한 과거를 가진 우주 모델을 제안함으로써 대폭발이 형이상학적, 논리적으로 함축하는 바를 회피하고픈 심정을 아주 솔직히 드러냈습니다."

나: "잠깐만요. 이론 배후의 동기는 그 이론의 과학적 가치와 별개라는 데 동의하지 않으십니까?"

크레이그: "아닙니다. 거기에는 동의합니다. 그러나 이 경우에는 이론을 뒷받침하는 과학적 자료가 전혀 없었습니다. 이것은 과학자들이 단순히 생각하는 기계들이 아니라 철학적, 감정적 요소들에 좌우되는 존재임을 보여 주는

좋은 사례입니다."

나는 우주론자들의 동기를 지레짐작하는 일은 접어 두고, 표준 대폭발 모델에 대한 대안으로 여러 해 동안 널리 퍼진 이론들에 대해 물어보기로 했다. 어쩌면 그중 하나가 칼람 논증의 유신론적 결론을 뒤엎을 수 있을지도 몰랐다.

세이건의 우주 살펴보기

내가 크레이그에게 제기한 첫 번째 대안은 천문학자 칼 세이건이 TV 프로그램 〈코스모스〉를 통해 대중화시킨 '진동 우주론'이었다. 이 이론은 우주가 팽창했다가 수축하고 다시 팽창하는 과정을 무한히 반복한다는 주장으로, 우주의 절대적 시작의 필요성을 제거한다. 흥미롭게도 세이건은 이것이 순환적 세계관과 일치한다는 것을 보이기 위해 힌두 경전까지 인용했다. 내가 세이건의 이론에 대해 묻자, 크레이그는 그 이론을 아주 잘 안다고 말했다.

"그 모델은 1960년대, 특히 러시아 우주론자들 사이에서 인기가 있었습니다. 1968년 뒤셀도르프에서 개최된 '세계 철학자 대회'에 참석했을 때, 나는 소비에트 연방권 우주론자들이 순전히 변증법적 유물론에 대한 헌신 때문에 이 모델을 지지하는 걸 보았습니다. 그들은 마르크스주의 철학의 일부인 물질의 영원성을 부인할 수 없었습니다. 그래서 증거가 부족함에도 불구하고 진동 우주론에 대한 희망을 품고 있었지요."

나: "하지만 이 모델에 대한 지지도는 약해지지 않았습니다. 최근 2003년에만도 빌 브라이슨은 베스트셀러가 된 그의 책에서 '우리는 산소발생기의 공기주머니처럼 영원히 팽창과 수축을 반복하는 우주에 산다'는 것이 과학자들 사이의 '주요한 개념'이라고 말했습니다."[15]

크레이그: "지난 수십 년 동안 도출된 진동 모델의 몇 가지 문제들은 잘 알려져 있습니다. 우선 그것은 알려진 물리법칙에 위배됩니다. 호킹과 펜로즈는

우주가 일반상대성이론의 지배를 받고 있는 한, 초기 특이성이나 시작의 존재는 불가피하고, 특이성을 통과해 다음 상태로 가는 것이 불가능하다는 것을 보여 주었습니다. 그리고 수축하는 우주의 움직임을 되돌려 우주가 특이성에 이르기 전에 다시 급팽창하도록 만들 물리 법칙은 없습니다. 진동 우주론 전체가 이론적 추상일 뿐입니다. 그것은 물리학의 뒷받침을 받지 못했습니다.

또 다른 문제는 우주가 진동하기 위해서는 어떤 시점에서 수축을 해야 하는데, 그런 일이 벌어지려면 우주의 밀도가 상당히 높아야 합니다. 그래야 충분한 중력이 발생해서 우주의 팽창 속도가 줄어들다가 멈춘 후, 점점 더 빠른 속도로 줄어들어 대수축에 이를 수 있습니다. 그러나 발광 물질뿐 아니라 보이지 않는 암흑 물질까지 다 포함해도 우주의 밀도는 수축하는 데 필요한 정도보다 훨씬 낮은 것으로 계속해서 추정되고 있습니다.

1998년에 다섯 군데의 연구소에서 시행한 최근의 검사 결과, 우주가 수축하지 않고 영원히 팽창할 확률이 95퍼센트로 나왔습니다. 그 조사 결과에 따르면, 뜻밖에도 팽창 속도가 줄어드는 것이 아니라 더 늘어나고 있었습니다. 이것은 진동 모델에 결정타를 가한 증거입니다. 또 다른 문제가 있습니다. 설혹 물리학적으로 우주의 수축이 가능하다 해도, 과학적 연구 결과 무질서도는 한 주기에서 다음 주기로 보존된다는 것이 드러났습니다. 이것은 우주의 팽창이 다음 주기로 갈수록 점점 더 커지는 결과를 초래할 것입니다. 이 과정을 거꾸로 돌려 보면 어떤 상황을 볼 수 있을까요? 우주의 팽창이 점점 더 작아지다가 마침내 가장 작은 주기에 이를 것이고, 그 이전은 우주의 시작입니다. 그래서 조셉 실크는 그의 책 「대폭발」에서 우주가 진동하고 있었다 해도, 오늘날의 우주가 이전에 100번 이상의 진동을 거쳤을 리는 없다고 추정했습니다."

이 모든 말은 진동 우주론에게 내려진 사형 선고 같았다.

나: "세이건은 우주가 '예나 지금, 그리고 언제까지나 존재하는 모든 것'이라고 말하는 불가지론자였습니다. 그러나 박사님 말씀은 증거에 따르면…"

크레이그: "증거에 따르면 진동 우주론은 그 지지자들이 회피하려 했던 우주의 시작을 함축하고 있습니다. 그게 맞습니다."

나: "그러나 오늘날에도 그 이론의 변형판이 제시되고 있습니다."

나는 서류 가방에서 신문 기사를 하나 꺼내어 표제를 읽어 주었다. "'프린스턴 물리학자가 순환우주론을 제안하다.'[16] 이 우주론자는 대폭발이 시간의 시작이 아니라 선재하는 시기를 잇는 다리라고 말합니다. 우주가 끝없는 순환을 겪으면서 대수축으로 줄어들고 다시 팽창하는 대폭발에 들어가고, 그 사이에 수조 년의 진화가 벌어진다는 겁니다. 그는 신비한 '암흑에너지'가 점점 더 빠른 속도로 우주를 팽창시키지만, 그러다 그 에너지로 우주의 특성이 달라져 우주가 수축과 팽창의 주기를 반복하게 된다고 말합니다."

크레이그: "잘 알고 있습니다. 이 모델은 끈이론의 한 종류에 근거한 것입니다. 입자 물리학의 표준 쿼크 모델의 대안으로 만들어졌지요. 이 시나리오는 우리의 우주가 5차원 공간에 있는 3차원 막이고, 우리 막에 다가와 충돌하기를 영원히 되풀이하는 또 다른 3차원 막이 있다고 가정합니다. 다른 막과 충돌할 때 우리 우주는 팽창하게 된다는 거지요. 그러다 우리 우주는 다시 수축하고, 팽창과 수축의 주기를 계속해서 되풀이한다는 겁니다. 이 5차원 우주는 영원하고 시작도 없다는 게 이 이론의 핵심입니다. 그러니 지금 팽창하는 우리 우주는 순환하지만, 더 높은 차원의 우주 전체는 영원하다는 것입니다.

나: "잘 모르겠지만 매력적이군요. 그 모델을 어떻게 생각하십니까?"

크레이그: "이건 모델도 아니고 시나리오에 불과합니다. 아직 본격적으로 진전되지도 않았으니까요. 끈이론은 방정식으로 다 표현되지도 않았습니다. 해결은 그 다음에나 바랄 수 있는 일이지요. 게다가 끈이론은 대단히 사변적이고 불확실합니다. 하지만 일단 이 시나리오 자체만 놓고 따져 보겠습니다.

이 순환 시나리오에는 문제점이 많습니다. 우선, 그 토대가 되는 끈이론과도 일치하지 않습니다! 아무도 그 문제를 해결할 수 없었습니다. 이것은 3차원

진동 우주를 5차원으로 바꿔놓은 데 불과합니다. 그러니 구진동모델과 똑같은 문제점들이 있겠지요.

더욱 흥미롭게도, 2001년 인플레이션 이론가 앨런 구스와 두 명의 다른 물리학자가 인플레이션이 영원할 수 없다는 논문을 썼습니다. 그들은 자신들의 결과를 일반화시켜 방금 보여 주신 신문기사에 나온 것과 같은 다차원 모델에도 적용할 수 있음을 증명했습니다. 그러니 5차원의 순환 모델도 시작이 있어야 한다는 사실이 드러난 거지요.

이 시나리오는 전형적인 패턴입니다. 우주의 시작을 피하기 위해 설계된 이론들은 정상우주론처럼 근거가 없는 것으로 드러나거나, 아니면 결국 그 주창자들이 회피하려 절박하게 애썼던 우주의 시작을 함축하는 것으로 밝혀지고 말았습니다."

나: "그럼 이 순환 시나리오의 미래는 어떻습니까?"

크레이그: "추가적인 연구의 소재를 제공할 겁니다. 그런데 또 다른 저명한 인플레이션 이론가 안드레 린데는 이 개념이 저널리스트 사이에서는 아주 인기가 있었고, 우주론자들 사이에서는 별로 인기가 없었다고 말했습니다."

나: "린데는 '카오스적 인플레이션'이라는 또 다른 이론을 제안했습니다. 그것은 시작점의 필요성을 제거할 거라고 하더군요."

크레이그: "그렇습니다. 그는 인플레이션(우주의 급속한 팽창)이 멈추지 않을지도 모른다고 추측했습니다. 우주가 풍선처럼 팽창하다가 특정 지점에 이르면 거기서부터 인플레이션이 생겨나 다시 팽창하기 시작하고, 그 다음 또 뭔가가 일어나 팽창을 계속할 거라고 말이지요. 그러니 인플레이션이 인플레이션을 낳고, 그 인플레이션이 인플레이션을 낳는 과정이 영원히 계속되는 겁니다. 그럼 문제는 분명해집니다. 인플레이션이 과거에 영원할 수 있었을지와 모든 인플레이션이 이전 영역에서 나온 것이어서 우주는 영원히 급속팽창하고 자기 재생하는 실재일지가 의문이죠."

나 : "그게 가능합니까?"

크레이그: "그렇지 않다고 봅니다. 앞서 말했다시피, 미래를 향해 영원히 급격하게 팽창하는 우주는 과거에 영원했을 수 없습니다. 꽤 시간이 지난 1994년에 두 저명한 물리학자들이 이 사실을 증명했습니다. 과거 어느 시점에선가 시작이 있어야 합니다. 린데는 그들이 옳다는 사실을 시인했습니다."

나는 우주의 양자모델에 대해 생각했다. 이것 역시 대폭발 이론의 대안으로 인기를 누리고 있었다. 양자 모델 중 하나인 에드워드 트라이언의 양자 모델은 앞서 언급한 바 있다. 몇 가지 변형이 있지만, 기본적으로 그 모델은 우리의 우주가 더 큰 어머니 우주의 일부라고 주장한다. 어머니 우주는 양자 진공으로 이루어져 있고 그 안에서 요동이 일어나 아기 우주들이 만들어지는데, 우리 우주가 이런 자식들 중 하나라는 것이다. 우리 우주는 팽창하고 있지만, 더 큰 어머니 우주는 무한하고 영원하다. 내가 이 개념을 언급하자 크레이그는 이 개념의 치명적 문제 두 가지를 지적했다.

"첫째, 양자 진공은 무(無)가 아니라 요동하는 에너지의 바다이고, 따라서 그것 자체가 어떻게 생겨났는지 설명이 필요하다고 했던 말을 기억하십시오. 그렇다면 양자 진공의 시작은 어떻게 설명해야 할까요? 둘째, 이 양자 진공의 매 지점에서 요동이 일어나 하나의 우주가 생겨날 일말의 가능성도 있습니다.

그럼 어머니 우주가 영원하다면, 결국 각 지점에서 우주가 하나씩 생겨났을 겁니다. 그걸 생각해 보십시오. 마침내 이 우주들은 서로 부딪치거나 합쳐져서 어머니 우주 속의 양자 진공 전체가 무한히 오래된 우주들로 가득 차게 될 겁니다. 그것은 우리 관측결과와 다릅니다. 그렇기 때문에 이 모델은 살아남지 못했습니다."

호킹의 도전장

우주론에 등장하는 대부분의 이론들은 잠시 과학저널에 실렸다 사라지고, 그 중 일부만, 그리고 가끔은 그 중에서도 가장 이상한 것들만 대중매체에 잠시 언급될 뿐이다. 기라성 같은 우주론자 린데나 구스 같은 사람도 일반인들은 잘 모른다. 그러나 스티븐 윌리엄 호킹은 대중을 사로잡는다.

한때 아이작 뉴턴이 맡았던 케임브리지 대학의 루카시안 수학 교수직을 맡고 있는 이론물리학자 호킹은 이제 과학의 아이콘이 되었다. 그의 책 「시간의 역사」는 "이제껏 출판된 것들 중 가장 읽히지 않고 팔리기만 잘 팔린 베스트셀러"라는 「비즈니스 위크」지의 비아냥거림을 받긴 했지만, 어쨌든 수백만 부가 넘게 팔렸다. 그의 유명세는 그가 〈심슨 가족〉의 만화캐릭터로 등장하고 〈스타트랙〉에서 입체영상의 아인슈타인에게 체스 판을 내미는 카메오 역으로 출연하는 데서 확인되었다.

진행성 근육무력증 때문에 휠체어를 타고 움직이고, 합성기로 말을 하는 호킹은 일반상대성이론과 양자론을 통합하는 '만물이론'이라는 어려운 목표를 추구해 왔다. 호킹은 특이성, 즉 대폭발의 필요성을 제거한다는 양자 중력 모델을 제안했다.

뉴에이지 신봉자인 여배우 셜리 맥클레인이 호킹에게 우주를 창조한 하나님을 믿느냐고 물었을 때 그의 대답은 간단했다. "아니오." 그는 BBC와의 인터뷰에서 이렇게 말했다. "우리는 수천 억 개의 은하계 중 하나의 주변부에 위치한 아주 평범한 소행성에 사는 너무나 하찮은 생물입니다. 그러니 우리에게 관심을 갖거나 우리의 존재를 알아차리는 신의 존재를 믿기란 어렵습니다."

하지만 호킹은 「시간의 역사」의 "우주의 기원과 운명"이라는 장에서 이렇게 말한다. "우주에 시작이 있다면, 그 창조자 역시 있다고 가정할 수 있다. 그러나 우주가 경계도 없고 가장자리도 없는 완전히 독립적인 실재라면, 우주는 시작도 끝도 없이 그저 존재하기만 할 것이다. 그럴 때 과연 창조자의 자리가 있을까?"

나는 크레이그에게 호킹의 이론을 꺼냈다. "마침내 그는 하나님의 일자리를 뺏는 데 확실히 성공한 것 같군요."

크레이그; "그렇지 않습니다. 말의 의미를 명확히 하는 데 도움이 될 그림 두 개를 그려보겠습니다. 표준 대폭발 이론은 원뿔로 표현할 수 있습니다."

그는 〈베스킨라빈스〉 아이스크림 콘처럼 보이는 원뿔을 그렸다. "이 원뿔의 꼭짓점은 우주의 시작을 나타냅니다. 대폭발이 일어난 특이성을 가리키지요. 이것은 출발점이고 끝이 뾰족합니다. 나이가 들수록 커지는 우주의 팽창은 원뿔의 커져 가는 모양으로 표현됩니다."

나는 고개를 끄덕였다. 크레이그는 두 번째 종이를 집어 호킹의 이론을 보여 주는 그림을 그리기 시작했다. "호킹의 모델도 원뿔과 비슷하지만 뾰족한 점으로 끝나지 않습니다." 그는 배드민턴 깃털 공을 닮은 그림을 그렸다. 끝이 뾰족하게 끝나지 않고 둥근 모양이었다.

"보시다시피 특이성이 없습니다. 뾰족한 끝이 없습니다. 원뿔의 입구에서 출발해 시간을 거슬러 올라가면." 그는 연필로 원뿔의 기다란 면을 따라가며 말했다. "시작점으로 되돌아가지 않을 겁니다. 그냥 곡선을 따라가게 될 것이고, 갑자기 다시 시간상 앞쪽으로 향하고 있을 겁니다."

이것은 호킹의 전기 작가들이 그의 이론을 그려 보이는 방식과 일치했다. 그들은 그것이 북쪽으로 걸어서 북극에 이른 후 계속해서 걸어가다 문득 남쪽으로 향하고 있는 자신을 발견하게 되는 것과 같다고 했다.[17] 한 작가는 이렇게 설명했다. "시작도 끝도, 경계도 없다. 우주는 옛날에도 있었고, 지금도 있고, 앞으로도 언제나 존재할 것이다."[18]

크레이그는 연필을 내려놓았다. 나는 그의 그림을 쳐다보며 소리쳤다. "오호! 정말 그렇군요. 시작도 없고, 특이성도 없고, 대폭발도 없고. 하나님도 필요 없는 거군요."

5장 · 태초에 설계된 빅뱅이 있었다?   149

크레이그가 얼굴을 찡그렸다. "성급하게 그런 결론을 내리기 전에 먼저 이것에 대해 생각해 봅시다."

허수의 세계

나: "호킹이 실수를 했습니까? 그건 있을 수 없는 일 같은데요."

크레이그: "나는 호킹이 철학적 오류를 범했다고 생각합니다. 시작이 있다고 생각하면 당연히 시작점도 있어야 한다고 생각한 거지요. 그러나 그렇지가 않습니다.

우주의 과거는 여전히 유한합니다. 유한한 과거 동안 뭔가가 존속했다는 의미에서 우주에는 여전히 시작이 있습니다. 다시 말해, 시간 간격을 하나 골라 보십시오. 1초, 1분, 또는 1년도 좋습니다. 어떤 유한한 시간간격을 고를 때, 그 시간 전에는 똑같은 간격의 유한한 시간이 있을 뿐입니다. 그리고 그런 의미에서 볼 때, 호킹의 모델에는 시작이 있습니다. 그 역시 우주가 무에서 생겨났다고 말합니다. 그가 말하는 '무'란 그 이전에는 아무 것도 없었다는 의미지요.

그러니 시작은 있지만, 특이점이 없는 모델의 예가 될 겁니다. 이것은 많은 과학자들이 생각해 내려 한 것입니다. 그렇게 하면 물리법칙이 저 끝까지 적용될 수 있을 것이기 때문입니다. 물리학 법칙들이 특이성으로 무너지지 않는 것, 과학자들의 입맛엔 그것이 더 맞습니다.

이제까지는 호킹의 모델을 액면 그대로 받아들였습니다. 하지만 그가 '되돌아오는 효과'를 거둘 수 있었던 것은 단지 방정식에서 실수를 '허수(虛數)'로 대체했기 때문이었습니다."

나: "허수가 뭡니까?"

크레이그: "제곱하면 음수가 되는 수입니다. 이 모델에서 허수는 시간을 공간의 차원으로 바꿔 놓는 효과가 있습니다. 문제는 허수가 방정식의 해를 찾

아 수학자가 원하는 결과를 얻어 낼 때 쓰이는 계산 장치일 뿐이라는 겁니다. 그건 좋지만 실질적, 물리적 결과를 얻으려면 허수를 실수로 전환시켜야 합니다. 그러나 호킹은 그것을 거부합니다. 그는 모든 것을 그저 허수의 영역에 두려고 합니다."

나: "허수들을 실수로 전환하면 어떤 일이 벌어집니까?"

크레이그: "특이성이 다시 나타납니다! 사실 특이성은 계속 그 자리에 있습니다. 다만 '허수 시간'이라는 장치의 배후에 숨겨졌던 것뿐이지요. 호킹은 그 다음 책에서 이 사실을 시인합니다.[19] 그는 무엇이 실재인지 모르기 때문에 실재를 기술하는 척하지 않는다고 말했습니다. 호킹 자신은 이것이 우주나 그 기원에 대한 현실적인 기술이 아니라 특이성이 나타나지 않는 방식으로 우주의 시작을 모델화시키는 수학적 방법일 뿐이라는 것을 시인합니다."

나는 그저 놀랄 뿐이었다! 호킹의 홈페이지에서는 그의 이론이 "과학의 법칙들로 완전히 결정된 우주"를 보여 준다고 밝히고 있다.[20] 하지만 호킹조차 하나님을 우주에서 완전히 배제하는 일은 성공할 수 없었다.

크레이그: "100년 전과 지금의 상황이 얼마나 뒤바뀌었는지 이해해야 합니다. 당시 기독교인들은 모든 상황이 과학을 지지하는 것으로 보였음에도 우주가 영원하지 않고 유한한 과거의 시간에 무(無)에서 창조되었다는 성경 말씀을 믿어야 했습니다. 그러나 이제 상황은 정반대입니다.

무신론자들은 온갖 반대 증거에도 불구하고 우주가 '설명될 수 없는 어떤 방식으로 영원하다'는 믿음을 견지해야 하니까요. 입장은 바뀌었습니다. 기독교인들은 성경의 진리가 주류 천체물리학, 그리고 우주론과 일치한다는 것을 알고 성경의 진리 위에 확고히 설 수 있습니다. 오늘날 이 사실을 매우 불편해하고 스스로 밀려난다고 느끼는 사람은 바로 무신론자입니다."

크레이그의 사무실에 앉아 있던 나는 칼람 논증의 엄연한 논리를 무너뜨릴 어떤 합리적 시나리오도 떠올릴 수 없었다. 현대 우주론의 철학적, 과학적 중거는 우주를 만든 인격적 창조주가 존재한다는 결론을 설득력 있게 뒷받침하고 있었다. 그래도 내겐 아직 많은 탐구 과정이 남아 있었다.

나는 우주론자나 물리학자가 크레이그의 질문에 어떻게 대답할지 궁금했다. 칼람 논증이 강력하다는 것을 부인할 수 없었다. 그러나 이 논증이 정말 과학자들의 마음을 바꿔놓을 수 있을까? 아니면 더욱 창의적인—혹은 누구의 표현대로 절박한— 반론과 반대를 키우는 먹이에 불과하게 될까? 기독교인들은 회의론자를 설득한다고 해서 그가 믿음을 갖게 되지는 않는다고 경고한다. 그러나 진심으로 마음이 열린 사람이라면 어떨까? 크레이그의 논증은 그런 사람이 하나님의 존재를 인정하도록 자극하기에 충분할까?

나는 이런 궁금증을 크레이그에게 털어 놓았다. 그는 잠시 생각하더니 박사 학위 논문과 손으로 만든 소책자가 한 사람의 삶을 바꾼 매혹적인 이야기를 들려주었다.

물리적 법칙, 영적 법칙

두 번째 박사 학위를 받기 위해 독일에 있는 동안 크레이그와 그의 아내 잰은 알렉산더 폰 훔볼트 재단이 여는 정기 총회에 참가한 적이 있었다. 그 재단은 학자간의 국제적 연구협력을 독려하는 유명한 독일 단체였다. 여러 과학자들과 잡담을 나누던 부부는 저명한 동유럽의 여성물리학자를 만났다. 그녀는 그들에게 물리학 때문에 하나님에 대한 믿음을 잃게 된 과정을 설명했다.

크레이그는 이렇게 회상했다. "그녀는 '이제 세계를 바라볼 때 눈에 보이는 거라곤 안팎의 어둠뿐'이라고 말했습니다. 그 말이 정말 가슴에 와 닿았지요. 무의미와 절망으로 가득 찬 현대 세계를 잘 표현한 말이었습니다. 그때 갑자기 아내가 말을 꺼냈습니다. '박사님, 제 남편의 박사 학위 논문을 보세요. 물리학을 사용해 하나님의 존재를 증명하는 내용이에요.' 반사적으로 떠오른 생각은 이거였죠. '아, 안돼! 이 유명한 물리학자가 뭐라고 말하겠어?' 그러나 그녀는 꼭 읽어 보고 싶다고 했습니다.

그래서 그녀에게 칼람 우주론적 논증에 대한 내 학위 논문을 한 부 주었습니다. 오늘 우리가 얘기한 것과 같은 내용이었어요. 그녀는 그 후 며칠 동안 그걸 읽으며 점점 흥분하기 시작했습니다. '여기 인용된 사람들 내가 알아요! 우리 동료들이에요!' 마침내 그녀는 논문을 우리에게 돌려주면서 이렇게 말했습니다. '이제 나는 하나님의 존재를 믿어요. 그분에 대한 믿음을 회복시켜 주어서 너무 고마워요.'

우리는 전율을 느꼈습니다! 그래서 말했지요. '그분을 개인적으로 알고 싶으신가요?' 그녀는 다소 주저하더니 말했습니다. '네, 그래요.' 그래서 우리는 그녀에게 그날 밤 식당에서 만나자고 했습니다.

잰과 나는 손으로 쓴 작은 사영리(四靈理, Four Spiritual Laws)를 준비했습니다. 사영리는 예수님을 따르는 신자가 되는 법을 소개하는 전도지입니다.[21] 그날 밤 우리는 저녁 식사 자리에 앉아 소책자를 펴서 첫 번째 문장을 읽어 주며 말했습니다. "자연계에 자연 법칙이 있듯이 하나님과 사람 사이에도 영적 법칙이 있습니다."

그러자 그녀가 말했습니다. '아, 자연 법칙! 영적 법칙! 이해할 수 있겠어요! 이건 나를 위한 거군요!'

마침내 우리는 사영리에서 하나님이 당신 삶의 바깥에 계신지 아니면 삶의 왕좌에 계신지 묻는 부분에 이르렀습니다. 그녀는 소책자 위에다 손을 얹더니 이렇게 말했습니다. "아, 이건 너무 개인적이에요. 지금 답할 수 없어요."

우리는 이렇게 대답했습니다. "괜찮아요. 지금은 그냥 그리스도를 개인의 구주로 영접하는 방법만 설명할게요." 우리는 그녀에게 자신의 잘못을 용서해 주시도록 하나님께 간구하는 법과 그녀를 용서하고 인도하시는 분으로 예수님을 영접하는 법을 설명했습니다. 그 후, 우리는 그녀에게 소책자를 쥐어 주고 집으로 돌려보냈습니다.

다음날 본 그녀의 얼굴은 기쁨으로 환하게 빛나고 있었습니다! 그녀는 집에 도착한 후 방에 들어가 자신의 삶을 그리스도께 바치는 기도를 했다고 했습니다. 그 후 모든 안정제와 술을 변기에 쏟아 버렸다는 것입니다.

우리는 그녀에게 신약 성경 한 권을 주고 헤어졌습니다. 몇 달 후, 또 다른 회의에서 그녀를 만났을 때, 우리는 그녀의 믿음이 어떤 상태일지 궁금했습니다. 그러나 그녀는 여전히 기쁨으로 빛나는 환한 얼굴로 우리를 반기며 자신의 가장 소중한 보물은 신약 성경과 손으로 만든 사영리라고 했습니다."

크레이그는 미소 지었다. "리, 당신은 내게 하나님이 우주론을 사용해 과학자의 인생을 변화시키실 수 있느냐고 물었죠? 그렇습니다. 나는 그걸 봤어요. 온갖 종류의 회의론자들에게 그런 일이 벌어지는 걸 봤습니다. 언젠가 캐나다의 한 대학에서 칼람 논증에 관한 강연을 했는데 강연 후 한 학생이 말했습니다. '저는 평생 무신론자로 살았는데 이런 이야기는 들어보지 못했습니다. 이제 나는 하나님이 존재한다는 걸 믿습니다! 이걸 내 형에게 빨리 얘기해 주고 싶어요. 형도 무신론자거든요!'

문화가 기독교에 훨씬 호의적이었던 시대가 있었습니다. 하지만 과학이 확실한 증거로 하나님에 대한 믿음을 이보다 더 확증해 준 시대는 일찍이 없었습니다. 이에 대해선 논의의 여지가 없다고 생각합니다."

나는 몸을 기울여 녹음기의 정지버튼을 눌렀다. 다음 인터뷰 내용으로 더없이 좋은 것이 떠올랐다. 크레이그가 우주의 창조주이신 하나님을 옹호하는 강력한 논증을 펼쳤으니, 이제 물리 법칙과 매개 변수를 고려할 때다. 인류가 살 수 있는 환경을 만들기 위해 그것들이 극도로 미세하게 조정되어 있었다는 주장이 과연 신빙성이 있는지 무척 궁금했다.

참고 문헌

- William Lane Craig, Design and the Cosmological Argument. In *Mere Creation*, ed. William A. Demski. Downers Grove, Ill.: InterVarsity, 1998.
- ─. *Reasonable Faith*. Wheaton, Ill.: Crossway, revised edition, 1994.
- ─. and Quentin Smith. Theism, *Atheism and Big Bang Cosmology*. Oxford University Press, 1993.
- J. P. Moreland and Kai Nielsen. *Does God Exist?* Amherst, N.Y.: Prometheus, 1993.

최종 질문

1. "존재하기 시작한 것에는 원인이 있다"는 칼람 우주론적 논증의 대전제는 얼마나 설득력이 있는가? 그 규칙의 예외를 생각할 수 있겠는가? 우주가 양자에너지의 바다에서 뜬금없이 불쑥 생겨났을지 모른다는 가능성에 대한 크레이그의 반론이 훌륭했다고 생각하는가?

2. 칼람 논증의 소전제는 "우주가 존재하기 시작했다"이다. 수학과 우주론의 증거가 우주가 과거 어떤 시점에서 시작했다는 주장을 충분히 뒷받침한다고 생각하는가? 그 이유를 말해보자. 우주의 시작을 회피하려는 주장들에 대해 어떻게 생각하는가?

3. 칼람 논증에 따르면, 두 전제가 옳다면 우주에 원인이 있다는 결론이 논리적이다. 이것과 대안이론을 떠올릴 수 있는가?

4. 크레이그는 증거에서 추정할 수 있는 우주의 원인이 갖는 몇 가지 특성들을 이렇게 설명한다. "시공간의 원인은 의지의 자유와 엄청난 능력을 가진 존재, 자존하며 시작이 없고, 초시간적이고, 무한하고, 비물질적이고, 인격을 가진 존재입니다." 크레이그의 주장이 우주의 원인의 특성들을 잘 뒷받침한다고 생각하는가?

물리학은 지구에 박힌 창조주의 지문이다

> 아주 작은 수치 변화에도 너무나 민감한 우주의 구조를 보면 누군가의 세심한 주의와 통찰 속에서 만들어졌다는 인상을 떨칠 수 없다. 이 수치들이 이루어 내는 기적에 가까운 현상은 우주가 설계되었다는 걸 증명하는 가장 설득력 있는 증거다.
>
> — 물리학자 폴 데이비스

> 목적 없는 우주가 목적에 그토록 집착하는 인간들을 우연히 창조했다면 이상하지 않을까?
>
> — 존 템플턴 경

한 남자가 있었다. 학창 시절 다윈주의를 배우고 나서 영적 회의론자가 되었다. 시카고의 한 주요 일간지의 기자로 일하다가 아이비리그 대학의 대학원에 진학했다. 그 후 아내의 기독교 신앙에 자극을 받아 창조주의 증거를 취재하기 시작했다. 취재된 증거들에 마음이 열린 그는 결국 무신론을 떨쳐 버리고 하나님을 받아들였다. 그리고 신앙을 되찾게 된 지적 여정을 회상하며 책을 썼다.

내 이야기 같은가? 그렇다.[1] 하지만 패트릭 글린의 사연이기도 하다. 그는 레이건 행정부 시절 군축협상가로 일했고, 현재 워싱턴 D.C.의 조지워싱턴 대학 공동체 정책 연구소의 부소장을 맡고 있다.

글린은 미션 스쿨을 다닐 때 진화론을 처음 접했고, 그것이 성경과 양립할 수 없다는 것을 알았다. "나는 수업 중에 일어나서 불쌍한 수녀 선생님께 성경과 진화론은 양립할 수 없다고 소리쳤다."

이때부터 글린은 이성이 "진리로 가는 유일한 길"이라 확신했고, 1970년대 하버드에서 박사 학위를 받을 무렵에는 확고한 무신론자가 되었다. "다윈은 생명의 기원을 설명하는 데 있어 하나님을 가정할 필요조차 없음을 보여주었다. 생명과 인류 그 자체는 장구한 시간에 걸쳐 작동하는, 본질상 무작위한 메커니즘의 결과였다."

그런데 글린은 크리스천 여성과 결혼하고 나서 영적인 문제로 아내와 자주 언쟁을 벌인 끝에, 하나님의 존재를 지지하는 합리적 증거가 있는지 알아보고 싶을 정도로 마음이 충분히 열렸다. 그리고 전혀 예상치 못했던 사실들을 알게 되었다.

> 서서히 나는 철학적 무신론을 선택한 후 20년 동안 방대하고 체계적인 문헌들이 나왔음을 알게 되었다. 나의 무신론적 시각에 깊은 의심을 갖게 했을 뿐 아니라, 합리적 관점에서 볼 때도 무신론을 효과적으로 반박하고 있었다. 오늘날엔 지성인이 무신론이나 불가지론의 환상을 받아들이고 내가 저지른 것과 같은 지적 오류를 범할 합당한 이유가 전혀 없어 보인다.[2]

어떤 증거가 이렇듯 놀라운 영적 변화를 낳았을까? 그가 탐구 과정에서 접한 가장 강력한 발견 중 하나는 소위 "인간중심원리"(anthropic principle)였다. "인간"이라는 그리스어 안트로포스(*anthropos*)로 그 용어를 만든 이는 케임브리지의 물리학자 브랜든 카터였다. 그는 1973년 한 저명한 과학회의에서 "수많은 우연의 일치와 우주론의 인간중심원리"라는 획기적인 논문을 발표했다.

글린이 알게 된 인간중심원리의 내용은 이러했다. "제멋대로에다 서로 무관해 보이는 모든 물리 상수 물질의 물리적 성질을 나타내는 여러 가지 수치. 물질의 고유한 물리적 성질을 나타내는 물질 상수와 모든 물질에 공통적인 보편 상수가 있다. 원자의 질량, 물질의 비열, 녹는점, 전기전도율 등은 물질상수, 진공 속에서의 빛의 속도 등은 보편상수의 예다 들은 한 가지 이상한 공통점을 갖고 있다. 만약 당신이 생명을 낳을 수 있는 우주를 만들고자 원한다면 그때 그것들이 정확하게 당신이 필요로 하는 숫자들이다."[3]

글린은 자기 책에서 우주가 위대한 설계자의 작품이 분명하다는 결론을 내렸다. 그리고 그 주요한 이유 중 하나로 도무지 믿을 수 없는 우주의 미세 조정을 제시한다. "25년 전까지만 해도 과학적 증거만으로 이 문제를 평가하는 합리적인 사람은 회의주의로 결론을 내리고 말았을 것이다. 그러나 이제는 사정이 다르다. 오늘날엔 구체적인 자료들이 '창조주 가설'을 지지하고 있다. '창조주 가설'은 인간중심원리라는 수수께끼에 대한 가장 간단하고 명백한 해결책이다."

분명한 증거

알리스터 맥그래스는 옥스퍼드에서 분자생물 물리학을 공부했고, 세 권짜리 야심만만한 저서 「과학 신학」을 쓴 박식한 신학자다. 인간중심원리의 경우, 그는 간단한 두 개의 질문으로 핵심적인 의문 사항을 요약해서 다음과 같이 점잖게 표현했다. "자연 법칙이 생명 탄생에 맞춰진 것이 순전히 우연의 일치일까? 그것이 인류의 본성과 운명에 대한 중요한 단서는 아닐까?"

나는 이 두 가지 질문을 지도 삼아 어떻게, 그리고 왜 물리학적 법칙들이 생명을 마치 면도날 위에 세운 것처럼 절묘하게 균형 잡게 하는지 답을 찾아다녔다. 지난 수십 년간 점점 더 많은 과학자들과 철학자들이 이 단서를 따라 나름의 결론에 도달하고 있다. 물리학자이자 신학자인 존 폴킹혼은 "그 중에는 전통적인 종교의 교의에 아무런 영향을 받지 않은 사람들도 있었다"고 했다.

「생명 기원의 신비」의 공저자 월터 브래들리는 이렇게 말했다. "지난 30년 동안 왜 그토록 많은 과학자들이 마음을 바꿔 우주적 우연이 우주 탄생에 대한 합리적 설명이 될 수 없다는 데 동의했는지 이해하기란 어렵지 않다. 주의 깊게 만들어진 우리의 거처, 우주에 대한 이해가 높아질수록 지적 설계자에 대한 증거는 점점 더 설득력을 얻는다."

한때 회의론자였던 전 아델라이드 대학 이론물리학 교수인 폴 데이비스는 이제 우주의 배후에는 어떤 목적이 있는 게 분명하다고 확신한다. "나는 과학적 연구를 통해 물리적 우주가 너무나 놀랍고 정교하게 결합되어 있음을 점점 더 강하게 믿게 되었고, 그래서 우주를 그저 맹목적인 사실로 받아들일 수 없다. 나는 이 우주에서 우리의 존재가 그저 운명의 변덕, 역사의 우연, 거대한 우주적 드라마의 사소한 잡음에 불과하다고 믿을 수 없다."

우주론자 에드워드 해리슨은 "많은 과학자들이 털어놓는 개인적 견해를 들어 보면 목적론적 논증, 또는 설계논증으로 기울어진다"고 말하며, 이런 결론을 내렸다. "우주의 미세 조정은 신의 설계에 대한 자명한 증거다."

저명한 천체물리학자 프레드 호일 경은 그와 비슷한 심정을 이렇게 표현했다. "제대로 증거를 검토한 과학자라면, 핵물리학의 법칙들이 별들 속에서 만들어 내는 결과들을 바라보며, 그것이 계획적으로 설계되었다는 추론을 하게 될 거라고 믿는다."

스미소니언 천체 물리 관측소의 수석 천문학자이자 하버드의 천문학 교수인 오웬 깅그리치는 호일의 이 발언 및 이와 유사한 말들을 접하고 나서 이렇게 말했다. "프레드 호일과 나는 많은 문제들에 대해 의견을 달리하지만, 이 세계에 대한 상식적이고 만족스러운 해석에 따라 생각해 볼 때 초지성적 존재의 설계하는 손을 떠올리게 된다는 점에 대해서는 동의한다."

옥스퍼드에서 수학하고 많은 인간중심원리의 사례를 제시한 존 레슬리는 우리의 우주가 유일하다면(다른 우주의 존재를 증명하는 과학적 자료는 전혀 없다), 미세 조정은 "하나님이 실재한다는 진짜 증거"라고 말했다.

로버트 어그로스와 조지 스탠시우는 공저 「새로운 과학」에서 우주 안에 생명이 가능하게 만드는 '우연의 일치들'의 놀라운 영향력을 생각하며, 그 추론한 바를 이렇게 요약한다. "인간의 탄생을 목적으로 하는 우주는 그것을 지시한 지성을 함축하고 있다. 인간이 우주의 물리적 중심은 아니지만, 그 목적의 중심에 있는 것으로 보인다."

나는 이러한 결론들 말고도 맥그래스가 제기한 근본적인 질문들에 대한 개인적인 답변을 찾고 싶었다. 나는 우주의 아슬아슬한 균형에 대한 과학적 증거뿐 아니라, 인간중심원리가 그 원리를 쓸모없게 만들지 모를 가설의 도전도 이길 수 있을지 알고 싶었다.

미세 조정 문제를 공부하면서 나는 이 문제에 대해 독창적 연구를 수행한, 논리정연하고 물리학 훈련까지 받은 한 철학자의 저작들을 접하게 되었다. 나는 특히 그 철학자에 대한 평판이 마음에 들었다. 그는 주의 깊고 보수적으로 예측하며 자료의 범위를 넘어가는 판단을 내리지 않는 것으로 알려져 있었다. 한마디로, 내가 찾던 사람이었다.

몇 번 통화한 후, 나는 비행기에 몸을 싣고 펜실베이니아로 향했다. 남북 전쟁 당시 격전지였던 게티즈버그에서 그리 멀지 않은 북쪽, 붉은 벽돌 건물들이 들어선 그림 같은 캠퍼스가 내 목적지였다.

네 번째 인터뷰 : 로빈 콜린스 박사

중학교 1학년 시절, 로빈 콜린스는 원자력위원회의 무료 팸플릿 몇 부를 우편으로 주문해 받아보았고, 그때부터 물리학을 사랑하게 되었다. 워싱턴 주립대학에서 물리학과 수학을 공부한 후(만점에서 0.007점 부족했다), 오스틴의 텍사스 대학에서 물리학 박사 과정을 밟았다.

그는 철학도 사랑해서 복수 부전공을 했다. 무신론자 1명, 불가지론자 1명을 포함한 대학원생들과 같은 연구실에서 박사 과정을 준비하면서, 그의 전문 지식은 유용하게 쓰였다. 콜린스는 고등학교 3학년 때부터 줄곧 기독교인이었다. 같은 연구실의 네 사람은 철학적 신학적 문제에 대해 밤늦게까지 논쟁을 벌였다. 그 일이 얼마나 재밌었던지 콜린스는 노트르담 대학에서 철학 박사 학위를 받기로 결심했다. 현대의 가장 위대한 미국 철학자로 손꼽히는 전설적인 인물, 앨빈 플랜팅거가 콜린스의 학위논문을 지도했다.

콜린스가 우주의 미세 조정 문제를 처음 접하게 된 것은 수업 시간에 플랜팅거가 잠깐 흘리듯 얘기하면서부터였다. 그 개념에 반한 콜린스는 그 주제를 파고들었고, 그러면서 자신의 전공 분야인 물리학과 철학을 완벽하게 조화시켰다. 물리학 분야의 훈련 덕분에, 그는 이 분야의 복잡한 수학 방정식들을 이해할 수 있었고, 때로는 더 유명한 학자들의 오류들을 점잖게 고쳐주기도 했다. 철학 분야에서의 경험은 증거를 가지고 엄밀한 논증을 구성하는 데 도움이 되었다. 몇 년 동안 연구와 분석 과정을 마친 그는 이제 인간중심원리에 대한 가장 해박하고 설득력 있는 대변자로로 부상했다.

콜린스는 그 주제에 대해 여러 권의 책을 썼으며 여러 대학에서 열린 많은 심포지엄과 컨퍼런스에서 강연을 했고, 노트르담 대학에서 열린 '신과 물리적 우주론'에 대한 2003년 러시아-미국 컨퍼런스에서 전체 대표 강연을 맡기도 했다. 노스웨스턴 대학에서 박사 후 과정 연구원으로 일했고, 그 후 지난 10년 간 미사이어 대학에서 연구, 저술과 강의를 맡아 왔다. 어느 따스한 토요일 오후, 나는 그가 철학과 부교수로 있는 미사이어 대학으로 그를 찾아갔다.

나는 인터뷰를 빨리 시작하고 싶었다. 콜린스는 언젠가 이 우주에 존재하는 놀랍도록 "딱 맞는" 조건들이야 말로 지금까지 밝혀진 "하나님의 존재를 뒷받침하는 가장 설득력 있는 논거"라고 말했다. 나는 노트를 꺼내 들고, 먼저 우주의 미세 조정이 무엇인지 개요를 정리해 달라고 요청했다.

설계의 흔적을 찾아라

콜린스: "과학자들이 우주의 미세 조정에 대해 말할 때는 대개 비범한 균형을 이루고 있는 근본적인 물리 법칙들과 매개 변수들, 또 우주의 초기 조건들

을 가리키죠. 그 중 일부의 정확도는 우리 머리로 이해할 수 없을 정도입니다. 그 결과 우주는 생명을 보존하기에 적합한 조건을 갖추게 되었습니다. 그러한 조건들의 절묘한 일치는 도저히 우연의 결과로는 볼 수 없습니다. 같은 맥락에서 폴 데이비스는 '설계의 흔적이 압도적이다' 라고 말했습니다.

일례로 화성에 도착한 우주 비행사들이 밀폐된 생물권을 발견합니다. 제어판을 검색하던 그들은 환경을 조절하는 다이얼이 생명이 살기에 적합하도록 맞춰져 있는 것을 발견합니다. 완벽한 산소 비율에 온도 섭씨 21도, 습도 50퍼센트, 공기 보급 장치까지 있습니다. 식량을 생산하고 에너지를 발생시키고 쓰레기를 처리하는 장치들도 있습니다. 각 다이얼은 무한 설정이 가능하고, 그 중 한 둘을 약간씩만 조정해도 환경이 엉망이 되어 생명체가 살 수 없게 된다는 것을 알 수 있습니다. 이걸 보고 무슨 생각을 하시겠습니까?"

나 : "누군가 매우 공들여 그것을 설계하고 만들었다는 결론을 내리겠지요."

콜린스 : "바로 그겁니다! 그 생물권이 거기서 우연히 생겨났다고 생각하지는 않을 것입니다. 그 같은 생물권은 화산 폭발로 적절한 화합물들이 튀어나와 단지 우연히 자기 조직화를 통해 생겨난 것이 아니죠. 어떤 지적 존재가 생물들이 살 수 있도록 의도적으로 주의 깊게 설계하고 만든 겁니다. 그게 바로 우리 우주의 모습입니다.

지난 30년 동안 과학자들은 우주의 기본 구조가 생명체의 존재를 위해 거의 모든 면에서, 마치 면도날 위에 서 있듯이 아슬아슬한 균형을 이루고 있다는 사실을 발견했습니다. 수많은 조건들이 너무나 환상적으로 일치하기 때문에 그것을 그저 우연 탓으로 돌리거나 설명이 필요 없는 현상으로 우길 수가 없습니다. 정확하게 맞추어진 다이얼을 보면 도무지 그것을 무작위한 우연으로 볼 수 없습니다. 프레드 호일이 비꼬듯 말한 것처럼 누군가 물리학에 끼어든 것이죠."[4]

이것은 20세기 들어 가장 환상적인 과학 발견임에 틀림없었다.

나 : "누가 이 사실을 처음 발견했습니까?"

콜린스 : "1950년 후반, 호일은 별들 안에서 탄소와 산소가 특정한 비율로 만들어지는 정밀한 과정에 대해 말했습니다. 탄소의 공명 상태를 건드리면, 생명체를 구성하는데 필요한 재료를 얻지 못할 겁니다. 물리학자 하인츠 오버허머와 그 동료들은 연구 도중 우연히 '강한 핵력' 양성자나 중성자 속의 쿼크를 결합하고 원자핵 속에서 양성자와 중성자를 결합하는 힘이 1퍼센트만 달라져도 별들 속의 산소와 탄소 생산량에 30배에서 수천 배에 이르기까지 영향을 끼친다는 사실을 알아냈습니다. 별들은 행성들의 생명에 필요한 탄소와 산소를 공급하기 때문에 그 균형이 깨지면 우주는 생명체가 존재하는 데 훨씬 부적합해질 것입니다. 아까 하신 질문으로 되돌아가면, 미세 조정에 대한 연구와 저술은 대부분 1980년대 초 이후에 이루어졌습니다. 전문적, 대중적 관점에서 그것에 대한 수백 가지의 논문과 책이 나왔습니다."

나 : "역시 물리학은 복잡하군요. 예를 하나 들어 주시죠."

콜린스 : "중력에 대해 얘기해 보지요. 눈금자나 구식 라디오의 선형 눈금판이 우주 전체에 뻗어 있는 모습을 상상해 보세요. 1인치 단위로 눈금이 쳐져 있는 자의 길이는 수십억 배 곱하기 수십억 배 곱하기 수십억 인치가 될 겁니다.

전체 눈금판은 자연의 힘의 세기의 범위를 나타냅니다. 중력이 가장 약한 힘이고, 핵 속의 양성자와 중성자를 결합하는 강한 핵력은 중력보다 무려 10^{40}배나 강합니다.[5] 중력의 크기의 가능한 설정범위는 적어도 모든 힘의 세기의 범위만큼은 된다고 볼 수 있습니다.

이제 눈금판의 위치를 옮기고 싶다고 상상해 보십시오. 현재 맞춰진 자리에서 눈금판을 1인치만 옮긴다고 해도, 그것이 우주의 생명체에 끼치는 충격은 재앙 수준일 겁니다."

나 : "고작 1인치가 말입니까? 어떤 충격이 있게 될까요?"

콜린스 : "눈금판을 약간만 조절해도 중력은 십억 배 증가할 겁니다."

나 : "엄청난데요!"

콜린스 : "실제로는 그렇지 않습니다. 전체 라디오 눈금판(자연 속 힘의 세기의 전체 범위)에 비하면, 정말 작은 수치입니다. 10^{31}분의 1에 불과합니다."

나 : "와, 실감이 나는군요. 그러면 생명체에는 어떤 일이 벌어질까요?"

콜린스 : "장소에 상관없이 인간 크기의 동물들은 짜부라지고 말겁니다. 천체물리학자 마틴 리스의 표현을 빌자면, '중력이 강한 가상의 세계에서는 곤충들도 두꺼운 다리가 있어야 지탱할 수 있고 동물들은 그다지 커질 수 없을 것'입니다. 실제로 지구보다 중력이 천 배 강한 행성은 지름이 1.4미터에 불과할 것이고, 그만한 크기에서는 생태계가 존속할 수 없을 것입니다. 그뿐 아니라, 중력을 3천 배만 증가시키면 10억년 이상의 수명을 가진 별들 ─ 우리 태양의 수명은 100억년입니다 ─ 은 존재할 수 없을 것입니다.

자연 속 힘의 세기의 전체 범위에 비하면 생명체가 존재할 수 있는 중력의 범위는 헤아릴 수 없이 좁습니다. 우주의 이 끝에서 저 끝까지 이르는 눈금판의 모든 가능한 설정 중에서, 중력은 우주가 생명을 보존할 수 있게 하는, 1인치보다 더 작은 단위의 자리에 정확히 위치하고 있습니다."

사실 중력은 과학자들이 연구한 매개 변수 중 하나에 불과하다. 한 전문가는 우주 안에 생명이 존재하기 위해 정확히 맞춰져야 할 물리적 또는 우주론적 매개변수들이 30가지가 넘는다고 말했다.[6]

콜린스는 중력과 대여섯 가지 다른 사례들에 초점을 맞추길 좋아한다. 그가 직접 연구한 내용이기도 하고, 그것만으로도 설계자의 필요성을 논증하는 데 충분하다고 보기 때문이다. 나는 콜린스에게 또 다른 매개변수(소위 '우주 상수')에 대해 물어 보기로 했다. 그것은 세계에서 가장 회의적인 과학자로 손꼽히는 이들도 뒷걸음치게 한 놀라운 현상이다.

원자를 겨냥해 다트 던지기

무신론자이자 노벨상 수상 물리학자인 스티븐 와인버그는 우주 상수(우주 공간의 에너지 밀도)가 "놀랄 만큼 우리에게 유리하도록 잘 맞춰져 있는" 것이 놀랍다고 했다. 아인슈타인의 일반상대성 이론 방정식의 일부인 우주 상수는 음수나 양수 중 어떤 수치도 될 수 있었다. "제1원리에 따르면 이 상수가 아주 커야 한다고 추측할 수 있다는 것이다. 하지만 불행히도 그렇지 않았다, 그는 그렇게 덧붙였다.

> 수치가 큰 양수라면, 우주 상수는 거리가 멀어짐에 따라 힘이 증가하는 척력(斥力)으로 작용하여 그 힘 때문에 초기 우주에서 물질의 응집 과정이 이루어지지 않았을 것이다. 이 과정은 은하계, 별들, 행성, 사람들을 만드는 첫 번째 단계에 해당한다. 수치가 큰 음수라면, 우주 상수는 거리가 멀어짐에 따라 힘이 증가하는 인력(引力)으로 작용하여 그 힘 때문에 대폭발이 일어나자마자 우주의 팽창을 뒤집어 우주가 다시 찌부러지도록 만들었을 것이다.[7]

어느 쪽이든 생명체는 살아남을 수 없다. 그러나 놀랍게도 그런 일은 벌어지지 않았다. 와인버그의 말을 들어 보자. "실제 천문관측에 따르면 우주 상수는 매우 작고, 제1원리로 추정한 것 보다 훨씬 더 작다는 것이 드러났다."

이 내용에 대해 콜린스에게 물었더니, 그는 예상과 직관을 모두 벗어나는 우주 상수의 놀랍도록 정밀한 설정은 "오늘날 물리학과 우주론이 직면한 가장 큰 단일 문제"라고 말했다.

나 : "얼마나 정밀합니까?"

콜린스: "글쎄요, 그걸 제대로 이해할 방법이 없습니다. 미세 조정은 줄잡아 최소 10^{53}분의 1로 추정됩니다. 그것은 10 다음에 0이 53개가 붙는 겁니다. 상상도 못하게 정밀한 거지요."

나 : "예증을 하나 들어 주실 수 있을까요?"

콜린스 : "우주 공간 바깥에 나와 있는데 지구를 향해서 아무렇게나 다트를 하나 던진다고 합시다. 지름이 10^{24}분의 1인치인 과녁을 맞히는 것과 같습니다. 원자 하나의 크기보다 더 작지요."

나 : "헉! 숨이 막히는군요. 과학자들이 압도될 만합니다."

콜린스 : "그렇죠. 그래서 저는 우주 상수가 미세 조정의 유일한 사례이고, 이에 대한 자연적 설명이 없다면, 이것만으로도 설계 이론을 확립하기에 충분한 증거가 된다고 생각합니다."

나는 동의할 수밖에 없었다. 내 식으로 표현하면 이렇다. 설계되었다는 혐의를 받은 우주가 재판을 받는 중이다. 원고 측이 제출한 유일한 증거는 우주 상수의 미세 조정이다. 숨겨진 자연주의적 설명은 없다고 가정한다. 그렇다면 나는 "유죄" 쪽에 표를 주겠다. 통계학적으로 본다면 이것은 오늘날 많은 형사 재판에서 유죄를 확증하는 데 쓰이는 DNA 증거보다 훨씬 더 강력한 논거가 될 것이다.

콜린스 : "내가 지금까지 논한 두 가지 요소, 우주 상수와 중력의 증거를 더한다고 생각해 보십시오. 이것은 상상을 불허하는 강력한 논거가 될 겁니다. 이 둘을 더하면 미세 조정의 정밀도는 10^{80}분의 1에 이르게 됩니다. 이것은 우주 전체 대비 하나의 원자와 같습니다!

미세 조정의 사례는 또 있습니다. 중성자와 양성자 사이의 질량차가 그것입니다. 중성자의 질량을 700분의 1만 늘리면 별들의 핵융합이 멈출 겁니다. 생명에 필요한 에너지원이 사라지는 거지요. 그리고 전자기력이 약간만 더 강하거나 약하다면, 우주 안에 생명체가 산다는 건 불가능할 겁니다. 아니면 강한 핵력을 살펴봅시다. 그것을 50퍼센트만 줄인다고 생각해 보십시오. 50퍼센트는 큰 수치가 아닙니다. 힘의 세기의 전체 범위에 비한다면 10^{51}분의 1에 불과하니까요."

나: "강한 핵력을 그만큼 조정하면 어떤 일이 벌어질까요?"

콜린스: "강한 핵력이 매우 약화되겠지요. 같은 전하끼리는 밀어 내기 때문에 그렇게 되면 나머지 원자핵 안에 있는 (양전하를 띤) 양성자들이 서로 밀어 내게 되고 수소를 제외한 모든 원자가 해체되고 말 겁니다. 〈스타트랙〉에서는 뭐라고 하든 간에, 수소로 만들어진 지적 생명체는 불가능합니다. 수소는 충분히 안정적인 복잡성을 갖지 못합니다."

나: "너무 추상적입니다. 이 개념들을 시각화시킬 순 없을까요? 아까 말씀하신 화성 생물권으로 돌아갑시다.

콜린스: "좋습니다. 그 생물권이 그곳에 어떻게 생겨나게 되었는지는 일단 제쳐두기로 합시다. 그것을 발견했을 때 돔 안에는 환경 조건을 조절하는 다이얼이 열두 개 있었다고 가정하구요. 각 다이얼은 믿기 어려울 만큼 넓은 설정 범위를 가지고 있습니다. 우리는 그곳을 떠나며 다이얼들을 되는 대로 내버려 두었습니다. 덕분에 그 생물권 내에서 생물이 사는 것이 불가능해졌습니다.

그리고 일 년 후 우리는 그곳으로 돌아갔습니다. 다이얼을 살펴봤더니, 돔 안에서 생명이 번성할 수 있도록 모두가 딱 적절한 설정으로 주의 깊게 맞춰져 있습니다. 우리는 그것을 발견하고 깜짝 놀랍니다. 열두 개의 다이얼, 열두 개의 다른 요소들 모두가 최적의 수치로 맞춰져 있습니다. 다음 날 신문 1면에 어떤 표제가 나갈지 아십니까? 아마 이런 머릿기사가 실릴 겁니다. '외계생물이 존재한다.' 우리는 그것을 어떤 지적 존재가 화성에 내려 생명이 살아가는 데 필요한 정확한 수치로 다이얼을 맞춰 놓은 거라고 받아들일 겁니다.

내 말은 우주의 근본 특성을 조절하는 다이얼들이 그와 같이 맞춰져 있다는 겁니다. 사실 그 정밀도는 너무나 정확합니다. 무작위한 우연을 생명의 창조주로 보는 이론 하에서는 전혀 뜻밖의 일일 겁니다. 그러나 위대한 설계자가 있다는 가설 하에서는 전혀 그렇지 않습니다."

준비, 조준, 발사!

우주의 미세 조정만큼 정신이 아뜩해지게 만드는 개념은 거의 없다. 옥스퍼드의 물리학자 로저 펜로즈는 "원(原)위상-공간 부피(original phase-space volume)"라는 한 매개변수에 $10^{10^{123}}$분의 1에 해당하는 미세조정이 필요하다고 말했다. 펜로즈는 그 수를 다 쓰는 것조차 불가능할 거라고 말했다. 우주 전체에 흩어져 있는 소립자의 수보다 더 많은 0이 필요할 것이기 때문이다! 그는 이것이 "우주를 제 궤도에 올려놓는데 필요한 정밀도"라고 말했다. 「디스커버」지도 놀라움을 표시했다. "우주는 있을 법하지 않다. 정말 있을 법하지 않다. 우주의 존재는 너무나 놀랍고 충격적이다."

물리 상수들, 자연의 힘들, 생명에 필요한 다른 물리 법칙들과 원리들이 모두 올바른 설정에 맞춰질 극소의 확률을 생각해 볼 때, 이 모든 미세 조정을 단지 무작위한 우연의 산물로 설명해 버리려는 시도는 가망 없어 보인다.

콜린스: "확률을 논한다면, 이론적으로는 이것이 우연히 생겨날 수 있는 가능성(아무리 가망 없다 해도)을 배제할 수는 없습니다.

그러나 내가 동전을 던져서 50번 연속 앞면이 나오는 걸 놓고 누군가에게 1000달러 내기를 제안했다고 칩시다. 그런데 정말 50번 연속 앞면이 나왔다면, 상대방은 그 결과를 받아들이지 않을 겁니다. 그럴 확률은 너무 낮아서(약 10^{15}분의 1) 자연적으로는 도저히 일어날 수 없다는 걸 알기 때문입니다. 터무니없이 낮은 확률을 뚫고 그런 결과가 나왔다는 건 게임이 조작되었다는 강한 증거로 보일 겁니다. 우주의 미세 조정도 그와 같습니다. 그것을 무작위한 우연 탓으로 돌리기보다는 우주가 조작되었다, 즉 설계되었다는 강한 증거로 받아들이는 게 합당합니다.

다른 예를 들어보겠습니다. 산을 오르고 있는데 글자 모양으로 배치된 돌멩이들이 보입니다. '산에 온 걸 환영한다. 로빈 콜린스' 라고 쓰여 있습니다. 바위들이 우연히 그런 형태로 배열되었다거나 지진이나 산사태의 결과라는 가설도 가능할 겁니다. 그런 가능성들을 완전히 배제할 수는 없습니다. 그러나 먼저 그 산을 오르고 있던 내 형이 돌멩이들을 그런 식으로 배열했을 거라는 가설도 가능합니다.

당연히 대부분의 사람은 우연 이론이 아니라 형 이론을 받아들일 겁니다. 돌멩이들이 우연히 그런 식으로 배열될 가능성은 대단히 낮지만, 내 형이 돌멩이들을 그런 형태로 놓는 것은 있을 법한 일로 보이기 때문입니다.

이처럼 우주의 미세 조정이 되는 대로 생겨났을 가능성은 대단히 낮은 반면, 지적 설계자의 작품일 가능성은 상당히 높습니다. 그러니 우연 이론이 아니라 설계 이론을 선택하는 것은 상당히 합리적인 일입니다. 우리는 항상 그런 식으로 추론합니다. 총에 남은 피고의 지문은 화학 물질의 우연한 조합 때문일까 아니면 피고가 총을 만졌기 때문일까? 배심원들은 피고가 총을 만졌다는 결론을 주저 없이, 자신 있게 내릴 수 있습니다. 그것은 그렇게 될 가능성이 지문이 우연히 만들어질 확률보다 천문학적 숫자의 확률보다 더 높기 때문입니다."

비록 무작위한 우연은 인간중심원리가 말하는 '조건의 일치'를 설명하기에는 부족했지만, 우주가 설계자의 작품이라는 결론에 아마 대안이 될 수 있는 다른 이론들이 있었다. 이제 그것들을 시험할 시간이었다.

나: "우주를 현재와 같은 모습으로 만든 어떤 원리가 있는데 단지 아직 발견되지 않은 것뿐이라면 어떨까요? 물리학자들이 그토록 오랫동안 찾아온 가상적인 '만물 이론'이 정확한 수치의 물리학 매개변수들을 만든 것으로 드러날 수도 있지 않습니까?"

콜린스: "그렇다 해도 변하는 건 없습니다. 오히려 미세 조정의 낮은 확률 문제를 한 단계 올려놓을 뿐입니다."

나: "무슨 뜻입니까?"

콜린스: "이 대통일 이론전자기력, 강한 핵력, 약한 핵력을 통일하는 이론이 우연히도 모든 미

세 조정 다이얼들을 생명이 살 수 있는 우주에 맞춰 준다면 정말 놀라울 겁니다. 그건 내가 산에 오를 때 '산에 온 걸 환영한다, 로빈 콜린스' 라는 글자 모양의 돌멩이들을 보게 되도록 태초에 예정된 어떤 법칙이 있고, 그 법칙이 모든 것을 제자리에 맞춰 놓았다는 말과 같습니다."

나: "그러니까 이것이 지적 설계의 논거를 파괴하지 않는 건가요?"

콜린스: "오히려 정반대이지요. 그것은 지적 설계의 논거를 굳건히 해 줄 겁니다. 왜냐하면 설계자가 우리 생각보다 훨씬 더 뛰어난 존재라는 뜻이기 때문입니다. 모든 개별 다이얼을 조정해서 우주를 미세 조정 하는 것도 어려운 일이겠지만, 다이얼들이 각각 구체적인 자리에 맞춰지도록 설정하는 자연 법칙을 만드는 일은 훨씬 더 어려울 것입니다. 만약 그렇다면 창조주에 대한 나의 경외감이 더욱 커질 겁니다."

일부 회의론자들은 소위 '약한 인간중심원리' 라고 알려진 이론을 제기하며 미세 조정 논증을 다른 방향에서 공격해 왔다. 이 개념에 따르면, 우주가 생명에 적합하도록 미세 조정되지 않았다면, 인류가 살아남아 그것을 관찰하지 못했을 것이다. 결과적으로 미세 조정은 아무런 설명이 필요 없다는 것이 그들의 주장이다.

나: "인정하셔야 할 것 같은데요. 그 주장에는 직관적인 매력이 있습니다."

콜린스: "존 레슬리가 거기에 대해 가장 좋은 답을 제시했다고 생각합니다. 50명의 특등 사수들이 가까운 거리에서 내 가슴을 겨냥하고 있다고 합시다. 사격 명령이 들려옵니다. '준비!조준!발사!' 하지만 아무 느낌이 없습니다. 눈가리개를 벗어보니 나는 아주 멀쩡하게 살아 있습니다. 한 발의 총알도 맞지 않았습니다.

그런데 회의론자가 이렇게 말합니다. '사수들이 널 맞췄더라면, 넌 여기서 그 얘기도 못할 건데 뭘.' 그러나 그 말로 그 상황의 놀라움을 그냥 넘겨버릴 사람은 없을 겁니다. 그것은 여전히 신비로운 상황이고 여전히 설명이 필요한 상황입니다. '그들이 작당하고 날 맞추지 않은 걸까? 모의 처형이었나?' 우주의 미세 조정이 바로 이와 같습니다. 여기에는 여전히 설명이 필요합니다. 그리고 나는 설계 이론이 최선의 설명이라고 생각합니다."

그러나 콜린스의 확신에도 불구하고 최근 일부 과학자들이 미세 조정 논증에 대한 더 심각한 위협을 제기하고 있다. 많은 과학자들은 소위 '다중 우주 가설'이 우주가 초월적 설계자에 의해 섬세하고 정밀하게 만들어졌다는 결론에 대한 가장 강력한 도전으로 떠오르고 있다고 말할 것이다. 나는 이제 그것에 대해 물어보기로 했다.

형이상학적 도피구

30대에 케임브리지 천문학 교수가 되었고 엘리자베스 여왕이 왕립천문학자로 지명한 영적 회의론자 마틴 리스는 어떻게 해서 우주의 매개 변수들이 놀라운 균형을 이루어 생명친화적인 우주가 만들어지는지 무시할 수 없었다. 그는 우주의 근본적인 물리적 특성들의 기초가 되는 여섯 가지 수치가 "아주 약간이라도" 달라진다면, "별들도, 복잡한 입자들도, 생명도 없을 것"이라고 말했다. "팽창 속도, 우주 속의 물질들, 기본적인 힘들의 세기는 우리가 살고 있는 쾌적한 우주의 등장을 위해 필요한 선행 조건인 것 같다."

리스에 따르면, "우주를 이루는 강한 힘들"을 나타내는 나머지 다섯 가지 수치를 함께 고려하면, 이 우주의 구조가 "도무지 있을 법하지 않음"이 드러난다.[8] 그는 우주의 절묘하고 아슬아슬한 균형 잡기에 놀랐을까? 아니다. 그는 미세 조정이 설계자를 입증한다고 믿을까? 천만의 말씀. 왜 그럴까? 그는 대형 기성품 옷가게를 예로 들어 답을 대신한다. "옷이 아주 많이 쌓여 있는 경우, 몸에 맞는 옷을 찾더라도 놀라지 않는다. 많은 우주가 존재하고 각 우주가 다른 수치의 지배를 받는다면, 그 중엔 생명에 적합한 특별한 수치들을 갖춘 우주도 있을 것이다. 우리가 사는 이 우주가 바로 그런 곳이다."[9]

그의 논증은 이런 식으로 요약할 수 있다. "수억 수조 개의 다른 우주가 있고 각 우주의 근본적인 비율과 상수의 다이얼 설정이 모두 다르다면, 순전히 우연만으로도 생명이 살 수 있는 적당한 우주가 생겨날 수 있다. 우리는 그런 우주를 만난 운 좋은 존재일 뿐이다."[10]

달리 표현하자면 이렇다. 우리 우주만이 존재하는 유일한 우주라면, 미세 조정은 지성이 눈금판을 조절했다는 강력한 증거가 된다. 그러나 많은 또는 무한한 개수의 우주가 있다면, 그 결론은 자취를 감추고 만다. 무작위로 다이얼을 돌릴 충분한 기회가 있다면 하나 정도는 우주의 복권에 당첨되어 살 만한 곳이 될 가능성이 있을 것이다(그게 우리 우주다).

다른 세계들의 존재를 추측함으로써 미세 조정된 우주의 유신론적 함축을 피해 보려는 회의론자가 어디 리스뿐이겠는가. 우주 상수의 뜻밖의 아슬아슬함에 놀라움을 표시한 와인버그도 그 후 이와 동일한 접근법을 취했다.[11]

많은 물리학자들이 모종의 많은 우주, 또는 '다중 우주' 이론에 동의했다. 비록 그것은 설계자를 드러내는 미세 조정의 증거를 회피하기 위한 형이상학적 도피구에 불과하다고 비난하며 그러한 발상을 비웃는 과학자들도 있지만 말이다. 윌리엄 레인 크레이그는 인터뷰 중 내게 이렇게 말했다. "다중 우주 가설은 과학적 증거가 없는 개념과 생각에 불과합니다. 보세요. 그건 순전히 형이상학입니다.[12] 그런 평행 세계들이 존재한다고 믿을 실질적인 이유가 없습니다. 회의론자들이 그런 터무니없는 이론을 제안하는 이유는 우주의 미세 조정이 지적설계자에 대한 강력한 증거가 되고 있기 때문입니다. 지적 설계자라는 결론을 피하기 위해서라면 어떤 식의 가설이라도 세울 사람들입니다."

수리물리학 교수였던 케임브리지의 폴킹혼은 다중 우주 가설을 "사이비과학"과 "형이상학적 억측"이라고 불렀다. 그는 다중 우주론을 이렇게 표현했다. "순전히 과학적인 이론인 것처럼 제시되지만, 많은 수의 다양한 우주가 과연 어떤 과정으로 만들어지는지는 단지 추측에 의할 뿐이다. 그것은 건전한 과학이 정직하게 보증할 수 있는 범위를 뛰어넘는다."

에이비스는 이런 결론을 내렸다. "다중 우주론은 기껏해야 제한된 범위의 특성만을 설명할 수 있고, 그나마 설계 이론보다 나을 게 없어 보이는 형이상학적 가정들에 의존하고 있다."

클리퍼드 롱리는 이렇게 말했다. "과학적 무신론자들이 그런 절박한 지푸라기에 매달리는 모습은 유신론자들의 발걸음을 가볍게 해 주었다."

리스는 2000년, 한 과학 저널리스트와의 인터뷰에서 다중 우주론의 빈약함을 시인했다. 그는 다중 우주론에 대한 계산이 "상당히 자의적이고"(그는 언젠가는 그렇지 않을 날이 올 거라고 말했다), 이론 자체가 "가정에 근거하고 있고", 여전히 사변적이며 직접 관측할 수 없다고 시인했다. "블랙홀의 내부를 알 수 없듯, 다른 우주들에 대해 알 수 없다. 우주의 개수가 유한한지 무한한지도 알 수 없다. 그러나 다중 우주론은 분명 과학의 영역 안에 있다."[13]

다중 우주 시나리오가 우주의 설계자에 대한 증거들을 제압할 가능성에 대해 콜린스에게 물어볼 준비를 하노라니, 여러 가지 생각들이 머리 속에서 휘몰아쳤다. 정말 궁금했다. 하나님이라면 기겁을 하는 회의론자들에게 다중 우주 가설이 합리적인 피난처가 될 수 있을까? 인간중심원리 논증은 그 도전을 이겨 낼 것인가?

우주는 빵보다 복잡하다

콜린스: "그 가설들은 대부분 완전히 억측이고 물리학적 기반이 거의 없습니다. 고려할 가치도 없습니다. 그러나 가장 유명한 이론인 '인플레이션 우주론'에는 그나마 신빙성이 있습니다. 최소한 공감은 간다고 말해야겠습니다. 나는 열린 마음을 유지하려 애쓰고 있습니다."

콜린스가 말한 이론은 스탠포드 대학의 안드레 린데가 제안한 것으로 "자기 복제하는 인플레이션 우주" 모델이었다. 양자물리학의 앞선 원리들에 근거한 이론이다. 와인버그가 우주 상수의 명백한 미세 조정을 별로 중요하지 않은 것처럼 설명하려 했을 때 인용한 이론이 바로 이것이었다.

린데는 급속히 팽창하는 초공간이 선재(先在)한다고 가정한다. 이 초공간의 작은 일부가 이론적 인플레이션 장에서 부풀어 오른다. 그건 마치 세제가 가득 찬 무한한 바다에서 거품이 일어나는 것과 같다. 각 거품은 새로운 우주가 된다. 소위 "카오스적 인플레이션 이론"에 따르면, 양자의 요동 때문에 초공간의 다양한 지점에서 엄청난 수의 우주가 무작위로 생겨난다. 따라서 각 우주엔 시작이 있고 그 크기가 유한하지만, 훨씬 더 큰 초공간은 크기도 무한하고 영원히 지속된다.

나는 우주론에 대한 이전 인터뷰에서 이런 종류의 이론은 별 쓸모가 없다고 했던 윌리엄 레인 크레이그의 말을 콜린스에게 전했다. 그러자 콜린스가 말했다.

콜린스: "맞습니다. 대단히 사변적이고 허점도 엄청나게 많습니다. 그러나 이것이 오늘날 단연코 인기 있는 이론이기 때문에, 나는 이 이론 또한 진지하게 고려되어야 한다고 생각합니다. 당장에는 이 이론을 비판하지 않기로 합시다. 그냥 옳다고 가정해 봅시다."

나: "좋습니다. 알겠습니다."

콜린스: "이제, 내가 말하고 싶은 가장 중요한 요점은 이겁니다. 린데의 이론이 많은 우주의 존재를 설명할 수 있다고 해도 설계의 논증은 훼손되지 않을 겁니다. 문제를 또 한 단계 올리는 것에 불과할 겁니다. 사실 나는 그 이론이 설계 쪽을 지지할 거라 믿습니다."

나: "뜻밖입니다. 흥미로운 걸요. 왜 그렇게 믿으십니까?"

콜린스: "예를 들어보겠습니다. 먹음직한 빵을 만들기 위해서는 제대로 된

회로, 가열 요소, 타이머 등이 갖춰진 잘 설계된 오븐이 있어야 합니다. 그 다음 적당한 재료를 적당한 비율로 적당한 순서로 넣어야 합니다. 물, 우유, 밀가루, 쇼트닝, 소금, 설탕, 이스트 말입니다. 밀가루에는 글루텐이라는 단백질이 적당량 들어 있어야 합니다. 그렇지 않다면 따로 조금 넣어야 합니다.[14] 이 모든 것이 제대로 갖춰져야 빵 한 덩이가 만들어집니다. 그렇지 않으면, 납작하게 타 버린 아이스하키 공 같은 것이 나오지요.

우주는 빵 한 덩이보다 훨씬 복잡합니다. 내가 하고 싶은 말은 이겁니다. 오븐으로 빵을 만드는 데도 특정하고 구체적인 변수들이 제자리를 잡아야 하는데, 제대로 돌아가는 우주들을 만들기 위해서는 당연히 고도로 체계적인 메커니즘 혹은 작용이 있어야 합니다. 다시 말해, 어떤 다중 우주론을 쓰건 간에 '다중 우주 제조기'가 필요할 겁니다. 거기다가 올바른 구조, 올바른 메커니즘, 그리고 새로운 우주들을 대량생산할 올바른 재료들이 있어야 합니다."

다중 우주 기계

콜린스는 의자를 밀어 내고 벽에 걸린 칠판 쪽으로 걸어갔다. "내가 '다중 우주 제조기'를 그리면 학생들이 무척 재미있어 합니다."

그는 이상한 제조 기계 그림을 그렸다. 기계는 연기를 내뿜는 굴뚝과 원재료들을 받아들이고 갓 만들어진 우주들을 반대쪽으로 실어 나르는 컨베이어 벨트까지 갖추고 있었다. "이 기계는 제대로 된 구성 요소와 메커니즘을 갖춰야만 생명이 살 수 있는 우주를 생산할 수 있습니다.

나: "린데의 이론대로라면 무엇이 필요합니까?"

콜린스: "첫째, 거품 우주들에게 에너지를 공급할 메커니즘이 필요할 겁니다. 그건 그가 가정한 인플레이션 장이 되겠지요. 무한한 에너지의 저수지 노릇을 효과적으로 감당하게 될 겁니다. 둘째, 거품을 만드는 메커니즘이 필요

할 겁니다. 이것은 아인슈타인의 일반상대성 이론 방정식이 될 겁니다. 이 메커니즘은 그 특이한 형태로 거품 우주들을 형성하고 바다가 계속 팽창하게 만들 겁니다. 셋째, 인플레이션 장의 에너지를 우리 우주에서 볼 수 있는 통상의 질량/에너지로 바꾸는 메커니즘이 필요할 겁니다. 넷째, 다양한 우주 가운데 물리 상수들의 충분한 변이를 허용할 수 있는 메커니즘이 필요합니다. 다시 말해, 생명을 보존할 수 있도록 적절히 미세 조정된 우리 우주 같은 우주들을 무작위한 우연으로 만들 수 있도록 물리 상수들을 바꿀 방법이 필요하겠지요."

나 : "그런 메커니즘의 후보가 있습니까?"

콜린스 : "예. 초끈 이론(superstring theory)입니다. 이건 제대로 될지도 모르지만 뭐라 말하기에는 아직 너무 이릅니다. 초끈 이론에 따르면, 물질의 궁극적인 구성 요소는 10차원이나 11차원의 시공간에 있는 양자 진동들을 통과하는 에너지 끈입니다. 그 중 예닐곱 차원은 극히 작은 크기로 '말려' 있습니다. 끈이론의 전문 용어로 말하자면 '압축된' 상태입니다. 그 압축된 모양에 따라 끈의 진동 방식이 정해지고, 다시 그 끈의 진동 방식에 따라 근본 입자들의 유형과 질량, 입자들 간 힘들의 특성들이 정해진다는 겁니다. 그래서 차원마다 각기 다른 물리 상수들과 힘들을 지배하는 법칙들이 있게 된다는 거지요."

나: "상당히 모호하게 들리는군요."

콜린스: "인플레이션 우주론과 초끈 이론 모두 대단히 사변적입니다. 실제로 최근에 이론물리학자 미치오 카쿠는 초끈 이론의 정당성을 입증하는 '실험적 증거는 전혀' 발견되지 않았다고 말했습니다. 물리학자들은 관련 방정식조차 풀지 못하고 있습니다. 현재로서 끈이론은 수학적으로 논리정연하고, 물리학자들이 50년 넘도록 조화시키려 애써온 물리학의 두 분야인 양자역학과 일반상대성이론의 통일을 약속한다는 장점을 가진 이론일 뿐입니다."

나: "그러니까 다중 우주 제조기가 제대로 작동하는 우주를 만들어 내고 싶다면 이 모든 요소가 필요하겠군요?"

콜린스: "그렇습니다. 아인슈타인의 방정식과 인플레이션 장이 조화를 이루지 않는다면 다중 우주 제조기는 작동하지 않을 겁니다. 우주가 아인슈타인의 중력 이론이 아니라 뉴턴의 중력 이론을 따른다면, 그것 역시 작동하지 않을 겁니다. 그뿐만이 아닙니다.

배경 법칙들 또한 제자리를 잡고 있어야 할 겁니다. 소위 양자화 원칙(principle of quantization) 없이는, 원자 안의 모든 전자가 원자핵으로 빨려 들어가게 될 겁니다. 그렇게 되면 원자의 존재가 불가능해지겠지요. 게다가 프린스턴의 저명한 물리학자 프리먼 다이슨의 지적처럼, '파울리의 배타 원리' 동일한 원자 내의 2개의 전자가 같은 순간에는 같은 상태에 있을 수 없다는 원리가 없다면 전자들은 원자핵 주위의 가장 낮은 궤도를 차지할 것이고, 그렇게 되면 복잡한 원자들의 생성이 불가능해질 것입니다.[15] 마지막으로, 모든 물질 사이에 작용하는 만유인력 없이는 별들과 행성들이 생겨날 수 없었을 겁니다. 이 구성 요소 중 하나라도 없거나 달라진다면, 생명이 살 수 있는 우주가 만들어질 가능성은 대단히 낮아집니다.

우주 상수가 최소한 한 번은 제대로 나오게 하려면 10^{48}개의 우주를 만들어야 합니다. 우주 상수는 헤아릴 수 없을 정도로 미세하게 조정되어 있기 때문입니다. 우주 상수는 하나의 매개 변수일 뿐입니다."

나: "그럼 박사님의 결론은 무엇입니까?"

콜린스: "그런 우주 생성 시스템이 무작위한 우연에 의해 모든 구성 요소와 재료들을 제대로 갖추게 될 가능성은 대단히 낮습니다. 무작위한 우연으로 오븐에서 먹음직한 빵이 만들어지는 걸 상상할 수 없는 것과 같습니다. 그러니 설혹 다중 우주 생성 장치가 존재한다 해도, 설계 이론이 그것을 가장 잘 설명할 겁니다."

나: "그러니까 과학자들은 우리 우주의 미세 조정이 함축하는 바를 피하려고 다른 이론을 만들어 많은 우주의 존재를 운운하지만, 여전히 설계를 피할

수 없는 거군요?"

콜린스: "맞습니다. 유신론자들은 다중 우주가 있을지 모른다는 가정을 두려워할 필요가 없습니다. 미세하게 조정된 우주 생성 장치가 작동하도록 만들려면 여전히 지적 설계자가 필요하니까요. 철학자 프레드 드레츠키의 말을 약간 비꿔 '지금은 인플레이션 시기라서 무신론의 가격이 간신히 조금 올랐다'고 할 수 있겠습니다."

초지성(超知性)

나는 한동안 콜린스의 설명을 생각했다. 여러 우주를 만드는 데는 적절한 메커니즘과 재료, 적절한 정밀도(이 모두 지적 설계의 특징이다)가 필요할 거라는 주장은 분명 타당했다. 그러나 나는 머릿속으로 다른 것과 씨름하고 있었다. 물리학자가 아닌 내겐 다중 우주라는 개념 자체가 터무니없어 보였다.

나는 인습에 얽매이지 않으려는 자유로운 지성의 소유자이자 「애틀랜틱 먼슬리」지의 기고편집자인 그레그 이스터브룩의 말에 공감하고 있었다. 그는 현대 과학의 발견과 이론을 취재했다. 그의 평가는 대체로 비판적이고, 냉소적이었다. "다중 우주라는 발상은 종교 문헌에서 나왔다면 비웃음거리가 되었을 가정에 근거하고 있다. 그 이론은 어느 종교 못지않게 많은 믿음을 필요로 한다. 은하계가 500억 개 정도 모인 크기의 보이지 않는 물체들의 존재를 믿는 교회에 나오시오!" 나의 의심을 콜린스에게 말하자 그는 주의 깊게 들었다.

"그렇게 느끼는 것이 당연합니다. 우리는 같은 값이면 이미 아는 내용을 토대로 자연스럽게 추정할 수 있는 가설을 선호하기 때문입니다."

나: "무슨 말인지요? 예를 하나 들어 주시겠습니까?"

콜린스: "공룡 뼈를 발견했다고 합시다. 우리는 그것을 당연히 과거에 공룡이 살았다는 아주 강력한 증거로 생각할 겁니다. 왜 그럴까요? 이제껏 아무도

공룡을 본 사람은 없지만 죽어서 화석을 남긴 다른 동물들에 대한 경험이 있기 때문입니다. 그러니 공룡 설명은 우리의 공통 경험에서 나온 자연스러운 추정입니다. 말이 되는 거죠.

그러나 공룡 회의론자가 있다고 합시다. 그는 우리가 발견한 뼈들을 다르게 설명하려고 애씁니다. 그 뼈들이 '공룡 뼈를 만드는 장(場)'에서 갑자기 생겨난 거라며 실제 공룡과는 아무 상관도 없다고 설명하는 겁니다."

나 : "바보 같은 소리 아닙니까?"

콜린스 : "회의론자들에게 바로 그렇게 말해 줄 수 있을 겁니다. '잠깐만요. 무(無)에서 공룡 뼈들을 만들어 내는 장을 허용하는 물리 법칙은 없어요.' 그러나 회의론자는 이미 준비가 되어 있을 겁니다. 이렇게 대답하겠지요. '아하, 아직 그런 법칙을 발견하지 못한 것뿐입니다. 아직 그런 장을 탐지하지 못한 것뿐이라구요. 시간을 좀 더 주세요. 그럼 틀림없이 그 장을 발견하게 될 겁니다.'

그러나 나는 그런 말들이 공룡이 존재했다는 추론을 막지는 못할 거라고 생각합니다. 그 추론은 우리가 이미 아는 내용에서 자연스럽게 추정한 것이기 때문입니다. 반면 회의론자는 우리의 지식과 경험에서 자연스럽게 추정한 바가 아닌 전혀 새로운 일련의 물리 법칙들과 메커니즘들을 만들어 내야 합니다. 우리는 그런 이야기는 믿지 않습니다. 어림도 없습니다."

나 : "그러니까 박사님은 지적 설계자의 개념이 우리가 아는 내용에 근거한 자연스러운 추정이라는 거군요?"

콜린스 : "그렇습니다. 우리는 지적 존재가 미세 조정된 장치들을 만든다는 것을 알고 있습니다. 우주왕복선을 보세요. 텔레비전을 보세요. 내연기관을 보세요. 우리는 지성이 복잡하고 정밀한 기계를 만드는 것을 항상 봅니다.

그러니 우주의 미세 조정에 대한 설명으로 초지성, 또는 하나님의 존재를 가정하는 것은 합리적인 일입니다. 그것은 지성이 있으면 할 수 있다고 우리가 이미 알고 있는 지식으로부터 자연스럽게 얻어 낼 수 있는 결론입니다. 게

다가 우리에겐 많은 우주가 있다는 가설과는 달리 하나님의 존재를 증명하는 또 다른 독립적인 증거들이 있습니다. 창조주에 대한 개인적인 체험이나 스트로벨 씨, 당신의 책에서 다룬 다른 증거들 말입니다.

물리학의 아름다움

콜린스: "자연 법칙에서 발견하는 아름다움과 우아함, 조화와 독창성을 생각해 보십시오. 사람들은 그 주제로 여러 가지 책을 썼습니다. 와인버그는 물리학자들이 올바른 법칙들을 공식화하는 지침으로 아름다움과 우아함을 사용한 과정을 설명하는 데 책의 한 장 전체를 할애한 적이 있습니다. 이론물리학자 앨런 구스는 근본 입자물리학의 게이지 이론을 처음 만든 동기가 '주로 그 수학적 우아함 때문이었다'고 말했습니다.

20세기의 가장 영향력 있는 과학자 중 한 사람인 케임브리지 출신의 노벨상 수상자 폴 디랙은 '방정식은 실험 결과에 부합하는 것보다 그 아름다움이 더 중요하다'고까지 주장했습니다. 한 역사가는 수학적 아름다움이야말로 디랙의 전략에서 '핵심적인 부분'이라고 말했습니다. 그는 디랙이 물리학자는 '먼저 가장 아름다운 수학(기존의 이론물리학의 토대와 꼭 연결되지 않는다 해도)을 골라 내 그것을 물리용어로 해석해야 한다'고 믿었다고 말했습니다."

나: "자연 법칙과 원리에서 아름다움이 보이십니까?"

콜린스: "물론입니다. 정말 아름답고 우아하고 단순합니다. 놀랄 정도예요. 새로운 과학 법칙을 세우려 하는 과학자들에겐 자료를 제대로 설명하는 가장 단순한 법칙을 찾는 것이 관례입니다."

나: "아름다움은 보는 사람의 눈에 달린 것 아닙니까? 매우 주관적인 개념이라고 생각합니다만."

콜린스: "주관성으로는 과학에서 아름다움의 기준이 거둔 성공을 설명할

수 없습니다. 순전히 주관적인 패턴에 근거한 이론들이 정확한 예측을 해내라고 예상하지는 않을 겁니다. 전자의 일반요인에 대한 양자의 보정을 예측한 양자전기역학의 성공 같은 사례 말입니다.

뿐만 아니라 모든 아름다움이 다 주관적이지는 않습니다. 아름다움에는 객관적인 측면도 있습니다. 적어도 고전적 의미에서는 그렇습니다. 윌리엄 호가스는 아름다움이나 우아함을 정의하는 특성은 '다양성을 가진 단순함'이라고 말했습니다. 그리고 과학자들은 그의 말이 사실임을 발견했습니다. 바로 이 세상이야말로 근본적인 단순함이 생명에게 필요한 엄청난 복잡성을 만들어 내는 곳이라는 사실을 말입니다."

나 : "어쩌면 아름다움의 개념은 진화의 산물일지도 모릅니다. 아름다움은 생존 가치가 있고, 그래서 자연 선택으로 우리의 미적 감각이 만들어진 것일지도 모릅니다."

콜린스 : "그건 보고, 만지고, 들을 수 있는 것들에만 해당할 겁니다. 생존에 필요한 일상 세계에 있는 것들 말입니다. 그러나 진화는 물리 법칙이나 수학 같은 추상적인 세계에 존재하는 아름다움을 설명할 수 없습니다.

물리학에서 우리는 신비로울 정도의 조화, 대칭, 비례를 봅니다. 그리고 내가 '발견용이성'이라 부르는 것도 봅니다. 이 말의 의미는 자연 법칙들이 우리 정도의 지성을 갖춘 존재가 발견할 수 있도록 세심하게 배열된 듯 보인다는 뜻입니다. 그것은 설계의 개념에도 잘 들어맞습니다. 이것은 또한 우리의 환경에 대해 배우고 과학과 기술을 발전시키라는, 인류를 향한 하나님의 목적을 암시하는 듯도 합니다.

무신론적 관점에서 본다면, 근본 법칙들이 아름답고 우아하다고 생각할 이유가 없습니다. 얼마든지 다르게 될 수도 있었기 때문입니다. 무신론자인 와인버그조차도 '자연은 때로 꼭 필요한 것 이상으로 아름답게 보인다'고 시인했습니다.

그러나 '창조주 가설' 하에서는 단순하고 아름답고 우아하도록 맞춰진 이 미세 조정을 이해할 수 있습니다. 하나님에 대한 고전적인 개념을 생각해 보세요. 가장 위대한 존재로서 완벽한 심미적 감수성을 갖추신 분입니다. 하나님이 세상을 가장 근본적인 차원에서 너무도 섬세하고 아름답게 창조하고 싶어 하셨다면, 전혀 놀라운 일이 아닙니다."

다른 모든 이론은 미달이다

인터뷰를 마칠 시간이었다. 신앙과 물리학의 만남은 매력적인 주제였다. 나는 콜린스의 연구가 그의 개인적 삶에 어떤 영향을 미쳤는지 궁금했다. "우주의 미세 조정에 대한 연구가 박사님의 신앙에 어떤 영향을 끼쳤나요?"

콜린스: "제 믿음을 강하게 해 주었죠. 모두 그렇듯, 나 역시 인생에서 어려운 시기들을 겪었습니다. 그리고 그때마다 하나님을 입증하는 모든 과학적 증거들이 중요한 닻이 되어 주었습니다."

콜린스의 말은 마치 과학이 믿음의 자리에 들어섰다는 의미처럼 들렸다. "박사님, 그건 원래 믿음의 역할이 아닌가요?"

그는 단호하게 말했다. "난 지금 믿음 얘기를 하고 있습니다. 하나님은 대개 초자연적으로 어딘가에 나타나셔서 '내가 여기 있노라'고 하시지 않습니다. 그분은 설교자를 들어 사람들에게 그리스도를 통한 구속의 메시지를 전하게 하십니다. 때로는 자연적인 수단을 쓰기도 하십니다. 로마서 1장 20절은 하나님의 영원하신 능력과 신성이 그 만드신 만물에 분명히 보여 알게 되므로 인류가 핑계 댈 수 없다고 말씀합니다. 나는 물리학을 우리의 선조들은 감히 알지 못했던 깊고 미묘한 차원에 찍힌 하나님의 지문을 밝히는 학문으로 봅니다. 하나님은 물리학을 통해 내가 그분의 임재와 창조력의 증거를 보게 해 주셨습니다. 하늘은 정말 하나님의 영광을 선포합니다. 물리학의 훈련을 받아

하늘을 볼 줄 아는 사람에게는 그것이 더욱 분명합니다. 그 사실은 내게 크나큰 격려가 되어 주었습니다.

미세 조정 그 자체는 하나님이 인격적인 분인지 아닌지 말해 주지 않습니다. 그 문제에 대해선 다른 방법으로 알아내야 합니다. 그러나 미세 조정은 그분이 존재하시고, 세상을 창조하셨고, 따라서 우주에는 목적이 있다는 결론을 내릴 수 있도록 분명하게 도와줍니다. 하나님은 우주를 지적 생명체의 거처로 매우 세심하고 너무도 정밀하게 만드셨습니다."

나: "인간중심원리의 설득력을 어떻게 평가하십니까?"

콜린스: "인간중심원리는 수학이 2+2=4라고 말해 주는 정도로 결정적이지는 않지만 누적적 논증입니다. 비범하게 미세 조정된 자연 법칙들과 상수들, 그 아름다움, 발견용이성, 그 명료함, 이 모두 '창조주 가설'을 가장 합리적인 대안으로 만들어 줍니다. 다른 모든 이론은 기준 미달입니다."

나는 회의실 테이블위에 놓인 신문 기사를 집어 들고 콜린스에게 말했다. "최근 물리학자 프리먼 다이슨이 미세 조정의 증거를 살펴보고 말했던 그 유명한 인용구가 「뉴욕타임즈」에 실렸습니다. '어떤 의미에서 우주는 우리가 올 줄 알고 있었음이 분명하다.' 그러나 기사를 작성한 기자는 이렇게 덧붙였군요. '이 의견에 일부 물리학자들은 반감을 느꼈다. 그들은 우연이나 창조주의 변덕엔 아무런 여지를 남기지 않고, 자연에 대한 수학적 설명을 찾는 것을 사명으로 여기기 때문이다.' 박사님은 물리학의 사명을 그렇게 보지 않으시겠지요, 어떻습니까?"[16]

콜린스: "예. 절대 그렇지 않습니다. 그런 태도는 반유신론적 선입관을 잘 보여 줍니다. 과학자들이 자연주의적 설명을 찾으려 하는 것은 개의치 않습니다만, 모든 것을 자연주의적으로 설명하는 것이 물리학의 사명이라고 말할 수는 없습니다. 물리학의 사명은 할 수 있는 데까지 자연주의적 설명을 추구하는 일입니다. 그러나 물리학은 일련의 법칙들을 더욱 근본적인 법칙들에 기대

어 설명할 뿐이기 때문에 가장 근본적인 법칙은 설명할 수 없습니다. 이 법칙들을 설명할 때 물리학에서 형이상학으로 넘어가게 됩니다. 하나님을 증명하는 일은 엄격히 말해 과학의 영역이 아니지만, 증거와 그 안의 함축이 이끄는 곳이라면 어디든 따라가는 것은 과학의 정신에 부합합니다. 창조주 가설이 사실과 일치한다면 그것을 피해서는 안 됩니다."

이는 콜린스만의 견해가 아니었다. 하버드의 킹그리치는 이렇게 썼다. "나는 작은 꽃잎 하나를 보든지, 탄소 원자의 공명준위〔두 개의 입자가 충돌할 때 생기는 복합 입자의 에너지 준위〕를 보든지 간에, 그 놀라운 세부 내용이 가득 담긴 자연이라는 이름의 책이 목적을 갖고 설계하시는 하나님을 제안한다고 믿는다. 그리고 내 믿음이 나를 더욱 과학자답게 만든다고 생각한다."**17**

나: "물리학을 더욱 깊게 파고들수록, 박사님이 발견하시는 내용에 신비감과 경외감을 느끼십니까?"

콜린스: "물론이죠. 미세 조정뿐 아니라 세계를 이해하는 인간 지성의 능력과 양자역학 같은 많은 영역에서도 그렇습니다. 깊이 파고들수록 하나님이 상상을 초월할 정도로 천재적이고, 창의적이심을 발견합니다. 나는 하나님이 우리를 위해 이 우주를 놀라운 일이 가득한 곳으로 만드셨다고 생각합니다.

앞면이냐 뒷면이냐

어디를 보나 설계의 추론을 피할 수 없는 것 같다. 증거를 토대로 나온 논리적 결론처럼 우리 우주가 존재하는 유일한 우주라면, 대단히 정교한 미세 조정은 설계자의 존재를 요구한다. 물리학자들의 비교적(非敎的)인 이론들이 사실로 드러나 우리 우주가 많은 우주들 중 하나라 해도 우주 생성 기계의 필요성 때문에 설계 이론이 또다시 대두된다.

동전의 어느 면이 나와도, 창조주가 존재한다는 가설이 이긴다.

MIT 공과대학 물리학 명예교수이자 여성과학협회의 전(前)회장인 베라 키스티아코프스키는 증거의 함축 내용을 이렇게 요약했다. "물리계에 대한 과학적 이해로 드러난 절묘한 질서는 그 존재의 설명을 위해 하나님을 필요로 한다."

이 말은 패트릭 글린의 무신론을 녹여 버린 결론이기도 했다. 그의 말을 들어보자.

> 인간중심원리의 증거는 이성과 과학만으로 하나님의 존재를 입증할 수 있을 거라고 기대할 만큼 강력하다. 얄궂게도 가장 발달한 21세기의 과학이 우리에게 보여 준 우주상은 코페르니쿠스 이후로 과학이 제공한 그 어떤 자료보다 창세기의 시각에 더 가깝다.[18]

크레이그와 콜린스와의 두 차례 인터뷰를 마치고 보니, 증거들은 분명히 한 방향을 가리키고 있었다. 내 상상력은 그 사실이 구체적으로 함축하고 있는 한 가지에 사로잡혀 있었다.

「예수는 역사다」에서 나는 나사렛 예수의 기적, 특히 죽은 자 가운데서 다시 살아난 일에 대한 역사적 증거를 설명했다. 세상의 통상적 운행에 초자연적으로 개입하고, 우주의 자연적 기능을 잠시 멈추게 할 수 있는 능력은 그가 하나님의 아들이라는 강력한 확증이었다.

그러나 자연 법칙의 꼼꼼한 미세 조정에 대해 듣고 난 후, 나는 일상적으로 굴러가는 우주 그 자체가 일종의 계속되는 기적임을 깨달았다. '우연의 일치'로 물질의 근본 특성들이 생물이 살 수 있는 환경을 만들어낸다는 건 너무나 개연성이 낮고, 너무나 부자연스럽다. 세상은 너무 우아하게 조직화되어 있기 때문에 하나님의 개입이 있다고 밖에는 설명할 수 없다.

갑자기 눈에 보이는 직접적 방식으로 자연 법칙들을 잠시 파기하는 것(우리가 흔히 '기적'이라 부르는 현상)은 분명히 전능하신 하나님의 증거다. 그러나 하나님이 초자연적인 방법으로 개입하지 않으신다 해도, 다른 방법으로는 설명이 불가능한 물리학의 미세 조정이 창조 이래 하루도 거르지 않고 작동해 왔다는 사실엔 '기적적'이라는 용어를 써야 마땅할 듯하다.

그리고 기적은 하나님의 영역이다.

나는 콜린스와 함께 건물에서 나와 상큼한 가을 공기를 깊게 들이마시며 햇볕을 쬐었다. 고개를 들자 파란 하늘 한쪽의 강렬한 해와 다른 쪽의 창백한 달이 보였다. 물리학의 추상세계를 거닐던 내 마음은 우주를 채우고 있는 행성, 달, 별들과 은하계로 향했다.

우주에는 또 어떤 미세 조정의 증거가 기다리고 있을까? 은하계의 변두리, 생명이 살 수 있는 이 돌덩이 위에 선 우리의 존재가 지금까지 우주론과 물리학으로 상당히 암시된 창조주에 대해 뭔가 말하고 있는 건 아닐까?

나는 차를 타고 캠퍼스를 벗어나면서 결정을 내렸다. 이제는 천체의 신비와 광대함에서 우리가 무엇을 배울 수 있는지 천문학자에게 물어볼 차례다.

참고 문헌

- Robin Collins, The Argument from Design and the Many-Worlds Hypothesis." In *Philosophy of Religion: A Reader and Guide*, ed. William Lane Craig. New Brunswick, N. J.: Rutgers University Press, 2002.
- —. The Evidence for Fine-Tuning. In *God and Design: The Teleological Argument and Modern Science*, ed. Neil Manson. New York: Routledge, 2003.
- —. A Scientific Argument for the Existence of God: The Fine-Tuning Design Argument." In *Reason for the Hope Within*, ed. Michael J. Murray. Grand

- Rapids, Mich.: Eerdmans, 1999.
- ―. The Teleological Argument. In *The Rationality of Theism*, ed. Paul Copan and Paul Moser. New York: Routledge, 2003.
- Thomas Dubay, *The Evidential Power of Beauty*. San Francisco: Ignatius, 1999.
- John Leslie, *Universe*. New York: Routledge, 1989.

최종 질문

1. 로빈 콜린스는 많은 사람들이 우주의 미세조정에 대한 증거를 "하나님의 존재에 대한 단연코 가장 설득력 있는 논증"으로 여기고 있다고 말했다. 이 증거를 어떻게 평가하는가? 당신의 결론에 가장 많은 영향을 끼친 사실들은 어떤 것인가?

2. 절묘하게 균형을 맞춘 물리학의 매개변수들이 무작위한 우연의 결과일 수 있다고 생각하는가? 어떻게 생각하건 그 이유를 말해보자.

3. 우리 우주가 존재하는 유일한 우주라고 생각하는가? 어떤 증거로 인해 그런 생각을 하게 되었는가? 많은 우주가 존재한다 해도 그것들을 생성하기 위해선 지적으로 설계된 메커니즘이 있어야 한다는 콜린스의 견해를 어떻게 생각하는가?

4. 「뉴욕타임즈」의 한 기사에 따르면, 일부 물리학자들은 "우연이나 창조주의 변덕엔 아무런 여지를 남기지 않고, 자연에 대한 수학적 설명을 찾는 일을 사명으로 여긴다." 콜린스는 그들의 입장에 동의하지 않고 이렇게 말한다. "창조주 가설이 사실과 일치한다면 그것을 피해서는 안 됩니다." 어느 쪽의 입장이 당신의 태도와 가까운가? 그런 견해를 갖게 된 근거는 무엇인가?

5. 무신론자였던 패트릭 글린은 하나님을 믿게 된 이유 중 하나로 물리학의 증거를 꼽는다. 당신이 창조주가 존재한다는 결론을 내리기 위해서는 얼마나 설득력 있는 증거가 필요할까? 우주론과 물리학을 다룬 두 장에서 제시된 증거는 그 기준에 얼마나 근접했는가?

7

우리는 특별히 계획된 행성에 살고 있다

> 모든 증거를 살펴보면 초자연적 존재, 그보다는 신적 존재가 개입했다는 생각이 계속 든다. 그럴 의도도 없는데 신의 존재에 대한 과학적 증거를 우연히 갑자기 접하게 되는 것이 가능할까? 신이 정말 세상에 개입하여 우리를 위해 이 우주를 만든 걸까?
>
> – 천문학자 **조지 그린스타인**

> 천문학은 우리를 유일무이한 사건으로 안내한다. 그 사건은 무로부터 창조된 우주, 생명 탄생을 위해 정확한 조건들을 제공하며 정밀하게 균형을 이룬 우주, 근원적인("초자연적"이라고 부를 사람도 있다) 계획을 가진 우주다.
>
> – 노벨상 수상자 **아노 펜지아스**

지구에는 유별난 점이라곤 없다. 흔해 빠진 은하의 그저 그런 별 주위를 하릴없이 돌아가는 평범하고 수수한 돌덩이리다. 칼 세이건의 표현을 빌자면 "거대한 우주적 어둠에 둘러싸인 외로운 점"이다.

지구에 생명체가 번성한다는 사실은 이례적인 일이 아니다. 우주에 있는 10^{22}개 별들 가운데 많은 곳에서는 온갖 종류의 생물체가 번성하고 있을 것이라 한다. 일부 과학자들은 최고 10조 개의 선진 문명이 있을 것으로 추정했다.[1] 세이건은 우리 은하계에만 그 수가 100만개라고 말했다.

자연의 힘들은 너무나 자동적이기 때문에 물이 있는 곳이면 분명 생명이 진화했을 거라는 게 일반적인 추측이다. 그렇기 때문에 과학자들이 다른 천체–현재 목성의 얼어붙은 위성 유로파와 가니메데의 지하 세계가 가장 인기 있는 사례다–에 있는 액체 상태의 물에 대해 새로운 추측을 할 때마다, 생명체가 필연적으로 생겨난다는 자동적 가정이 뒤따른다.

우리 지구처럼 평범한 행성에서 생명체가 무생물로부터 그토록 빠르고 효과적으로 생겨날 수 있다면, 우주에 있는 수천억 개의 은하계에서 왜 그런 일이 없었겠는가? 그들에게 생명은 인스턴트 수프에 불과하다. 물만 더하면 된다!

천체생물학자 데이비드 달링의 책은 이러한 낙관적 철학을 잘 요약하고 있다.[2] 그는 주장한다. "적당한 에너지원과 집중적으로 공급되는 유기물(탄소기반 물질), 그리고 물이 함께 있는 곳에서는 필연적으로 생명이 생겨난다. 이런 성분들은 우주 공간에 편재한 듯하며 그 결과, 적어도 미생물은 곳곳에 있다."[3]

한마디로, 지구에는 특권적 지위가 없다. 오래 전, 코페르니쿠스는 우주가 지구를 중심으로 돌아가지 않는다는 사실을 밝혀 우리의 터무니없는 자부심을 꺾었다. 우리는 광대한 은하수의 특징 없는 변두리에 있는 따분한 촌구석에서 살고 있다. 우리에게는 거창한 역할도, 의미도, 중요성도 없다. 우리의 존재 이유는, 단지 존재한다는 사실뿐이다.

옥스퍼드의 리처드 도킨스는 이렇게 말했다. "우리가 관측하는 우주는 본질적으로 설계도, 목적도, 선악도 없는 곳이다. 그리고 맹목적이고 매정한 무관심만 있는 곳에서나 기대할 수 있는 특성들을 그대로 갖추고 있다."

이상이 내가 과학을 공부할 때 배운 핵심 내용이다. 물론 이 결론들은 내 무신론적 가치관을 강화시켰다. 그래도 나는 이 모든 결론이 함축하는 바에 대해 그다지 크게 실망하지 않았고, 우주에는 우리만 있는 게 아니라는 믿음에서 묘한 희망과 감동을 찾았다. 하나님이 존재하지 않는다 해도, 적어도 저 바깥에는 수백만 개의 선진 문명들이 있을 테니까.

헤라클레스자리로 보낸 메시지

영화 〈지구 최후의 날〉을 처음 본 이래, 나는 공상 과학물에서 그려지는 외계 생명체의 환상적인 이미지에 사로잡혔다. 물론 〈스타트랙〉과 〈스타워즈〉는 어이없었지만, 그래도 우주의 낯선 모퉁이와 틈 속에 사는 매우 색다른 생명체라는 개념은 언제나 흥미로웠고 심지어 위로가 되기도 했다.

나중에 나는 드레이크 방정식에 매료되었다. 우리 은하에 살지 모르는 문명의 개수를 파악하기 위해 천문학자 프랭크 드레이크가 개발한 것이다. 그 방정식은 우리 은하수의 2-3천억 개 정도 되는 별 중에서 태양과 닮은 별은 몇 개나 되는지, 인간이 거주하기에 적당한 행성을 가진 별은 몇 퍼센트나 되는지 등의 변수들을 계산에 넣었다.

당시 과학자들이 드레이크 방정식에다 집어넣은 구체적 수치들은 대개 그들의 선입관에 근거한 지독한 억측에 지나지 않았다. 한 과학자는 그것이 "엄청난 양의 무지를 작은 공간에 쑤셔 넣는 방법"이었다고 시인했다. 그것은 대단히 사변적인 문제를 과학적 확실성이란 껍데기로 포장해 주었다.

70년대 중반, 드레이크와 세이건이 헤라클레스자리 안에 25만개의 별들이 모여 있는 거대한 구상성단 M13에 인사 메시지를 쏘아 보냈을 때 나는 환호했다. 그 메시지가 목적지까지 도착하는 데 2만 2천년 이상이 걸릴 것이었다. 은하 내의 다른 별로 보내는 이 전화 통화가 실용 과학과 별 상관이 없다는 걸 알았지만, 그래도 저 머나먼 별들에 살고 있을 게 분명한 문명들과의 교신은 낭만적이고, 모험심을 자극했다.

이 모두가 여러 해 동안 어두운 밤하늘에 반짝이는 별들을 바라보는 내 시각을 형성하는 데 이바지했다. 그러나 이제 내 태도는 달라지고 있다. 천문학부터 우주론, 지질학, 해양학과 미생물학에 이르는 다양한 과학 분야에서 나온 최신 증거를 살펴본 후, 나의 생각은 정반대 방향으로 이끌리고 있었다.

지구는 대단히 특별하고, 우리 태양은 매우 비범하며, 은하 내에서의 지구의 위치조차 신기하게도 예상 밖이라는 사실이 밝혀지고 있다. 우주가 선진 문명의 온상이라는 생각은 이제 놀라운 과학적 발견들과 새로운 생각들의 등장과 함께 허물어지고 있다.

한마디로, 새로운 발견들은 우리가 특별하다는 인상을 준다. 점점 더 많은 과학자들이 지구상에 지적 생명체가 살 수 있도록 만드는 수십 가지 엄청난

"동시 발생"의 놀라운 수렴을 연구하고 있다. 그리고 이것이 도저히 우연일 수 없다는 결론을 내리고 있다. 그들은 설계의 증거들을 보고 있다. 그것은 우리가 앞 장에서 살펴본 물리학의 미세 조정과 유사한, 생명을 위한 믿기 어려운 미세 조정이다. 실제로 한 저명한 연구자는 이렇게 말했다. "설계 가설을 반박할 것으로 기대되었던 새로운 증거가 결국엔 그것을 확증하는 것으로 밝혀졌다."[4] 이번에도 우리는 과학의 증거가 창조주를 가리키는 걸 발견한다.

우리 삶의 목적에 대해 얘기하자면, 처음으로 과학자들은 우리의 놀라운 창조 목적 중 최소한 한 가지를 암시하는 구체적인 증거를 발견하고 있다. 그것은 우리가 놓인 주위 환경을 연구하고 배우는 일이다.

다시 말해, 우리가 설계된 목적 중 하나는 바로 과학 활동을 하는 것이다.

최적의 시간, 최적의 장소

새천년이 시작되는 첫머리에 워싱턴 대학 교수인 지질학자 피터 워드와 천문학자 도널드 브라운리는 지구에 대해 거북한 질문을 제기하는 도발적인 책을 출간했다. "지구가 완전히 유일하다면 어떻게 될까? 이 은하, 아니 어쩌면 가시적 우주에서 동물들이 사는 유일한 행성이라면…?"[5]

그들의 책은 폭넓은 과학 분야에서 밝혀진 증거를 제시하며 "우리 은하와 우주에서는 지적 생명체 뿐 아니라 가장 단순한 형태의 동물도 대단히 드물다"고 주장한다.[6] 그들은 "지구가 참으로 희귀한 장소"라는 결론이 "불가피하다"고 말했다.[7]

워드와 브라운리는 지구의 "환경이 생명체의 생존에 적합한 조건을 갖추자마자" 생명체가 가뿐하게 생겨났을 거라는 전제에서 출발해 미생물은 보다 널리 퍼져있을 것 같다는 생각을 무비판적으로 받아들인다. 그러나 복잡한 생물은 "대단히 드물다"는 그들의 확신은 일체의 신학적 입장과는 상관없이 꽤 설득력 있는 자료에 의해 뒷받침되고 있다.

애리조나 주립 대학의 인간 기원 연구소 소장인 돈 조핸슨은 그들의 책이 "논리정연하고 과학적으로 빈틈없다"고 말하며 이렇게 덧붙였다. "우리의 기대와 달리 또 다른 모차르트나 모네는 없을지도 모른다."

슈메이커-레비 혜성 발견으로 명성을 얻은 데이비드 레비는 이렇게 덧붙였다. "지구상에서 볼 수 있는 복잡한 생명체는 매우 드물고, 매우 귀중할지 모른다."

「타임즈 오브 런던」지는 이렇게 보도했다. "그들이 옳다면, 코페르니쿠스 이래 진행되어온 과정을 이제 뒤엎어야 할 것이다."

점점 더 많은 과학자들이 지구가 인류에 적합한 거처가 되는데 절대적으로 필요한, 정교하게 균형 잡힌 수많은 기준들을-그렇게 희박한 확률인데도-다 갖추고 있다는 충격적인 사실을 발견하고 있다.

과학 교육자 지미 데이비스와 해리 포는 이렇게 말했다. "이제 지구는 수십억 행성 가운데 하나 정도가 아니라 진귀한 진주로 보인다. 자료에 따르면, 지구는 최적의 시간에 최적의 장소에 있는 유일한 행성인 듯하다."

과감하고 대담한 주장

지구의 위치, 크기, 구성, 구조, 대기, 온도, 내부 역학, 그리고 생명에 필수적인 많은 복잡한 순환들(탄소 순환, 산소 순환, 질소 순환, 인 순환, 황 순환, 칼슘 순환, 나트륨 순환 등)은 지구가 어느 정도나 절묘하고 아슬아슬한 균형을 이루고 있는지 입증해 준다.[8]

국립 과학원의 프랭크 프레스와 하버드 대학의 레이먼드 시버는 교과서 초반부에서 그들이 "행성 지구의 독특성"이라 부르는 것을 설명한다.[9] 그들은 지구의 대기가 해로운 자외선을 걸러 내고, 바다와 협력해 태양에너지를 저장하고 재분배하여 기후를 조절하는 과정에 주목한다. 또 지구의 크기가 중력이 대기를 붙들고 있을 정도로 크고 너무 많은 해로운 가스를 품고 있지 않을 정도로 작다는 것도 주목한다. 그들이 묘사하는 지구의 내부는 다음과 같다. "방사능을 연료로 하는, 거대하지만 정교하게 균형 잡힌 열기관(熱機關)이다. 그것이 지금보다 천천히 가동되었다면… 대륙들은 현재와 같은 형태로 진화하지 못했을 것이다. 철이 녹아 액체 상태의 외핵으로 들어가지 못했을 것이고, 자기장도 생겨나지 않았을 것이다. 방사능 연료가 많아 지금보다 열기관이 더 빠르게 움직였다면, 화산재가 태양을 가리고 대기의 밀도는 숨 막힐 정도로 높았을 것이다. 또, 지구 표면은 매일 지진과 화산폭발로 시달렸을 것이다."[10]

이렇듯 대단히 조직적인 지질 작용들(그 종류가 매우 많다)을 접하면, 지구의 생물권(生物圈)이 생명에 적합하도록 놀랍고도 정밀하게 조정되어 있는데 감탄하지 않을 수 없다. 그러나 더욱 흥미로운 것은 그 배후에 있는 "왜"를 묻는 질문이다. 이 모든 놀라운 "우연의 일치"를 어떻게 설명할 것인가?

프레스와 시버는 지구가 "매우 특별한 장소"라는 데 놀라면서도 설계의 가능성은 언급하지 않는다.[11] 워드와 브라운리는 그 문제를 회피하고 있고 가끔씩 "순전한 행운"과 "드물게 우연한 사건" 같은 말들을 늘어놓는다. 한 컨퍼런스에서 워드는 이렇게 말했다. "우리는 믿을 수 없을 만큼 운이 좋을 뿐입니다. 누군가는 복권에 당첨되기 마련인데, 우리가 바로 그 당첨자였던 겁니다."

그러나 거의 불가능에 가까운 상황들이 믿기 어려울 만큼 동시에 나타나 지구에 인류가 그토록 번성하게 해 준 이유를 과연 운으로 설명할 수 있을까? 옛날 기독교인들이 내렸던 결론은 이와 전혀 달랐다. 그들은 지구가 인간 드라마의 무대이자 하나님이 창조하신 곳이라고 믿었다. 지난 몇 년 사이에 발견된 새로운 사실들과 더불어 현대 과학의 놀라운 부분은, 우주에 대한 기독교인들의 견해가 오늘날 과거 어느 때보다 잘 입증되고 있다는 사실이다.

뉴질랜드 오타고 대학에서 분자인류유전학을 연구하는 선임연구원 마이클 덴튼은 자신의 책에서 이렇게 결론 내렸다. "일찍이 인간이 상상해 낸 이론이나 개념 중 모든 천체와 모든 생물의 종, 현실의 모든 특성이 인류가 살 수 있는 환경을 만들기 위해 존재한다는 이 거창한 주장만큼 과감하고 대담한 외침은 없었다. 그러나 무엇보다 놀라운 사실은 그렇게 대담한 주장이 이전 시대의 한낱 신화가 아니라는 점이다. 실제로 이제껏 진행된 어떤 관측도 그 가정을 잠재우지 못했다. 그리고 과학 혁명 후 4세기가 지난 오늘날, 그 교리는 다시 출현하고 있다. 20세기의 마지막 10년 동안, 근본 과학의 여러 분야에서 이루어진 발견들로 인해 그 신빙성은 더욱 높아지고 있다."[12]

이 말이 어느 정도나 사실일까? 지구상에 생명체를 허락한 특별한 조건들이 정말 설계자를 입증할까? 나는 믿을 만한 답변을 얻기 위해 이 주제에 대한 획기적인 저서를 공저한 두 전문가를 찾아 시카고로 갔다. 우리 행성의 놀라운 독특성에 대해 많은 것을 알려 줄 사람들이다.

다섯 번째 인터뷰 : 길레모 곤잘레스, 제이 웨슬리 리처즈 박사

제이 웨슬리 리처즈는 지칠 줄 모르는 열정으로 속사포처럼 말하는 아이비리그 출신의 철학자다. 길레모 곤잘레스는 열정적인 천문학자다. 두 사람은 지구의 설계자와 인류에게 부여된 분명한 목적 중 적어도 한 가지를 보여 주는 놀라운 증거들을 기록한 책 「특권 받은 행성」을 공저했다.

곤잘레스는 천문학과 물리학에서 최우등으로 애리조나 대학을 졸업한 후, 시애틀의 워싱턴 대학에서 천문학으로 석사와 박사 학위를 받았다. 현재 아이오와 주립대 조교수인 그는 별과 행성의 진화에 대한 이론들과 질량이 작거나 중간 정도 되는 항성들을 중심으로 연구를 진행하고 있다. 그는 실험은 물론, 이론적으로도 뛰어난 과학자로 고도 2011미터에 위치한 칠레의 세로톨롤로

국제천문대와 다른 네 군데에서 수없는 시간을 망원경을 들여다보며 보냈다. 광도 측정과 분광 분석 자료의 분석에 정통한 그는 국제천문연맹과 미국 기독과학자협회의 회원이다. 조용하지만 매력적인 사람으로 수십 편의 논문이 전문 저널에 실렸으며 「사이언티픽 아메리칸」 같은 인기 있는 잡지의 표지 모델도 했다.

진실하고 겸손한 성품과 학문적 열정을 가진 리처즈는 철학과 신학에서 세 개의 석·박사 학위를 가지고 있다. 여러 권의 책과 기사를 작성한 디스커버리 연구소의 부소장인 리처즈는 신생 지적 설계운동의 대표주자로 손꼽히고 있다.

코페르니쿠스 원리

나는 리처즈를 바라보며 말문을 열었다. "학교에서 지구가 너무 평범해서 우주의 평범하고 따분한 부분에 있는 전형적인 항성 주위를 돌고 있고, 특별히 진기하거나 특별한 것이 전혀 없다고 배웠습니다. 오늘날 과학자 대부분의 견해도 그렇습니까?"

리처즈: "그렇습니다. 그것이 소위 '평범의 원리' 또는 '코페르니쿠스 원리' 입니다. 모든 천문학 개론서에는 우리의 상황, 우주에서의 위치, 지구의 구체적인 특성, 태양계, 심지어 인간 자신도 특별하지 않다고 가정해야 한다고 쓰여 있지요."

나: "하지만, 어떻게 보면 맞는 말이지 않습니까?"

리처즈: "물론입니다. 지구와 태양계, 태양이 모든 면에서 독특하다고 가정해서는 안 됩니다. 우주의 모든 장소에서 중력 법칙이 각기 다르거나 원자들의 질량이 다르다면 과학 자체가 불가능해질 테니까요. 그건 맞습니다."

나: "그럼 뭐가 문제죠?"

리처즈: "코페르니쿠스 원리가 형이상학적으로 부풀려진 형태를 취했다는 게 문제입니다. 그 원리는 본질적으로 우리의 천문학적 위치가 그렇듯 형이상학적 지위도 중요하지 않다고 주장합니다. 우리가 여기 존재하는 데는 아무 목적이 없다, 우리는 결코 특별하지 않다, 우주 속의 우리에겐 어떤 특권도 없다는 겁니다."

나: "하지만 코페르니쿠스의 발견, 즉 태양이 지구 주위를 도는 것이 아니라 지구가 태양 주위를 돈다는 발견으로 인류의 지위가 강등된 것은 자연스러운 일 아닙니까?"

리처즈: "이야기는 이렇게 시작됩니다. 아리스토텔레스, 프톨레마이오스, 중세 기독교인들은 인간이 우주의 중심에, 우주의 왕좌 비슷한 자리에, 모든 것의 중심이 되는 가장 중요한 자리에 위치하고 있다고 생각했습니다. 그러다 코페르니쿠스와 케플러가 등장해서 태양이 중심에 있고 지구를 포함한 행성들이 그 주위를 돈다는 사실을 알아냈습니다. 그래서 우리는 중심에서 밀려났고, 특권적인 지위를 빼앗겼지요.

이것이 인간의 지위를 계속해서 깎아내린 과학의 장구한 행진의 시작이었습니다. 이후 과학자들은 태양이 우주의 중심이 아니고, 우리는 은하의 중심이 아니며, 우주에는 궁극적인 중심이 없다고 판단했습니다. 19세기의 과학자들은 우주가 무한하고 영원하다고 믿었기 때문입니다. 우리는 점점 스스로를 덜 중요한 존재, 사물의 중심에서 밀려난 존재로 보게 되었습니다. 그래서 코페르니쿠스 혁명은 과학과 종교 사이의 갈등을 대표하게 되었습니다. 종교적 미신은 지구와 인류가 물리적, 형이상학적으로 우주의 중심이라고 주장했으나, 현대 과학은 그것이 틀렸음을 입증했습니다.

인간은 자신이 독특하고 중요한 존재라는 생각이 잘못되었음을 알고 그것을 버리게 되었습니다. 종교인들은 우리의 존재에 뭔가 독특함과 특별함, 의미와 목적이 있다고 계속 주장하지만, 과학자들은 물질계가 존재하는 전부이고 우연과 비인격적 자연 법칙만으로 물질계의 존재를 설명할 수 있다는 주장을 유지해 왔습니다."

나는 그 말에 동의하며 계속 귀를 기울였다. 리처즈의 말은 내가 학교에서 배운 내용과 완전히 일치했다.

그러나 그는 희미한 미소를 띠며 뒷 말을 이었다.

"문제는 이러한 역사적 기술이 완전히 틀렸다는 것이죠."

기록을 바로잡기

리처즈의 주장에 나는 깜짝 놀라서 큰 소리로 물었다.

"틀렸다구요? 무슨 말씀입니까?"

리처즈 : "프톨레마이오스, 갈릴레오, 코페르니쿠스, 케플러의 책을 읽어 보세요. 단테의 글도 읽어 보시죠. 「신곡」에서 지구의 표면은 중간 지역입니다. 아리스토텔레스의 우주론도 마찬가지입니다. 그의 우주론은 중세에 기독교화 되었거든요. 아리스토텔레스는 세계가 공기, 흙, 불과 물로 이루어져 있다고 생각했습니다. 흙이 가장 무거우니까 자연히 바닥으로 떨어집니다.

그래서 지구는 우주의 중심이 아니라 바닥에 있게 됩니다. 지구는 일종의 우주적 웅덩이였습니다. 사물이 썩고 죽는 곳이었습니다. 달 위의 모든 것은 '제5원'이라는 전혀 다른 물질로 만들어져 있고, 하나님은 별들의 천구(天球) 바깥의 천상의 구에 거하셨습니다. 그리고 인간은 중간 지역에 있었습니다."

곤잘레스 : "단테는 그 반대쪽, 그러니까 지구에서 지옥까지의 단계들을 삽입했지요."

리처즈 : "그렇습니다. 하나님께 올라가는, 즉 완벽에 다가가는 아홉 단계가 있습니다. 그리고 절대적 부패, 지옥으로 다가가는 아홉 단계가 있습니다. 따라서 중세 우주론에서 우주의 중심이라 할 만한 것은 사탄의 왕좌입니다.

이것은 대단히 중요한 요점입니다. 우주의 중심이 사탄의 왕좌이고 지구 자체가 우주의 웅덩이라면, 그건 코페르니쿠스 이전에는 우주의 중심을 곧 최고의 장소로 여겼다는 우리의 고정 관념과 다른 것이 분명합니다."

곤잘레스: "계몽주의는 훗날 교회가 그 오만함 때문에 인간들을 중심에 놓았다는 식으로 이야기 내용을 바꿨지요."

리처즈: "재밌지 않습니까? 인간을 모든 것의 척도로 만든 것은 계몽주의였으니까요. 잘 생각해 보세요. 기독교 신학은 절대 인간을 중심에 놓지 않습니다. 인간은 이 우주적 드라마에서 매우 중요한 역할을 맡았습니다. 하나님이 인간이 되실 만큼 그 역할이 중요했지요. 그러나 모든 것이 말 그대로 인간만을 위해 창조되지는 않았습니다.

어거스틴은 하나님이 세상을 창조하신 이유는 '인간을 위해서' 혹은 '어떤 강요에 의해서'가 아니라 '하나님이 그러고 싶으셔서'라고 말했습니다.[13] 「신곡」을 통해 독자는 우리가 세상의 중심이라는 느낌이 편견에 불과함을 배웁니다. 우리는 하나님이 형이상학적 중심, 즉 가장 중요한 자리에 계시도록 모든 것이 배열되었음을 발견합니다.

코페르니쿠스, 갈릴레오, 케플러는 자신들의 새로운 이론이 지구의 지위를 높여 준다고 보았습니다. 갈릴레오는 지구가 더 이상 우주적 웅덩이가 아니라 다른 행성들처럼 태양의 영광을 반사한다고 시인처럼 읊었습니다. 그래서 중세 우주론이 르네상스 우주론으로 변화하는 과정에서 이 새로운 관점이 어떤 면에서 인간의 지위를 상승시켰다고 볼 수 있습니다."

다른 역사 연구자들도 동일한 결론에 도달했다. 한 연구자는 이렇게 말했다. "코페르니쿠스의 지동설은 지구를 우주의 시궁창으로 보는 아리스토텔레스의 견해를 허물었다. 오히려 인류의 지위를 끌어올린 것이다. 코페르니쿠스는 지구를 행성, 즉 천체의 하나로 만들어 지구의 신분을 상승시켰다."[14]

그러나 이해되지 않는 부분이 있었다. "코페르니쿠스, 갈릴레오, 지오다노

브루노는 지구가 태양 주위를 돈다는 견해 때문에 교회의 박해를 받지 않았습니까?"

리처즈: "코페르니쿠스가 박해를 당했다고 주장하는 사람들이 있습니다만, 역사를 살펴보면 그는 박해받지 않았습니다. 실제로 그는 그의 생각들이 책으로 묶여 출판된 해에 자연사했습니다. 갈릴레오로 말하자면, 그의 재판은 과학적 진리와 종교적 미신 사이의 단순한 갈등으로 축소할 수 없습니다. 그는 교회가 그의 견해를 받아들일 시간을 주지 않고 곧장 자기주장을 승인할 것을 요구했으며, 교황을 조롱하기까지 했습니다. 그가 유죄 판결을 받은 것은 사실이지만 교회는 그에게 죽을 때까지 연금을 지급했습니다."

심지어 역사학자 쉐아는 이렇게 말했다. "갈릴레오의 유죄 선고는 불운한 정치 상황, 정치적 야심, 상처 입은 자존심이 복잡하게 상호작용한 결과였다." 역사연구가 필립은, "갈릴레오는 자신이 1632년 논문에서 교황 우르반 8세를 조롱했기 때문에 곤경에 처했다고 확신했다"라고 주장했다.[15] 앨프레드 노스 화이트헤드는 그가 받은 처벌을 이렇게 표현했다. "갈릴레오는 가벼운 비난을 받고 명예를 해치지 않는 구금 생활을 하다가 평화롭게 숨을 거두었다."

리처즈: "브루노의 경우는 무척 안됐습니다. 그는 1600년에 로마에서 처형당했습니다. 그의 죽음은 교회사의 오점이 분명하지만 이것도 복잡한 사건이었습니다. 그의 지동설은 부수적인 것이었습니다. 그는 범신론을 옹호했고 실제로는 삼위일체와 성육신 및 지동설과는 상관없는 다른 교리들에 대한 이단적 견해 때문에 처형되었습니다.

내가 말하고 싶은 요점은, 코페르니쿠스의 원리를 내세우려면 그것이 과학의 역사적 진전에 근거한 것처럼 보이게 만들어야 한다는 것입니다. 그러나 자료를 살펴보면 그건 사실이 아닙니다. 천문학 교과서의 저자들은 그저 신화를 재활용하고 있습니다. 이를테면 '평평한 지구 신화' 같은 것들이죠. 콜럼버스는 지구가 평평하다고 배웠는데 본인은 지구가 둥글다고 생각했다는 그 얘기 말입니다. 그것은 틀린 말입니다."

곤잘레스: "당시 학자들은 지구가 구체(球體)라는 걸 알고 있었습니다. 고대 그리스인들도 알고 있던 사실이지요. 그들은 1000년 넘도록 그렇게 알고 있었습니다."

그들의 말이 옳다. 위스콘신 대학 과학사 교수였고 현재 인문학 조사연구소장인 데이비드 린드버그는 최근 한 인터뷰에서 이렇게 말했다. "한 가지 분명한 신화는 콜럼버스 이전에 거의 대부분의 유럽인들이 지구가 평평하다고 믿었다는 것이다. 그리고 특정한 성경 말씀을 근거로 도출한 그 믿음을 중세 교회가 강요했다는 것이다. 18세기에 생겨난 것으로 보이는 이 신화를 정교하게 다듬고 대중화시킨 사람은 워싱턴 어빙이었다. 그는 네 권짜리 콜럼버스 전기에서 증거를 날조한 것으로 악명이 높다. 사실을 밝히자면 아리스토텔레스 이후의 식자층 중에는 지구가 구(球)라는 사실을 의심하는 사람이 거의 없었다. 중세 시대, 성당 학교건 대학이건 교육 기관에서 공부한 사람이라면 지구가 구형이라는 사실과 그 대략의 원둘레를 정확히 배웠기 때문이다.

이제 '평평한 지구 신화'가 뒤집힌 데 이어 리처즈와 곤잘레스는 코페르니쿠스 원리도 날조됐다고 주장했다.

리처즈: "그래서 길레모와 나는 지구가 중요한 측면에서 특별하고 이례적이라는 사실을 입증하는 작업에 들어갔습니다. 그렇게 하기 위해 우리는 인간이 얼마나 하찮은지 보여 주는 과학의 장구한 역사적 진전이 허구였다는 사실을 밝혀야 했습니다. 우리는 역사가 틀렸고, 지금 우리가 하는 일이 과학의 훌륭한 전통에 부합한다는 사실을 지적해야 했습니다. '세계가 어떤 모습인지 능력이 닿는 데까지 찾아보자'는 전통적인 태도 말입니다."

나: "그래서 무엇을 찾으셨습니까?"

리처즈: "대체로 과학자들은 코페르니쿠스 원리를 받아들여서, 지구가 평범하고 우주에 생명체가 가득하다고 말했습니다. 의심의 여지없이 말이지요.

그러나 증거가 보여 주는 것은 이와 정반대입니다."

곤잘레스: "우리는 지구의 크기와 자전, 달과 해의 질량 등 – 전 영역에 걸친 요소들 – 과 같은 것뿐만 아니라 이 우주 안에, 우리 은하 안에, 우리 태양계 안에 있는 우리의 위치가 놀라운 방식으로 함께 어우러져 지구를 생명이 살 수 있는 행성으로 만든다는 것을 알게 되었습니다. 그뿐 아니라, 지적 생명체를 가능케 한 지구의 바로 이런 조건들이 우주를 관찰하고 분석하는 데도 희한할 정도로 잘 들어맞는다는 사실도 알게 되었습니다. 우리는 이것이 우연이라고 생각하지 않습니다. 사실은 우주가 말 그대로 발견되도록 설계된 것이 아닌가 묻고 싶습니다."

생명의 구성 요소

나: "코페르니쿠스 원리를 받아들이는 과학자들은, 우주 어디든 물이 충분히 오랫동안 액체 상태로 머물 수 있는 곳이라면 지구에서처럼 생명체가 생겨날 거라고 믿습니다. 두 분은 거기에 동의하지 않으시죠?"

곤잘레스: "동의하지 않습니다. 생명체가 생겨나기 위해서는 화학 반응이 일어나는 데 필요한 물과 정보를 싣는 생물 분자 구조에서 핵심 원자 노릇을 하는 탄소가 필요한 것이 사실입니다. 그러나 그것만 갖고는 어림도 없습니다. 인간의 경우 26가지의 핵심 원소가 필요하고, 박테리아도 16가지가 있어야 합니다. 그 중간의 생명체들은 16-26가지 사이의 원소들이 필요합니다. 문제는 그런 화학 성분들이 필요한 형태로 필요한 만큼 아무 행성에서나 생겨나지 않는다는 겁니다."

나: "끼어들어서 죄송하지만, 공상과학 작가들은 전혀 다른 형태로 만들어진 외계 생명체를 상상하지 않습니까? 이를테면 탄소가 아니라 실리콘에 기반을 둔 생명체 말입니다."

곤잘레스 : "아뇨. 절대 그렇게는 안됩니다. 화학은 과학 분야 중에서도 비교적 정리가 잘 되어 있습니다. 탄소 외의 다른 원자들로는 그것들을 충분한 개수로 복잡하게 붙여 탄소가 할 수 있는 만큼 그렇게 커다란 분자들을 만들 수는 없습니다. 이 부분을 피해나갈 도리는 없습니다. 다른 종류의 액체로는 물만큼 다양하고 많은 화합물들을 용해시킬 수 없습니다. 이 외에도 물과 탄소만 갖고 있는, 생명체에 최적인 다른 특성들이 여섯 가지나 더 있습니다. 다른 걸로는 어림도 없습니다. 실리콘은 탄소에 비하면 너무 부족합니다.

그런데도 사람들은 생명을 창조하는 일이 쉽다고 생각합니다. 그들은 액체 상태의 물만 있으면 충분하다고 생각합니다. 생명을 부수 현상으로 보기 때문입니다. 화강암의 비활성 조각에서 자라나는 진흙덩어리에 불과하다는 거지요. 그러나 지구의 지질과 생태는 매우 긴밀한 상호작용을 합니다. 생명체를 지구물리적 작용 및 기상 작용과 별도로 존재하는 것으로 생각해서는 안 됩니다. 그것들은 서로 매우 밀접하게 상호작용을 하고 있습니다. 그러니 생명에 필요한 화학 물질이 있어야 할 뿐 아니라 행성의 환경도 생명에 적합해야 합니다."

그렇게 해서 관련된 문제 하나가 따라 나왔다. 과학자들은 화성 같은 행성의 환경을 지구처럼 바꾸어 인간이 거주하기에 알맞은 곳으로 만드는 일을 꿈꿔 왔다. 내가 물었다. "그것은 너무 어려운 일인가요?"

곤잘레스 : "물론입니다. 지구 안의 생명체는 자기장부터 판 운동 지구의 겉 부분은 여러 개의 판으로 이루어지며, 이들의 상대적 움직임에 의하여 여러 가지 지질 현상이 일어남 탄소순환에 이르기까지 지구와의 다양하고 매우 복잡한 상호작용 덕분에 존속합니다."

리처즈 : "대부분의 사람들은 씨앗을 심으면 자라나는 걸 보고, 생명에 적합한 환경을 만드는 것이 쉽다고 생각하죠. 그건 오해입니다. 몇 년 전 일부 사람들이 애리조나에 건설한 밀봉 생물권이 그 좋은 예라고 볼 수 있습니다. 그들은 생명에 적합한 독립적 환경을 만드는 일이 상대적으로 쉬울 거라 생각했습

니다. 그러나 그들은 그곳에서 생물이 살 수 있게 하기 위해 수많은 시간을 쏟아 부어야 했죠."

나 : "그러나 일부 생명체는 대단히 혹독한 조건에서도 존재할 수 있습니다. 이를테면 심해 열수 분출구에서 사는 생물체들 말입니다. 그놈들에겐 산소나 더 넓은 환경의 어떤 구체적 도움도 필요하지 않은 것 같은데요."

곤잘레스 : "아뇨, 그 반대입니다. 심해에 살면서 산소가 필요 없는 녀석들은 단지 메탄을 호흡하는 미생물뿐입니다. 그러나 물질 대사를 조절해야 하는 좀 더 큰 생물들은 예외 없이 산소를 호흡합니다. 산소는 지상 식물들과 바다의 조류들에서 나옵니다. 산소는 해양에 섞여 들어가 심해로 운반됩니다. 그러니 그런 생물들은 지구의 표면이나 전체 생태계와 직접적으로 연결되어 있다고 볼 수 있습니다."

지구의 미세 조정된 물리적, 화학적, 생물학적 상호 관계에 놀란 일부 저자들은 심지어 우리 생물권을 살아 있는 '초생물'에 비유하기도 했다. 실제로 제임스 러브록은 범신론적 '가이아 가설'로 지구 신성화를 시도한다. 그러나 곤잘레스와 리처즈는 그렇게까지 멀리 갈 필요는 없다고 말했다. "이렇게 믿기 어려운 상호 관계에도 불구하고, 지구 그 자체를 유기체나 심지어 신이나 여신으로까지 봐야 할 필요는 전혀 없습니다." 리처즈가 말했다. 그는 지구의 복잡하고 상호 연결된 구조에서 설계의 특징에만 감동하는 사람들을 이렇게 비유했다.

"그건 아주 멋진 시계를 보면서, 그걸 만든 사람을 생각하지 못하고 오히려 시계를 신격화하는 일과 같지요."

M13의 적대적 세계

나는 특정한 행성 환경에서만 생명이 살 수 있다는 사실을 인정했다. 그러

나 우주에는 수 조 개의 별이 있고, 그 주위를 회전하는 수많은 지구형 행성^{구성}
_{물질이 지구와 비슷한 행성. 주로 철, 니켈, 규소 따위의 구성 물질로 이루어진 행성. 태양계에서 수성, 금성, 화성 따위가 여기에 해}
_{당한다} 들이 있다. 수학적 확률로 볼 때, 분명 많은 항성들이 지구와 비슷한 주거
환경들을 만들어 냈을 것이다. 그것은 지구가 특별하기에 설계되었다는 생각
과 반대되는 논점이다.

전문가가 아닌 내 눈에는 모든 별들이 문명이 있는 태양계와 비슷해질 잠
재력을 가진 것처럼 보였다. 하지만 나는 생명체가 번성하기 위해 필요한 조
건들에 대해 질문을 계속하면서 전혀 새로운 사실을 알게 되었다.

나: "우리 은하를 이루는 수십억 개의 별들을 볼 때, 생명체로 넘쳐나는 행
성들이 곳곳에 흩뿌려져 있다고 논리적으로 가정할 수 있지 않을까요?"

곤잘레스: "아닙니다. 그것은 증거에 토대한 논리적 가정이 아닙니다. 나
는 워싱턴 대학의 돈 브라운리와 피터 워드와 함께 '은하의 거주가능 지대' 라
는 개념을 만들었습니다. 은하 안에서 생물이 살 만한 행성들이 있을 가능성
이 있는 지대를 말하죠. 아무 곳에다 살기 적당한 행성을 만들 수는 없습니다.
이곳저곳에 생명을 위협하는 수많은 요소들이 있으니까요."

그 순간, 드레이크와 세이건이 수많은 항성이 모여 있는 M13이라는 구상
성단에 메시지를 쏘던 때가 떠올랐다. 그들은 별들이 가득한 곳에 신호를 보
내면, 지적 문명이 그것을 탐지할 가능성이 더 높아질 거라고 생각했다. 그 실
험에 대해 어떻게 생각하느냐고 물었더니 곤잘레스는 당장 부정적인 답변을
내놓았다. "문제는 어느 한 항성에서 생명 존재의 가능성이 0이라면, 모든 항
성들의 가능성도 0이라는 겁니다."

나: "0이라구요? 그 구상성단에는 25만개가 넘는 항성이 있습니다. 그 중
생명체가 있는 행성을 거느린 항성이 하나도 없을 거라고 생각하십니까?"

곤잘레스의 입장은 단호했다. "구상성단은 은하 전체 중에서도 생명을 기
대하기에 가장 안 좋은 곳입니다."

"아니, 왜죠?"

"두 가지 이유가 있습니다. 첫째, 구상성단들은 우리 은하에서 가장 오래된 놈들입니다. 너무나 오래되었기 때문에 그곳 항성들에는 탄소, 질소, 산소, 인, 칼슘 등 중원소(重元素)들이 무척 적습니다. 거의 수소와 헬륨으로만 이루어져 있지요. 그에 반해 지구는 철, 산소, 마그네슘, 실리콘으로 이루어져 있습니다. 그다음으로 황이 있고요.

대폭발은 기본적으로 수소와 헬륨을 만들어 냈습니다. 최초의 항성들은 그 두 가지로 이루어졌습니다. 이어 더 무거운 원소들이 항성들의 내부에서 합성되었습니다. 조리되었다고 할 수도 있습니다. 결국 그 항성들이 초신성으로 폭발했을 때 이 원소들이 방출되면서 성간물질星間物質, 별과 별 사이의 공간에 떠 있는 극히 희박한 물질. 성간 가스, 우주진, 유성 물질 따위가 있다 속으로 들어갔습니다. 이 원소들이 다른 항성들과 합체하면서 더욱 무거운 원소들이 만들어졌습니다. 그 다음 이 원소들이 방출되고 또 방출되면서 결과적으로 항성들은 '금속' 또는 중원소들을 더 많이 함유하게 되었습니다.

이런 원소들이 있어야 지구형 행성을 만들 수 있습니다. 구상성단에 있는 늙다리 별들은 너무 오래되었기 때문에 거의 수소와 헬륨으로만 구성되어 행성을 거느리지 못할 겁니다. 어쩌면 먼지나 결정, 돌멩이 등이 있을 수 있겠지만 그게 전부입니다. 지구만한 크기의 행성은 생겨나지 않습니다.

두 번째 문제는 구상성단 안에 항성들이 너무 빽빽하게 들어차 있어서 그 주위로 안정된 원형 궤도가 만들어지기 힘듭니다. 항성들의 인력 때문에 타원형 궤도가 생겨나 가상의 행성은 지독한 냉기와 열기에 시달리게 될 것이고, 결국 생명이 살 수 없는 상황이 될 겁니다."

곤잘레스의 판단은 수긍할 수 있었다. 그러나 그의 설명을 듣고 있자니 박식한 천문학자인 세이건과 드레이크가 왜 M13의 별들과 교신을 시도하는 데 시간을 허비했는지 궁금해졌다. 내가 그것에 대해 물었더니 곤잘레스가 고개를 가로저으며 말했다. "그들이 구상성단에 우리의 메시지를 받을 문명의 존재가능성이 조금이라도 있다고 생각하다니 정말 놀랍습니다. 알 만한 사람들이 왜 그랬는지 모르겠군요! 솔직히 나는 그들이 형이상학적 코페르니쿠스 원리에 대한 자신들의 철저한 신념에 속아 사실을 간과했다고 생각합니다."

안전지대에서 살기

곤잘레스의 설명을 듣고 보니 우주의 다른 장소들은 지적 생명체가 살기에 얼마나 적합할지 궁금해졌다. 우주에는 세 종류의 은하가 있다. 우리 은하 같은 나선은하가 있다. 이것은 공 모양의 중심부와 그 주위에 '나선(모양의) 팔'이 감겨진 것처럼 보여 팔랑개비를 닮았다. 달걀 모양의 타원은하도 있다. 모양이 제멋대로 뒤틀려 있는 불규칙은하도 있다. 나는 곤잘레스에게 각 은하에 생명체가 있을 가능성을 이야기해 달라고 부탁했다.

곤잘레스: "우리 은하 같은 나선은하가 거주 가능성이 가장 높습니다. 안전지대를 제공해주기 때문입니다. 그리고 지구는 우연히도 안전지대에 위치하고 있습니다. 그래서 지구에 생물이 번성할 수 있었던 겁니다.

은하마다 별의 생성 정도가 다릅니다. 성간가스^{별과 별 사이의 공간 대부분을 차지하는 기체. 수소를 주성분으로 하는 원자와 분자로 이루어져 있다}가 모여 별과 성단(星團), 초신성으로 폭발하는 질량이 큰 별들이 만들어집니다. 별이 활발하게 생성되는 장소는 매우 위험합니다. 초신성들의 폭발비율이 상당히 높기 때문입니다. 우리 은하에서 그런 장소들은 주로 나선 팔 부위에 위치합니다. 그곳에는 위험하고 거대한 분자운^{分子雲, 산소, 수소, 탄소, 질소 따위가 우주 공간에서 결합하여 복잡한 분자를 이루고 있는 구름 모양의 천체}들도 있습니다. 그러나 다행히도 우리는 궁수자리와 페르세우스자리라 불리는 나선 팔 사이에서 안전하게 위치하고 있습니다.

우리는 위험한 장소인 은하의 핵에서도 아주 멀리 떨어져 있습니다. 지금은 우리 은하의 중심에 거대한 블랙홀이 있다는 사실이 잘 알려져 있습니다. 실제로 허블 천체망원경은 인근에 있는 거의 모든 은하의 핵에 커다란 블랙홀이 있다는 걸 발견했는데, 이것 또한 위험하지요!

대부분의 블랙홀들은 움직이지 않습니다. 그러나 무엇이든 가까이 다가가거나 그 속으로 떨어지면 갈가리 찢어집니다. 그리고 많은 양의 고에너지가 방출되고, 은하 내부에 있는 모든 것이 높은 수치의 방사선에 노출될 겁니다. 생명체에게는 매우 위험한 일이죠. 은하의 중심 또한 더 많은 초신성의 폭발도 있기 때문에 더욱 위험합니다.

나선은하의 구성은 중심에서 바깥으로 나갈수록 달라집니다. 중심으로 갈수록 중원소가 더 많습니다. 은하의 역사상 중심부가 별의 생성이 더욱 왕성했던 곳이기 때문입니다. 그래서 중심부에서는 더욱 빨리 수소와 헬륨으로 중원소들을 만들 수 있었던 반면, 은하의 바깥쪽 원반에서는 별의 생성이 느리게 이루어져 중원소들의 양이 그리 많지 않습니다. 결과적으로, 원반의 바깥 지역에는 지구형 행성이 있을 가능성이 더 적습니다.

이제 이 모든 걸 고려해 보면, 은하의 내부는 방사선과 다른 모든 요소들의 위협 때문에 훨씬 더 위험하다는 걸 알 수 있죠. 은하의 바깥 부분에는 중원소가 충분하지 않기 때문에 지구형 행성이 만들어질 수 없습니다. 그리고 우리 은하의 얇은 원반 덕분에 태양이 현재와 같은 바람직한 원 궤도를 유지할 수 있다는 사실도 빠뜨려선 안 됩니다. 태양이 원에서 많이 벗어난 타원궤도를 그린다면 나선 팔을 가로질러 은하의 위험한 내부지역까지 들어가게 되겠지만, 원 궤도를 돌기 때문에 안전지대에 머물 수 있습니다.

이 모두가 더해져서 생물이 살 수 있는 행성이 가능한, 좁다란 안전지대가 만들어집니다."

생명체를 찾아 별들을 훑어보다

갑자기 지구가 아주 특별한 곳으로 느껴졌다. 은하수의 험악한 위협들로부터 안전한 피난처를 제공하는 좁은 공간에 자리 잡고 있으니 말이다. 다른 유형의 은하들은 어떨까? 다른 은하들 속에도 생명체가 사는 행성들에 적합한 안전한 지역이 있지 않을까?

나 : "타원은하에도 생물이 살 만한 가능성이 없습니까?"

곤잘레스 : "달걀 모양의 타원은하들은 별다른 특성이 없습니다. 벌집 안에서 움직이는 벌들처럼 별들의 궤도도 일정하지 않고요. 타원은하의 문제라면 별들이 은하내의 모든 지역을 지나치기 때문에 때로는 위험하고 밀집된 은하 내부까지 들어가게 된다는 겁니다. 그 안에는 블랙홀이 있을 수도 있습니다. 타원은하에는 지구형 행성이 있을 가능성이 낮습니다. 대부분의 타원은하에는 지구형 행성을 만드는 데 필요한 중원소들이 없기 때문입니다."

이것은 중요한 요점이었다. 대부분의 은하가 타원은하에 속하기 때문이다. 곤잘레스가 말을 이었다.

"대부분의 타원은하는 우리 은하보다 질량도 낮고 어둡습니다. 우리 은하는 가장 질량이 크고 밝은 상위 1-2퍼센트에 속합니다. 은하가 클수록 중원소들을 더 많이 가질 수 있습니다. 중력이 더 크므로 더 많은 수소와 헬륨을 끌어들여 중원소들을 만들어 내기 때문입니다. 우주의 대다수를 차지하는 질량이 작은 은하들 중에는 지구형 행성이 단 한개도 없는 것들이 허다합니다. 지구형 행성을 구성할 중원소가 충분하지 않은 까닭입니다. 수백 수천 개의 별들이 모여 있지만 지구형 행성은 하나도 없는 구상성단도 이와 같습니다.

허블전체망원경이 가장 멀리까지 찍은 사진들을 보면, 우주가 아주 어렸을 때의 은하들이 말 그대로 수천 개가 보입니다. 사람들은 이렇게 말했죠. '와, 저 은하들을 봐! 저기서 얼마나 많은 문명들이 우리를 보고 있을까?' 그러나 그 상태에서는 문명이 있을 수 없다고 생각해도 무방합니다. 수천수만 개의 은하가 있지만, 지구형 행성은 하나도 없습니다. 아직 중원소들이 만들어지지 않았기 때문입니다."

리처즈 : "물론 우리는 그 은하들의 현재 모습을 보는 건 아닙니다. 90억년 이전의 시간을 되돌아보고 있는 것이니까요. 그 은하계 중 일부는 지금 우리 은하와 같은 상태일 수도 있습니다. 확실한 건 모릅니다."

곤잘레스 : "그러나 당시에는 훨씬 더 위험했습니다. 준항성과 초신성들이 폭발하고 블랙홀까지 있던 시대이기 때문입니다. 그 은하계중에 지구형 행성을 만들 중원소들이 충분히 많은 행성이 있었다 해도, 방사선이 너무 많이 나와 생명체가 살 수 없었을 겁니다."

나 : "그렇다면 마지막 범주인 불규칙은하에 생명체가 살 가능성은 얼마나 됩니까?"

곤잘레스 : "불규칙은하도 타원은하와 마찬가지로 안전지대가 없습니다. 오히려 그곳은 상황이 더 나쁩니다. 뒤틀리고 찢어져 있고, 도처에서 초신성들이 폭발하고 있지요. 우리 은하의 나선 팔 사이처럼 초신성 폭발이 적은 안전지대는 없습니다.

실제로 천문학자들은 생명체에 대한 새로운 위협들을 계속 발견하고 있습니다. 초신성보다 훨씬 강력한 감마선 폭발에 대해 많은 내용이 밝혀지고 있습니다. 감마선 폭발이 우리 근처에서 일어나면 빛이 사라집니다. 그러니 전에 몰랐던 새로운 위협들이 밝혀지면 밝혀질수록 다른 곳에도 문명이 있을 확률은 점점 더 줄어드는 셈입니다."

나 : "그럼, 우주 안의 지구의 위치에 대해 어떻게 생각하십니까?"

곤잘레스 : "거주 가능성의 관점에서 보면 우리가 최고의 위치에 있다고 생각합니다. 우리는 지구형 행성을 만들 수 있는 충분한 구성요소가 있으면서도 생명체에 대한 위협은 아주 낮은 곳에 있으니까요. 이곳만큼 생명체에 친화적인 장소는 없습니다. 때때로 사람들은 어떤 은하의 어떤 곳에서나 살 수 있다

고 주장합니다. 글쎄요, 내가 조사한 바로는 나선 팔, 은하 중심, 구상성단, 원반의 가장자리 모두 생명체가 살 수 없는 곳이었습니다. 이보다 좋은 장소는 없습니다."

나 : "참 묘하군요. 코페르니쿠스 원리와 정반대 아닙니까?"

리처즈 : "그렇습니다. 코페르니쿠스 원리는 과학의 장구한 진전이 우리의 처지가 얼마나 흔하고 평범한 것인지 입증했다고 선전해 왔지만, 현재의 추세는 정반대입니다. 우주 대부분의 장소에서 발견되고 있는 위협들에 비해 우리가 여러 가지 면에서 얼마나 안전한 장소에 있는지 알게 될수록, 우리 상황은 더욱 특별하게 여겨집니다."

곤잘레스 : "가장 유명한 사례는 우리 태양계입니다. 한때 과학자들은 태양계의 모든 천체, 즉 달이나 화성, 목성에도 문명이 있을 거라고 추측했습니다.

퍼시벌 로웰은 화성의 문명들을 찾기 위해 애리조나에 천문대를 만들었습니다. 그는 우리가 유일한 문명일 수 없다는 스스로의 믿음을 정당화하기 위해 코페르니쿠스를 인용했습니다. 이제 그들은 글쎄, 화성이나 유로파의 지표면 아래에는 아주 단순한 점균류 粘菌類, 균류의 한 문. 몸은 세포벽이 없는 원형질 덩어리로 된 변형체로 운동성이 있다 가 있을 거라고 말하는 지점까지 후퇴했습니다. 사실 그것조차도 매우 의심스럽지만, 어쨌든 그 정도까지 물러서야 했지요."

리처즈 : "코페르니쿠스 원리는 중요하지도 않은 특성들을 기술할 때가 많습니다. 우리가 물리적으로 은하의 중심에 있건 말건 누가 신경이나 씁니까? 그건 아무 상관도 없습니다! 정말 중요한 문제는 생명을 유지하는 데 가장 유리한 장소에 존재하느냐는 것입니다. 지구야말로 바로 그러한 위치에 있습니다!"

다른 별 주위를 도는 행성들

지난 몇 년 사이, 천문학자들은 마침내 다른 별 주위를 도는 행성들을 발견할 수 있었다. 그것은 한때 널리 퍼진 추측에 불과하던 문제에 대한 중요한 확인이었다.

나 : "그것은 아홉 개의 행성으로 이루어진 우리 태양계가 딱히 특별할 게 없다는 확증 아닙니까?"

곤잘레스 : "항성 주위를 도는 행성들의 존재가 우리 태양계만의 독특성이 아니라는 건 사실입니다. 그러나 1995년, 과학자들이 태양 같은 항성 주위를 도는 첫 번째 행성을 탐지하기 전, 그들은 목성처럼 커다란 원 궤도를 그리는 거대한 가스행성을 발견하게 될 것이라 예상하고 있었습니다. 목성은 수성, 금성, 지구와 화성 같은 지구형 행성보다 아주 먼 거리에서 거의 원 궤도를 그리며 12년에 한번씩 태양 주위를 돕니다.

그러나 다른 별 주위를 도는 행성들은 목성의 궤도와 전혀 다르다는 사실이 밝혀지고 있습니다. 행성들 궤도의 직경은 천문단위(태양과 지구 사이의 평균거리)보다 훨씬 짧은 것에서부터 몇 천문단위에 이르는 것까지 매우 다양합니다. 그런데 그 궤도가 대부분 아주 심한 타원형이고, 원 궤도는 대단히 드뭅니다. 행성들의 이러한 심각한 타원 궤도에 천문학자들은 깜짝 놀랐습니다. 코페르니쿠스 원리를 신봉했던 그들은 다른 행성계도 우리 태양계와 같을 거라고 예상했기 때문입니다. 그러나 그 예상은 완전히 깨지고 말았습니다."

나 : "그런 행성들의 궤도가 타원형인 게 무슨 문제죠?"

곤잘레스 : "그 행성계에 속한 지구형 행성의 거주 가능성에 문제가 생기기 때문입니다. 지구형 행성이 안정된 원 궤도를 가질 가능성이 더 줄어드는 것이니까요. 지구의 궤도는 거의 완벽한 원입니다. 지구 정도의 질량을 가진 행성이 원에서 많이 벗어난 타원형의 궤도를 돈다면 거대한 가스 행성들에 매우 민감해질 겁니다. 그러면 그 가스 행성들의 영향을 받아 지구형 행성의 궤도가 더욱 원에서 벗어날 것이고, 그로 인해 그 행성의 지표면 온도차는 위험할 정도로 벌어지게 될 겁니다."

나 : "그러니까 목성이 지금보다 좀더 길쭉한 타원 궤도를 그린다면, 지구는 원궤도를 유지할 수 없을 것이고 그와 더불어 안정된 온도와 예측 가능한 기후도 누릴 수 없겠군요?"

곤잘레스 : "그렇습니다. 사실 거의 원에 가까운 지구의 궤도가 약간만 달라져도 지구 표면에 커다란 기온변화가 일어나 빙하 시대가 올 수도 있습니다. 상대적으로 안정적인 기온을 유지하려면 가능한 원 궤도를 유지해야 합니다. 목성의 궤도가 원에 가까워 지구의 원형 궤도를 방해하지 않을 때만 가능하죠."

지구 대신 몰매 맞기

이제껏 우리 태양계에 대해 논했으니, 이제 지구를 살기 좋은 곳으로 만드는 다른 "지역적" 요소들을 탐구하고 싶었다.

나 : "태양계는 지구의 생명에 얼마나 기여하고 있습니까?"

곤잘레스 : "놀라울 정도지요. 천문학자들은 태양계의 다른 행성들이 지구의 거주가능성에 많은 영향을 미친다는 걸 점점 더 많이 밝혀내고 있습니다. 예를 들면 1994년에 카네기 연구소의 조지 위더릴은 목성(지구 질량의 삼백 배가 넘는 거대한 행성)이 수많은 혜성 충돌에서 지구를 지키는 방패 역할을 한다는 걸 보여 주었습니다. 목성은 혜성들이 비껴가게 만들고 그것들이 태양계 내로 들어오는 것을 막아 줍니다. 그런 혜성들이 태양계 안으로 들어와 지구와 충돌한다면 지구 안의 모든 생명체가 멸종되고 말 겁니다.

1994년 7월에 슈메이커-레비 9 혜성과 목성의 충돌은 이러한 사실을 잘 보여 주었죠. 이 혜성은 목성의 엄청난 중력에 이끌려 산산조각으로 부서졌고 그 조각이 모두 목성에 부딪쳤습니다. 토성과 천왕성도 그런 류의 혜성잡기에 동참합니다.

게다가, 우리 태양계 내의 다른 행성들은 지구가 소행성대 小行星帶, 소행성이 많이 모여 있는 화성과 목성 사이의 지역 에서 나오는 소행성들의 폭격을 받지 않도록 지켜 줍니다. 이 소행성들은 대개 화성과 목성 사이의 궤도에 존재합니다. 우리의 첫 번째 방어선은 소행성대의 가장자리에 위치한 화성입니다. 화성은 우리 대신 많은 소행성을 맞습니다. 금성도 그렇습니다. 그 행성들이 아니었다면 지구가 어떻게 되었을지 알고 싶다면 달 표면을 보세요. 달은 표면적이 좁아 그리 대단한 방어물이 되지 못하지만, 그래도 꽤 많은 소행성에 부딪힌 것을 알 수 있습니다."

나: "태양계에서 지구의 위치는 어떻습니까? 그것은 지구의 거주 가능성에 얼마나 도움이 되지요?"

곤잘레스: "천체 생물학자들이 고안한 소위 '항성주변거주가능지대'란 개념이 있습니다. 이 개념은 항성 주변의, 지표면에 액체 상태의 물이 존재하는 지구형 행성이 있는 지역을 말합니다. 물의 존재는 그 행성이 항성으로부터 얼마나 많은 빛을 받는가에 따라 결정됩니다.

항성과 너무 가까이 있으면 너무 많은 물이 대기권으로 증발해서 걷잡을 수 없는 온실효과가 일어나게 되고 바닷물이 다 말라 버립니다. 금성에 그런 일이 있었던 게 아닌가 생각합니다. 반면, 항성과 너무 멀어지면 지나치게 추워집니다. 물과 이산화탄소가 얼어붙어 결국 걷잡을 수 없는 빙하 작용이 일어납니다.

태양에서 멀어질수록 행성의 대기권 안의 이산화탄소 함유량이 늘어나야 합니다. 그래야 태양 복사에너지를 묶어 두고 물을 액체 상태로 유지할 수 있으니까요. 그러나 그렇게 되면 포유류 같은 생물에게 필요한 충분한 산소가 없어지게 되는 것이 문제입니다. '항성 주변거주가능지대'라는 아주 얇은 경계 내에서만 복잡한 동물이 생존하기에 적당한 이산화탄소나 충분한 산소가 있을 수 있습니다."

나: "그럼 만약 태양과 지구의 거리가 예를 들어 5퍼센트 정도 당겨지거나 멀어진다면 어떤 일이 벌어질까요?"

곤잘레스: "대재앙이 일어나죠. 동물은 살아남지 못할 겁니다. 태양계에서 동물의 생존이 가능한 지대는 사람들이 생각하는 것보다 훨씬 좁습니다."

리처즈: "그렇기 때문에 지구와 같은 원 궤도가 필요합니다. '항성주변거주가능지대'에 얼마 동안 있는 건 소용없고 항상 그 안에 거기 머물러 있어야 합니다. 일년 중 4개월 동안 물이 녹았다가 다시 지구 전체가 꽁꽁 얼어붙어서는 아무 소용이 없습니다."

정말 대단한 우리 태양

지구에 생명이 존속하는 일의 열쇠는 태양이 분명했다. 태양의 중심부에서 섭씨 1,500만도로 일어나는 핵융합은 1억 4960만 킬로미터 떨어진 우리에게 한결같은 따스함과 에너지를 공급해 주는 원천이다. 나는 어릴 때 눈이 다치지 않도록 마분지 상자 안에 투영된 상을 통해 일식을 목격한 이래, 지구보다 질량이 30만 배나 더 큰 이 불타는 거성에 매혹되었다.

그러나 나는 태양에는 특별한 것이 아무 것도 없다는 말을 늘 들어왔다. 어떤 교과서는 이렇게 단정지었다. "태양은 평범한 항성이다." 태양이 정말 평범하고, 전형적이고, 그저 그런 별이라면, 전 우주에 걸쳐 지구처럼 생명이 사는 수많은 행성들이 태양과 비슷한 항성들 주위를 돌고 있다는 논리가 성립될 것이다.

나: "오늘날 천문학자들은 내가 어릴 때보다 별에 대해 훨씬 더 많은 내용을 알고 있습니다. 지금도 태양이 평범한 별에 불과하다는 결론이 유효합니까?"

곤잘레스: "아뇨 천만의 말씀입니다. 아주 최근에 출판된 일부 천문학 교과서들은 태양이 실제로 진기하다고 말하기 시작합니다. 태양은 은하에서 가

장 질량이 큰 별 10퍼센트에 속합니다. 무작위로 별을 골라잡는다면, 십중팔구 태양보다 훨씬 질량이 작은 별, 대개는 적색왜성을 집게 됩니다. 적색왜성은 별들의 80퍼센트 정도를 차지합니다. 나머지 8-9퍼센트는 G형 왜성이라 불리는데, 대부분 태양보다 질량이 작습니다. 태양은 황색왜성이고, 전문적으로 말하면 G2 분광형입니다(별빛 스펙트럼으로 별의 표면온도를 알 수 있는데, 온도가 높은 순으로 O-B-A-F-G-K-M형으로 분류한 것을 분광형이라 한다. 각 분광형은 뒤에 0~9까지의 숫자를 붙여서 다시 10가지로 나눈다. 별의 온도가 높을수록 파랗고 온도가 낮을수록 붉다).

적색왜성이 도처에 있다는 말에 호기심이 발동했다. "적색왜성이 우주에 가득하다니, 그 얘기를 들어 보고 싶습니다. 적색왜성들은 그 주위를 도는 행성들 안에 생명체가 사는 데 도움이 됩니까?"

곤잘레스: "그렇지 않습니다. 첫째, 적색왜성이 방출하는 광선은 대부분 스펙트럼의 붉은 색에 해당하는데, 이런 광선으로는 광합성이 어렵습니다. 광합성이 제대로 되려면 파란색과 붉은색 빛이 모두 필요합니다. 그러나 더 큰 문제는 별의 질량이 작을수록 그 광도(光度)도 약하다는 겁니다. 이런 종류의 별 주위를 도는 행성이 지표면에 액체 상태의 물을 유지하기에 충분한 열을 얻으려면 훨씬 더 가까운 궤도에 머물러야 합니다.

그런데 행성이 항성 가까이 갈수록 둘 사이의 조력(潮力)이 더 강해져 행성은 자전 속도가 점점 줄어들고 마침내 조력에 붙들린 상태에 빠지고 맙니다. 이것은 행성이 언제나 항성의 같은 면만 보게 된다는 뜻입니다. 그렇게 되면 빛을 받는 쪽과 받지 않는 쪽 사이에 커다란 온도차가 생겨나기 때문에 좋지 않습니다. 빛을 받는 쪽은 대단히 건조하고 더운 반면, 빛을 받지 않는 쪽은 말도 못하게 춥고 얼음투성이가 될 겁니다. 그 뿐이 아닙니다. 적색왜성에는 플레어(flare, 항성의 광구(光球)와 상층 대기인 코로나 사이의 대기층에 있는 물질이 급격히 분출하면서 수초에서 수 시간에 걸쳐 섬광을 내놓다가 소멸하는 현상)가 있습니다."

나: "하지만 태양에도 플레어는 있지 않습니까?"

곤잘레스: "그렇습니다. 적색왜성의 플레어 강도도 태양과 거의 비슷합니다. 다만 적색왜성이 방출하는 빛의 양이 대체로 더 적어서 전체 광도가 훨씬 약하다는 점이 다르지요. 별의 광도에 비해 플레어의 양이 많다는 뜻입니다."

나: "어휴, 너무 어렵습니다."

곤잘레스: "핵심만 말씀드리겠습니다. 이런 유의 별은 플레어 때문에 전체 광도가 변합니다. 사실 천문학자들은 한동안 환해졌다가 다시 어두워지는 그 별들을 플레어 별(flare star)이라 부릅니다. 우리는 태양의 플레어에는 별로 신경쓰지 않습니다. 너무 환한 태양에서 생기는 플레어는 기껏해야 깜빡이는 점에 불과하기 때문입니다. 눈에 잘 띄지도 않지요."

리처즈: "우리가 태양에서 1억 4960만 킬로미터 떨어져 있다는 사실도 기억해야 합니다. 적색왜성의 경우 그 주위를 도는 행성과의 거리가 훨씬 가까울 겁니다."

곤잘레스: "맞습니다. 항성의 광도가 증가하면 그 주위를 도는 행성의 지표면 온도는 급상승합니다. 또, 플레어에서 나오는 입자복사선 증가도 못지않게 해롭습니다. 지구에서는 북극광이라는 아주 온화한 현상만 일어납니다. 이것은 태양의 플레어가 일어난 곳에서 날아온 입자들이 결국 지구로 도달해 자기장을 따라 북극과 남극에 모인 겁니다. 그래서 북반구에서 북극광이라는 아름다운 발광 현상을 보게 되지요.

그러나 입자복사선은 대기권을 빨리 벗겨버려 지표면의 방사선 수치를 높이고, 더욱 심각하게는 복사선으로부터 생명을 지켜 주는 오존층을 파괴합니다. 이 모두가 적색왜성 근처의 행성에 사는 생명체에게는 치명적입니다. 그리고 한 가지 문제가 더 있습니다. 적색왜성은 자외선을 많이 만들어내지 않습니다. 자외선은 대기권에서 산소를 만드는 데 처음부터 많이 필요합니다. 과학자들은 지구 대기의 산소가 처음에는 물을 산소와 수소로 쪼갠 자외선복

사로 만들어졌다고 믿습니다. 산소는 대기 중에 축적되었지만 수소는 더 가볍기 때문에 우주공간으로 빠져나갔습니다. 그러나 적색왜성에서 나오는 파란 빛은 극히 적기 때문에 이러한 현상이 필요한 만큼 빨리 일어나지 않아 생명체가 사는 데 필요한 산소가 축적되지 않습니다.

다행히도 우리 태양은 질량이 적당할 뿐 아니라 붉은색과 파란색이 섞인 적당한 색의 빛을 방출합니다. 지구가 F형 왜성이라는 더 질량이 큰 별 주위를 돈다면, 파란 복사가 훨씬 더 많아 산소와 오존층이 더 빨리 축적될 겁니다. 그러나 오존층에 잠시라도 교란이 생기면 행성에는 그 즉시 대단히 강렬한 자외선 복사가 쏟아져 들어와 생명체에게는 큰 재난이 되었을 겁니다.

또한 질량이 더 큰 별들은 오래 살지 않는데, 그것도 큰 문제입니다. 태양보다 약간 질량이 큰 별들은 몇 십억 년 밖에 못 삽니다. 우리 태양은 수소를 안정적으로 연소시켜 주계열(主系列) 단계에서 100억년 정도 존속할 거라 예상됩니다. 그러나 태양보다 몇 십 퍼센트 정도 질량이 큰 별들은 주계열단계의 수명이 훨씬 짧아집니다. 광도도 훨씬 빨리 변합니다. 모든 라이프사이클이 훨씬 더 빨리 일어나는 거지요."

나: "우리 태양이 특별한 다른 이유가 또 있습니까?"

곤잘레스: "태양은 금속원소가 풍부합니다. 은하계의 이 지역에 있는 비슷한 나이의 다른 별들에 비해 중원소의 함량 비율이 더 높습니다. 태양의 중원소 함량은 생명체가 살 수 있는 지구 크기의 지구형 행성을 만드는 데 적당한 것으로 밝혀지고 있습니다.

또 태양은 대부분의 다른 별들보다 훨씬 더 안정적입니다. 대략 11년의 흑점 주기 전체에 걸쳐 태양광 산출량의 변화는 0.1퍼센트 정도에 불과합니다. 덕분에 지구에는 급격한 기후 변화가 일어나지 않습니다.

또 다른 이례적인 점은 태양의 궤도가 비슷한 나이의 다른 별보다 훨씬 원에 가깝다는 겁니다. 그 덕분에 지구는 은하의 위험한 나선 팔에 가까이 가는 일이 없습니다. 태양의 궤도가 조금 더 타원형이라면, 지구는 초신성폭발등 앞서 소개한 은하의 위험 요소들에 노출될 겁니다."

곤잘레스의 말을 듣고 난 후, 나는 반짝이는 밤하늘을 이전과 전혀 다른 눈으로 보게 될 것 같았다. 예전의 나는 별들을 대체가능한, 비슷비슷한 대상들로 보았다. 그러나 이제는 대다수의 별들이 생명체가 사는 행성을 거느릴 후보감에서 자동적으로 배제되는 이유를 배웠다. 우리 태양처럼 아주 비범한 특성인 최적의 질량, 최적의 빛, 최적의 구조, 최적의 거리, 최적의 궤도, 최적의 은하, 최적의 위치를 갖춘 별이라야 주위를 도는 행성에 생물이 살 수 있는 환경을 제공할 수 있다. 그렇기 때문에 우리의 태양과 우리가 사는 행성 지구는 참으로 희귀한 존재다.

태양 못지않게 내가 경이롭게 바라봤던 또 다른 천체가 있었다. 바로 달이다. 이 메마른 돌덩이 위성이 지구에 어떤 도움을 주는지 궁금했다. 그래서 대화의 주제를 달 문제로 옮겼다.

생명을 뒷받침하는 우리 달

수 세기 전 사람들은 달의 어두운 부분(현무암질 용암이 몰려 있는 저지대 영역)이 보이지 않는 달의 주민들에게 생명수를 제공하는 바다라고 생각했다. 그것들은 라틴어로 '마리아(maria)', 즉 바다라고 불렀다. 그 이름은 지금까지도 남아 있다.

혁명의 불꽃에 부채질을 했던 17세기 천문학자 요하네스 케플러는 달을 관찰한 뒤 자신이 달 사람들이 사는 동굴을 찾아냈다고 믿었다. 그는 그들의 삶이 어떤 것일지 상상하는 책까지 썼다.[16] 1세기 후, 천왕성의 발견으로 명성을 얻은 윌리엄 허쉘은 달의 풍경 가운데서 도시, 도로, 피라미드들을 판독했다고 생각했다.

그러나 과학 지식이 자라남에 따라 달 문명을 찾는다는 꿈은 사라졌다. 달은 생명체를 유지할 수 없다는 데 모두 동의했다. 그러나 근년에 이루어진 놀라운 발견들은 이와 정반대로 달이 실제로 생명을 뒷받침한다는 사실을 밝히고 있다. 다름 아닌 바로 우리의 생명을! 이 바싹 마르고 공기 없는 위성이 어떻게 40만 킬로미터나 떨어진 지구에 전혀 예상치 못한 방식으로 푸르고 안정된 환경을 제공하는지는 과학적 증거들이 확실히 보여 준다.

내가 달이 어떻게 지구의 생명을 유지하는 데 도움이 되는지 물었을 때, 곤잘레스는 1993년에 와서야 겨우 이루어진 발견을 제시했다. "달이 실제로 지축의 기울기를 안정시킨다는 놀라운 발견이 있었습니다. 지축이 기울어져 있기 때문에 사계절이 생기는데, 여름철 북반구에서는 북극의 축이 태양 쪽으로 좀 더 기울어 있습니다. 6개월 후, 지구가 태양의 반대쪽에 있을 때는 남극이 태양 쪽으로 더 기웁니다. 지구가 23.5도 기울어 있는 덕분에 매우 온화한 계절이 가능합니다. 그러니까 실제로 우리 기후의 안정성은 달 덕분입니다."

나 : "그 자리에 달이 없다면 어떤 일이 벌어질까요?"

곤잘레스 : "그럼 지구의 기울기가 큰 폭으로 왔다 갔다 할 것이고, 그 결과 커다란 기후 변화가 일어날 겁니다. 기울기가 90도라면 북극은 6개월 동안 태양에 노출되고 남극은 암흑 속에 있게 됩니다. 나머지 6개월은 그 반대가 될 겁니다. 하지만 현재 지축의 기울기 변화폭은 고작 1.5도에 불과합니다. 달 궤도에서 오는 중력이 지축의 기울기에 안정 장치가 되기 때문입니다.

자기의 주인이라 할 수 있는 행성에 비해 위성이 이렇게 큰 경우는 태양계 내에서 달뿐입니다. 수성과 금성은 위성이 없습니다. 화성에는 작은 위성이 둘(아마 사로잡힌 소행성들)이 있지만, 화성의 자전축을 안정시키는 데 아무 역할을 하지 않습니다. 현재 화성의 자전축은 지축과 상당히 비슷하지만 그건 순전히 우연의 일치입니다. 실제로 화성 자전축의 기울기는 아주 큰 폭으로 변화합니다. 수성, 금성, 화성은 모두 기울기가 제멋대로 달라집니다.

달은 또 다른 중요한 면에서 도움이 됩니다. 지구의 밀물과 썰물 활동을 늘리는 겁니다. 달이 조석에 미치는 영향은 60퍼센트, 태양은 40퍼센트 입니다. 밀물과 썰물은 대륙의 영양소를 바다로 쓸어 보내는 중요한 역할을 합니다. 덕분에 바다에는 풍부한 영양분이 계속 공급됩니다. 그리고 고위도 지방의 온도가 상대적으로 온화하게 유지될 수 있게도 해 줍니다."

나 : "달이 지금보다 더 크다면 어떻게 될까요?"

곤잘레스 : "달이 더 크고 지금과 같은 장소에 있다면, 밀물과 썰물이 훨씬 더 강해져 심각한 어려움이 겪게 될 겁니다. 달은 지구의 자전 속도를 늦추고 있습니다. 달의 인력으로 지구의 자전은 약간 느려지고 달은 궤도에서 약간 벗어납니다. 실제로 측정 가능하지요. 우주비행사들이 달에 거울들을 남겨 두었고, 천문학자들은 1970년대 초부터 그 거울들에다 레이저를 쏘았습니다. 그 실험으로 그들은 달이 궤도에서 연간 3.82센티미터 벗어나고 있다고 보고했습니다. 달이 더 크다면 지구의 자전 속도는 더 많이 느려질 겁니다. 그렇게 되면 문제가 생깁니다. 낮이 너무 길어지면 낮과 밤사이의 기온차가 커질 수 있기 때문입니다."

펜실베이니아 주립대학 지구과학과 기상학 교수 제임스 캐스팅은 "지구 기후의 안정성은 상당한 부분 달의 존재에 의존하고 있다"는 것을 확인했다. 그의 말에 따르면, 달이 없으면 지구의 기울기는 "수천만 년에 걸쳐 0도에서 85도까지 무질서하게 변하고" 그로 인해 치명적인 결과가 생길 수 있다.

나는 지구가 살기 좋은 환경을 갖추는 데 도움이 되도록 '우연히도' 적당한 크기의 달이 적당한 위치에 있다는 사실에 정말 놀랐다. 이것도 생명을 부양하는 우리 생물권이 단순한 우연으로 생겨날 수 있다고 믿기 어렵게 만드는 '우연의 일치' 항목 중 하나다. 그러나 캐스팅은 이미 매우 확률적으로 낮은 상황에다 압도적으로 일어나기 어려운 또 하나의 불가능성을 더해주는 흥미로운 말을 했다. "사람들은 대체로 달이 지구 형성 단계의 후반부에 화성 크기의 천체와 충돌하여 생겨났다고 생각합니다. 하지만 그렇게 달이 만들어질 만한 그런 충돌이 매우 드물다면… 생명체가 살 수 있는 행성들이 생겨날 가능성 또한 매우 드물 겁니다."

수중 세계의 위험

지구의 생명 유지 체계에 달이 기여하는 정도를 살펴보았으니, 이제 지구 자체에 집중할 때였다. 웬만큼 지질학을 공부한 나는 직경 12,800킬로미터의 지구가 그저 단순히 빙빙 도는 커다란 바위덩어리가 아니라 그 내부가 매우 역동적이고 복잡하며 중심에 고체 상태의 철로 이루어진 핵과 그 둘레를 열기에 의해 녹은 액체 철이 둘러싸고 있다는 것 정도는 알았다. 지표면보다 압력이 480만 배나 높은 지구 중심의 온도는 무려 5,000도에 이른다.

나 : "지구의 어떤 현상들이 생명을 유지하는 데 도움을 줍니까?"

곤잘레스 : "먼저 지구의 질량에 대해 말해 보죠. 지구형 행성은 대기를 보존할 수 있는 최소질량을 가져야 합니다. 대기가 있어야 생명체의 원활한 물질대사가 이루어지고 우주복사선으로부터 생물을 보호할 수 있습니다. 또 산소가 풍부한 대기라야 인간처럼 두뇌 용량이 큰 생물들이 살아남을 수 있습니다. 그런데 지구의 대기 중 20퍼센트를 차지하는 산소량은 딱 적당한 것으로 드러났습니다.

행성은 내부의 열이 너무 빨리 식지 않을 만큼 일정 정도 이상의 크기를 갖춰야 합니다. 지구에 있어 매우 중요한 맨틀 대류를 일으키는 것은 지구 내부의 방사능 붕괴로 생겨나는 열입니다. 지구가 화성처럼 작다면 내부의 열이 너무 빨리 식어 버릴 것입니다. 실제로 화성은 다 식어 버려서 기본적으로 죽은 별입니다."

나 : "지구가 지금보다 조금 더 크다면 어떻게 됩니까?"

곤잘레스: "행성이 클수록 표면중력은 더 높고, 해분(海盆)부터 산에 이르는 간격이 줄어듭니다. 산의 기슭에 있는 바위들이 엄청난 무게를 이기지 못하고 얼마 못 가 부서질 겁니다. 행성의 표면중력이 클수록 산을 끌어당기는 중력도 더 커질 것이고, 그 행성은 점점 더 매끈한 구가 되어 갈 겁니다.

지구가 매끄러운 구라면 어떤 일이 벌어질까요? 지구는 많은 물을 담고 있습니다. 지구가 현재 바다세계가 아닌 이유는 대륙과 산맥들이 그 위로 솟아 있기 때문입니다. 모든 육지를 평평하게 깎아 낸다면 물은 2킬로미터 높이로 차오를 겁니다. 그러면 지구는 전체가 물로 덮인 수중 세계가 되는 겁니다. 그 수중 세계는 죽은 세계입니다."

나는 깜짝 놀랐다. "물이 있어야 생명체가 살 수 있다면, 물이 더 많으면 더 많은 생명이 살 수 있는 거 아닙니까?"

곤잘레스: "지구상에 생명체가 있는 이유는 에너지가 풍부하고 태양빛을 받는 대양의 표면 때문입니다. 거기에는 무기영양소가 가득합니다. 조석과 풍화 작용으로 대륙의 영양소가 대양으로 씻겨 들어가고, 바다 속 생물들이 그것을 먹고 삽니다. 그러나 수중 세계에서는, 생명에 필수적인 무기물이 바닥으로 가라앉아 버립니다. 그것이 기본적인 문제입니다. 그밖에도, 수중 세계에서는 염분 축적이 말도 못하게 높을 겁니다. 생물은 어느 정도 이상의 소금기는 견딜 수 없습니다."

나: "바다는 짭니다. 지구가 이것을 어떻게 조절합니까?"

곤잘레스: "일부 해안선을 따라 거대한 늪 같은 지역들이 있습니다. 이 지역들은 얕기 때문에 해양에서 이리로 물이 들어왔다가 소금기를 남겨 놓고 금세 증발해 버립니다. 그래서 대륙에 엄청난 소금 침전물이 쌓이고 해양의 소금량이 조절됩니다. 그러나 수중 세계에서는 결국 과잉소금으로 물이 포화되어 바닥에 침전될 겁니다. 그렇게 되면 생명체에 해로운 과포화상태의 소금물이 생겨날 겁니다."

그러나 일부 과학자들은 목성의 얼어붙은 위성 유로파 내부에 대양이 있을 거라고 가정하고 그 안에는 생명체가 존재할지 모른다는 가설을 세웠다. 나는 이 사실을 제기했다. "박사님은 그런 환경에서 생명이 존재하지 않을 거라고 생각하시죠?"

곤잘레스: "그렇습니다. 생명체가 살 수 있을 거라고 생각하지 않습니다. 소금을 조절할 방법이 없기 때문입니다. 그곳에서 헤엄치는 물고기는 한 마리도 없다고 확신합니다."

그렇다면 산들과 대륙은 생명이 번성하는 행성을 위해 결정적으로 필요하다는 말이 된다. 하지만 그것들은 어디에서 나왔을까? 나는 그것들이 부분적으로는 방사능원소들과 판운동을 포함하는 정교한 안무(어떤 행성이라도 번성하는 생물권을 유지하기 위해 절대적으로 필요한 구성 요소)의 산물임을 곧 알게 되었다.

지구의 엔진

수십 년 동안 과학자들은 지구 생명체의 유지에 있어서 판 운동 및 관련된 대륙 이동이 차지하는 놀랍도록 핵심적인 위치를 확립했다. 대륙 이동은 지구 표면의 딱딱한 껍질, 암석권에서 이루어지는 열두 개가 넘는 거대한 판들의 움직임을 가리킨다. 판 운동의 중요한 부산물은 산맥의 발달이다. 산맥은 대체로 오랜 기간에 걸쳐 판들이 충돌하고 뒤틀리며 만들어진다.

과학자들은 판 운동이 매우 중요하다고 강조한다. 워드와 브라운리는 이렇게 말했다. "판 운동은 행성에 생명체가 살기 위한 핵심적 필요조건일지도 모른다. 우리 태양계의 모든 행성과 위성 중에서 판 운동은 지구에서만 발견된다." 어떤 천체에서 판 운동이 일어나려면 판들의 이동을 매끄럽게 하고 촉진할 수 있는 대양들이 먼저 있어야 한다.

내가 판 운동이 왜 그렇게 중요한지 묻자, 곤잘레스는 절묘한 균형을 맞춰 이루어지는 자연작용들이 지구를 얼마나 미세하게 조정하는지 설명했다.

'판 운동은 대륙과 산맥의 발달에 도움을 주어 이 지구가 수중 세계로 바뀌는 것을 막을 뿐 아니라, 지구의 '이산화탄소-암석의 순환'을 촉진합니다. 판 운동은 온실 가스의 균형을 이루어 환경을 조절하고 지구의 온도를 생명체가 살 만한 수준으로 유지하는 데 결정적인 역할을 합니다.

이산화탄소 같은 온실 가스들은 적외선 에너지를 흡수하고 지구의 온도를 높이는 데 기여합니다. 그러니 그것들은 절대적으로 중요합니다. 문제는 대기 중 온실가스의 농도는 태양이 서서히 밝아짐에 따라 조절될 필요가 있다는 겁니다. 안 그러면 지구는 표면 온도를 안정되게 유지할 수 없게 되고, 그것은 생물에게 재난이 될 겁니다.

판 운동은 지각(地殼)의 조각들칼슘, 이산화탄소와 산소 원자로 이루어진 석회암을 포함해을 맨틀 안쪽으로 순환하게 합니다. 맨틀에서는 지구 내부의 열로 이산화탄소가 방출되고, 그 이산화탄소는 화산을 통해 대기로 계속 배출됩니다. 이렇게 정교한 작용을 통해 온실가스의 균형을 맞추고 표면온도를 조절해 주는 일종의 온도조절장치가 생겨납니다.

판 운동의 원동력은 칼륨-40, 우라늄-235, 우라늄-238, 토륨-232 등 방사성동위원소에서 생겨난 지구 내부의 열입니다. 지구 내부 깊숙한 곳에 있는 이 원소들은 원래 초신성에서 만들어졌고, 은하에서 생산되는 이런 원소들의 양이 점점 줄어들고 있습니다. 시간이 갈수록 초신성의 비율이 줄어들기 때문입니다. 그렇게 되면 장래에는 지구형 행성이 잘 생겨나지 않을 겁니다. 지구처럼 큰 내열을 생성하지 못할 테니까요.

이 방사성 감쇠는 지구핵을 둘러싼 액체 상태의 철이 대류를 일으키는 데도 도움을 주는데, 그 결과 놀라운 현상이 벌어집니다. 지구의 자기장을 발생시키는 발전기가 만들어지는 겁니다. 자기장 역시 지구의 생명체 보존에 결정적인 역할을 합니다. 저에너지 우주선(宇宙線)으로부터 우리를 보호해 주기 때문입니다. 이 자기 보호막이 없다면 더 위험한 방사선이 대기에 들어오게 될 겁니다. 또한 태양풍 입자들이 상층대기와 직접 상호작용을 하여 대기, 특히 물에서 수소와 산소 분자를 앗아갈 겁니다. 그렇게 되면 물이 더 빨리 사라질 것이므로 나쁜 소식이 아닐 수 없습니다.

판 운동이 온실 가스의 균형을 이뤄 지구의 온도 조절에 도움을 준다고 했던 말을 기억하십니까? 지구의 알비도(albedo)라는 또 다른 자연 온도조절장치가 있습니다. 알비도는 행성이 반사하는 햇빛의 비율을 말합니다. 지구에는 대양, 극지방의 만년설, 사막으로 된 내륙 지역 등 기후 조절에 유용한 알비도의 원천이 다양하고 많습니다. 지구에서 반사되지 않는 빛은 흡수되는데, 이는 지표면이 더워진다는 뜻입니다. 이것은 지구의 자연적 피드백 메커니즘 중 하나를 통해 자기조절됩니다. 예를 하나 들어보겠습니다. 일부 해조류는 황화디메틸을 만들어내는데, 이것은 구름응결핵이 형성되는 데 도움을 줍니다. 구름응결핵은 대기 중의 작은 입자들인데 그 주위에 물이 응결되어 구름 물방울들이 만들어집니다.

대양이 너무 뜨거워지면 이 해조류가 황화디메틸을 더 빨리 만들어 더 많이 배출하고 그로 인해 구름응결핵이 더 많이 농축되어 해양의 층운은 알비도가 높아지게 됩니다. 구름의 알비도가 높아지면 이번에는 아래의 대양이 식고, 그러면 해조류가 황화디메틸 재생 속도를 줄입니다. 이런 식으로 자연 온도조절장치가 기능하는 것입니다.[17]

화성에는 대양이 없기 때문에 이러한 알비도 요소가 없습니다. 기껏해야 사막과 극지 부근의 작은 빙관(氷冠), 가끔 생기는 아주 얇은 구름뿐입니다. 게다가 화성은 타원 궤도를 따라 태양과 더 멀어지거나 더 가까워지며 알비도 조절능력이 훨씬 더 떨어지게 됩니다. 그것이 화성이 지구보다 온도차가 훨씬 큰 이유 중 하나입니다."

아슬아슬하게 온실 가스의 균형을 잡는 거대한 판의 이동, 생명체를 유지하기 위해 지하 아궁이 역할을 하는 방사성 동위원소의 감쇠, 자기장을 만들어 위험한 우주선(宇宙線)을 굴절시키는 지구 내부의 발전기, 생물학과 기상학을 결합하는 정교한 피드백 고리. 나는 잠시 멈춰 지구의 환경을 만들어 내는 복잡하게 상호 연관적인 작용들에 감탄할 수밖에 없었다.

그러나 그것은 시작에 불과했다. 곤잘레스는 이 외에도 다른 수십 가지의 미세 조정된 현상들을 계속 제시했다. 그 중 하나는 귀중한 광석들이 지표면 근처에 매장되도록 한 정교한 물리적 작용들이다. 그 덕분에 광석들이 효과적으로 채굴되어 기술 발전에 기여할 수 있었다. 버클리 캘리포니아대학의 지질학자 조지 브림홀은 이렇게 말했다. "광석의 생성 및 광상(鑛床)이 지표면 근처에 몰린 현상은 단순히 지질학적 우연의 결과로 설명할 수 없다. 적당한 환경에서 일련의 정확한 물리적 화학적 사건들이 올바른 순서로 벌어지고 그 다음 특정한 기후조건이 뒤따라야만 문명과 기술의 발전에 너무나 결정적인 이 화합물들이 농집되어 나타날 수 있다."

나는 우주 공간에서 우리가 놓인 특권적인 위치를 포함해 "뜻밖의 운 좋은" 여러 가지 환경들을 모두 더해 보았다. 뭐라 표현할 길이 없는 경이감이 밀려왔다. 이 모두가 뜻밖의 우연에서 생겨났다는 말은 터무니없이 느껴졌다. 숨기려 해도 숨길 수 없는 설계의 표시가 저 멀리 은하수부터 지구의 내핵에 이르기까지 분명하게 드러나 있었다.

그러나 그것이 전부가 아니었다. 이 놀라운 세계가 창조된 목적 중 하나는 우리가 그것을 탐구하는 모험을 하기 위한 것이라고 전혀 새로운 차원의 증거가 암시하고 있었다.

식(蝕)의 위력

젊은 시절 곤잘레스는 일식과 월식에 푹 빠졌다. 그로 인해 그는 평생 별의 신비를 연구하게 되었다. 아마추어 천문가일 때 목격했던 부분일식에 매혹된 그는 제대로 된 일식, 달이 태양의 광구(光球)를 거의 완전히 가리는 개기일식을 보고 싶었다. 1995년, 마침내 그에게 기회가 왔다. 그 해 10월 24일 일식이 일어난다는 사실을 알고, 그는 개기일식을 완벽하게 볼 수 있는 몇 안 되는 장소 중 한 곳인 인도 북부에서 그것을 관찰할 수 있도록 연구일정을 짰다.

곤잘레스: "일식과 월식의 놀라운 점은 숙련된 천문학자와 오지 마을의 주민이 나란히 서서 감동의 눈물을 흘린다는 겁니다. 둘 다 경외감에 사로잡힙니다. 해가 완전히 가려지더니 태양의 아름다운 코로나가 보였습니다. 캠프 안에서 그 광경을 본 사람들이 공연에 답례라도 하듯 박수갈채를 보냈습니다. 정말 너무나 아름다운 광경이었습니다!"

곤잘레스는 일식의 사진을 찍고 과학적 측정을 했다. 그러나 그것으로 끝나지 않았다. 그는 좀처럼 지워지지 않는 한 가지 깨달음을 얻었다. 그것은 "태양계의 다른 어떤 행성에서보다 지구에서 식이 잘 보인다"는 사실이었다.

"매우 드문 특성들이 놀랄 만큼 한데 모여 지구 위의 사람들에게 개기일식을 보여 줍니다. 이 현상이 필연적으로 일어나도록 만드는 물리 법칙은 없습니다. 사실 우리 태양계의 9개 행성과 63개 이상의 위성 가운데 개기일식을 관찰할 수 있는 최적의 장소는 바로 지구의 표면이고, 그것은 '얼마 남지 않은' 시간 동안만 가능한 일입니다.

정말 놀라운 사실은 개기일식이 가능한 이유가 태양이 달보다 400배 크면서도 400배 멀리 떨어져 있기 때문이라는 겁니다. 이렇듯 믿기 어려운 우연의 일치 덕분에 태양과 달의 크기가 딱 맞게 되는 거지요. 태양과 달이 그런 식으로 배치되어 있고 지구가 위성이 딸린 행성 중 태양계에서 가장 안쪽에 위치하기 때문에, 지구에서의 관찰자는 다른 어떤 행성에서보다 채층(彩層, 태양의 광구(光球)와 상층 대기인 코로나 사이의 대기층)의 모습을 더욱 자세히 볼 수 있습니다. 그렇기 때문에 일식은 과학적으로 가치 있는 현상이 됩니다. 정말 흥미로운 점은 우주에서 개기일식이 나타나는 시간과 장소가 그것에 대한 관찰자가 존재하는 시간과 장소와 일치한다는 사실입니다."

그 '우연의 일치'가 너무나 매혹적으로 느껴져 나는 그에게 마지막 말을 한 번 더 해달라고 부탁했다. 내 요청대로 해 준 후, 곤잘레스는 이렇게 덧붙였다. "게다가, 개기일식 덕분에 중요한 과학적 발견들이 가능했습니다. 일식이 일어나지 않는 다른 곳에서는 그런 발견이 어려웠을 겁니다."

나: "어떤 발견입니까?"

곤잘레스: "세 가지 예만 들어보겠습니다. 첫째, 개기일식은 별의 본질을 파악하는 데 도움이 되었습니다. 천문학자들은 분광기를 사용해 태양의 색깔 스펙트럼이 어떻게 만들어지는지 알게 되었고 나중에 그 자료는 멀리 떨어진 별들의 스펙트럼을 해석하는 데 도움이 되었습니다.

둘째, 1919년에 일어난 개기일식에 힘입어 두 팀의 천문학자들은 중력 때문에 빛이 휘어진다는 아인슈타인 일반상대성이론의 예측을 확인할 수 있었습니다. 개기일식 동안에만 가능했던 그 실험으로 인해 아인슈타인의 일반상대성이론이 증명된 것이죠.

셋째, 개기일식에 대한 역사적 기록 덕분에 천문학자들은 지난 수천 년 동안에 걸친 지구 자전의 변화를 계산할 수 있었습니다. 그로 인해 고대의 역법을 현대의 기년법에 반영할 수 있었는데, 그건 매우 중요한 일이었습니다."

리처즈: "신비한 사실이 하나 더 있습니다. 우리에게 살기 좋은 행성을 제공한 조건들이 동시에 우리의 위치가 과학적 측정과 발견에 더없이 훌륭한 곳이 되게 한다는 것입니다. 그래서 우리는 거주 가능성과 측정 가능성 사이에 상관관계가 있다고 말합니다.

지구, 태양, 달의 구체적인 배치는 개기일식을 가능하게 만들 뿐 아니라 지구상에 생명체를 유지하는 데도 필수적입니다. 달의 크기와 위치로 인해 지구의 기울기가 어떤 식으로 안정되고 조석이 늘어나는지, 그리고 태양의 크기와 지구와의 거리 덕분에 지구에서 생명이 어떤 식으로 가능하게 되는지는 앞에서 살펴봤습니다."

리처즈가 결론을 내렸다. "요점은 이겁니다. 우리를 존재할 수 있게 해 주는 희귀한 특성들이 우리가 주위 세계에 대한 사실을 발견하는 데 최적의 환경을 제공할 거라고 가정할 명백한 이유가 없습니다. 사실, 지구상에서 과학적 발견을 할 수 있는 조건들은 너무나 미세 조정되어 있기 때문에 그 조건들을 단지 우연의 탓으로 돌리는 데에는 엄청난 믿음이 필요할 거라고 생각합니다."

거주 가능성과 측정 가능성

개기일식에 대한 연구에서 자극을 받은 곤잘레스와 리처즈는 거주 가능성과 측정 가능성이 거짓말처럼 만나는 수십 가지 다른 상황을 조사하기 시작했다. 폭넓은 사례를 조사한 결과 그들의 놀라움은 더욱 커졌다.

곤잘레스 : "은하수에서 우리의 위치는 생명체에 최적일 뿐 아니라 뜻밖에도 천문학자들과 우주론자들이 다양한 발견을 하는 데 최적지입니다. 은하계의 중심에서 멀찍이 떨어져 원반의 평평한 면에 있는 현 위치는 가까운 별과 먼 별 모두를 관찰하기에 더 없이 좋은 지점입니다.

우리의 위치는 우주배경복사를 탐지하기에도 딱 좋습니다. 우주배경복사는 우리 우주가 대폭발로 시작했다는 사실을 아는 데 도움이 되었기 때문에 대단히 중요합니다. 배경복사는 우주가 겨우 30만년 되었을 때의 특성들에 대한 값진 정보를 담고 있습니다. 그 자료를 얻을 수 있는 다른 방법은 없습니다. 우리가 은하계의 다른 곳에 있었다면, 배경복사를 탐지하기가 매우 어려웠을 것입니다."

리처즈 : "달은 지구의 기울기를 안정시킵니다. 덕분에 우리는 살기 좋은 기후에서 살아가고, 적설(積雪)로 만들어진 극지방의 빙하가 계속 보존됩니다.

이 빙하들은 과학자들에게 대단히 소중한 자료가 담긴 기록입니다.

빙하를 깊이 파내려가 빙핵(氷核)을 채취하면 연구자들은 수십만 년 전의 자료를 모을 수 있습니다. 빙핵으로 극지방 근처의 강설, 기온, 바람의 역사와 대기 중의 화산재, 메탄과 이산화탄소의 양을 알 수 있습니다. 베릴륨-10 농축량의 변화를 통해 흑점주기도 알 수 있고, 4만 년 전에 일어난 지구 자기장의 일시적 약화도 알 수 있습니다. 1979년, 과학자들은 남극에서 채취한 빙핵으로 질산염 증가와 인근 초신성과의 잠정적 연관성을 밝혀 냈습니다. 더 깊은 곳에 있는 빙핵을 채취하면 지난 수십만 년 동안 폭발한 가까운 초신성을 모두 분류할 수 있을지도 모릅니다. 이런 연구 결과는 다른 방법으로는 불가능할 겁니다."

리처즈는 거주 가능성과 측정 가능성의 이상한 상관관계를 보여 주는 또 다른 예로 지구 대기의 투명성을 들었다. "고등 생물의 물질대사는 대기 중 10-20퍼센트의 산소량을 요구하는데, 그 정도의 산소량은 불을 다루는 데 적절한 양이므로 기술발전이 가능하게 만듭니다.[18] 그러나 우연히도 지구 대기는 그 구성 덕분에 투명합니다. 만약 메탄 같은 탄소함유원자가 많다면 대기는 투명하지 않을 겁니다. 그리고 투명한 대기는 천문학과 우주론이 발달할 수 있는 여건이 되었습니다."

나 : "잠깐만요. 지구 대기의 수증기 때문에 하늘이 흐려져서 천문관측에 지장이 있지 않나요? 그렇기 때문에 우주 공간에 망원경을 설치한 것이 획기적 발전이었던 것 아닙니까?"

곤잘레스 : "천문학자들은 완전히 흐리거나 항상 바람이 부는 먼지투성이의 대기보다 힌때 흐린 대기를 더 신호합니다. 그밖에도 우리는 측정 가능성의 모든 조건이 지구에서 독특하고 개별적으로 최적화되었다고 말하는 게 아닙니다. 우리의 논증은 소위 '경쟁 조건들의 최적협상'에 근거하고 있습니다.

헨리 페트로스키는 이렇게 말했습니다. '모든 설계는 상충되는 목표들을 조화시켜야 하기 때문에 타협이 불가피하다. 최고의 설계는 언제나 최고의 타협점을 내놓는다.' 다양한 과학 분야에서 새로운 사실들을 발견하기 위해 우리의 환경은 경쟁요소들 사이의 훌륭한 타협이어야 하는데, 지구의 환경이 바로 그렇습니다."

거주 가능성과 측정 가능성 사이의 흥미로운 연관성을 보여 주는 또 다른 예는 판 운동이다. 곤잘레스와 리처즈가 앞에서 설명한 것처럼, 판 이동은 살기 좋은 행성이 되는 데 필수 요소다. 이 지각 판 이동의 부산물 중 하나가 지진인데, 지진은 다른 방법으로는 얻기 어려울 연구 자료를 마련해 주었다.

리처즈: "세계 곳곳에 있는 수천 개의 지진계가 수십 년 동안 지진을 측정해 왔습니다. 지난 수십 년 동안 과학자들은 그 자료를 사용해 지구의 내부구조에 대한 삼차원 지도를 만들 수 있었습니다. 지구에 생명체가 살 수 있는 환경을 만든 비범한 조건들 때문에 우연히도 지구는 우주를 관찰하고, 분석하고, 이해하기에 안성맞춤인 곳이 됩니다.

그것이 모종의 우주적 변덕에 불과할까요? 우리는 그저 운이 좋은 것 뿐 일까요? 나는 우연의 일치와 의미 있는 패턴을 분별할 수 있는 능력이 지혜라고 생각합니다. 여기에는 우연의 일치 그 이상이 들어 있습니다. 의미 있는 패턴이 분명히 있습니다."

생명의 3자택일

곤잘레스와 리처즈에 따르면, 생명체의 존재를 설명하려 들 때 우리는 3자택일에 직면하게 된다. 첫 번째 가능성은 물리법칙 같은 어떤 자연적 필연성이 불가피하게 생명을 낳는다는 것이다. 외계지성탐사연구의 옹호자들은 그 가능성을 선호한다. 그러나 최근에 제시되는 많은 과학적 발견들은 생명에 필요한 조건들이 모두 갖추어질 확률이 믿기 어려울 정도로 낮다는 사실을 보여 준다. 또, 많은 과학자들이 지적 생명체가 적어도 한때 우리가 생각하던 것보다 훨씬 더 드물다는 결론을 내리고 있다. 지적 생명체는 지구에만 존재할 가능성이 높다.

두 번째 가능한 설명은 우연이다. 생명은 요행이라는 것이다. 충분히 많은 별 주위를 도는 충분히 많은 행성이 있다면, 그 중 하나에서는 생명체가 생기지 않겠느냐는 것이다. 브라운리와 워드는 이 쪽에 끌리는 듯하다.

세 번째 가능성도 있다. 생명은 창조되었다는 것이다. 곤잘레스와 리처즈는 지구에 생명체가 살 수 있게 만든 대단히 드문 상황들을 모두 연구하고, 놀랍게도 그 동일한 조건들이 과학적 발견의 발판이 된다는 사실을 발견하고 난 뒤 이 진영에 합류했다.

리처즈가 말했다. "관찰자가 있는 그 장소가 바로 관찰하기에 가장 좋은 장소라는 사실을 알게 되는 건 정말 놀라운 일입니다. 나는 우주에 생명체가 드물다는 사실, 그리고 거주 가능성과 측정 가능성이 겹치는 패턴에서 설계의 증거를 봅니다."

나는 곤잘레스에게 물었다. "박사님의 결론은 무엇입니까?"

"솔직한 내 결론은 관찰자가 과학적 발견을 할 수 있는 장소에 살도록 이 우주가 설계되었다는 것입니다. 우주에는 여러 목적이 있겠지만 과학적 발견이 적어도 그 중 하나라는 건 압니다."

리처즈: "기독교에서 이것은 아주 자연스러운 결론입니다. 기독교인들은 언제나 하나님이 자연의 책과 성경책을 통해 자신의 존재를 증거하신다고 믿었습니다. 19세기에 과학은 사실상 자연의 책을 덮어 버렸습니다. 그러나 이제, 새로운 과학적 발견들이 그 책을 다시 펼치고 있습니다."

나: "하지만 우주가 우리를 염두에 두고 설계되었다면, 왜 그토록 엄청나게 광대할까요? 우주에는 빈 공간이 너무 많습니다. 그건 낭비이자 불필요한 것 아닙니까?"

리처즈 : "우주가 발견의 대상으로 설계되었다면, 우리에겐 발견할 거리가 필요합니다. 우주는 광대하고 우리는 작습니다. 그러나 우리는 우주를 연구할 수 있습니다. 우리는 100억 광년 떨어진 곳에서 온 배경복사를 볼 수 있습니다."

곤잘레스 : "게다가 생명이 사는 행성이 생겨나기 위해 있어야 할 중원소들이 만들어지려면 초신성이 필요했습니다. 초신성 중 한 가지 유형은 '표준촛불'로 대단히 유용합니다. 초신성 1a형은 측정 가능한 발광체를 갖고 있어서 그것들을 이용해 거리를 측정하고 우주의 팽창사를 살펴볼 수 있습니다. 그러니까 여기서도 거주 가능성과 측정 가능성 사이의 연관성을 볼 수 있는 겁니다."

리처즈 : '다윈은 꽃가루가 설계되었을 리 없다고 불평한 적이 있습니다. 그는 꽃가루를 지독한 낭비라고 했죠. 수백만 개의 입자가 만들어지지만 그 중 극소수만 꽃의 발생에 사용되기 때문입니다.

그러나 하나만 알고 둘은 모르는 소리죠. 현재 꽃가루는 과거를 과학적으로 탐구할 때 사용하는 가장 유용한 도구 중 하나입니다. 탄소 14 동위원소측정법으로 꽃가루의 연대 측정이 가능하기 때문입니다. 호수 침전물과 빙핵에서 꽃가루를 발견하면, 그것을 사용해 퇴적층이 얼마나 오래되었고 고대의 기후가 어떠했는지 측정할 수 있습니다.

다윈은 생물학적 관점에서만 꽃가루를 보았습니다. 그러나 더 큰 그림을 볼 때, 우리는 꽃가루에 다윈이 생각지도 못했던 다른 용도가 있음을 보게 됩니다. 어쩌면 우주의 많은 다른 사례들도 그럴지 모릅니다."

애지중지 길러진 생물들

나는 방금 배부른 식사를 마친 사람처럼 테이블 뒤로 의자를 밀어냈다. 포식한 게 사실이었다. 곤잘레스와 리처즈는 내게 놀라운 성찬을 대접했다. 꼬리를 무는 사실들, 증거들, 발견들이 믿기 어려운 결론으로 나를 유도했다. 거기 앉아 자료를 음미하는 도중, 인터뷰 직전에 비행기에서 읽었던 책「하나님과 천문학자들」이 떠올랐다.

저자 존 오키프는 1장에서 열네 살 때 학교에 갔다가 룸메이트와 하나님에 대한 여러 차례의 논쟁을 시작하게 된 이야기를 소개한다. 그 논쟁 때문에 그는 천문학에 관심을 갖게 되었다. 천문학은 과학자들이 창조주의 가능성에 대한 새롭고 신나는 증거를 발견하기 시작하던 분야였다.

하버드와 시카고 대학에서 학위를 받은 오키프는, 저명한 천문학자이자 우주 연구의 선구자가 되었다. 유진 슈메이커는 그를 "천체지질학의 대부"라고 불렀다. 그는 가더드우주비행센터가 수여하는 최고상을 비롯해 많은 명예장을 받았고, NASA에서 과학 연구를 하는 동안 수많은 획기적 발견을 한 공로를 인정받았다.

하나님에 대한 오키프의 믿음을 강화시켜 준 것은 천문학의 발견들이었다. 그는 우주의 다른 곳에 생명체를 위한 적절한 조건이 갖춰질 확률을 추정하는 계산을 한 적이 있다. 그는 자신의 가정이 옳다면, 수학적 확률에 근거할 때 "우주에서 지적 생명체가 살 수 있는 행성은 하나뿐일 듯하다. 우리는 지구라는 행성 하나를 알고 있다. 다른 행성들의 존재는 불확실하고 어쩌면 그런 별은 없을지도 모른다"고 결론지었다.

오키프는 물론 다른 문명이 존재한다 해도 신학적으로 아무런 문제가 없을 거라고 말했다. 그것이 많은 기독교인들의 입장이다.[19] 하나님은 분명 성경이 밝히지 않는 다른 생명체와 그들이 사는 행성들을 창조하실 수 있었을 것이다. 그러나 지구상에 생명체를 탄생시킨 여러 상황들의 절묘한 일치가 얼마나 있을 수 없는 일인지, 그 때문에 오키프는 이런 결론을 내렸다. "천문학적 기준으로 볼 때, 우리는 응석받이로 총애를 받으며 애지중지 길러진 생물들이다. 모든 생명체가 스스로 생겨났다는 다원주의 주장은, 엄마 손을 뿌리치고 자기

발로 서겠다고 노력하는 아기의 씩씩함 만큼이나 어처구니없고 귀여운 데가 있다. 우주가 더할 수 없이 엄밀한 의미에서 정교하게 만들어지지 않았다면 우리는 존재하지도 못했을 것이다. 이 상황은 우주가 인간이 살아갈 장소로 창조되었음을 말해 준다는 것이 내 견해다."

우주가 인류가 탐구할 대상으로 설계되었다는 곤잘레스와 리처즈의 연구 결과는 창조주에 대한 새로운 차원의 설득력 있는 증거들을 더해 주었다. 솔직히 그들의 분석은 말이 된다.

하나님이 그 피조물들을 위한 놀라운 거처를 그토록 정밀하고 세심하게 사랑을 담아 만드셨다면, 그들이 그곳을 탐험하고, 측정하고, 조사하고, 평가하고, 거기에 감동을 받고, 그리고 가장 중요한 부분, 궁극적으로 그곳을 통해 그분을 발견하기를 바라신 것은 당연하리라.

참고 문헌

- Michael Denton, *Nature's Destiny*. New York: The Free Press, 1998.
- Guillermo Gonzales and Jay Wesley Richards. *The Privileged Planet*. Washington, D.C.: Regnery, 2004.
- Robert Jastrow, *God and the Astronomers*. New York: W. W. Norton, second edition, 1992.
- Peter Ward and Donald Brownlee. *Rare Earth*. New York: Copernicus, 2000.

최종 질문

1. 당신은 학교에서 지구에 대해 어떻게 배웠는가? 당신이 배운 지구는 아주 특별한 곳인가, 아니면 그저 생물이 사는 수없이 많은 행성들 중 하나일 뿐인가? 곤잘레스 & 리처즈와의 인터뷰를 보고 당신의 견해는 달라졌는가? 어떻게 달라졌는가?

2. 우주, 우리 은하, 태양계, 태양, 지구에 대한 여러 가지 사실 중 어떤 것이 당신에게 가장 흥미로웠는가? 그 이유는 무엇인가?

3. 곤잘레스와 리처즈는 생명의 존재에 관해 본질적으로 세 가지 선택사항이 있다고 말했다. 하나는 물리법칙 같은 자연적 필연성 때문에 불가피하게 생명이 생겨난다는 입장이다. 두 번째는 순전한 우연이다. 생명은 요행이라는 것이다. 세 번째, 생명이 의도적으로 창조되었다는 것이다. 곤잘레스와 리처즈가 제시한 모든 증거를 종합할 때, 증거의 무게는 어느 쪽으로 쏠리는가? 어떤 사실들이 당신의 결론을 뒷받침하는가?

4. 우주연구의 저명한 선구자 존 오키프는 천문학의 증거에 이끌려 "우주는 인간이 살도록 창조된 곳이다"라는 결론을 내렸다고 말했다. 잠깐만 그가 옳다고 가정해 보자. 하나님이 지구를 창조하고 그곳에 인류를 포함해 친히 설계하신 생물들을 살게 하신 이유를 생각해 보자. 그러한 이유들이 개인적으로 어떤 의미가 있는가?

8
다윈에게는 세포가 블랙박스였다

> 지금까지 우리는 항상 세포를 과소평가했다. 세포 전체는 큰 단백질 기계들로 만들어진 조립 라인들이 서로 맞물려 정교한 네트워크를 이룬 공장으로 볼 수 있다. [그것들을] 왜 기계라 부르는가? 거시 세계에서 효율적으로 작동하는 인간의 발명품 기계들처럼, 이 단백질 조립품들 속엔 서로 절묘한 조화를 이루는 구동부품들이 들어있기 때문이다.
> – 미국립과학원 원장 **브루스 앨버츠**

> 지적 설계를 우연과 필연의 상호작용으로 대체하는 일은 원칙적으로 거부해야 한다. 현재로선 일체의 생화학 체계의 진화에 대한 상세한 다윈주의적 설명은 없고 다양한 추측만이 있을 뿐임을 인정해야 한다.
> – 생화학자 **프랭클린 해럴드**

어린 시절 마이클 베히는 주일학교에서, 하나님이 우주를 만드셨고 앞으로 일어날 일을 아셨으며 생명체가 생겨나게 하실 뜻이 있으셨다고 배웠다. 하지만 정규 학교 교육에서는 그 전체 과정을 다윈주의적 진화를 통해 발견한다고 배워야 했다. 그는 나중에 생화학을 전공했는데, 엄청나게 복잡한 생물학적 체계들을 접할 때마다 머리를 긁적이며 이렇게 말했다.

"세상에, 진화로 이게 만들어진다고? 글쎄, 누군가 아는 사람이 있겠지!"

그는 누군가 알고 있으리라 가정하고 공부를 계속했다.

그러던 어느 날, 미국립보건연구원에서 DNA에 대한 박사 후 과정 연구 중, 그와 동료 한 사람은 생명이 자연주의적 과정으로 생겨나려면 무엇이 필요한지 헤아려 보았다. 단백질, 유전암호, 세포막 등 필요한 구성요소들을 열거하던 그들은 서로 쳐다보며 말했다. "말도 안돼!" 그들은 생명체가 결코 저절로 생겨날 수 없다고 판단했다.

그 후, 베히는 유전학자 마이클 덴튼의 획기적인 저서 「위기에 처한 진화론」을 읽었다. 처음으로 다윈주의에 대한 논리정연한 과학적 비판을 접하게 된 그는 깜짝 놀랐다. 그 전까지 그는 다윈을 의심하는 건 "종교적 광신도들" 뿐이라고 생각했다. 그러나 이제 사려 깊은 불가지론적 과학자가 다윈의 자연선택 메커니즘에 대해 강력한 반론을 제시하고 있었다. 그 책은 생명체가 어떻게 시작되었는지, 오랜 세월에 걸쳐 어떻게 진화했는지 다윈주의가 정말 설명할 수 있는지 묻고 있었다.

덴튼의 책에 자극받은 베히는 그전까지 막연히 존재하겠거니 생각했던 상세한 다윈주의적 설명을 찾아 과학 문헌을 뒤지기 시작했다. 그가 찾은 자료들 속의 과학자들은 복잡하고 상호 연결된 생물학적 체계를 묘사한 후 늘 이렇게 말했다. "자연선택으로 이것이 조립되었다는 것이 놀랍지 않은가?" 언제나 "어떻게"는 나와 있지 않았다.

비로소 베히는 생화학자인 자신이야말로 과학적 증거가 생물체 존재의 근원으로 다윈주의를 지목하는지 하나님을 지목하는지 조사할 만한 완벽한 조건을 갖추고 있음을 깨달았다. 결국, 생명은 본질적으로 분자적 현상이기 때문이다.

다윈주의적 진화가 제대로 작동하려면 아미노산, 단백질, DNA의 미시 차원에서부터 제대로 변화가 일어나야 한다. 세계의 설계자가 정말 있다면, 그의 지문이 세포 전반에 묻어 있을 것이다. 세포는 베히의 세상이었다. 세포의 세계는 전형적인 세포 하나를 만드는 데 10^{13}개의 원자가 필요한, 엄청나고 복잡하면서도 아주 작은 곳이다. 한 과학자는 단세포 생물을 첨단공장으로 묘사했다.

베히는 최대한 선입관을 배제하고 새로운 눈으로 분자의 증거를 꼼꼼히 살펴 나갔다. 결국 그는 자신의 충격적인 결론을 한 권의 책으로 요약하여 출간했는데,「내셔널리뷰」지는 그책을 20세기의 가장 중요한 비소설 중 하나로 꼽았다.

여섯 번째 인터뷰 : 마이클 베히 박사

어느 가을날 오후, 마이클 베히를 만나기 위해 간 리하이 대학에는 곳곳에 낙엽이 흩어져 있었다. 나는 이층으로 올라갔다. 복도 양쪽에는 연구실들이 즐비하게 늘어서 있었다. 복합탄수화물실험실, 크로마토그래피/전기영동실험실, 분자미생물학연구실험실, 신경내분비학실험실, DNA 실험실, 그리고 문 앞에 "위험!" 표지판이 붙어 있는 으스스한 바이러스학 실험실.

베히의 사무실 문을 노크하자 그는 나를 기분 좋게 맞아 주었다. 그는 펜실베이니아 주의 반대쪽에서 자라났다. 드렉셀 대학에서 화학분야의 학위를 우등으로 받았고, 펜실베니아대학에서 생화학 박사학위를 받았다. 그리고 펜실베니아대학과 국립보건 연구원에서 박사 후 과정 연구를 한 후, 1985년에 리하이 대학의 교수가 되었다. 국립과학재단의 분자세포생물과학 분과의 분자생화학평가위원도 역임했다.

그는 「DNA 염기 서열」 외 과학 잡지에 40편이 넘는 논문을 실었다. 메이요클리닉에서 강의를 했고 예일, 카네기멜런, 아버딘 등 수십 개 대학에서 강연했다. 현재는 미국생화학분자생물학회, 분자생물학과진화학회 등 여러 전문단체의 회원이다.

베스트셀러 저자이기도 한 베히는 대단히 독창적이고 정밀하고 지적으로 강력한 논증으로 생화학 차원에서 다윈에 대한 압도적인 반론을 편다. 그전까지 누구도 하지 못한 일이다.[1]

내가 리하이를 찾게 된 것도 바로 이 책 때문이었다. 세포 세계를 움직이는 작지만 복잡한 분자 기계들이 설계자에 의해 창조되었다는 생각을 베히의 이론들이 강하게 뒷받침해줄 수 있다는 것을 알았다. 물론 그의 논증이 회의적인 다윈주의자들의 반론을 이겨 낼 수 있다면 말이다.

블랙박스 안을 들여다보기

베히의 책 제목에 등장하는 "블랙박스"는 흥미롭지만 모르는 체계나 기계를 묘사할 때 과학자들이 쓰는 용어다. 베히는 책상 위에 놓인 컴퓨터를 가리키며 설명했다. "컴퓨터는 대부분의 사람들에게 블랙박스입니다. 키보드를 치고 문서작성을 하고 게임도 하지만, 대부분의 사람들은 컴퓨터가 실제로 어떻게 작동되는지 전혀 모릅니다."

나: "그렇다면 다윈에게 블랙박스는 세포였군요."

베히: "그렇습니다. 다윈 시대의 과학자들이 현미경으로 관찰했을 때, 세포는 핵에 해당하는 검은 점이 있는 작은 젤리 덩어리처럼 보였지요. 세포는 나뉘지고 돌아다니는 등 흥미로운 일들을 할 수 있었지만, 과학자들은 세포가 어떻게 그런 일을 하는지 몰랐습니다."

나: "그래도 추측은 했을 거 아닙니까?"

베히: "물론입니다. 당시에는 전기가 대단한 것이었던 터라 젤라틴 같은 물질에다 전기 충격만 주면 살아날 거라고 믿는 사람들도 있었습니다. 대부분의 과학자들은 세포를 깊이 탐구할수록 더욱 단순한 구조를 발견하게 될 거라고 추측했지요. 그러나 정반대의 일이 벌어졌지요.

우리는 생명의 밑바닥까지 살펴봤습니다. 분자 차원까지 이른 겁니다. 그런데 그 끝까지 생명은 복잡했습니다. 우리는 세포가 무시무시할 정도로 복잡하다는 것과 적당한 모양과 힘을 갖고 적당한 상호작용을 하는 마이크로 기계들에 의해 가동된다는 사실을 알게 되었습니다. 이러한 기계들의 존재는 다윈 자신이 제시했던 하나의 시험에 도전합니다."

나: "시험이라니요?"

베히: "다윈은 「종의 기원」에서 이렇게 말했습니다. '수많은 연속적인 작은 변이들에 의하여 생겨날 수 없는 어떤 복잡한 기관(器官)의 존재가 증명된다면, 나의 이론은 그날로 무너질 것이다.' 그 말은 환원 불가능한 복잡성이라

는 내 개념의 토대가 되었습니다.

어떤 체계나 장치를 구성하는 수많은 다양한 요소들이 모두 유기적으로 작동해야만 제 임무를 감당할 수 있고 그 요소 중 하나만 빠져도 더 이상 기능하지 않을 경우, 그 체계는 환원불가능하게 복잡하다고 말합니다. 환원불가능하게 복잡한 체계가 다윈주의 진화과정을 통해 하나씩 만들어질 가능성은 대단히 낮습니다. 그 체계가 기능을 하기 위해서는 그 체계를 구성하는 모든 요소가 다 갖춰져 있어야 하기 때문입니다. 내가 즐겨 쓰는 예는 쥐덫입니다."

그는 일어서더니 서랍에서 평범한 쥐덫을 꺼내 내 옆 책상에 올려놓았다. "보시다시피 각 부분들은 상호 의존하고 있습니다.

첫째, 다른 부분들과 이어진 나무판자가 있습니다. 둘째, 쥐를 때려잡는 일을 하는 금속 망치가 있습니다. 셋째, 쥐덫이 장치되어 있을 때 길게 나온 끝부분으로 판자와 해머를 눌러 주는 스프링이 있습니다. 넷째, 생쥐가 조금이라도 압력을 가하면 풀리는 걸쇠가 있습니다. 마지막 다섯 번째, 덫이 장치되어 있을 때 걸쇠에 연결되어 해머를 뒤로 젖힌 상태로 지탱해 주는 금속 막대가 있습니다.

이 부분들 중 어느 하나를 빼 버린다면, 쥐덫의 효율성이 전보다 절반으로 떨어지거나 생쥐를 절반밖에 못 잡게 됩니까? 아닙니다. 쥐를 **한 마리도** 못 잡게 됩니다. 쥐덫은 고장나고 맙니다. 전혀 작동하지 않습니다.

이 다섯 부분이 있기만 하면 되는 게 아니라 그 크기와 자리가 서로 맞아야 합니다. 각 부분이 각기 맞는 위치에 고정되어 있습니다. 어떤 지성적 존재만이 쥐덫을 그런 식으로 만듭니다. 그러나 세포 안에서는 그것을 구성하는 각 부분이 어디로 가야 할지 누가 말해 줍니까? 누가 세포의 각 부분을 결합시킵니까? 아무도 없습니다. 자기 혼자 해야 합니다. 세포의 구성 요소들이 올바른 방향으로 결합되도록 지시하는 정보가 이미 체계 내에 존재해야 합니다. 그렇지 않으면 필요한 부분이 있다 해도 소용없습니다.

쥐덫은 환원불가능하게 복잡한 생물학적 체계들이 다윈주의로 설명될 수 없는 이유를 잘 보여 줍니다. 진화는 환원불가능하게 복잡한 생물 기계를 어느 날, 갑자기, 한순간에 만들어 낼 수 없습니다. 너무 복잡하기 때문입니다. 그렇게 될 가능성은 불가능에 가깝습니다. 선구 체계의 연속적이고 수많은 작은 변이 역시 환원불가능하게 복잡한 생물 기계를 직접 만들 수는 없습니다. 모든 선구 체계는 불완전하므로 결과적으로 제대로 기능할 수 없기 때문입니다. 그런 것은 존재할 이유조차 없을 겁니다. 자연선택은 이미 작동하고 있는 체계를 선택합니다."

나 : "박사님은 환원불가능하게 복잡한 체계는 연속된 수많은 작은 변이들로 직접 만들어질 수 없다고 하셨습니다. 간접적 방법도 전혀 있을 수 없다는 뜻입니까?"

베히 : "점진적이고 간접적인 경로에 대한 모든 이론적 가능성을 완전히 배제할 수는 없습니다. 그러나 복잡하게 상호 작용하는 체계일수록 간접적인 방법으로 그것을 설명할 가능성은 더욱 낮아집니다. 그리고 환원불가능하게 복잡한 생물학적 체계들을 발견할수록, 다윈이 제시한 진화론의 실패 기준이 충족되었음을 더욱 확신할 수 있습니다."

나 : "세포 수준에서 생물학적 기계의 종류가 많습니까?"

베히 : "생명은 분자 기계들에 의존하고 있습니다. 그것들은 세포의 한 장소에서 다른 장소로 화물을 운반하고, 세포의 스위치를 껐다 켜고, 도르래와 케이블 역할을 합니다. 전기 기계들은 신경을 통해 전류를 흘려보냅니다. 제작 기계들은 다른 기계들을 만듭니다. 태양발전 기계들은 빛에너지를 잡아서 화학 물질들 속에 저장합니다. 분자 기계류는 세포들이 움직이고, 복제하고, 음식을 처리하는 일을 돕습니다. 세포 기능의 모든 부분은 대단히 정교하고 복잡한 기계들의 제어를 받습니다."

나는 환원 불가능한 복잡성의 예로 베히가 즐겨 사용하는 쥐덫에 대해 더 이야기하고 싶었다. 그의 책 「다윈의 블랙박스」가 출간된 이래, 초라한 쥐덫은 진화 대 설계 논쟁의 새로운 아이콘으로 떠올랐고 다윈주의자들의 집중적인 공격을 받아 왔다. 나는 베히가 최고의 반론들을 받아넘길 수 있는지 알아야 했다.

쥐덫 건드리기

나 : "박사님의 쥐덫은 상당한 논쟁을 불러 일으켰습니다. 예를 들어 델라웨어 대학의 존 맥도널드는 쥐덫이 박사님이 말씀하신 것보다 더 적은 부품으로 제대로 작동할 수 있다고 말했습니다. 그는 박사님이 그린 것보다 더 단순한 쥐덫의 그림을 그리기까지 했습니다. 그의 반론이 박사님의 주장을 손상시키지 않습니까?"

베히 : "절대 그렇지 않습니다. 내 것보다 부품이 적은 쥐덫이 있다는 데는 동의합니다. 이미 책에서도 그렇게 이야기한 걸요. 막대기로 상자를 받쳐 놓을 수도 있고, 끈끈이 쥐덫을 놓을 수도 있고, 쥐가 빠지도록 구멍을 팔 수도 있고, 여러 방법을 쓸 수 있습니다.

환원 불가능한 복잡성의 요점은 더 적은 부품을 사용해 다른 방식으로 작동하는 다른 체계를 만들 수 없다는 게 아닙니다. 우리가 지금 보고 있는 쥐덫이 작동하려면 이 모든 부품들이 있어야 한다는 거지요. 내가 다윈주의적 점진주의에 맞서 제기한 것은, 연속적인 수많은 작은 변이를 통해 내 쥐덫을 만들 수 있느냐는 겁니다. 그럴 수 없습니다. 게다가 그런 시도를 할 때 우리는 이미 지성을 사용하고 있습니다. 다윈주의 진화론의 대담한 주장은 복잡한 체계들이 어떤 지성의 개입도 없이 조립될 수 있다는 것임을 기억하십시오."

베히의 간단한 설명은 맥도널드의 비판을 무력화하기에 충분해 보였다.[2] 나는 서류가방을 뒤져 「내추럴 히스토리」지 한 부를 꺼냈다. "브라운 대학의 케네스 밀러는 박사님의 쥐덫에 대해 또 다른 반론을 제시하고 있습니다. 읽어 드리죠."

> 두 부품(걸쇠와 금속막대)을 떼어내고 나면 쥐덫은 아닐지 몰라도 넥타이핀 내지 종이클립으로 손색없는, 세 가지 부품으로 이루어진 기계가 남는다. 스프링을 떼어내면 두 개 부품의 열쇠고리가 된다. 어떤 쥐덫의 걸쇠는 낚싯바늘로 쓰일 수 있고 나무판은 문진(文鎭)으로 쓸 수 있다. 다른 부품들도 칫솔걸이부터 호두 까는 기구나 클립보드판 등 다양한 용도로 쓰일 수 있다. 요점은, 과학적으로 오래 전부터 알려진 바와 같이, 환원불가능하게 복잡한 것처럼 보이는 기계들의 부품과 부속들에는 다른 기능이 있을 수 있다는 것이다.[3]

나 : "강력한 논점입니다. 어쩌면 환원불가능하게 복잡한 체계는 오랜 시간에 걸쳐 서서히 진화했을지 모릅니다. 구성 요소들 각각이 더 복잡한 기계로 진화하는 도중에 자연선택의 보존을 받을 만한 다른 기능을 갖게 되었을 수도 있지 않습니까?"

베히 : "그거 재밌는 주장이군요."

나 : "이것이 박사님의 논거를 허물지 않습니까?"

베히 : "문제는 그것이 내가 지금까지 말한 어느 것에 대한 반론도 아니라는 겁니다. 책에서 나는 생화학 기계들의 일부 구성요소들은 다른 기능들을 가질 수 있다고 분명히 지석했습니다. 그러나 쟁점은 그대로입니다. 다른 기능들에서 연속된 수많은 변이들이 현재의 기능을 만들어 냅니까?

이 반론 중 일부는 어처구니없습니다. 쥐덫의 한 부품이 문진으로 쓰일 수 있을까요? 글쎄, 문진으로 쓰이려면 무엇이 필요합니까? 질량이 필요하고 존재해야 합니다. 코끼리, 아니 내 컴퓨터나 막대기도 문진이 될 수 있습니다. 그러나 문진을 사러 간다고 해 봅시다. 어떤 모양의 문진이 있을까요? 대부분은 특징 없고 둥그런 물건입니다. 그 어느 것도 쥐덫의 선구체처럼 생기진 않았습니다. 밀러를 보십시오. 그는 쥐덫이라는 완제품에서 출발해 그것을 분해하고 손을 좀 봐서 다른 용도로 사용합니다. 그것은 이미 지적 설계입니다!

진화론이 해결해야 할 문제는, 쥐덫을 가져다가 그 부품들을 다른 용도로 쓸 수 있는가가 아니라 다른 것에서 출발해 그것을 쥐덫으로 만들 수 있느냐입니다. 덜 복잡한 체계에서 출발해 더 복잡한 체계를 만들 수 있는가, 그것이 진화론자들의 문제입니다. 쥐덫으로 조립되기 이전의 그 모든 구성 요소들이 이론적으로 유용한 기능을 가지고 있다 해도, 쥐덫이 어떻게 조립되는가 하는 문제는 여전히 남습니다. 사람들이 쥐덫을 조립할 때는, 서랍 속이나 다른 어딘가에 있던 각각의 구성 요소들을 꺼내다가 조립합니다. 그러나 세포 안에는 그 일을 할 사람이 없습니다.

분자 기계 안에는 구성 요소들이 서로 잘 들어맞도록 상보적인 모양을 갖춘 부분이 있어서 서로 올바른 방식으로 연결됩니다. 양전하가 음전하를 끌어당기고, 유상(油狀)부위는 다른 유상부위를 끌어당깁니다. 쥐덫에 비유하자면, 스프링의 한쪽 끝부분이 쥐덫의 다른 부품을 끌어당기는 겁니다. 그러려면 그것과 이가 맞는 특정 모양 혹은 자성(磁性)을 갖고 있어야 합니다. 쥐덫 전체가 스스로 조립되려면 그런 식으로 모든 것이 맞아 떨어져야 합니다.

여러 부품들만 있고 그것들을 제 위치에 맞춰 놓을 능력이 없다면 작동하는 쥐덫을 만들기는 힘들죠. 진화론 문헌 중에 이 문제를 다루고 있는 것은 하나도 없습니다. 이 일이 저절로 일어날 가능성을 계산해 보면, 그 확률이 매우 낮다는 것을 알게 됩니다. 지구의 수명이 다할 때까지 시간을 준다 해도 하다못해 작은 기계들조차도 자기조립을 할 거라고 기대하는 사람은 없을 겁니다. 이것은 진화론자들이 다루기를 꺼리는 심각한 문제입니다."

놀라운 섬모의 움직임

쥐덫은 거뜬하게 시험대를 통과했다. 그러나 그것은 환원불가능하게 복잡한 세포체계에 대한 이해를 돕는 예증일 뿐이다. 나는 분자 기계들에 대한 몇 가지 구체적 사례들을 물어봄으로써 그것들이 다윈이 구상한 단계적 진화적 과정으로 발달할 수 있는지 생각해 보기로 했다. 내가 환원 불가능한 복잡성의 실례를 요청하자, 베히는 재빨리 섬모(纖毛)를 예로 들었다.

"섬모는 세포의 표면에 달린 채찍 같은 털입니다. 운동성이 없는 세포일 때, 섬모는 세포의 표면을 가로질러 액체를 부드럽게 움직입니다. 예를 들면," 그는 내 목을 가리키며 말했다. "기도를 따라 섬모가 있습니다. 모든 세포는 200개 정도의 섬모가 있는데 그것들은 점액을 목구멍 쪽으로 밀어내어 제거하기 위해 동시에 움직입니다. 그렇게 해서 우리 몸은 잘못해서 들이마신 이물질을 몸 밖으로 배출합니다. 그러나 섬모에겐 다른 기능도 있습니다. 만약 세포가 운동성이 있다면, 섬모는 유체를 헤치고 저어갈 수 있습니다. 정액 세포들이 좋은 예입니다. 그것들은 섬모의 노젓기를 통해 앞으로 나갑니다."

나: "아주 단순한 구조 같군요."

베히: "배율이 낮은 현미경으로 섬모를 검사하던 옛날 과학자들도 그렇게 생각했습니다. 섬모는 그냥 작은 털로 보였거든요. 그러나 이제는 전자(電子) 현미경 덕분에 섬모가 매우 복잡한 분자 기계라는 사실이 밝혀졌습니다. 생각해 보십시오. 대부분의 털은 앞뒤로 움직이지 않습니다. 그런데 섬모는 어떻게 이런 일을 할 수 있을까요? 섬모는 내략 200개가량의 단백질 성분으로 이루어져 있음이 밝혀졌습니다."

나: "섬모는 어떻게 작동합니까?"

베히: "가늘고 길고 유연한 막대기 모양의 미세소관(微細小管) 아홉 쌍이 두 개의 미세소관을 둘러싸고 있습니다. 바깥의 미세소관들은 소위 넥신 연결사로 서로 이어져 있습니다. 그리고 각 미세소관은 디네인이라는 팔이 달린

모터단백질을 갖고 있는데, 거기엔 팔이 달려 있어 한 미세소관에 있는 모터단백질은 팔을 뻗어 다른 미세소관을 붙잡고 밀어 내립니다. 그렇게 해서 두 개의 미세소관은 길게 서로 미끄러지며 움직이기 시작합니다. 그것들이 미끄러지기 시작하면 느슨한 밧줄 같던 넥신 연결사가 당겨져 팽팽해집니다. 디네인이 점점 더 많이 밀어대면 미세소관이 휘어지기 시작합니다. 그러면 디네인은 이번에는 미세소관을 반대쪽으로 밀고 미세소관은 다시 반대로 휘어집니다. 이렇게 해서 섬모의 노젓는 움직임이 생겨납니다.

    섬모의 복잡성을 제대로 설명하려면 여기까지 얘기한 내용으로 터무니없이 부족합니다. 그러나 중요한 것은 막대기(미세소관), 연결사(넥신), 그리고 모터(디네인)가 모두 다 있어야 미끄러지는 운동을 휘는 운동으로 변환시켜 섬모가 움직일 수 있다는 겁니다. 연결사가 없다면 미끄러지는 운동이 시작될 때 모두 분리되고 말 겁니다. 모터단백질이 없다면 아예 움직이지 못할 겁니다. 막대기가 없다면 움직일 대상이 없을 겁니다. 그래서 섬모는 쥐덫과 마찬가지로 환원불가능하게 복잡합니다."

    나 : "다윈주의 진화론은 왜 그것을 설명하지 못합니까?"

    베히 : "모든 것을 다 결합시켜야만 섬모가 움직이기 때문입니다. 개별 요소들만으로는 목적을 달성할 수 없습니다. 모든 구성요소가 제자리에 맞춰져야 합니다. 진화론으로 그것을 설명하려면, 이것이 어떻게 점진적으로 발전할 수 있는지 생각해 내야 합니다. 이 작업에 성공한 사람은 이제까지 아무도 없었습니다."

    나 : "어쩌면 이 세 요소들은 세포 안에서 다른 목적으로 쓰이고 있다가 이 새로운 기능을 위해 결합한 건지도 모릅니다. 이를테면 미세소관은 대들보 비슷하게 보입니다. 어쩌면 그것은 원시세포의 조직으로 쓰였는지도 모릅니다. 아니면 미세소관이 만든 세포고속도로를 따라 모터단백질이 세포 내의 물질을 운반했는지도 모릅니다."

베히 : "세포고속도로를 따라 화물을 운반했던 모터단백질이라면 이어진 두 미세소관을 밀어낼 힘이 없었을 겁니다. 넥신 연결사가 쓸모가 있으려면 정확하게 딱 맞는 크기였어야 합니다. 세포 내에 섬모를 만드는 것은 비생산적일 겁니다. 섬모가 세포에서 뻗어 나와야 할 테니 말입니다. 필요한 구성요소들이 모두 세포에 이미 있었다고 가정하더라도 제 시간에 제자리에서 결합되었어야 합니다."

나 : "그 모두가 우연히 결합되었을 가능성은 없습니까?"

베히 : "그럴 가능성은 대단히 희박합니다. 세포 하나에 대략 만 개의 단백질이 있다고 합시다. 그리고 당신 마을의 주민 수가 만 명인데, 그들 모두 동시에 마을축제에 간다고 합시다. 그 축제에서는 모두 팔짱을 끼고 입을 다물고 있어야 합니다. 그 마을에는 '리' 라는 이름을 가진 사람이 당신 말고 두 사람 더 있는데, 당신은 그들과 손을 잡아야 합니다. 무작위로 두 사람에게 다가가 손을 잡을 때 둘 다 '리' 일 확률이 얼마나 될까요? 무척 낮습니다. 그게 다가 아닙니다. 세포에서 돌연변이율은 극도로 낮습니다. 일년에 한 번 있는 마을 축제에서 파트너를 한 번만 바꿀 수 있는 셈이니까요.

그러니까 다른 두 사람과 손을 잡습니다. 이런, 리 씨가 아니군요. 다음 해, 다른 사람들과 손을 잡습니다. 이런, 이번에도 아니군요. 다른 리들과 손을 잡는데 얼마나 걸릴까요? 아주 오랜 시간이 걸릴 겁니다. 세포도 마찬가지입니다. 단백질 세 개를 합치는 데만도 엄청난 시간이 걸릴 겁니다.

설상가상으로 「사이언스」지에 실린 최근 연구에 따르면 간단한 효모 세포 하나에 들어있는 단백질들의 절반은 홀로 움직이지 않고, 6개 혹은 그 이상의 단백질이 모여야 제 기능을 한다고 합니다. 많게는 50개의 단백질이 기계의 톱니바퀴처럼 서로 맞물려 있습니다. 효모세포에 들어 있는 나머지 50퍼센트 단백질의 대부분은 서너 개가 모여서 기능합니다. 고독한 방랑자처럼 홀로 일하는 단백질은 아주 드뭅니다. 그러니 이것은 섬모에서뿐 아니라 다른 세포들

안에서도 큰 문제입니다."

나: "일부 과학자들은 박사님이 필수적이라고 주장하셨던 요소들 중 일부가 없는 다른 섬모들의 사례를 지적했습니다. '섬모의 기능에 필수불가결하다는 구성 요소가 하나 이상 없는 섬모들이 수십 가지 있다'고 말한 사람도 있습니다. 더 단순한 섬모들이 있다는 건 그것들이 환원불가능하게 복잡하다는 박사님의 주장을 반박하는 것 아닙니까?"

베히: "하나의 구조에서 조금 더 복잡한 구조로 차례로 발전해서 내가 묘사한 섬모들까지 이어지는 일련의 덜 복잡한 구조들을 제시할 수 있다면, 그것은 나에 대한 반박이 될 겁니다. 그러나 사정이 그렇지가 않습니다. 비판자들이 하는 말은 여러 미세소관 중 하나를 떼어내도 섬모가 여전히 움직인다는 겁니다. 그러나 여전히 기본적 구성요소인 미세소관, 넥신, 디네인 모두가 필요합니다.

커다란 쥐덫 중에는 힘을 강하게 하기 위해 이중 스프링을 단 것들이 있습니다. 그 중 스프링 하나를 떼어내도 쥐덫은 여전히 어느 정도 작동합니다. 어떤 의미에서 이 두 번째 스프링은 잉여적 구성 요소입니다. 섬모 안에도 그와 마찬가지로 일부 잉여적 구성 요소들이 있습니다. 미세소관 하나를 제거해도 여전히 움직일 겁니다. 물론 그전만큼 잘 움직이진 않겠지만요.

그러나 진화는 완성된 쥐덫이나 섬모에서 출발해 부품을 떼어내는 과정이 아닙니다. 진화는 처음부터 모든 것을 차근차근 쌓아올려야 합니다. 그런데 모든 섬모는 내가 언급했던 세 가지 결정적 요소가 모두 들어 있습니다. 여러 번의 실험을 거치며 과학자들이 그 중 하나를 제거했더니 섬모는 움직이지 않았습니다. 예상대로였지요. 섬모는 환원불가능하게 복잡한 기계이기 때문에 부서진 겁니다."

세상에서 가장 효율적인 모터

섬모도 놀라웠지만, 나는 세포에 추진력을 주기 위한 또 다른 생물학적 기계, 박테리아의 편모에 완전히 사로잡혔다.

베히: "섬모는 노처럼 움직여 세포들을 이동시키지만, 편모는 프로펠러처럼 움직인다는 사실이 밝혀졌습니다. 편모는 박테리아에만 있습니다."

나: "그건 어떻게 작동합니까?"

베히: "매우 효율적으로 작동합니다. 보트에 달린 선외모터를 떠올리면 편모의 작동 원리를 잘 이해할 수 있습니다. 물론 편모가 훨씬 더 대단하지요. 편모의 프로펠러는 기다란 채찍 모양인데, 플라젤린(flagellin)이라는 단백질로 만들어져 있습니다.

프로펠러는 갈고리 역할을 하는 단백질의 도움을 받아 구동축에 붙어 있는데, 갈고리는 만능 이음새로 작용하여 프로펠러와 구동축이 자유롭게 돌아가도록 해 줍니다. 투관 물질로 작용하는 몇 가지 종류의 단백질 덕분에 구동축은 박테리아의 벽을 뚫고 회전모터에 붙어 있을 수 있습니다."[4]

나: "그건 어디서 에너지를 얻습니까?"

베히: "그것이 흥미로운 부분입니다. 예를 들면, 근육처럼 운동을 생산해내는 일부 생물학적 체계들은 소위 '운반체 분자'에 저장된 에너지를 사용합니다. 그러나 편모는 또 다른 체계, 즉 박테리아 세포막으로 들어오는 산(acid)의 흐름으로 생겨나는 에너지를 사용합니다. 이것은 과학자들이 지금도 연구 중이고 이해하려 애쓰는 복잡한 작용입니다. 전체 체계는 정말 잘 작동합니다. 편모의 프로펠러는 분당 만 번 회전할 수 있습니다."

자동차 애호가인 나는 그 수치에 깜짝 놀랐다! 최근에 친구의 신형 고성능 스포츠카를 얻어 탄 적이 있는데, 그 차도 분당회전수(RPM)가 그렇게 높지는 않았다. 4기통, 엔진배기량 2리터, DOHC 알루미늄 블록 엔진에, 기통당 4개의 밸브와 흡배기 가변밸브개폐시기 조절 시스템의 최첨단 기술을 갖춘 유명

한 혼다 S2000도 분당회전수가 최대 9000회에 불과하다.[5]

베히: "그뿐이 아닙니다. 그 프로펠러는 1/4회전 만에 회전을 멈추고 즉시 1만 RPM의 속도로 반대 방향으로 회전할 수 있습니다. 하버드 대학의 하워드 버그는 그것을 우주에서 가장 효율적인 모터라고 불렀습니다. 특히 그 크기를 생각해 본다면, 우리가 만들 수 있는 성질의 것이 아닙니다. 한 개의 편모는 약 2마이크론 단위 정도입니다. 1마이크론은 만분의 일 센티미터입니다. 그 길이의 대부분은 프로펠러가 차지합니다. 모터 그 자체는 아마도 0.05 마이크론 정도일 겁니다. 현대기술을 총동원해도, 이런 것을 만들기엔 턱없이 부족합니다. 때때로 강연장에서 생화학 교과서에 나오는 편모의 그림을 보여 주면 사람들은 그것이 나사(NASA)에서 만든 물건처럼 보인다고 말합니다. 잘 생각해 보면, 우리는 우리 몸 안에서 기계들을 발견한 것입니다. 〈스타트랙〉에는 몸 속에 작은 기계들이 들어 있는 '보그'라는 생물이 등장합니다. 그러나 웬걸요, 알고 보니 모든 사람의 몸속에 기계가 있는 겁니다!"

편모 그림들은 정말 인상적이었다. 정말 신비할 정도로 인간들이 만들어 낼 법한 기계처럼 보였다. 한 과학자가 들려준 이야기가 떠오른다. 그의 아버지는 숙련된 엔지니어였는데 지적 설계의 주장들에 대해 아주 회의적이었다. 아버지는 지적 행위자가 세상을 설계했다고 굳게 믿는 아들을 도무지 이해할 수 없었다.

어느 날 그 과학자는 아버지에게 박테리아 편모의 그림을 보여주었다. 엔지니어 아버지는 홀린 듯 그것을 한동안 들여다보더니 고개를 들고 경이감 어린 목소리로 이렇게 말했다고 한다.

"이제야 네가 그동안 했던 말을 이해하겠구나."

베히의 말이 이어졌다. "모터가 돌아가고 있는 보트가 한 척 있다고 합시다. 그런데 보트를 운전하는 사람이 없습니다. 보트는 가다가 쾅! 부딪쳐서 부서지고 맙니다. 박테리아 세포는 누가 운전할까요? 박테리아 세포 안에 있는 감각 체계가 편모에 정보를 줘서 언제 작동되고 언제 작동을 멈출지 지시하면, 편모는 그 지시를 받아 음식, 빛, 또는 다른 목표를 찾아가는 것으로 밝혀졌습니다. 어떤 의미에서, 그것은 유도 장치를 갖추고 목표물을 찾아가는 스마트 미사일과 비슷합니다. 차이가 있다면 편모는 마지막에 폭발하지 않는다는 것뿐입니다!"

나 : "편모도 환원불가능하게 복잡합니까?"

베히 : "그렇습니다. 유전학 연구에 따르면, 제대로 작동하는 편모를 만들기 위해선 서른 개에서 서른다섯 개 정도의 단백질이 필요합니다. 그 복잡성에 대한 본격적인 설명에는 아직 들어가지도 않았습니다. 우리는 그 단백질들의 기능조차 모릅니다. 그러나 최소한 여러 단백질로 이루어진 세 가지 요소인, 구동축, 회전자, 모터가 있어야 합니다. 그 중 하나를 제거하면 가령 분당 5천 번 회전하는 편모가 나오지 않습니다. 전혀 작동하지 않는 편모가 남을 뿐입니다. 그러니 편모는 환원불가능하게 복잡하고, 다윈주의 이론에 커다란 장애물인 거죠."

나 : "편모가 점진적 과정으로 어떻게 생겨났는지 진화론적 설명을 제안한 사람이 있습니까?"

베히 : "없습니다. 환원불가능하게 복잡한 체계 대부분에 대해 현실적이라 할 만한 설명은 전혀 없습니다. 기껏해야 초점을 흐리게 만드는 풍자적 설명뿐입니다. 진화생물학자 앤드류 포미안코프스키는 이렇게 인정했습니다. '많은 생화학 교과서 중 아무거나 하나 집어 들면 진화에 대한 언급이 두세 번 정도 나올 것이다. 그러나 그 중 하나를 살펴볼들 운이 좋아야 기껏 '진화는 생물학적 기능을 위해 가장 적절한 분자를 선택한다'는 정도의 말밖에는 찾을 수 없을 것이다.'

하지만 편모에 대해서는 풍자적 설명조차 없습니다. 다윈주의자들이 제시할 수 있었던 그나마 나은 답변은, 편모의 성분 중에는 편모만큼 많은 요소로 이루어지지 않은 다른 체계의 성분들과 비슷한 것이 있으므로 이 다른 체계가 편모와 모종의 관련이 있었을 것이라는 겁니다. 이 하위체계가 맨 처음 어디서 생겨났는지, 어떻게, 왜 편모로 변했는지는 아무도 모릅니다. 그러니까 이제까지 아무도 논리 정연한 설명을 제시하지 못한 거지요."

나 : "이렇게 말하는 다윈주의자들도 있습니다. '이 점진적 변화들이 어떻게 이루어졌는지에 대한 지도를 내놓기에 아직 이를 뿐이다. 편모를 더 잘 이해할 날이 올 것이다. 그러니 조금만 참으시라. 결국 과학이 알아 낼 것이다.'"

베히 : "다윈주의자들은 언제나 지적 설계 운동가들이 '무지에 호소하는 논증'을 한다고 비난합니다. 글쎄요, 그거야말로 정말 무지에 호소하는 논증입니다. 그들은 '이것이 어떻게 벌어질 수 있었는지는 모르지만 진화가 어떻게든 그 일을 했다고 가정하자'라고 말합니다. '간격을 메우는 신(God-of-the-Gaps)'이라고 들어 보셨습니까? 다른 설명이 없을 때 거기다 하나님을 집어넣는다는 거죠. 그렇다면 이건 '간격을 메우는 진화'입니다. 일부 과학자들은 자신들이 이해하지 못하는 상황에다 그저 진화를 집어넣습니다.

우리가 생물학적 체계들에 대해 다 알지는 못하지만 분명히 아는 내용이 있습니다. 이 체계들 안에는 점진적 설명 방식으로는 해명이 안되는, 아주 구체적으로 딱 들어맞는 구성 요소들이 많다는 것을 분명히 알지요. 우리는 지성이 컴퓨터와 쥐덫 같은 복잡한 물건들을 조립할 수 있다는 것을 압니다. 우리가 목격하는 복잡성은 우리가 더 많이 안다고 해서 해소되는 것이 아닙니다. 그럴수록 더욱 복잡해질 뿐입니다. 편모에 대해 더 많은 내용을 발견한다 해도 이미 발견한 복잡성이 없어지진 않을 겁니다. 오히려 편모가 더욱 더 복잡하고, 더욱 놀랍고, 더욱 상호 의존적인 분자 기계임을 알게 될 것이고, 그것은 다윈주의 이론에 더욱 더 큰 도전이 될 겁니다."

분자 트럭과 고속도로

베히에 따르면, 섬모와 박테리아 편모는 세포라는 미시 세계에 있는 다윈을 거부하는 복잡성의 시작에 불과하다. 그가 즐겨 사용하는 또 다른 예는 "세포내 수송체계"다. "세포는 안의 모든 내용물이 출렁거리는 간단한 수프 주머니가 아닙니다. 진핵 세포(박테리아를 제외한 모든 생물의 세포) 안에는 마치 집안의 방들처럼 수많은 칸막이 방이 있습니다.

DNA가 있는 핵, 에너지를 생산하는 미토콘드리아, 단백질을 처리하는 소포체, 다른 곳으로 수송되는 단백질의 중간역인 골지체, 폐기물 처리장치인 리소좀, 세포 밖으로 내보내질 화물을 저장하는 분비소포, 지방의 물질대사를 돕는 페록시좀이 있습니다. 각 방에는 벽이 있고 문이 달린 방처럼 막으로 밀폐되어 있습니다. 실제로, 미토콘드리아 하나에는 네 개의 칸막이 방이 있습니다. 그것들을 다 더하면 각 세포에 있는 칸막이 방은 스무 개가 넘습니다.

세포는 끊임없이 오래된 성분을 제거하고 새로운 성분들을 만들어 냅니다. 새로운 성분들은 딱 한 방에서만 일하도록 설계되어 있습니다. 대부분의 새로운 성분들은 세포 속 중간에 위치한 리보솜에서 만들어집니다."

리보솜은 1백만 개 이상의 원자를 담고 있는 커다란 분자가 50개 정도 모인 집합체인데, 덴튼은 이것을 DNA의 지시에 따라 어떤 단백질이라도 합성해 내는 자동화 공장으로 묘사했다. 실제로 정확한 유전 정보만 주어지면, 리보솜은 단백질을 기반으로 한 모든 생물학적 기계를 만들 수 있다. 다른 리보솜은 물론, 아무리 복잡한 기계라도 거뜬히 만들어 낸다.

베히 : "리보솜만 놀라운 게 아닙니다. 이제 새로 만들어진 성분들이 제몫을 수행할 수 있도록 녀석들을 올바른 방에다 집어넣는 큰일이 남아있습니다. 그렇게 하기 위해서는 또 다른 복잡한 체계가 필요합니다. 고속버스 회사가 필라델피아에 있는 누군가를 피츠버그까지 운송하기 위해서는 많은 조건들이 필요한 것과 같습니다.

우선 밀폐되어 있고 모터가 달린 분자 트럭이 있어야 합니다. 그리고 녀석들이 여행할 수 있는 작은 고속도로가 있어야 합니다. 그 다음, 어떤 부품이 어떤 트럭에 실리는지 알 수 있어야 합니다. 결국, 각 부품은 특정한 방으로 가야 하기 때문에 지나가는 아무 단백질이나 잡아봐야 소용이 없습니다. 그러니 단백질을 올바른 분자 트럭에 태우기 위해서는 단백질에 어떤 표시—일종의 티켓—가 달려 있어야 합니다. 트럭은 자기가 어디로 가는지 알아야 합니다. 이 말은 트럭 자체에 신호기가 달려 있고 트럭이 화물을 내려야 하는 칸막이 방에도 보조 신호기가 있어야 한다는 뜻입니다.

트럭이 목적지에 도착하면, 이제 런던에서 출발해 바다 건너 뉴욕에 도착한 대형 원양여객선과 비슷한 처지가 됩니다. 부두에 대고 보니 모두가 손을 흔들고 있습니다. 하지만 이런, 사람들이 배에서 딛고 내릴 발판을 깜빡했군요. 이제 할 일이 무엇일까요? 자, 트럭에서 화물을 꺼내어 칸막이 방에 집어넣을 방법이 있어야 합니다. 그것은 구성요소들이 서로 알아보고 물리적으로 칸막이를 열어 화물을 방안으로 집어넣는 능동적 과정입니다.

수많은 요소들이 있고 그 모두가 제자리를 잡아야 합니다. 그렇지 않으면 아무 일도 안됩니다. 신호기가 없으면, 트럭이 없으면, 일이 제대로 될 가망이 없습니다. 이 미시적 운송체계가 오랜 세월에 걸친 점진적 변이로 자동 조립되었을 것 같습니까? 나는 그런 일이 어떻게 가능한지 알 수 없습니다. 세포 내 수송 체계는 설계의 특징을 모두 갖추고 있습니다."

혈액응고 연쇄반응

내가 머릿속으로 섬모, 편모와 세포내 수송 체계의 넋을 빼놓는 복잡성에 대해 정리하는 동안 우리 대화는 잠시 중단되었다. 베히는 내 손가락에 붙어 있는 밴드를 보았다. 전날 깨진 유리조각을 집다가 베인 상처에 붙인 거였다.

베히는 그 밴드를 가리키며 말했다. "환원 불가능한 복잡성이 아주 적절한 주제가 되겠군요. 환원불가능하게 복잡한 체계 하나 덕분에 목숨을 건졌으니까요."

나 : "무슨 말씀이십니까?"

베히 : "혈액응고 말입니다. 혈액이 적당한 양만큼 제때, 제 자리에서 응고되지 않았다면 당신은 출혈 과다로 숨졌을 겁니다. 혈액 응고 체계는 대략 스무 가지 정도의 서로 다른 분자성분을 사용하여 대단히 조직적으로 이루어지는 10단계 연쇄반응임이 밝혀졌습니다. 전체 체계가 제자리를 잡지 않으면 혈액 응고는 이루어지지 않습니다."

나 : "이 주제가 나와 밀접한 관계가 있는 것 같군요. 더 말씀해 주십시오."

베히 : "혈액응고의 핵심은 응고 그 자체보다는 응고 체계를 어떻게 조절하는가에 있습니다. 뇌나 허파 같은 엉뚱한 장소에 응고가 생기면 사람이 죽습니다. 몸에서 피가 다 빠져나오고 20분 후에 응고가 되어도 죽습니다. 혈액 응고가 상처 부위로 제한되지 않으면 혈액 전체가 굳어져서 죽습니다. 상처부위 전체에 응고가 일어나지 않아도 죽습니다. 완벽하게 균형을 이루는 혈액응고 체계를 만들기 위해서는 단백질 부품 다발이 단번에 삽입되어야 합니다. 이것은 다윈주의의 점진적 접근방식이 아닌 지적 설계자 가설에 들어맞습니다."

나는 혼자 생각했다. '틀림없이 다른 방법이 있을 거야. 일부 과학자들은 유전자 중복 과정을 통해 복잡한 생물학적 체계 안의 새로운 성분들이 만들어질 수 있다고 제안했잖아. 그것이 혈액 응고에 안 통할 이유라도 있단 말인가?'

유전자 중복은 세포 분열과정 중 새로운 세포를 위해 원세포에서 DNA를 복제할 때 일어날 수 있다. 가끔 그 과정이 잘못되어 DNA의 극히 작은 일부, 어떨 때는 한 유전자에 해당하는 양의 DNA 일부가 두 번 복제되는데, 이렇게 되면 여분의 유전자가 생기게 된다. 원래의 유전자는 미리 주어진 역할을 담당하지만, 여분의 유전자는 떠다니다가 새로운 기능을 맡게 될 수도 있다. 일부 과학자들은 이런 식으로 새로운 구성 요소들이 만들어졌을 거라는 가설을 세웠다.

베히 : "물론 유전자 중복은 일어납니다. 그러나 유전자 중복 애호가들은 중복된 유전자가 생길 때 새로운 특성들을 가진 새로운 단백질이 생기는 게 아니라는 걸 잘 깨닫지 못합니다. 중복된 유전자는 이전과 똑같은 단백질일 뿐입니다. 그게 문제입니다."

나 : "잘 이해가 안됩니다. 자세히 설명해 주시겠습니까?"

베히 : "쥐덫으로 돌아가 보지요. 부품 하나로 이루어진 쥐덫이 있다고 합시다. 금속 스프링의 두 끝 부분이 압력을 받아 휘어져 있고 쥐가 거길 건드리면 튀어 올라 생쥐의 앞발이나 꼬리를 붙잡게 되는 겁니다. 그런데 스프링에다 나무판을 더해 부품 두 개로 이루어진 보다 효율적인 쥐덫으로 발전시키고 싶다고 해 봅시다.

유전자 중복 개념은 첫 번째 스프링을 복제하는 것과 같습니다. 이제 스프링 두 개가 생겼는데, 다만 두 번째 스프링이 어찌어찌해서 나무판이 되었습니다. 개념적 허점이 보이십니까? 그저 스프링이 어찌어찌해서 나무판이 되었다고 말하고는 '유전자 중복이 그렇게 했다' 고 우겨서는 곤란합니다. 현실에서 어떻게 이런 일이 일어날 수 있는지 그 자세한 내용을 설명하지 않는 것이 다윈주의자들의 문제입니다.

혈액응고 체계가 어떻게 진화했을지 한 과학자가 단계적 시나리오를 제시하려 했을 때, 그는 어떤 구성 요소가 갑자기 '나타난다, 태어난다, 생겨난다, 튀어나온다, 풀려난다' 는 말로 일반화시킬 수밖에 없었습니다. 이 모든 것이 튀어나오고 방출되게 만드는 것이 무엇입니까? 그 누구도 무엇 때문에 이런 단계들이 생겨날 수 있었는지를 제대로 설명하지 못하지요. 이러한 세부 사항 때문에 그들의 시나리오들은 실패할 수밖에 없습니다.

그리고 그 밖에도 훨씬 많은 문제들이 있습니다. 과연 혈액응고체계가 오랜 시간에 걸쳐 단계적으로 발달할 수 있을까요? 그 체계가 완성되는 동안 동물들이 상처가 날 때마다 출혈 과다로 죽지 않게 막아 줄 효과적인 방법이 없는데 말입니다. 더구나 혈액응고 체계는 구성요소의 일부만 갖춰져 있을 때는 제 기능을 하지 않으니 그 동안 구성요소들은 아무것도 안 하고 빈둥거리게 됩니다. 그리고 자연 선택은 장래가 아니라 지금 당장 유용한 것이 있을 때만 일어납니다.

몇몇 과학자들이 시도하는 설명들은 기껏해야 말의 성찬에 불과합니다. 과학에서는 어떤 주장이 사실임을 보이기 위한 실험이 있어야 합니다. 혈액응고가 어떻게 진화할 수 있었는지 보여 주는 실험은 아무도 한 적이 없습니다. 중복된 유전자가 새롭고 환원불가능하게 복잡한 체계를 갖추기 시작하여 어떻게 새로운 기능을 계발하는지 아무도 보여 주지 못했습니다."

엄격한 시험을 넘어

그러나 환원 불가능한 복잡성이라는 베히의 개념이 정말 다원주의가 넘을 수 없는 장애물인지 실험적 자료를 통해 그 여부를 입증할 수 있는 과학적 방법이 분명히 있다. 나는 베히의 개념들이 열렬하고 거리낌 없는 진화론자이자 생물학 교수인 밀러의 만만찮은 도전을 이겨낼 수 있을지 보고 싶었다.

밀러는 이렇게 설명했다. "진정 엄격한 시험은 분자유전학의 도구들을 사용해 여러 부분으로 이루어진 기존 체계를 없애고 진화가 그것을 대신할 체계를 만들어낼 수 있는지 보는 것이다. 그 체계가 순전히 자연주의적 진화과정만으로 대치될 수 있다면, 베히의 이론은 틀린 것으로 입증될 것이다."

나는 밀러의 도전장에 대해 설명한 후 물었다. "이것이 공평한 시험이라는 데 동의하십니까?"

베히 : "동의합니다. 그건 훌륭한 시험입니다."

나 : "밀러는 이 시험이 실험실에서 어떻게 이루어졌는지 입증하기 위해 로체스터 대학의 과학자 배리 홀의 실험을 계속해서 소개했습니다. 그리고는 이런 결론을 내렸습니다. '의심의 여지가 없다. 여러 부분으로 이루어진 복잡한 생물학적 체계들의 경우에도 그 진화 과정이 진화론으로 설명될 수 있다. 베히는 틀렸다.'⁶ 홀은 정말 실험을 통해 박사님의 이론이 틀렸다는 걸 증명했습니까?"

베히는 당황하지 않았다. "절대 그렇지 않습니다. 사실 홀은 자신의 실험이 보여 주는 내용에 대해 매우 조심스러워 합니다. 그는 복잡한 체계 하나를 완전히 없앤 후 진화가 어떻게 그것을 대치할 수 있는지 보이지 않았습니다. 대신 그는 대여섯 개의 구성요소로 이루어진 체계 안의 한 요소를 못 쓰게 만들었습니다. 복잡한 체계 속의 한 구성요소를 대치하는 일은 처음부터 복잡한 체계를 만드는 일보다 훨씬 쉽지요.

누군가 자연적 과정으로 제대로 나오는 텔레비전을 만들 수 있다고 말했다고 합시다. 그럼 우리는 이렇게 말할 겁니다. '그거 재미있군. 좀 보여 줄래?' 그러자 그는 천 대의 텔레비전을 가져와 플러그를 모두 뽑습니다. 그런데 거센 바람이 불어와 플러그 하나가 휙 날려 콘센트에 꽂히고 텔레비전이 나옵니다. 그는 이렇게 말합니다. '봤지? 자연적 과정으로 제대로 나오는 텔레비전이 만들어진다고 했잖아.' 그러나 그건 사실이 아니죠. 그는 새롭고 복잡한 체계를 만들지 않았습니다. 기계에 문제가 생겼을 때 가끔 임의의 과정을 통해 고쳐질 수 있다는 것을 보였을 뿐입니다.

홀이 대장균으로 했던 실험이 이와 약간 비슷합니다. 수많은 다양한 부분들로 이루어진 복잡한 체계가 하나 있었는데, 그는 그 중 한 부분을 못 쓰게 만들었고 얼마 후 임의의 과정을 통해 그 부분이 고쳐질 수 있음을 보였습니다. 그건 처음부터 전혀 새로운 체계를 만드는 것과 상당한 차이가 있습니다.

그러나 그 못지않게 중요한 사실이 있습니다. 홀은 진화가 사라진 부분에 대한 교체물을 제공하려 애쓰는 동안 그 체계가 계속 유지되도록 하기 위해 자신이 개입했다는 사실을 분명히 했습니다. 다시 말해, 그는 혼합물에다 결점을 고칠 수 있는 돌연변이가 생길 시간을 주기 위해 화학물질을 첨가했습니다. 지성을 가진 그가 실험에 개입하지 않았다면 그런 결과는 나타나지 않았을 것입니다.

누군가 임의의 과정을 통해 세발의자를 만들 수 있다고 말한다 합시다. 그러고는 세발의자의 다리 하나를 부러뜨립니다. 그 다음 의자가 쓰러지지 않도록 붙잡고 있습니다. 그러다 마침내 바람이 불어와서 나뭇가지 하나가 부러지더니 우연히 다리가 없는 부분으로 떨어져 딱 들어맞습니다. 사람이 계속 붙들고 있지 않았다면 의자는 벌써 쓰러졌을 겁니다. 나뭇가지가 제자리에 들어올 수 있도록 사람이 도운 겁니다.

홀의 실험으로 돌아가 봅시다. 공식적인 답변[7]에서처럼 전문적인 세부 사항까지 다루진 않겠습니다. 쉽게 말해서, 자연 상태에서는 홀이 실험실에서 얻은 것과 같은 돌연변이를 얻지 못할 겁니다. 왜냐하면 외부 도움 없이 그 체제가 유지되려면 또 다른 두 번째 돌연변이가 동시에 생겨나야 했을 텐데, 그럴 확률은 말도 못하게 낮습니다. 홀은 자연계에서는 결코 일어나지 않았을 결과들을 얻을 수 있도록 자신이 개입했다는 사실을 분명히 밝혔습니다. 그리고 그것은 체계에다 지성을 도입하는 행위입니다.

전체 실험을 분석해 볼 때 그 결과는 환원 불가능한 복잡성에는 지적 개입이 필요하다는 예상과 일치합니다. 뜻하게 않게도 그는 다윈주의의 한계와 설계의 필요성을 보여 준 것입니다."

소용돌이와 토네이도

나: "다윈주의적 점진주의에 대한 다른 대안들은 어떻습니까? 이를테면 자

기조직화는 말이죠, 어쩌면 생화학에는 분자 기계들의 부품이 자기 조립하도록 부추기는 모종의 자기조직화특성이 있는지 모릅니다."

베히 : "자연선택이 설명하는 특정 분야가 있듯이, 자기조직화도 그렇습니다. 다만 그것으로 덩치 큰 문제들이나 모든 것을 설명하려 들 때 논쟁이 일어나게 되지요.

물이 가득한 욕조에서 마개를 뽑으면 그 물이 작은 소용돌이를 형성합니다. 그것이 자기조직화입니다. 물은 이전과는 달리 조직적 방식으로 움직입니다. 토네이도 또한 스스로 조직합니다. 만약 특정한 방식으로 화학물질들을 섞으면 시계처럼 움직이는 체계가 하나 생깁니다. 파랗게 변했다가 5초 후에 색깔이 없어지고, 그런 식으로 왔다 갔다 하지요. 그러니 자기조직화라는 것이 있다는 건 분명합니다.

문제는 이겁니다. 그것이 더 복잡한 현상을 설명할 수 있는가? 그것이 유전 암호를 설명할 수 있는가? 생명 기원의 수수께끼를 풀려고 애쓰는 과학자들은 수십 년째 자기조직화 특성들을 탐구해 왔습니다. 그러나 오늘날 그들은 50년 전보다 훨씬 더 큰 혼란에 빠져 있습니다. 그들은 자기조직화가 어떻게 최초의 원시적인 생명체처럼 복잡한 것을 만들어 낼 수 있는지에 대해 어떤 설명도 내놓지 못했습니다.

지금 시점에서 복잡하게 상호 작용을 하는 체계를 만들 수 있는 원리는 하나뿐입니다. 그것은 지성입니다. 진화론자들은 자연선택을 제안하고 있지만 그 주장을 뒷받침하는 증거는 거의 혹은 전혀 없습니다. 일부 과학자들은 자기조직화 특성들이나 복잡성 이론에 큰 기대를 걸었지만, 그것들이 세포처럼 복잡한 것을 설명할 수 있다는 증거는 전혀 없습니다. 환원불가능하게 복잡한 기계들을 만들 수 있는 것으로 알려진 유일한 힘은 지적 설계입니다.

과학자들은 생물학에서 보는 바를 설득력 있게 설명하는 이론을 무시하고 실체가 없거나 증명되지 않은 설명들을 선호하는 희한한 입장에 서 있습니다.

지적 설계가 자료와 잘 들어맞는데 왜 그것을 무시합니까? 물론 우리는 과학자로서 항상 마음을 열어 두어야 하지만, 오늘날 우리에게 있는 모든 증거에 대한 가장 명확한 설명을 무시해선 안 됩니다."

나는 실험이나 다른 방법들을 통해 틀렸다는 것을 증명할 방법이 전혀 없는 이론은 진정한 과학적 이론일 수 없다는 많은 철학자들과 과학자들의 믿음을 지적했다.[8] "일부 과학자들은 지적 설계가 반증 불가능하기 때문에 꺼림칙하다고 주장합니다만."

베히 : "말도 안됩니다!"

나는 물러서지 않았다. "하지만 그런 말을 한두 번 들은 게 아닌걸요. 국립과학원에서는 이렇게 말합니다. '지적 설계는 과학적 방법으로 검사할 수 없기 때문에 과학이 아니다.'"

베히 : "나도 압니다. 그러나 지적 설계에 대한 반증을 찾는 데 바쁜 사람들이 늘 그것이 반증 불가능하다고 주장하는 게 정말 얄궂을 따름입니다! 조금 전에 지적하신 것처럼, 밀러는 환원 불가능하게 복잡한 체계를 만드는 데 지성이 필요하다는 주장을 반증할 수 있는 검사법을 제안했습니다. 그러나 나는 문제될 게 없다고 생각합니다. 지적 설계는 훌륭한 과학 이론이 마땅히 그래야 하듯이 반증 가능합니다. 솔직히 말해 지적 설계는 다윈주의보다 더욱 반증 가능합니다."

나 : "설마요. 정말 그렇게 생각하십니까?"

베히 : "그렇습니다. 예를 히나 들어보겠습니다. 내가 주장하는 바는 박테리아 편모를 만들어낼 수 있는 비지성적 과정이 없다는 겁니다. 이 주장을 반증하기 위해서는 그 체계를 만들어낼 수 있는 비지성적 과정을 하나만 발견하면 될 겁니다. 한편, 다윈주의자들은 모종의 비지성적 과정이 편모를 만들어낼 수 있다고 주장합니다. 그 주장을 반증하기 위해서는 잠재적으로 무한히 많은 비지성적 과정 그 어느 것으로도 그 체계가 도무지 만들어질 수 없음을

입증해야 합니다. 그러나 그건 불가능한 일입니다. 그러니 어느 주장이 반증 가능합니까? 지적 설계 아니겠습니까?"

베히가 공격의 화살을 되돌린 반론은 이것만이 아니다. 다윈주의자들은 지적 설계 옹호자들이 종교적 신념으로 과학을 채색한다고 비난할 때가 많은데, 베히는 신문기자에게 이렇게 말한 적이 있다. "내 경험으로 볼 때… 설계이론을 가장 요란하게 반대하는 사람들은 종교적 이유에서 그렇게 합니다."

나는 물었다. "무슨 뜻으로 하신 말씀입니까?"

"다윈주의 진화론에 대해 말할 때 가장 흥분하는 사람들은 과학 자체가 아니라 진화론의 철학적, 신학적 결과에 관심이 많은 이들인 듯합니다.

과학자들은 언제나 가설을 제안합니다. 별 일 아니지요. 그러나 내가 '생명 발달의 추진력은 자연선택이 아니라 지적 설계라고 생각합니다'라고 말하면, 사람들은 그저 또 다른 의견으로 받아들이지 않습니다. 많은 사람들이 펄쩍펄쩍 뛰고 얼굴을 붉힙니다. 그들이 흥분하는 이유는 과학적인 문제에 대해 의견을 달리하기 때문이 아닙니다. 지적 설계가 과학외적으로 함축하는 바가 마음에 들지 않기 때문입니다.

물론 그럴 수 있다고 생각합니다. 이건 중요한 문제들이니 사람들이 감정적이 될 수 있다고 봅니다. 그러나 우리가 옳길 바라는 내용을 고수하려고 논증을 거부하거나 회피하려 들어서는 안 될 것입니다."

진보의 화살

베히의 환원 불가능한 복잡성 개념은 부정적인 동시에 적극적인 논증이다. 첫째, 그는 다윈의 말을 그대로 받아들여 상호 연결된 생물학적 체계들이 진화론의 주장처럼 연속된 수많은 작은 변이들을 통해 만들어질 수 없다는 사실을 증명했다. 그 결과 다윈주의에 치명적인 충격을 주었다.

둘째, 베히는 복잡한 생물학적 기계들이 어떻게 만들어질 수 있었는지 충분히 설명하는 대안이 존재한다고 지적했다. 이번에도 우주론, 물리학, 천문학을 놓고 다른 전문가들과 가졌던 인터뷰들과 마찬가지로, 증거는 모두 초월적 창조주를 가리키고 있었다.

베히는 인터뷰의 막바지에 이르러 이렇게 말했다.

"내 결론은 설계, 이 한 마디로 요약할 수 있습니다. 이건 과학에 근거해서 하는 말입니다. 나는 환원불가능하게 복잡한 체계들이 어떤 지적 행위자가 목적과 의도를 가지고 세상을 설계했다는 강한 증거라고 믿습니다. 다른 어떤 이론도 성공하지 못합니다. 다윈주의는 말할 것도 없습니다.

점점 더 쌓이는 경험적 증거를 바라보면 조셉 카디널 래칭거의 말에 동의하게 됩니다. '생물계라는 거대한 프로젝트는 우연과 오류의 산물이 아니다. 오늘날 생물계는 창조하는 이성을 가리키고 창조하는 지성을 보여 준다. 이전의 그 어느 때보다 더 밝고 환하게.'"

나: "박사님의 책이 출판되고 나서 이제 몇 년이 지났습니다. 그동안 그 책이 어떤 평가를 받았다고 생각하십니까?"

베히: "나는 지금의 상황을 아주 기쁘게 생각합니다. 그 책은 그동안 아주 많은 관심을 끌었고 여러 사람들이 그 안의 주장을 뒤엎으려 했지만 성공하지 못했습니다. 자연주의적 방법은 그 복잡한 생물학적 체계들을 설명하지 못했습니다. 그것은 분명한 사실입니다. 다윈주의자들도 솔직하게 마음을 여는 순간에는 그 사실을 시인합니다. 과학의 발전과 더불어 우리는 세포의 세계에서 점점 더 많은 복잡성을 발견하고 있습니다. 리, 이것은 진보의 화살입니다.

나는 과학은 모든 것이 자연 법칙으로 작동한다고 가정해야 하고 지적 설계는 과학 활동을 '포기하는' 것이라는 불평을 가끔 듣습니다. 도저히 수긍할 수 없는 논리입니다. 내가 볼 때 과학의 목적은 사물이 어떻게 여기까지 왔고 어떻게 작동하는지 알아내는 것입니다. 과학은 유물론적 설명이 아니라 진리를 추구해야 합니다. 역사의 위대한 과학자들, 이를테면 뉴턴과 아인슈타인은 과학의 임무가 자연주의적 방식으로 자연을 설명하는 거라고 생각하지 않았습니다. 이것은 최근에 나온 생각이고, 바람직하지도 않습니다. 지난 50년 동안이나 정반대 방향을 가리키는 증거들이 발견되었음을 고려하면 더욱 그렇습니다."

베히와 나는 악수한 후 헤어졌다. 나는 복도를 어슬렁거리며 유리창을 통해 과학자들이 열심히 연구하고 있는 여러 실험실들을 들여다보았다. 시카고 대학의 미생물학자 제임스 샤피로가 베히의 책을 읽고 쓴 서평이 떠올랐다. "근본적인 생화학적 체계 또는 세포 체계의 진화를 설명하는 상세한 다윈주의적 설명은 없다. 희망 섞인 다양한 추측들만 있을 뿐이다."[9]

샤피로는 베히가 내린 궁극적 결론에 따르지 않겠지만, 개인적으로 나는 희망 섞인 추측들에 기댈 준비가 되지 않았다. 윌리엄 레인 크레이그, 로빈 콜린스, 곤잘레스와 리처즈, 이제 마이클 베히와의 인터뷰에서 배운 내용들을 이어 볼 때, 내 머릿속에 떠오르는 그림은 한때 나를 무신론으로 이끌었던 아이콘들과 완전히 상반되는 것이었다. 우리 시대 가장 존경받는 과학자 중 한 사람인 앨런 샌디지의 말을 빌려 표현해 보면 이렇다.

> 세상이 우연의 산물이라고 보기엔 모든 부분들의 상호 연관성이 너무나 복잡하다. 나는 모든 생물들에서 발견되는 생명의 질서가 너무나 서로 잘 결합되어 있다고 확신한다. 생물의 각 부분은 나머지 부분들과 조화를 이룰 때만 제 기능을 할 수 있다. 각 부분은 그들이 해야 할 일을 어떻게 알까? 잉태 시에 각 부분이 어떻게 구체적으로 지정될까? 생화학에 대해 배우면 배울수록 생명에 꼭 필요한 전제 조건이 더욱 분명해진다. 그것은 모종의 조직원리인데, 신자들에게는 설계자가 될 것이고 유물론적 환원주의자들에게는 과학이 언젠가 풀어내야 할(그 이유에 대해서도) 신비일 것이다.[10]

나는 그 신비를 따라 경이로운 세포의 미시 영역으로 더 깊이 들어갈 것이다. 리하이 대학 캠퍼스를 나와 이어진 도로로 내려오다 보니, 과학철학자 스티븐 마이어가 DNA에 대해 여러 가지 책을 썼다는 사실이 기억났다. 그를 찾아가 유전학의 화살이 어느 곳을 향하고 있는지에 대한 대화를 나눌 시간 같았다.

참고 문헌

- Michael J. Behe, *Darwin's Black Box: The Biochemical Challenge to Evolution*. New York: Touchstone, 1996.
- —. "Darwin's Breakdown: Irreducible Complexity and Design at the Foundation of Life." In Signs of Intelligence, eds. William A. Demski and James M. Kushiner. Grand Rapids, Mich.: Brazos, 2001.
- —. 'Evidence for Design at the Foundation of Life" and "Answering Scientific Criticism of Intelligent Design." In Science and Evidence for Design in the Universe, eds. Michael J. Behe, William A. Demski, and Steven C. Meyer. San Francisco: Ignatius, 2000.
- —. "Intelligent Design Theory as a Tool for Analyzing Biochemical Systems." In Mere Creation, ed. William A. Demski. Downer's Grove, Ill.: InverVarsity Press, 1998.

최종 질문

1. 이번 장의 초두에는 단세포 생물을 첨단공장에 비유하는 과학자의 인용문이 나온다. 생물이 미시 단위에서 어떻게 작동하는지 읽은 후, "설계"나 기타 다른 설명 중 어느 것이 가장 적합하다고 여겨지는가? 그런 결론을 내리는데 어떤 요인이 크게 작용했는가?

2. 베히의 쥐덫 비유를 당신의 말로 요약하라면 어떻게 표현하겠는가?

3. 다윈은 "연속적인 수많은 작은 변이들로는 생겨날 수 없는 복잡한 기관(器官)의 존재가 증명된다면, 나의 이론은 그날로 무너질 것"이라고 시인했다. 베히는 자신이 그 기관의 존재를 증명했다고 주장한다. 당신은 그의 주장에 동의하는가? 그 이유는 무엇인가? 베히가 실패했다고 생각한다면, 다윈의 기준을 채우기 위해 베히가 무엇을 해야 한다고 생각하는가?

4. 베히가 설명한 생물학적 체계 – 섬모, 박테리아 편모, 세포내 수송체계, 혈액응고체계 – 중에서 어떤 것이 가장 인상적이었나? 베히가 반론에 대해 얼마나 잘 대답했다고 생각하는가?

5. 베히는 생명이 지적으로 설계되었다는 결론을 내리면 몇몇 사람들은 "그냥 다른 의견 중 하나로 받아들이지 않는다. 많은 사람들이 펄쩍펄쩍 뛰고 얼굴을 붉힌다"고 했다. 이 문제가 왜 그토록 많은 논쟁을 불러일으킨다고 생각하는가? 이 문제를 생각할 때 당신은 감정적이 되는가? 어떤 감정이 느껴지는가?

9

DNA는 인간 창조의 설계도이다

> 인간의 DNA는 브리태니커백과사전보다 더 조직적으로 정보를 담고 있다. 만일 외계에서 백과사전 전문의 컴퓨터 코드로 온다면, 대부분의 사람들은 그것을 외계에 지성이 존재한다는 증거로 여길 것이다. 그러나 자연 속에서 같은 것이 발견되면, 그것을 임의의 힘이 작용한 것으로 설명한다.
>
> — 조지 심 존슨

    1953년, 프랜시스 크릭이 아내에게 자신과 동료가 생명의 비밀인 DNA의 화학구조를 발견했다고 말했을 때, 그녀는 그 말을 믿지 않았다. 몇 년 후 그녀는 남편에게 이렇게 털어놓았다. "당신이 집에 돌아올 때마다 그런 말을 하니까 당연히 대수롭지 않게 여겼지요."

    그러나 이번에는 진짜였다! 그와 제임스 왓슨이 발견한 것은 '생명의 언어'가 저장된 데옥시리보핵산(DNA)의 이중나선으로, 이로 인해 그들은 노벨상을 받게 될 것이었다.

    그 후 50년이 넘도록 과학자들은 우리 몸속에 있는 100조 개의 세포 안에 단단히 말려 있는 180센티미터의 DNA를 연구하면서, 그것이 우리 몸을 구성하는 모든 단백질을 만드는데 필요한 유전정보를 제공하는 방식에 경탄했다. 실제로 인간의 스물세 쌍 염색체 안에 들어있는 3만 개의 유전자들은 무려 20,500가지 종류의 서로 다른 단백질을 만들어 낼 수 있다.[1]

    이렇게 산더미 같은 정보를 담을 수 있는 자그마한 DNA의 놀라운 역량은 네 글자 화학알파벳으로 세심하게 기록되어 있다. 유전학자 마이클 덴튼은 이것이 "지금까지 알려진 어떤 체계보다 월등히 뛰어나다. 이제껏 살았던 모든 생물들의 단백질-그 수는 대략 10억 가지에 달할 것으로 추산된다-을 만드는 데 필요한 정보가 "티스푼 하나 정도에 담길 수 있고 그러고도 이제껏 씌어진 모든 책의 정보를 저장할 공간이 남을 것" 이라고 말했다.²

적절한 아미노산이 적절한 순서에 따라 적절히 결합되어 적절한 종류의 단백질을 만들고, 그것들이 다시 적절한 방식으로 접혀 생물학적 체계들을 만드는 이 정교하게 짜여진 이 제조과정에 필요한 정보창고 역할을 하는 것이 DNA이다. PBS 텔레비전 방송국에서 여러 차례 방영된 다큐멘터리 〈생명의 신비를 열다(Unlocking the Mystery of Life)〉는 그 정교한 작용을 이렇게 묘사한다.

> '전사' 라고 알려진 과정에서, 분자기계가 먼저 DNA 나선의 한 부분을 펼쳐 특정한 단백질 분자를 조립하는데 필요한 유전자 정보를 드러낸다. 그러면 또 다른 기계가 이 정보를 복사해 '메신저 RNA(mRNA)' 라는 분자를 형성한다. 전사가 완료되면, 가느다란 mRNA 가닥은 세포핵 밖으로 유전 정보를 운반한다. 이제 mRNA 가닥은 두 개의 부분으로 구성된 리보솜이라는 분자공장으로 향한다. 리보솜 안에서 분자조립라인은 특정한 순서로 연결된 아미노산 사슬을 만들어 낸다. 이 아미노산들은 세포의 다른 부분들로 수송된 후 대개 수백 단위 길이의 사슬로 연결된다. 아미노산의 순서배열에 따라 만들어지는 단백질의 종류도 달라진다. 사슬이 다 만들어지면 리보솜에서 원통형 기계로 옮겨지는데, 거기서 고유기능에 결정적인 정확한 모양으로 접히게 된다. 사슬이 접혀 단백질이 되면 배출되어 또 다른 분자기계의 안내를 받아 필요한 정확한 위치로 가게 된다.³

저명한 생물학 교수 딘 케니언이 화학적 생명기원에 대한 자기 책의 결론을 거부하고 지성 외에는 이 복잡한 세포장치를 창조할 수 없었을 거라는 결론을 내린 이유는 바로 이 "놀랍기 그지없는" 절차였다. 그는 "분자유전학이라 불리는 이 새로운 영역에서 우리는 지구상에서 가장 강력한 설계의 증거를 본다"고 말했다.

과학자들이 마침내 인간 게놈의 30억 개 염기서열의 지도를 완성했다고 선언했을 때 신에 대한 언급이 넘쳐난 것은 당연해 보였다. 클린턴 대통령은 과학자들이 "하나님이 생명을 창조한 그 언어를 배우고 있다"고 말했고, 인간 게놈프로젝트 책임자인 유전학자 프랜시스 콜린스는 DNA가 "이전에는 신에게만 알려졌던, 우리 자신의 사용설명서"라고 말했다.[4]

창조주에 대한 공식적인 경의표시는 국민 다수가 신앙인인 미국의 정치사회적 관습에 불과할까? 아니면 DNA 안의 풍부한 정보를 근거로, 지적설계자가 유전물질 안에 단백질 합성을 지시하는 정보를 주입했다는 결론을 내리는 것이 정당할까? 최초의 세포들에 나타나는 생물학적 정보의 출처를 설명할 수 있는 자연주의적 해법이 있을까?

나는 해답을 얻기 위해 어디로 가야 하는지 알았다. DNA 내의 정보가 함축하는 바에 대해 폭넓은 글을 쓴 생명기원 문제 전문가가 워싱턴 주에 살고 있다. 그와 나는 이미 이 책의 4장에서 신앙과 과학의 공통부분에 대해 논의한 적이 있다. 이제 다시 그와 마주 앉을 차례였다.

일곱 번째 인터뷰: 스티븐 마이어 박사

철학자이며 과학자인 스티븐 마이어는 디스커버리연구소[5] 과학과문화센터의 책임자 겸 수석연구원이다. 팜비치애틀랜틱대학에서 과학의 개념적 토대를 가르치는 교수이기도 한 그는, 케임브리지대학에서 생물학 중 생명기원 분야의 과학적, 방법론적 쟁점들을 분석하여 박사학위를 받았다. 석사학위는 분자생물학과 진화론의 역사에 대한 연구로 역시 케임브리지에서 받았다. DNA와 생물학적 정보의 기원에 관한 책도 여러 권 저술했다.

평소 마이어는 교수답게 점잖지만, 어려운 질문들이나 열렬한 다윈주의자들과의 피 터지는 논쟁을 피하는 걸 본 적이 없다.

나는 지난 50년 동안 생명의 기원을 연구하는 과학자들을 당황케 한 문제에 대해 솔직한 답변을 듣고 싶었다. 대부분의 다윈주의자들은 자신들이 DNA와 생명기원 문제로 쩔쩔매고 있다는 것을 시인하면서도[6] 이 문제에 대한 마이어의 결론은 달가워하지 않는다. 그러나 그런 건 별로 중요하지 않다. 나는 순전히 과학적 관점에서 볼 때 가장 타당한 결론은 무엇인지 알고 싶었다.

DNA로 얻을 수 있는 설계 논증

나는 조사 도중에 노트에 휘갈겨 놓은 인용구를 마이어에게 읽어 주며 인터뷰를 시작했다. "베른트올라프 퀴퍼스는 '생명기원의 문제는 생물학적 정보의 기원문제와 기본적으로 같은 게 분명하다'[7]고 말했습니다. 그 말에 동의하십니까?"

마이어: "물론입니다. 컴퓨터가 새로운 기능을 수행하게 하려면 무엇이 필요하냐고 학생들에게 물으면 학생들은 이렇게 대답합니다. '새로운 정보 코드를 줘야 합니다.' 생물에서도 동일한 원리가 적용됩니다.

생물이 새로운 기능이나 구조를 얻으려면, 세포 어딘가에 정보를 제공해야 합니다. 세포의 중요한 요소들(주로 단백질)을 만드는 법에 대한 지시가 필요한 거지요. 우리가 알다시피 DNA는 단백질을 만드는 법을 세포의 기계장치에 알려주는 디지털코드의 창고입니다. 퀴퍼스는 이것이 생명의 기원을 설명하는데 있어 결정적 장애물이라는 것을 파악하고, 이 유전정보는 어디서 생겨났을까?라고 묻습니다.

조리법에 따라 수프를 만드는 과정을 생각해 보십시오. 재료를 다 갖고 있다 해도 재료 간의 적절한 비율, 재료를 넣는 순서, 그리고 적절한 조리 시간을 모른다면 맛있는 수프를 만들 수 없습니다. 많은 사람들이 '원시 수프' 이야기를 합니다. 생명 탄생 이전의 원시 지구에 존재했을 것으로 추정되는 화학물질입니다. 살아 있는 세포를 만드는 데 필요한 화학물질이 다 있다고 해도, 세포가 생물 기능을 제대로 수행하려면 그 물질들을 특정한 배열로 정리하는 법에 대한 정보가 필요합니다.

1950년대와 60년대 이래, 생물학자들은 대개 단백질이 세포의 중요한 기능을 수행한다는 사실을 알아냈습니다. 단백질은 DNA에 저장된 정보에 의해 조립되어 나온 산물입니다."

나 : "그럼, DNA에 대해 얘기해 보지요. 박사님은 DNA에서 얻을 수 있는 설계 논증이 있다고 쓰셨습니다. 그게 무슨 말입니까?"

마이어 : "아주 간단히 말해, DNA에 있는 정보–생명이 시작되는 데 필요한 정보–의 기원은 지적 원인으로 가장 잘 설명할 수 있다는 겁니다. 과학자들이 생물학적 현상을 설명하기 위해 흔히 사용하는 자연주의적 원인들은 제대로 된 설명을 제공하지 못합니다."

나 : "DNA 안에 있는 '정보' 라는 게 정확히 무엇을 말합니까?"

마이어 : "우리는 스물여섯 개, 스물두 개, 혹은 서른 개의 알파벳으로 정보를 전달할 수 있습니다. 컴퓨터에서 쓰이는 0과 1의 이진부호처럼 두 문자만으로도 정보 전달이 가능합니다. 20세기의 가장 비범한 발견 중 하나는 DNA가 4문자의 디지털코드로 정보–단백질 조립에 대한 상세한 지시–를 저장한다는 것이었습니다.

그 문자들은 아데닌(adenine), 구아닌(guanine), 시토신(cytosine), 티민(thymine)이라는 물질입니다. 과학자들은 이들을 A, G, C, T로 나타내는데, 유전 텍스트에서 알파벳 문자처럼 기능하기 때문에 어울리는 이름이라고 하겠습니다. 이 네 가지를 '염기' 라 하는데 이것들을 적절하게 배치하면 다른 배열의 아미노산(단백질의 구성요소)들을 만들라는 지시가 세포에게 전달됩니다. 문자들의 배열이 달라지면 배열이 다른 아미노산들이 생겨납니다."

마이어는 책상 서랍으로 손을 뻗더니 어린 아이들이 가지고 노는 커다란 블록형 구슬을 몇 개 꺼내 들고는 농담을 건넸다. "박스에 2-4세용이라고 적혀있으니 이건 고급화학인 셈이죠."

그는 모양이 제각각인 오렌지색, 푸른색, 파란색, 빨간색, 자주색 구슬을 들었다. "이건 단백질의 구조를 나타냅니다. 기본적으로 단백질은 길게 죽 배열된 아미노산입니다."

그는 그렇게 말하고 구슬들을 나란히 끼웠다. "아미노산 사이의 힘 때문에 단백질은 매우 특정한 삼차원 모양으로 접힙니다." 그는 그렇게 말하면서 이어진 구슬들을 구부려 뒤틀었다. "이 삼차원 모양들은 열쇠의 이처럼 들쭉날쭉해서 자물쇠와 열쇠처럼 세포 안의 다른 분자들과 맞물립니다. 단백질은 반응을 촉진시키거나, 구조적 분자나 연결사 또는 마이클 베히가 말한 분자기계의 부품을 형성합니다. 단백질이 그 기능을 수행할 수 있게 해 주는 이 특정한 삼차원 모양은 아미노산의 일차원적 배열 순서에서 생겨나는 겁니다."

그다음 그는 구슬 일부를 떼어내어 순서를 재배열하기 시작했다. "내가 빨간 구슬과 파란 구슬을 바꾸면, 힘의 상호작용으로 인해 다른 조합이 생기고 단백질은 전혀 다른 모양으로 접힐 겁니다. 그래서 아미노산의 서열은 긴 사슬이 적절히 접혀 실제로 기능하는 단백질을 형성하는 데 결정적으로 중요합니다. 그래서 서열이 잘못되면 접힘도 없습니다. 그런 서열의 아미노산들은 제 기능을 다할 수 없습니다.

물론 단백질들은 세포에서 핵심기능을 담당하는 분자입니다. 그것들이 없이는 생명이 있을 수 없습니다. 그럼 그것들은 어디서 왔을까요? 그 질문에 답하자면 더 깊은 문제를 살펴야 합니다. DNA는 일차원 아미노산의 서열을 만들어 내어 삼차원 모양의 단백질을 창조합니다. 그럼 궁극적으로 DNA 안의 조립지시는 어디서 나왔을까요?"

이 부분을 말할 때 그는 힘을 주는 것 같았다. "단백질의 기능적 특성은 DNA 분자에 저장된 정보에서 나옵니다."

생명의 도서관

나는 마이어가 말한 과정에 감동을 받았다. "박사님 말씀은 DNA가 단백질을 만들기 위한 청사진과 같다는 거군요?"

마이어 : "솔직히 나는 청사진 비유를 좋아하지는 않습니다. 세포와 생물 안에는 다른 정보원도 있을 겁니다. DNA가 중요하기는 하지만, 그것이 모든 걸 만들지는 않습니다. 물론 DNA는 단백질 분자를 만들지요. 하지만 그것은 그 자체가 더 큰 구조들을 만들기 위해 정보에 따라 배열된 하부 단위일 뿐입니다."

나 : "그럼 청사진 말고 어떤 비유가 좋을까요?"

마이어 : "DNA는 도서관과 더 비슷합니다. 생물은 그 핵심적 구성요소 일부를 만들기 위해 필요한 정보를 DNA에서 얻을 수 있습니다. 그 알파벳 같은 특성 때문에 도서관과 잘 어울리지요. DNA에는 단백질 구조와 접힘을 만들기 위해 정확한 배열로 기다랗게 이어진 A, C, G, 그리고 T가 있습니다. 단백질 하나를 만들기 위해서는 평균 1,200에서 2,000개의 문자 내지 염기가 필요합니다. 그것은 상당히 많은 정보입니다."

나 : "그리고 이건 다시 그 정보의 기원에 대한 문제를 제기하겠군요."

마이어 : "질문이 제기된 정도가 아닙니다. 이 문제 때문에 생명의 기원에 대한 모든 자연주의적 설명이 실패로 돌아갔습니다. 이것은 가장 결정적이고 근본적인 질문이기 때문입니다. 그 정보의 출처를 설명하지 못하면, 생명을 설명하지 못한 것입니다. 분자가 기능하게 해 주는 것이 바로 이 정보이기 때문입니다."

나 : "박사님은 그 정보의 존재 무엇을 의미한다고 생각하십니까?"

마이어 : "세포 안에 있는 정보는 지적 행위자의 활동으로 설명하는 것이 가장 타당하다고 믿습니다. 빌 게이츠는 이렇게 말했습니다. 'DNA는 소프트웨어 프로그램과 같다. 차이가 있다면 우리가 이제껏 고안한 것보다 훨씬 더 복잡하다는 것뿐이다.' 그의 말은 시사하는 바가 큽니다. 게이츠는 마이크로소프트사에서 지적 프로그래머들을 고용해 소프트웨어를 생산하기 때문입니다. 정보이론가 헨리 퀘슬러는 이미 1960년대에 이런 말을 했습니다. '새로운 정보의 창조는 항상 의식적 활동과 관련되어 있다.'"

나 : "하지만 우리가 논의하는 대상, 그러니까 정보와 생명의 기원은 아주 오래 전에 일어난 일입니다. 과학자들이 그렇게 먼 옛날에 벌어진 일을 어떻게 재구성할 수 있습니까?"

마이어 : "동일과정설(同一過程說)이라는 과학적 추론원리를 사용하면 가능합니다. 인과관계에 대한 현재의 지식으로 과거에 일어난 일을 재구성할 수 있어야 한다는 원리지요.

예를 들면, 퇴적층에 보존된 고대의 연흔(漣痕, 물결 모양의 울퉁불퉁한 흔적)이 있다고 합시다. 그리고 현재의 강물이 증발하면서 강바닥에 같은 종류의 연흔이 생기는 걸 봤다고 합시다. 그렇다면 동일과정설의 논리를 사용해 퇴적층에 있는 그 연흔이 비슷한 과정으로 만들어졌다고 합리적으로 추론할 수 있습니다.

이제 DNA로 돌아가 봅시다. 오늘날 우리가 연구하거나 화석기록에서 발견하는 가장 단순한 세포조차도 DNA에 저장된 정보나 다른 형태의 정보운반체가 필요합니다. 그리고 우리는 정보가 늘 의식적 활동과 관련되어 있음을 경험적으로 압니다. 동일과정설의 논리를 따를 때, 우리는 오래 전에 출현한 첫 번째 세포 내의 정보의 기원이 지성이라고 추론할 수 있습니다."

머릿속으로 그의 추론을 따라가다 보니 한 가지만 빼곤 모든 것이 딱 맞아

떨어지는 듯 했다. 내가 말했다. "그러나 단서가 있습니다."

마이어는 눈썹을 치켜뜨며 물었다. "이를 테면 어떤 것입니까?"

나 : "더 나은 설명을 찾지 못한다면, 이 모두가 사실이겠지요."

마이어 : "물론입니다. 그런 설명을 할 수 있는 다른 해법이 없어야겠지요. 생명 기원을 연구하는 과학자들은 이제까지 수십 년 동안 다른 가능성들을 살펴봤습니다. 그러나 솔직히 말해 건진 게 없습니다."

그러나 여기서 더 나아가기 전에, 다른 주요한 가상 시나리오들이 지적설계이론에 훨씬 못 미친다는 사실을 충분히 납득하고 넘어가야 했다.

수프는 어디로 갔는가?

1871년, 찰스 다윈은 한 편지에서 "어떤 작고 따뜻한 웅덩이에 온갖 암모니아와 인염, 빛, 열, 전기 등이 생겨나 단백질 화합물이 화학적으로 형성되었을 때" 생명이 출현했을 거라고 추측했다.

몇 년 전, 한 과학자가 그 이론을 이렇게 요약했다. "생명으로 가는 첫 번째 단계로, 초기 지구의 표면에서 벌어진 화학적 합성작용을 통해 살아있는 세포의 형성에 필요한 모든 기본적 유기화합물이 만들어졌을 것으로 추정된다. 이것들이 태고의 바다에 축적되어 영양이 풍부한 수프, 소위 '원시 수프'가 만들어졌을 것이다. 어떤 특별한 환경에서 이 유기화합물들이 커다란 고분자, 단백질, 핵산으로 조립되었다. 결국 수백만 년에 걸쳐 이 고분자들의 조합이 이루어졌고, 이것들은 자기복제 능력을 갖추게 되었다. 그 후 자연선택에 이끌려 더욱 효율적이고 복잡하게 자기복제를 하는 분자체계들로 진화하면서 마침내 최초의 간단한 세포체계가 등장했다."[8]

내가 말했다. "과학자들이 이 원시 수프에 대해 말하는 걸 많이 들었습니다. 그것이 실제로 존재했다는 증거가 얼마나 있습니까?"

마이어 : "그건 아주 흥미로운 문제입니다. 증거는 하나도 없습니다."

매우 중요한 문제가 아닐 수 없었다. 생명기원의 이론가들은 대부분 고대의 이 화학적 바다의 존재를 전제하기 때문이다. "증거가 하나도 없다는 게 무슨 뜻입니까?"

마이어 : "이 원시 수프가 정말 존재했다면 아미노산이 풍부했을 겁니다. 그렇다면 질소도 많았을 겁니다. 아미노산은 질소를 함유하니까요. 그렇다면 지구의 최초 퇴적물들을 조사하면 질소가 풍부한 무기물들이 많이 발견되어야 할 겁니다."

논리적인 대답이었다. 나는 다시 물었다.

"과학자들은 무엇을 발견했습니까?"

마이어 : "그런 퇴적물은 한번도 발견되지 않았습니다. 1985년에 짐 브룩스는 '초기 유기물의 질소 함유량은 상당히 낮은 0.15퍼센트에 불과하다'고 썼습니다. 그는 이렇게 말했지요. '이 사실로 인해 우리는 선캄브리아기 퇴적물이 형성될 때 지구에는 많은 양의 '원시 수프'가 절대 없었음을 확신할 수 있다. 그런 수프가 존재했다 하더라도 아주 짧은 시간뿐이었을 것이다.'"

나 : "아니, 정말 놀라운 결과 아닙니까? 과학자들은 그것이 분명한 사실인 것처럼 걸핏하면 원시 수프에 대해 말하지 않습니까?"

마이어 : "그렇습니다. 정말 놀라운 일입니다. 덴튼은 이 문제에 대해 이렇게 말했습니다. '생명의 기원에 대한 수많은 논의에서 과학자들은 원시 수프가 이미 확증된 사실인 것처럼 언급한다. 이 사실을 감안할 때 원시 수프의 존재를 입증하는 실제적인 증거가 전혀 없다는 사실은 정말 충격적이다.'

원시 수프가 존재했다고 가정한다 해도, 교차반응이라는 심각한 문제가 있었을 겁니다.

50년 전 스탠리 밀러가 생명의 기원을 밝히기 위해 시행했던 실험을 살펴봅시다. 그는 초기 지구의 대기를 재현하고 거기다 전기 충격을 주었습니다.

그리고 스물두 개의 아미노산 중에서 단백질을 형성하는 두세 개의 아미노산을 만들 수 있었습니다."

나 : "하지만 생물학자 조나단 웰스는 이렇게 말했습니다. 현대 과학자들은 밀러의 실험에서 사용한 대기조성이 비현실적이라고 생각하며, 정확한 환경을 조성해서 실험하면 생물과 연관된 아미노산은 만들어지지 않는다고요."

마이어 : "맞습니다. 그러나 흥미로운 점이 또 있습니다. 밀러의 아미노산은 플라스크 속의 다른 화학물질들과 아주 빠른 속도로 반응을 해서 전혀 생명 친화적이지 않은 갈색 침전물을 만들어 냈다는 겁니다. 그것이 제가 말한 교차반응입니다. 아미노산이 이론적 원시 수프에 존재했더라도, 금세 다른 화학물질들과 반응해 버렸을 겁니다. 이것은 생명의 기원을 푸는 데 있어 또 다른 엄청난 걸림돌이 되었을 겁니다.

생명의 기원을 연구하는 과학자들이 이 문제를 처리한 어떤 방식으로 처리했는지 아십니까? 그 후에 나타나는 추가적인 반응들이 실험을 생명친화적인 방향으로 이끌어 가길 기대하며 이들 다른 화학물질들을 제거한 것이었습니다. 그러니까 자연적 과정을 재현하는 대신, 그들은 자신들이 원하는 결과를 얻기 위해 실험에 개입한 것입니다. 그리고 그것은 지적 설계입니다."

설령 원시 지구가 생물의 선구물질들이 가득한 바다로 넘쳐났다 해도, 생명 형성에 대한 장애물들은 너무나 굉장했을 것이다. 이 외에 생명의 기원을 합리적으로 설명하는 자연주의적 해법이 있을까? 살인사건의 용의자들을 체포하는 형사처럼, 나는 세 가지 가능한 시나리오를 검토해 그 중에서 타당한 것이 있는지 보기로 했다.

첫 번째 시나리오 ; 무작위한 우연

나 : "생명이 무작위한 우연으로 생겨난다는 생각은 이제 과학자들 사이에

서 인기를 잃었다고 들었습니다."

마이어 : "그렇습니다. 거의 모든 생명 기원의 전문가들은 그 접근법을 완전히 거부했습니다."

나 : "그렇다고 해도, 그 생각은 대중들 사이에서 아직도 생생하게 살아있습니다. 생명의 기원에 대해 생각하는 많은 대학생들에게 우연은 여전히 영웅입니다. 그들은 수백만 년에 걸쳐 상호작용하도록 아미노산을 내버려두면, 어떻게든 생명이 생겨날 거라고 생각합니다."

마이어 : "그렇습니다. 이 시나리오가 사실관계를 잘 알지 못하는 사람들 사이에서 아직도 살아 있다는 건 사실입니다. 그러나 이 주장은 가치가 전혀 없습니다.

제멋대로 뒤섞여진 문자들을 바닥에 던져서 얇은 책을 하나 만들어 내려 한다고 상상해 봅시다. 아니면 눈을 감고 가방에서 알파벳 조각들을 집어낸다고 합시다. 그런 방법으로 「햄릿」을 완성하려면 얼마나 많은 시간이 필요할까요? 간단한 단백질 분자나 그 분자를 만드는 유전자조차도 그 안에 담긴 정보량이 너무나 많기 때문에 빅뱅 이후의 모든 시간이 다 주어진다 해도 우연히 그 분자를 생성하게 될 '가능성 있는 자원'은 얻지 못할 겁니다."

나 : "첫 번째 분자가 오늘날의 분자들보다 훨씬 더 단순했다고 가정해도 그렇습니까?"

마이어 : "복잡성의 최소치라는 게 있습니다. 단백질이 기능을 수행하려면 특정하게 접힌 소위 '3차 구조'가 필요합니다. 적어도 75개 이상의 아미노산이 있어야 단백질에서 3차 구조를 얻을 수 있습니다. 그것도 적게 부른 걸 겁니다. 단백질 분자가 우연히 발생하려면 무엇이 필요할지 따져봅시다.

첫째, 아미노산 사이의 적합한 결합이 필요합니다. 둘째, 아미노산에는 오른손잡이와 왼손잡이가 있는데, 왼손잡이 아미노산만 따로 모아야 합니다. 셋째, 아미노산은 문장 속의 문자들처럼 특정한 순서로 연결되어야 합니다. 이것들이 저절로 맞아떨어질 확률을 계산해 보면 짧은 생체 단백질이라 해도 10만×1조×1조×1조×1조×1조×1조×1조×1조×1조분의 1입니다. 1위에 0이 125개나 붙는 수치입니다!

더구나 그것은 단백질 분자 하나에 해당하는 수치입니다. 아무리 간단한 세포라도 300개에서 500개의 단백질 분자가 필요합니다. 게다가 이 모든 과정이 지구가 식은 후부터 지금까지 발견된 최초의 미생물화석 사이의 기간인 불과 1억년 사이에 이루어져야 합니다.

이런 확률에도 불구하고 생명이 우연히 생겨났다고 말하는 것은 자연주의적 기적에 호소하는 일과 같습니다. 그건 무지를 실토하는 행위입니다. '모른다'는 말을 달리 표현한 것뿐입니다. 그리고 1960년대 이래, 과학자들은 DNA나 단백질의 기원에 '우연'이 중대한 역할을 했다는 식의 말을 매우 주저하고 있습니다. 그러나 말씀하신 바처럼 이 이론은 아직도 일반 대중 속에서 영향력을 발휘하고 있습니다."

두 번째 시나리오 ; 자연선택

무작위한 우연만으로는 생명의 기원을 설명하지 못할지 모른다. 그러나 동물학자 리처드 도킨스는 자연선택이 우연한 변이에 작용하면, 진화는 어마어마하게 높은 봉우리를 오를 수 있다고 말한다. 그는 복잡한 생물구조는 중간에 디딤돌이 없으면 한번에 올라갈 수 없는 깎아지른 절벽과 같다고 말했다. 사람들은 이 높이 솟은 봉우리를 보고 진화과정으로 꼭대기까지 갈 수 없겠다고 생각한다.

그러나 그 산의 뒷면에는 오르기가 훨씬 쉬운 점진적인 비탈길이 있다. 이것은 자연이 우연히 작은 변이를 제공하면 자연선택이 그 중 가장 나은 것을 고른다는 다원주의 개념을 나타낸다. 작은 변화들이 오랜 시간에 걸쳐, 축적되어 큰 변화가 된다. 그러니 절벽 쪽에서는 산에 오르는 것이 불가능해 보여도, 뒤쪽에 있는 더 작은 다윈주의 계단, 자연선택을 이용하면 훨씬 쉽게 오를 수 있다.[9]

나 : "자연선택은 진화가 살아 있는 첫 번째 세포를 만드는 산을 어떻게 올랐는지 설명할 수 있습니까?"

마이어 : "생물의 진화 과정에서 자연선택이 정말 작용하는지는 논쟁의 여지가 있습니다. 그러나 생명의 기원을 더 단순한 화학물질로 설명하려는 화학진화에서는 자연선택이 무용지물입니다. 테오도시우스 도브잔스키는 이렇게 말했습니다. '생물 전단계의 자연선택은 개념상 모순이다.'

다윈주의자들도 인정하는 것처럼, 자연선택에는 자기복제하는 생물의 역할이 중요합니다. 생물은 생식을 하여 후손들 중에 변이가 생기고 환경에 더 잘 적응하는 후손들이 살아남아 그 적응의 특성이 보존되어 다음 세대에 전해져야 합니다. 그런데 생식을 위해서는 세포분열이 있어야 합니다. 그리고 그것은 정보량이 많은 DNA와 단백질이 있어야 가능한 일입니다. 바로 이게 문제입니다. 그들이 설명하려 하는 내용이 바로 이것이기 때문입니다!

다시 말해, 다윈주의적 진화가 일어나려면 자기복제하는 생물이 있어야 하는데, DNA 안에 필요한 정보가 갖춰지기 전까지는 자기복제하는 생물이 있을 수 없습니다. 그런데 다윈주의자들이 처음에 설명하려는 내용이 바로 DNA에 있는 정보입니다. 그건 마치 깊은 구덩이에 빠진 사람이 거기서 빠져나가려면 사다리가 필요하다는 걸 깨닫는 상황과 같습니다. 그래서 바깥으로 기어 나와 집으로 가서 사다리를 챙겨서 다시 구덩이 속으로 뛰어들어 사다리를 타고 나오는 거죠. 논점을 회피하는 짓입니다."

나 : "하지만 처음에는 복제가 훨씬 간단한 방식으로 시작되었겠죠. 그다음 자연선택이 넘겨받았을 겁니다. 일부 작은 바이러스는 RNA를 유전물질로 사용합니다. RNA 분자는 DNA 분자보다 단순하고 정보저장과 복제도 할 수 있

습니다. 생식이 가능한 생명체가 DNA보다 훨씬 덜 복잡한 분자 영역에서 시작되었다는 소위 'RNA 기원 가설'은 어떻습니까?"

마이어: "거기에는 문제가 엄청나게 많습니다. 두어 가지만 들어보자면, RNA 분자는 DNA와 마찬가지로 정보가 있어야 기능을 합니다. 그러니 정보가 어디서 나왔는가, 이 똑같은 문제로 되돌아온 거지요. 또한, RNA의 한 가닥을 복제하기 위해서는 근처에 똑같은 RNA 분자가 있어야 합니다. 적당한 길이의 똑같은 RNA 분자 두 개를 맞춰낼 타당한 확률을 확보하려면 천만×1조×1조×1조×1조 개의 RNA 분자가 있는 도서관이 필요합니다. 즉, 원시적 복제체계가 우연히 생겨날 가능성은 없는 거죠."[10]

RNA 이론은 한동안 인기를 끌었지만 곧 적지 않은 비판자들이 생겨났다. 뉴욕대 화학교수인 진화론자 로버트 샤피로는 현재로서 그 개념은 "추측이나 믿음의 문제로 여겨져야 한다"고 말했다. 생명의 기원을 연구하는 그레이엄 케른스미스는 "이 영역의 많은 흥미롭고 상세한 실험 결과, 이 이론의 가능성이 대단히 낮다"는 사실만 드러났다고 말했다. 조나단 웰스가 인터뷰에서 했던 말처럼, 생화학자 제럴드 조이스의 반응은 그보다 훨씬 쌀쌀맞았다. "RNA가 그럴 법한 첫 번째 생체 분자가 되는 시점까지 다다르려면 허수아비 위에 허수아비를 계속 쌓아 나가야 한다."

코네티컷 대학의 세포분자생물학 교수였고 핵산 전문가인 제이 로스는 첫 번째 생물체계의 존재를 위한 정보를 담고 있는 본래 주형이 RNA이건 DNA이건 똑같은 문제가 존재한다고 말했다. "가장 필요한 본질만 적나라하게 남긴다 해도, 이 주형은 매우 복잡했을 것이 분명하다. 현재로서는 이 주형만으로도 창주조의 가능성을 떠올리는 것이 합당해 보인다."

세 번째 시나리오 ; 화학친화력과 자기조직

마이어는 1970년대 초, 생명의 기원을 연구하는 대부분의 과학자들이 무작위한 우연과 자연선택에 대한 미몽에서 깨어났다고 말했다. 그 결과로 일부 과학자들은 세 번째 가능성을 조사했다. 그것은 정보를 담고 있는 고분자들의 기원에 대한 다양한 자기조직화이론들이었다.

과학자들은 화학친화력(원자들 간에 서로 결합하여 어떤 화합물로 되려는 힘) 때문에 DNA의 알파벳 4자가 자기조립을 했거나, 아미노산이 그 상호간의 자연적 친화력 때문에 저절로 연결되어 단백질이 만들어졌다는 가설을 세웠다. 내가 이 가능성들을 제시하자 마이어는 내가 조사 과정에서 이미 접했던 사람의 이름을 언급했다.

"이 접근방식의 첫 번째 주창자 중 한 사람이 딘 케니언이었습니다. 그는 단백질의 아미노산과 DNA 알파벳인 염기 문자들은 그 자체로 자기조직화 능력을 갖고 있어 그것이 이 분자들 안에 있는 정보의 기원을 설명해 주기 때문에 생명의 발달은 불가피했다고 주장합니다."

나는 케니언이 자기 책의 결론을 부정하고, "가장 단순한 세포가 화학진화로 생겨났을 가능성은 전혀 없으며" 지적설계가 "분자생물학에서 발견된 많은 증거들에 가장 잘 들어맞기 때문에 설득력이 있다"[11]고 주장했음을 알고 있었지만 직접 증거를 검토하고 싶었다. "이 화학친화력이 어떻게 작용했다는 겁니까?"

마이어 : "단백질을 예로 들어 보겠습니다. 단백질은 길게 이어진 아미노산으로 이루어졌다는 걸 기억하십시오. 아미노산 사이에 어떤 당기는 힘이 있어서 그 때문에 아미노산들이 현재와 같은 모습으로 늘어선 후 접혀서 단백질이 제 기능을 수행할 수 있었다는 겁니다. 그럼 세포가 살아 있을 수 있겠지요."

나 : "화학친화력 때문에 일종의 자기조직화가 일어나는 사례가 자연에 있다는 건 분명한 사실이지 않습니까?"

마이어: "맞습니다. 소금결정이 좋은 예지요. 화학친화력 때문에 나트륨 이온(Na+)이 염소 이온 (Cl-)과 결합해 소금결정 내의 대단히 규칙적인 패턴을 형성합니다. Na와 Cl이 번갈아가며 멋지게 연결되지요. 화학에는 다른 원자들 간의 결합 친화력으로 분자구조의 기원이 설명되는 사례들이 많이 있습니다. 케니언과 다른 연구자들은 단백질과 DNA도 그런 경우이길 기대했지요. 그러나 실험해 본 과학자들은 아미노산이 이러한 결합 친화력을 보이지 않는다는 걸 발견했습니다. 아주 약간의 친화력은 있었지만, 기능 단백질들에서 볼 수 있는 서열 패턴들과는 맞지 않았습니다.

그것만으로도 큰 문제였지만, 더 큰 이론적 난점이 있었지요. 정보이론가 허버트 요키와 화학자 마이클 폴라니가 더욱 심오한 문제를 제기했습니다. '우리가 DNA와 단백질의 서열을 자기조직화 특성의 결과로 설명할 수 있다면 어떻게 될까? 그저 단순히 반복적 서열만 있는 소금결정 같은 것이 남지 않을까?'

DNA에 있는 유전정보를 살펴봅시다. 유전정보는 화학 문자 A, C, G, T로 쓰여 있습니다. A가 있을 때 자동적으로 G를 끌어당긴다고 상상해봅시다. 그럼 A-G-A-G-A-G-A-G의 반복적 서열만 생길 겁니다. 그것으로 단백질을 만드는 유전자가 생길까요? 자기조직화는 유전메시지가 아니라 반복적인 주문만 만들어 낼 겁니다.

정보를 전달하기 위해서는 서열상의 불규칙성이 필요합니다. 아무 책이나 펼쳐 보십시오. 단어 'the' 만 계속해서 되풀이되는 책은 없을 겁니다. 책 속의 문자들은 불규칙하게 배열되어 있습니다. 그것들이 정보를 전달할 수 있는 이유는 특정한 독립적 패턴-즉 어휘와 문법규칙-을 따르기 때문입니다. 그것이 바로 의사소통을 가능하게 해 주는 요소이자 DNA에서 설명되어야 할 부분입니다. DNA 알파벳 네 문자의 서열은 대단히 불규칙하면서도 기능에 필요한 요구사항에 맞습니다. 즉 아미노산은 필요한 단백질을 만들기에 알맞게 배열됩니다.

예를 하나 들어보겠습니다. 브리티시콜럼비아의 빅토리아 항으로 가면, 언덕 위에 놓인 패턴을 하나 보게 됩니다. 배가 가까이 다가가면, 그것이 빨갛고 노란 꽃들로 만들어진 환영인사란 걸 알게 됩니다. WELCOME TO VICTORIA(빅토리아에 오신 것을 환영합니다). 그것이 정보가 담긴 서열의 예입니다.

W 다음에 E, 그 다음 W가 나오고 또 E가 나오는 식의 단순한 반복이 아닙니다. 독립적 패턴이나 구체적인 기능 요건–영어 어휘와 문법–에 부합하는 불규칙한 문자조합입니다. 그래서 우리는 그 문자열이 정보를 전달한다는 걸 금세 알 수 있습니다. 우리는 이 두 요소–기능 요건에 따라 정해진 불규칙성, 소위 '특정화된 복잡성'–를 접할 때마다 그것을 정보로 인식합니다. 그리고 이런 종류의 정보는 지성이 개입한 결과입니다. 우연, 자연선택, 혹은 자기조직화과정의 결과가 아닙니다."

나: "DNA에서 볼 수 있는 정보가 이런 종류의 것입니까?"

마이어: "그렇습니다. DNA에 있는 정보가 문자들을 되풀이하라는 것뿐이라면 조립지시는 아미노산에게 같은 식으로 계속 조립하라고 전달할 겁니다. 그러면 살아 있는 세포가 기능하는 데 필요한 그 모든 다양한 단백질 분자를 만들 수 없을 겁니다. 그건 마치 누군가에게 자동차 조립설명서를 건넸는데, 그 책에 'the-the-the-the-the-the' 라고만 적혀 있는 것과 같습니다. 그 한 가지 어휘로 필요한 모든 정보를 전달하길 바랄 수는 없습니다.

정보가 되려면 변화성, 불규칙성, 예측불가능성이 필요하지만, 자기조직화는 단순한 질서의 반복적, 잉여적인 구조를 제공할 뿐입니다. 복잡성과 질서는 정반대의 범주에 속하지요.

화학진화 이론가들은 이 문제를 피할 수 없을 것입니다. 자연법칙은 정의상 규칙적이고 반복적인 패턴을 기술합니다. 그렇기 때문에 자기조직화 작용으로 정보의 기원을 설명할 수 없는 겁니다. 정보를 전달하는 서열들은 불규칙하고 복잡하기 때문입니다. 그것들은 내가 말한 '특정화된 복잡성'을 드러냅니다. 향후에 다른 증거들이 발견된다 해도 이 원리가 달라지지는 않을 것입니다."

여기까지의 설명은 화학친화력으로 DNA 내의 정보를 설명하려는 생각에 대한 사형선고로 보였다. 그러나 이게 끝이 아니었다. 이 이론에는 또 다른 치명적인 문제가 있었다.

마이어: "DNA를 연구해 보면 그 구조가 화학친화력에 의해 생겨난 특정한 결합에 의존하고 있다는 걸 알게 됩니다. 예를 들면, 수소결합과 당과 인산염분자 사이의 결합이 DNA 분자의 나선형 뼈대를 형성합니다. 그러나 화학적 결합이 전혀 일어나지 않는 장소가 하나 있습니다. DNA의 조립지시에 쓰이는 화학문자들인 뉴클레오티드염기들 사이입니다. 다시 말해, DNA 메시지 안의 텍스트를 쓰는 문자들은 화학적으로 의미 있는 상호작용을 하지 않습니다. 각 염기는 DNA 뼈대를 따라 어느 곳에든 쉽사리 붙을 수 있습니다."

마이어는 일어서더니 책상에서 아이 장난감을 또 하나 꺼냈다. 몇 개의 자석문자들이 붙어 있는 금속칠판이었다. 그는 다시 자리에 앉아 칠판을 무릎 위에 올려놓고 문자를 배열해서 INFORMATION(정보)이라는 단어를 만들었다. "내가 처음 이걸 연구할 때 아이들이 어렸거든요. 그래서 이 예를 생각했던 겁니다. 여기에는 자력이 있습니다. 그래서 자석 문자들이 금속 칠판에 붙습니다." 그는 R자를 뗐다가 놓았다. R은 자력으로 다시 붙었다.

"하지만, 자력은 각 문자에 동일하게 작용하고 얼마든지 서로 바꿀 수 있습니다. 문자들을 사용해 원하는 글자를 모두 만들 수 있지요. 이제 DNA에서 각 염기, 또는 문자는 당과 인산염으로 구성된 분자의 뼈대에 화학적으로 결합됩니다. 그것들은 그런 식으로 DNA 구조에 붙어 있습니다. 그러나 **개별 문자들 사이에는 친화력이나 결합이 일어나지 않습니다.** 그러니 그것들이 특정한 서열을 이루게 만드는 화학적 힘이 전혀 없는 거지요. 그 서열을 만드는 힘은 다른 어딘가에서 와야 합니다.

나는 학생들에게 자석문자들이 금속칠판에 붙는 것을 보여 주며 이렇게 묻습니다. 'INFORMATION이라는 단어는 어떻게 생겨났나요?' 물론 그에 대한 답변은 체계 바깥에서 오는 지성입니다. 화학이나 물리학이 문자들을 이런 식으로 배열한 것이 아닙니다. 그것은 나의 선택이었습니다. DNA에서도 마찬가지입니다. 물리학과 화학이 문자들을 배열시켜 단백질을 만드는 데 필요한 조립지시를 내리는 게 아닙니다. 그 원인은 체계 바깥에 존재하는 게 분명합니다."

그는 내가 그 말을 마음에 새길 수 있도록 잠시 멈춘 후, 다시 강조했다.

"그 원인은 **지성**입니다."

"기적에 가까운 일"

마이어는 생명의 기원과 DNA 내 정보의 기원에 대한 세 가지 자연주의적 설명을 솜씨 좋게 허물어 버렸다. 우리는 다른 가능성에 대해서도 논했다. 욕조에서 물이 빠질 때 중력 때문에 소용돌이가 생기는 것처럼, 어떤 외부의 힘이 조직을 만들어 냈을 가능성 말이다. 마이어는 "그런 힘으로 질서가 생겨날 진 몰라도 정보를 만들 수는 없다"며 그 생각을 금세 물리쳤다.

해당 분야의 과학자들은 생명의 기원을 설명하는 자연주의적 이론들이 처한 이런 상황이 놀랍지 않을 것이다. 몇 년 전 디트로이트에서 열린 한 회의에서 생명기원의 저명한 연구자 레슬리 오겔은 다른 진화론자를 만나 원시 지구에서 핵산이 자연적으로 생겨난 과정을 생각해내는 데 엄청난 어려움을 겪었음을 솔직하게 인정했다. "모든 자연주의적 이론 안에는 이와 똑같은 엄청난 난점들이 있습니다."

한마디로, 어떤 가설도 생명의 기원에 필요한 정보가 자연주의적 방법으로 어떻게 생겨났는지 설명하기에는 형편없이 부족하다는 것이다. 철학적 유물론자인 크릭도 이렇게 시인했다. "현재까지 밝혀진 모든 지식으로 무장한 정직한 사람이라면, 어떤 의미에서 생명의 기원은 거의 기적으로 보인다고 말할 수밖에 없을 것이다. 그것이 진행되기 위해선 너무나 많은 조건들이 갖춰져야 하기 때문이다."[12]

이제 많은 연구자들이 기댈 데라고는, 지금까지 알려지지 않은 미지의 '마법의 무기물'이 발견되고 그것이 "핵산을 만드는 데 필요한 반응을 이끌어 내는 특성들을 정확히" 갖추고 있는 것으로 드러날 거라는 믿음을 견지하는 것뿐이었다.[13]

나는 말했다. "언젠가 과학자들이 다른 가설을 내놓을 수도 있습니다."

마이어가 대답했다. "그럴 수도 있습니다. 이런 일은 100퍼센트 확실하게 증명할 수 없습니다. 새로운 증거로 무엇이 밝혀질지 모르기 때문입니다. 그렇기 때문에 모든 과학자들은 잠정적인 방식으로 추론합니다. 그러나 그렇다 해도, 단호하게 배제할 수 있는 가능성들은 분명히 있습니다. 그것들은 막다른 골목을 의미하니까요. 자기조직화과정이 새로운 정보를 제공한다는 생각은 단호하게 배격할 수 있습니다. 증거가 더 나온다고 해도 그것이 달라지지는 않을 겁니다."

나 : "그러나 일부 회의론자들은 박사님이 무지에 호소하는 논증이라는 오류를 범하고 있다고 주장할 겁니다. 생명이 어떻게 시작되었는지 모른다고 과학자들이 시인하니까 지적 설계자가 있었던 게 분명하다는 결론을 내렸다고 말입니다."

마이어 : "아닙니다, 천만의 말씀입니다. 단지 다른 이론들이 실패했기 때문에 지적 설계가 타당하다는 말이 아닙니다. 나는 최고의 설명이 무엇인지 추론하고 있습니다. 그것이 역사적인 문제에 대해 과학자들이 추론하는 방식입

니다. 과학자는 증거라는 토대 위에 서서 각 가설들이 그 증거에 대해 얼마나 잘 설명하는가를 기초해서 그 가설들을 평가합니다. 핵심적인 기준은 대체로 그 설명 안에 '인과적 힘'이 있어 과연 문제가 되고 있는 그 결과를 도출할 수 있는 능력이 있는지의 여부입니다.

지금 우리에게 문제가 되고 있는 결과는 정보입니다. 우연 혹은 자연선택과 결합한 우연, 자기조직화 과정 등은 정보를 생성할 인과적 힘이 없습니다. 그러나 정보를 만들어 내는데 필요한 인과적 힘을 가진 한 가지 실재는 분명히 존재합니다. 그것이 바로 지성입니다. 우리는 우리가 알지 못하는 내용을 근거로 그 실재를 추론하는 것이 아니라 분명히 아는 내용을 근거로 추론합니다. 그것은 무지에 호소하는 논증이 아닙니다."

나: "하지만 박사님의 논증에는 근본적인 약점이 있지 않습니까? 박사님은 DNA의 정보와 언어에서 볼 수 있는 정보를 비교, 유추해서 논증하십니다. 유추에 근거한 논증은 취약하기로 악명이 높습니다. 옹호자들은 두 가지 사이의 유사성을 강조하지만, 반대자들은 차이점을 강조하기 마련이니까요."

마이어: "DNA의 정보에 대해 말하다 보면 지나치게 비유적이 되는 부분이 있다는 건 인정합니다. DNA를 메시지에 비유해서 얘기하다 보면, 그 메시지를 '이해'할 수 있는 수신자가 있는 것처럼 들릴 수 있습니다. 나는 DNA가 이런 종류의 의미론적 정보라고 말한 건 아닙니다.

그러나 나는 유추를 통해 논증하지 않습니다. DNA의 암호영역(coding region)은 컴퓨터코드나 언어와 정확히 일치하는 특성들을 갖고 있습니다. 앞에서 말했다시피, 복잡하고 독립적인 패턴이나 기능 요건에 부합하는 순차적 배열들은 언제나 지성의 산물입니다. 책, 컴퓨터코드, DNA는 모두 이러한 두 가지 특성을 다 갖고 있습니다. 우리는 책과 컴퓨터코드가 지성을 가진 존재에 의해 만들어졌음을 압니다. 그리고 이런 종류의 정보가 DNA에 있다는 사실은 그 근원에 지성이 있다는 뜻입니다.

많은 분야의 과학자들은 정보와 지성 사이의 이 연관성을 인정합니다. 고고학자들이 로제타 석(Rosetta stone, 1799년에 나폴레옹의 이집트 원정군이 나일강 어귀의 로제타 마을에서 발견한 비석. 기원전 196년에 고대 이집트의 왕 프톨레마이오스 5세를 위하여 세운 송덕비의 일부로서, 검은 현무암에 상형 문자, 민간 문자, 그리스 문자가 새겨져 있어 이집트 문자 해독의 열쇠가 되었다)을 발견했을 때, 그들은 거기 새겨진 비문이 무작위한 우연이나 자기조직화 과정의 산물이라고 생각하지 않았습니다. 부호의 순차적인 배열이 정보를 전달하고 있는 게 분명했고, 지성이 그것을 만들었다는 가정은 합리적이었습니다. 동일한 원리에 의해 DNA에도 지성이 작용했다고 말할 수 있습니다."

생물학적 빅뱅

마이어는 지성이, 오직 지성만이 유전물질 안에 담긴 정밀한 정보의 존재를 설명할 수 있다는 설득력 있는 주장을 펼쳤다. 그것만으로도 생명의 설계자의 존재에 대한 인상적인 증거였다.

내 손을 내려다보며 세포 하나하나에 새겨진 엄청난 양의 복잡하고 특정한 정보를 헤아리자 저절로 미소가 떠올랐다. 창조주가 존재하는가 하는 막중한 질문에 대한 답변은 내 눈과 손끝의 거리만큼 가까울지 모른다는 생각이 들었다.

그러나 마이어의 논증은 끝나지 않았다. 앞서 인터뷰에서 말했다시피 그는 '캄브리아기 폭발 – 여기서 새로운 생물 형태들이 줄줄이 눈부시게 나타난다. 다윈주의가 요구하는 어떤 조상도 없는 새로운 생물 형태들이 완전한 형태로 갑자기 등장하고 있다-도 설계자에 대한 강력한 증거라고 확신하고 있다. 이 현상이 나타나기 위해서는 지적 원천에서만 올 수 있는 엄청난 양의 새로운 유전정보와 기타 생물학적 정보가 갑작스럽게 주입되어야 했을 것이기 때문이다.

마이어는 말했다. "캄브리아기 폭발의 화석들은 다윈주의 이론이나 당혹스러운 화석기록을 설명하기 위해 만들어진 '단속평형설'로도 절대 설명될 수 없습니다. 생물정보의 관점에서 이 문제를 볼 때, 다른 식으로는 설명할 수 없는 이 현상을 지성의 산물로 이해하는 것이 최선의 방법입니다."

나: "매력적인 주장 같은데요. 무슨 말인지 설명해 주십시오."

마이어: "태생학과 발생생물학의 새로운 발전으로 인해 DNA가 중요하지만 그것이 전부가 아니라는 사실이 밝혀지고 있습니다. DNA는 새로운 형태와 기능을 가진 새로운 생물을 만드는데 필요한 정보의 일부를 제공합니다. DNA는 단백질을 만들어 내지만, 단백질은 더 큰 구조로 조립되어야 합니다. 다른 종류의 세포들이 있고, 그 세포들이 모여 조직(tissue)을 이루고, 조직들이 모여 기관을 이루고, 기관들이 모여 전체 체제(體制)를 이루어야 합니다.

신다윈주의에 따르면, 새로운 생물형태는 DNA 내에 생겨난 돌연변이 중에서 자연선택이 보존하고 발달시킨 유리한 변이를 통해 만들어집니다. 그러나 DNA가 전부가 아니라면, DNA에 아무리 많은 돌연변이가 일어나 봐야 근본적으로 새로운 체제는 만들어지지 않을 것입니다.

캄브리아기 폭발에서 갑작스럽게 출현하는 전혀 새로운 체제들을 접하고 나면, 새로운 생물학적 정보가 많이 필요했으리라는 사실을 깨닫게 됩니다. 그 중 일부는 DNA에 암호화되겠지만, 어떻게 그렇게 되는지는 다윈주의자들이 여전히 넘을 수 없는 문제입니다. 그뿐 아닙니다. DNA가 직접 관여하지 않는 새로운 정보는 어디에서 나옵니까? 세포, 조직, 기관과 체제의 계층적 배열은 어떻게 발달합니까? 다윈주의자들에게는 답이 전혀 없습니다. 그들은 그런 문제가 있는지조차 모릅니다."

눈 깜짝할 사이에

　최근 과학자들은 시베리아에 있는 지르콘 결정의 연대를 측정하는 방사성 측정기법으로 캄브리아기 폭발의 시기를 더욱 정확하게 집어낼 수 있게 되었는데, 그렇게 해서 밝혀진 캄브리아기 폭발의 시작연대는 대략 5억 3천만 년 전이다.

　오늘날의 고생물학자들은 5백만 년(더 짧을 수도 있다)이라는 제한된 시간 동안 최소한 스무 가지, 많게는 서른다섯 가지의 문(門)이 독특한 체제를 가지고 불쑥 생겨났다고 생각한다. 일부 전문가들에 따르면 "캄브리아기 폭발이 끝날 무렵 현생하는 모든 문이 생겨났을지도 모른다."[14] 이것이 얼마나 믿기 어려운 속도인가 하면, 지구 역사 전체를 스물네 시간으로 압축할 경우 캄브리아기 폭발은 대략 일 분 정도에 해당한다.[15]

　마이어가 말했다. "캄브리아기 폭발은 생물의 복잡성이 거짓말처럼 비약적으로 도약했음을 보여 줍니다. 그전까지 지구상의 생명체는 상당히 단순했습니다. 단세포 박테리아, 청록색 해조류, 일부 해면과 원시벌레들 또는 연체동물들이 전부였습니다. 그러다 화석기록상의 어떤 조상도 없이, 기겁할 만큼 다양한 종류의 복잡한 생물들이 지질학적으로 볼 때 눈 깜짝할 사이에 등장합니다.

　일례로 삼엽충은 캄브리아기 초기에 다관절체, 복잡한 신경계, 겹눈 등 완전한 형태로 갑자기 나타났습니다. 정말 놀라운 일이지요! 그 후에는 평형 상태가 나타나서 기본적인 체제가 오랜 세월 동안 그대로 유지되었습니다.

　이 모두는 시간의 경과에 따라 생물의 느리고 점진적인 발달을 예측한 다윈주의와 완전히 반대됩니다. 다윈은 캄브리아기 폭발이 '설명 불가능' 하다는 것과 자신의 이론에 대한 '타당한 반증' 임을 인정했습니다. 하지만 그는 '나투라 논 파치트 살툼' (*natura non facit saltum*, 자연은 도약하지 않는다)이라고 주장했으며, 앞으로 더 많은 화석이 발견되면 자신의 주장이 입증될 거라 생각했습니다. 하지만 상황은 악화될 뿐이었습니다.

핵심 문제는 이것입니다. 이 모든 새로운 단백질, 세포와 체제를 만든 정보는 어디서 왔을까? 예를 들어 캄브리아기의 동물들에겐 라이신 옥시다아제(lysyl oxidase) 같은 복잡한 단백질이 필요했을 겁니다. 오늘날의 동물에게 있는 라미신 옥시다아제 분자에는 400개의 아미노산이 필요합니다. 그런 복잡한 분자들을 만드는 유전정보는 어디서 왔을까요? 여기에는 무작위한 우연이나 자연선택, 자기조직화 등이 생성할 수 없는, 대단히 복잡하고 특정화된 유전정보가 필요할 겁니다."

생물학자 조나단 웰스는 3장에 실린 인터뷰에서 캄브리아기 폭발에 대한 나의 반론들에 만족스러운 답변을 제시했다. 그 중 하나는 진화의 중간 단계에 있는 생물들의 몸이 너무 작거나 연해서 화석을 남기지 않았을 거라는 반론이었다. 그런데 또 다른 가능성이 떠올랐다.

나: "설명하기 어려운 어떤 환경적 사건이 갑작스럽게 발생해 많은 돌연변이가 생겨났고 그로 인해 새로운 생물들이 더 빨리 생겨났을지도 모르지 않습니까?"

마이어: "그렇다고 문제가 해결되진 않습니다. 첫째, 높은 돌연변이율을 가정한다 해도, 캄브리아기 폭발은 화석들이 보여 주는 대규모 변화들을 이끌어 내기엔 시간이 너무 짧습니다.

둘째, 생물의 초기발생단계에서 일어나는 변화들만이 대규모의 대진화적 변화를 만들어낼 수 있는 현실적 가능성이 있습니다. 그리고 과학자들은 이 단계의 돌연변이들이 일반적으로 대단히 해로운 영향을 끼친다는 사실을 발견했습니다. 배(胚)는 대개 죽거나 불구가 됩니다."

유전학자 존 맥도날드는 이것을 "다윈주의의 거대한 역설"이라고 했다. 대진화에 필요한 종류의 돌연변이-즉, 대규모의 유익한 변이-는 생겨나지 않는 반면, 대진화에 필요하지 않은 종류의 돌연변이-해로운 영향을 끼치는 대규모 돌연변이나 제한된 영향을 끼치는 소규모 돌연변이-는 비록 드물지만 나타난다.

나는 일부 진화론자들이 제시한 또 다른 개념을 꺼내 들었다. "DNA의 비활성화 부분에서 돌연변이가 일어날 수는 없을까요? 생물체에 직접적인 영향은 주지 않는 DNA의 중립적 부위 말입니다. 그럼 오랜 시간에 걸쳐 이런 돌연변이들이 축적된 끝에 새로운 유전자 서열이 갑자기 나타나 전혀 새로운 단백질이 만들어질 수도 있었을 겁니다. 그러면 자연선택이 돌연변이의 유익한 영향을 보존할 겁니다."

마이어: "저도 그 개념을 압니다. 하지만 그 돌연변이들은 무작위한 우연으로 생겨나야 했을 거라는 사실을 염두에 둬야 합니다.ND연선택은 생물에 긍정적인 혜택을 주는 것만 보존하기 때문입니다. 문제는 자연선택의 도움 없이 새로운 기능 단백질을 만들어 낼 확률이 무시해도 좋을 만큼 낮다는 겁니다. 분자생물학에서 이 사실을 확증하는 많은 연구결과들이 나왔습니다. 그러니 진화에 대한 소위 '중립이론'은 또 다른 막다른 골목인 셈입니다.

모든 증거를 포괄하는 설명은 정말 하나뿐입니다. 다른 과학 분야에서는 명백하게 받아들여질 답을 생물학의 많은 과학자들은 피하고 있습니다. 그 답은 지적 설계입니다."

하향식 패턴에 맞추기

일단 목적을 가진 창조주의 개입 가능성을 대안설명 중 하나로 허용하면 캄브리아기 폭발의 퍼즐은 금세 맞춰진다. 그 폭발의 가장 성가신 특성 중 하나인, 소위 '하향식' 패턴의 출현도 지적 설계로 효과적으로 설명할 수 있다.

마이어: "신다윈주의는 '상향식' 패턴을 예측합니다. 진화하는 생물들의 형태상 차이점들이 처음에는 작다가 시간이 갈수록 점점 형태와 체제구성의

차이가 커진다는 겁니다. 예를 들어, 선캄브리아기의 해면에 대해 이렇게 상상할 수 있습니다. 이놈은 몇 가지 다른 변종을 낳았을 것이다, 시간이 지나면 이 변종들이 진화하여 다른 종들이 만들어졌을 것이다, 이런 과정이 계속되다 보면, 전혀 새로운 체제를 가진 전혀 다른 생물들이 캄브리아기에 생겨났을 것이다, 이런 식이지요.

그러나 캄브리아기 폭발 동안 나온 화석들은 전혀 다른 '하향식' 패턴을 보여줍니다. 형태와 체제상의 주요한 차이점들이 먼저 나타나는데, 그들 앞에 위치했을 더 간단한 전이형들은 없습니다. 그 후, 서로 구별되고 본질적으로 다른 체제의 틀 내에서 사소한 변이들이 일어납니다.

다윈주의자들은 이것 때문에 쩔쩔맸습니다. 몇몇 사람들은 진화적 변화의 커다란 도약(소위 '단속평형설' 개념)을 제안하여 이것을 설명해 내려 했지만, 역시 하향식 현상을 설명할 순 없습니다. 사실 단속평형설은 시간이 지날수록 진화적 변화의 증가분이 더 클 거라고 주장하는 '상향식' 패턴을 예측합니다. 차이가 있다면 진화적 변화의 증가분이 더 클 거라고 주장하는 것뿐입니다. 그러나 지적 설계를 가정하면, '하향식' 패턴은 수긍이 됩니다. 그것은 인간의 기술적 설계의 역사에서 볼 수 있는 패턴과 일치하기 때문입니다.

차나 비행기를 생각해 보십시오. 그것들도 '하향식' 패턴으로 등장합니다. 두 경우 모두, 주요한 청사진이나 도면이 상당히 갑작스럽게 등장하고 시간이 지나도 본질은 변하지 않고 그대로 남습니다.

모든 차는 모터, 구동축, 차축 두 개, 바퀴 네 개 등을 포함하는 기본적 구조 도면을 갖고 있습니다. 기본적인 발명이 이루어진 후, 시간이 지남에 따라 각 테마에 대한 변이가 일어났습니다. 이것은 '하향식' 변화의 예입니다. 원본 청사진은 지성의 산물이고, 세월이 지나도 연속성이 유지된 것은 자동차 기술자들에게 대대로 기술이 전수됐기 때문으로 설명할 수 있습니다.

마찬가지로, 캄브리아기 동물들의 체제들은 설계자의 생각에서 비롯된 것이 아닐까요? 그렇다면 형태상의 주요한 차이점이 먼저 나타나고 이어 소규모 변이들이 나중에 따라오는 이유가 설명이 됩니다. 지성은 우리가 화석 기록과 인간 기술(차와 비행기부터 총과 자전거에 이르는 온갖 것)에서 볼 수 있는 '하향식' 패턴을 만들어 내는 유일한 원인입니다.[16]

지성은 캄브리아기 동물들의 새로운 몸 체제들을 만드는 데 필요한 다층적 정보의 기원도 설명합니다. 앞서 언급한 것처럼, 새로운 동물이 생겨나기 위해서는 단백질을 만들어 낼 DNA와 단백질을 고차원 구조로 배열하는 추가 정보가 필요합니다. 우리는 컴퓨터의 회로판 같은 인간의 기술에서 이와 동일한 다층적 또는 계층적인 조직 형태를 볼 수 있습니다. 인간들은 지성을 사용해 트랜지스터와 축전기 같은 복잡한 부품들과 집적회로 내의 특정한 배열과 결합을 만들어 냅니다.

일단 지적 설계를 선택사항으로 허용하면, 그것이 캄브리아기 현상의 주요 특성들을 설명할 수 있다는 걸 금세 알 수 있습니다. 다른 어떤 것도 그런 복잡한 새로운 생물들의 갑작스러운 출현을 설명할 수 없습니다. 다른 어떤 것도 '하향식' 패턴을 만들지 않습니다. 다른 어떤 것도 새로운 생물형태에 필요한, 복잡하고 특정한 기능의 정보를 생성할 수 없습니다. 다른 어떤 설명도 충분하지 않습니다."

나: "하지만 지적 설계는 상당히 시대에 뒤떨어진 개념처럼 들립니다. 윌리엄 페일리가 생물학적 체계들을 시계의 작용에 비유한 것이 벌써 200년도 더 전의 일입니다. 그건 낡은 이론입니다."

내가 그의 신경을 건드린 게 분명했다. 마이어는 꼬았던 다리를 풀어 두 발을 바닥에 내려놓고는 확신에 찬 목소리로 말했다. "나는 오히려 그 반대라고 생각합니다. 우리는 남북전쟁 이래 생물학에 대해 많은 내용을 배웠습니다. 진화론자들은 여전히 다윈의 19세기 사고방식을 21세기의 현실에다 적용하려 애쓰고 있지만 뜻대로 되지 않고 있습니다. 증기선 시대의 설명은 더 이상

정보시대의 생물학 세계를 설명하는 데 적합하지 않습니다.

다윈주의자들은 설계를 들먹이는 건 과학을 포기하는 것이 되므로 자신들에게는 계속 시도해야 할 어떤 인식론적 의무가 있다고 말합니다. 이제는 과학을 재정의해야 할 때입니다. 최선의 자연주의적 설명만 찾아서는 안 됩니다. 대신 최선의 설명을 찾아야 합니다. 그리고 지적 설계는 세계의 운영 방식에 가장 잘 부합하는 설명입니다."

마음의 특징

21세기에 대한 마이어의 언급을 듣고 나니 마지막 질문이 떠올랐다. "10년이나 20년만 앞으로 가 보죠. 무엇이 보이십니까?"

마이어 : "생물학에서 벌어지고 있는 정보 혁명이 다윈주의와 화학진화론에 조종을 울리고 있다고 생각합니다. 생명의 기원을 순전히 화학적 성분들로 설명하려는 시도는 이제 가망이 없습니다. 자연주의는 '물질과 에너지에서 (지성의 정보 주입 없이) 생물학적 기능을 어떻게 얻을 수 있는가'라는 근본적인 문제에 답할 수 없습니다.

정보는 물질적 특성에서 도출되는 게 아닙니다. 어떤 의미에서 정보는 물질과 에너지를 초월합니다. 물질과 에너지에만 의존하는 자연주의적 이론들은 정보를 설명하지 못할 겁니다. 지성만이 그것을 설명할 수 있습니다. 점점 더 많은 사람들, 특히 정보기술의 시대에서 자라난 젊은 과학자들이 이 사실을 깨닫게 될 겁니다.

오늘날 우리는 정보를 사고팔고, 상품으로 취급하고, 가치를 부여하고, 전선으로 보내고, 인공위성으로 쏘아 보냅니다. 우리는 정보가 지적 존재에게서 나온다는 사실을 압니다. 그렇다면 생명 안에 정보가 있다는 사실을 어떻게 생각하십니까? DNA가 지구상의 최첨단 슈퍼컴퓨터보다 더 작은 공간에 훨씬 더 많은 정보를 저장한다는 사실을 어떻게 생각하십니까?

정보는 마음의 특징입니다. 유전학과 생물학의 증거만으로 우리의 마음보다 훨씬 거대한 마음의 존재를 추리할 수 있습니다. 의식과 목적이 있고, 합리적이고, 지적이며 놀랍도록 창의적인 설계자 말입니다. 그것을 피할 도리가 없습니다."

인터뷰 결말부에서 마이어가 던진 두 질문은 문제를 잘 요약해 주었다. 생명의 중심부에 있는 자료는 무질서하지 않고, 소금 결정처럼 규칙적이지만도 않다. 그것은 기가 막힌 임무―인간의 기술적 역량을 훌쩍 뛰어넘는 생물학적 기계의 제작―를 완수할 수 있는 복잡하고 특정한 정보다.

지성 외의 다른 무엇이 정보를 생성할 수 있는가? 화석기록으로 전이형 중간형태가 전혀 발견되지 않은 복잡한 생물들이 완전한 형태를 갖추고 놀랄 만큼 갑자기 우르르 출현한 것을 다른 무엇이 설명할 수 있는가? 결론은 분명했다. 지적 존재가 유전암호에다 네 가지 화학문자로 자기 존재의 증거를 새겨 놓았다. 마치 창조주가 모든 세포 위에 서명을 해 놓은 것 같다.

나는 한숨을 내쉬고 의자에 구부정하게 앉았다. 정신없는 여행과 인터뷰로 약간 피곤했다. 창조주를 지지하는 논거는 놀라운 속도로 축적되고 있었고, 나는 탐구의 막바지에 이르고 있다는 걸 느낄 수 있었다. 그러나 나는 적어도 한 명의 전문가에게 더 문의해야 한다는 걸 알았다.

인터뷰의 마지막 몇 분 동안 마이어는 "마음"이라는 단어를 언급했고 의식적 활동에 대해 말했다. DNA는 매혹적이지만 인간의 뇌 또한 그 못지않은 흥미를 자아냈다. 뇌는 무게가 1.3킬로그램에 불과하지만 그 안에 10억 개의 신경세포가 있고, 각 신경세포가 내보내는 축색돌기는 1000조 개의 연결을 서로 만들 수 있다. 백만 평방마일의 빽빽한 숲에 들어찬 나뭇잎 개수와 맞먹는 수치다.[17]

그러나 그 모든 회로가 어떻게 인간 의식이라는 독특한 현상을 만들어낼까? 순전히 생물학적 처리능력만 가지고 내가 생각하거나 신념을 형성하거나 자유롭게 선택을 내릴 수 있을까? 내 의식은 뇌의 물리학과 화학만으로 설명될 수 있을까, 아니면 내 안에 비물질적인 마음과 영혼이 있는 걸까? 그리고 영혼에 대한 설득력 있는 증거가 있다면, 그것은 창조주의 존재와 내세에 대해 무엇을 말해줄 수 있을까?

나는 작은 공책을 꺼내 로스앤젤레스로 돌아가자마자 의식에 대한 전문가 한 사람에게 연락을 취해야 한다는 메모를 썼다. 그 공책을 셔츠 주머니에 넣으려다 말고 해야 할 일을 떠올리기 위해 방금 적은 메모를 바라보았다.

그 메모를 보자 또 다른 사실도 떠올랐다. 그 몇 마디, 단편적인 한 문장은 내 지성에서 나온 정보였다. 나는 빽빽하게 줄 지어 선, 훨씬 더 복잡한 생물학적 조립 지시 역시 마음에서 생겨났다는 걸 직관적으로 알 수 있었다.

참고 문헌

- Stephen C. Meyer, "The Cambrian Information Explosion: Evidence for Intelligence Design." In *Debating Design*, eds. Michael Ruse and William Demski. Cambridge, England: Cambridge University Press, 2004.
- ─. "DNA and the origin of Life: Information, Specification, and Explanation" and "The Cambrian Explosion: Biology's Big Bang." In *Darwinism, Design, and Public Education*, eds. John Angus Campbell and Stephen C. Meyer. Lansing, Mich.: Michigan State University Press, 2003.
- ─. "Evidence for Design in Physics and Biology." In *Science and Evidence for Design in the Universe*, eds. Michael J. Behe, William A. Demski, and Stephen C. Meyer. San Francisco: Ignatius Press, 1999.

- ―. "The Explanatory Power of Design: DNA and the Origin of Information." In *Mere Creation*, ed. William A. Demski. Downer's Grove, Ill.: InterVarsity, 1998, 113-147.

최종 질문

1. DNA는 지적 원인에 의해 가장 잘 설명된다는 명제를 스티븐 마이어가 얼마나 잘 변호했는지 평가하는 입장에 선다면, 그에게 몇 점이나 주겠는가? 그 점수를 주는 두세 가지 이유로 무엇을 제시하겠는가?

2. 과학자들은 생명의 기원이 무작위한 우연이라는 이론을 거의 한목소리로 거부하지만, 대중적으로 이 이론은 여전히 많은 영향력을 행사하고 있다. 생명이 우연히 조립되었을 가능성이 얼마나 된다고 보는가? 우연을 믿는 것은 '자연주의적 기적'에 호소하는 것과 같다는 마이어의 결론에 동의하는가?

3. 마이어는 자연선택과 자기조직화경향으로 생명이 생겨났을 거라는 시나리오들도 비판했다. 그의 분석에 비추어 볼 때, 그 두 가지 가능성들에 어떤 장점이 있다고 생각하는가? 그런 생각을 하게 된 이유는 무엇인가? 지적 존재만이 정보(DNA 안의 네 글자 화학 알파벳에 쓰인 정보를 포함해)를 생성할 수 있다는 마이어의 주장을 어떻게 생각하는가?

4. 다윈은 캄브리아기 폭발이 '설명 불가능'하다는 것과 자신의 이론에 대한 '타당한 반증'임을 인정했지만 더 많은 화석들이 발견되면 자신의 주장이 입증되리라고 예측했다. 오늘날 화석증거의 방향이 다윈주의를 뒷받침한다고 생각하는가? 다윈주의는 캄브리아기 폭발을 어떻게 설명해 내는가? 캄브리아기 폭발은 어떤 면에서 지적설계이론과 부합하는가?

10

맹목적인 물질이 진화하면 '마음'이 만들어질까?

Cogito ergo sum — "나는 생각한다. 고로 나는 존재한다."
– 데카르트

원자 다발이 왜 생각하는 능력이 있어야 할까? 지금 이 글을 쓰고 있는 나는 어떻게 내가 하는 일에 대해 생각할 수 있으며, 이 글을 읽고 있는 독자는 어떻게 내 주장에 대해 생각하고, 나와 흔쾌히 의견을 같이 하거나 조금 달리하고, 내 주장을 반박하기로 하거나 그럴 가치도 없다고 고개를 저을 수 있는 걸까? 다윈주의자는 물론, 이 문제에 대해 답을 가진 이는 아무도 없는 듯하다. … 내 말은 과학적 답변은 없다는 것이다.
– 다윈주의 철학자 **마이클 루스**[1]

"21세기 초에는 기계의 지능이 인간의 지능을 능가할 것이다." 국가기술훈장 수상자이자 「포브스」지가 "궁극적 사고기계"로 칭한 기술예측자 레이 쿠르츠바일은 이렇게 예측했다.

"여기서의 지능은 다양하고 미묘한 인간의 모든 지적 능력을 말한다. 음악적 예술적 재능과 창의성, 물리적인 움직임, 심지어 감정적 반응까지 포괄한다. 2019년에는 천 달러짜리 컴퓨터가 인간두뇌의 처리능력과 맞먹을 것이다. … 2050년에는 천 달러짜리 컴퓨터 한 대가 지구상에 존재하는 인간 전체의 두뇌 처리능력과 맞먹을 것이다. … 이러한 미래의 기계들이 영적 체험을 할 수 있을까? 그것들은 물론 그렇다고 주장할 것이다. 그것들은 자기가 인간이라고, 사람들이 내세우는 감정적 영적 경험들을 모두 체험한다고 주장할 것이다."[2]

쿠르츠바일은 과연 컴퓨터가 사람보다 영리해지고 의식을 얻게 되어 생물체인 인간과 사실상 구별할 수 없는 존재가 될 것인지에 대한 논쟁적인 질문을 던진다.

어떤 의미에서 쿠르츠바일의 이론들은 다윈주의 진화론의 논리적 연장선상에 있다. 다윈주의자들에 따르면, 물리계가 세상에 존재하는 전부다. 인간의 뇌는 오랜 세월에 걸쳐 진화하여 처리능력이 늘어났다. 뇌가 어떤 수준의 구조와 복잡성을 갖추게 되었을 때, 인간은 "의식을 갖게" 되었다. 주관성, 감정, 희망, 관점, 사기인식, 자기 관찰, "내면의 자아의 숨겨진 목소리"가 갑자기 생겨났다.

다윈 옹호자 토마스 헉슬리는 말했다. "마음 또는 의식은 물질의 기능 중 하나로, 물질이 특정 수준의 조직화를 이룰 때 얻게 된다." 사회생물학자 에드워드 윌슨의 말처럼, 오늘날 다윈주의자들은 "의식적 경험이 초자연적 현상이 아니라 물리적 현상"이라는 데 동의한다.

의식이 점점 더 세련되어지는 두뇌 능력의 자동적인 부산물이라면, 영리한 로봇이 인간보다 더 큰 두뇌 용량을 갖게 될 때 의식을 갖지 못할 이유가 없지 않겠는가? 일단 다윈주의의 기본전제를 받아들이고 나면, 쿠르츠바일이 제시한 미래상은 갑자기 실현가능한 것으로 보인다.

그러나 쿠르츠바일의 예측은 컴퓨터 의식이란 개념이 터무니없다고 말하는 비판자들의 공격을 받아왔다. 버클리 캘리포니아대학의 심리철학 교수 존 썰은 이렇게 비웃었다. "주장의 거창함과 그것을 뒷받침하는 논거의 취약성이 그토록 큰 차이를 보이는 책은 읽어 본 적이 없다. 처리 능력을 늘리고 아무리 많은 컴퓨터를 연결한다 해도 컴퓨터는 의식을 가지지 못할 것이다. 그것이 하는 일은 언제나 기호를 뒤섞는 것뿐이기 때문이다."

베일러 대학 과학의개념적토대연구소에 있는 윌리엄 뎀스키는 말했다. "쿠르츠바일은 과학소설과 엉터리 철학을 퍼뜨리고 있다."

미래 컴퓨터를 둘러싼 이 논쟁이 매혹적이었던 것만큼, 인간 의식을 둘러싼 훨씬 더 중요한 논쟁이 여전히 진행 중이다. 놀랍게도, 많은 과학자들과 철학자들은 이제 물리화학법칙이 인간의 의식경험을 설명할 수 없다는 결론을 내리고 있다. 그들은 인간의 의식 속에 물리적 뇌 이상의 것이 작용하고 있고, 지각의 원인이 되는 '혼', '마음', '자아'라 불리는 비물질적 실재가 있다고 확신하고 있다.

그들은 다윈주의 진화론이라는 자연주의적 이론을 반박하고 인류에게 그 분의 형상을 불어넣은 창조주를 뒷받침하는 강한 증거로 마음의 존재를 인용한다.

의식을 둘러싼 논쟁

현대 신경외과의 아버지로 유명한 와일더 펜필드는 완전히 바뀐 과학자다. 처음에 그는 의식이 두뇌의 신경활동에서 생겨났다고 생각했다. 우리 두뇌는 시냅스란 구조가 있어 무려 1초에 1경번이나 정보 전달을 위한 신경 발화를 할 수 있는데 처음에 그는 의식이 어떻게든 이런 두뇌의 신경활동을 통해 생겨났을 거라고 생각했다. 그는 "과학계에 몸담은 이후 나는 줄곧 다른 과학자들처럼 마음이 뇌에서 나온다는 걸 증명하려 애썼다"고 말했다.

그러나 천 명 이상의 간질환자를 수술하면서, 그는 뇌와 마음이 상호 작용하는 것은 분명하지만 그 둘이 실제로 구별된다는 구체적인 증거들을 발견했다. 그 분야의 한 전문가는 그것을 이렇게 설명했다.

> 펜필드는 의식이 있는 환자들의 운동피질에 전기자극을 주고, 전류가 흐를 때 한 손을 움직이지 말아 보라고 했다. 환자는 다른 손으로 이 손을 꼼짝 못하게 붙들려고 했다. 전류의 지배를 받는 한 손과 환자 마음의 지배를 받는 다른 손이 서로 싸운 것이다. 펜필드는 환자의 머리 속엔 자극을 받아 움직이는 물리적 뇌뿐 아니라 뇌와 상호 작용하는 비물리적 실재도 있다는 설명을 감행했다.[2]

펜필드는 인간이 몸과 영혼으로 되어 있다는 성경의 주장에 동의한 것이다. 그는 이렇게 말했다. "뇌의 메커니즘이나 반사작용들이 아무리 대단하고 복잡하더라도 그것이 마음의 일을 하고 마음의 기능을 모두 수행한다는 생각은 터무니없다. 과학자도 영혼의 존재를 합법적으로 믿을 수 있음을 발견하다니 참으로 신나는 경험이다."

노벨상 수상자이자 옥스퍼드 대학 생리학 교수 찰스 셰링턴 경은 죽기 닷새 전에 이렇게 선언했다. "이제 내게 유일한 실재는 인간의 혼이다." 그는 "두뇌와 척수의 기능에 대한 지식의 토대를 쌓은 천재"[3]로 묘사되는 인물이었다.

한때 셰링턴 경의 학생이었고 후에 역시 저명한 신경생리학자요 노벨상 수상자가 된 존 에클즈의 최종 결론도 동일하다. "나는 자의식이 깃든 유일한 내 마음과 내 유일한 자아나, 혹은 혼에 대한 초자연적 기원이라는 것이 있다고 믿을 수밖에 없다."

그러나 21세기에 16세기 존 칼뱅의 주장을 믿는 것이 정말 이성적일까? 인간이 몸과 영혼으로 이루어졌다는 성경의 주장-"이원론"이라는 믿음-은 정말 믿을 만한가?[4] 아니면 MIT의 마빈 민스키의 유명한 말마따나 인간의 뇌는 "살로 이루어진 컴퓨터"이고 의식은 전적으로 그것의 기계적인 생산물에 불과한 걸까?

존 썰은 인간의 의식이 "생명 그 자체를 제외하고 우리 존재에서 가장 중요한 사실"이라고 선언했다. 마음의 신비에 대한 답변은 다원주의적 자연주의에 대한 강력한 증거이거나, 그 형상대로 우리를 창조한 훨씬 더 위대한 마음을 알리는 설득력 있는 증거가 될 것이 분명했다.

뇌의 한계를 넘어

2001년 칼텍의 과학자들에게 소개되면서 알려진 연구가 있었다. 영국에서 1년 간 진행된 실험 결과로 사람의 뇌가 기능을 멈추거나 임상적으로 죽었다고 선언된 후에도 의식이 지속된다는 증거를 제시했다.[5] 이것은 뇌와 마음이 같은 것이 아니라 구별되는 실재임을 보여 주는 새롭고 극적인 증거였다. 로이터의 저널리스트 사라 티피트는 이렇게 말했다. "그 연구결과는 사후생명과 인간의 영혼이 과연 존재하는가에 대한 논쟁을 부활시켰다."

외과의사 샘 파니아와 런던 소재 정신의학연구소의 신경정신과의사 피터 펜위크는 저널에 실린 글에서 임상적으로 사망한 것으로 선언되었다가 나중에 소생해 인터뷰를 한 63명의 심장발작 환자들에 관한 연구내용을 설명했다. 10퍼센트 정도는 두뇌가 멈춘 동안에도 기억형성이나 추론을 포함한 조직적이고 명료한 사고 작용이 있었다고 밝혔다. 산소부족이나 약물의 영향—회의론자들이 제기하는 흔한 반대 이유—들은 요인에서 배제되었다. 연구자들은 나중에 이와 유사한 사례를 많이 발견했다.[6]

아직은 대규모의 연구가 필요하지만, 한때 회의적이었던 파니아는 이제까지 진행된 과학적 연구결과들이 "마음, '의식' 또는 '영혼'이 뇌와 별개의 실재라는 견해를 뒷받침할 것"이라고 말했다. 그는 뇌가 마음이 나타나는 메커니즘 역할을 하는 게 아닌가 추측했다. 텔레비전이 공중파를 잡아 영상과 소리를 보여 주는 것처럼 말이다. 두뇌 손상으로 마음이나 성격의 일부를 잃는다 해도, 그것이 두뇌가 마음의 원천이라는 사실을 반드시 증명한다고 볼 수는 없다. 파니아는 "그것은 장치가 손상을 입었다는 사실을 보여 준다"고 말했다.

이 영역과 인간 의식의 다른 영역에 대해서도 활발한 연구가 이어지고 있다. 한편, 순전히 물리적인 설명을 찾는 데 몰두하는 과학자들—이들에게는 "물리주의자"라는 적당한 이름이 있다—은 현재로선 뇌가 의식을 어떻게 만들어 낼 수 있는지 설명할 수 없다고 솔직히 시인한다. 존 썰은 이렇게 시인했다. "뇌가 어떻게 의식을 일으키는지 설명하는 적합한 이론은 없고, 의식이 우주에서 어떤 자리를 차지하는지에 대한 적합한 이론도 없다."

그래도 썰과 많은 다른 학자들은 과학이 결국 완벽한 자연주의적 설명을 찾아내리라 믿어 의심치 않는다. 다윈주의가 협상의 여지 없는 출발점이라면 다른 선택의 여지는 없다.

신경학 교수 안토니오 다마시오는 이렇게 예측했다. "나는 두뇌에서 마음이 어떻게 출현하는지에 대한 확실한 설명이 머지않아 나올 거라고 확신한다. 그러나 이 들뜬 마음이 몇 가지 만만찮은 어려움으로 진정되는 건 사실이다."

에클즈는 이러한 태도를 '터무니없고, 채울 수 없는 약속을… 남발하는 유물론'이라 부른다. 그러나 많은 연구자들이 에클즈를 본받아 과학의 증거와 철학의 논리가 이끄는 곳으로 따라가고 있다. 그들은 그것이 이원론이라도 개의치 않는다. 인류학자 매릴린 슐리츠는 이렇게 말했다.

> 나는 이론이 아니라 자료를 우선시한다는 의미에서 철저한 경험주의자가 되려 한다. 자료에 따르면, 인간의 경험은 '마음이 곧 두뇌이고 그 이상 아무것도 아니다'라는 물리주의의 견해를 반박하고 있다. 우리의 의식, 우리의 마음이 뇌의 한계를 초월할 수도 있음을 시사하는 확실하고 구체적인 자료가 있다.[7]

인류학자 아서 커스턴스는 이렇게 말했다. "구약과 신약 모두, 인간은 영과 육으로 나눠지는 이중적인 피조물이라고 가르친다. 여기까지는 신학과 최근의 과학적 연구결과 사이에 차이가 없다. 성경은 영혼이나 영이 몸을 떠나면 몸은 죽고, 만약 영혼이 어떤 식으로든 몸으로 되돌아오면 사람이 되살아난다는 것을 아주 분명히 밝히고 있다. 이러한 이중성은 성경의 수백 군데에서 되풀이 된다. … 최초의 인간 아담의 창조는 영혼이 몸에 들어가 움직이는 생령이 된다는 것을 분명하게 보여 준다."

기독교와 현대과학의 연구 결과는 정말 서로를 지지하는가? 또 의식은 순전히 뇌에서 나오는 현상이라는 다윈주의의 주장을 반박하는가? 다행히 여러 해 동안 과학, 철학, 신학 훈련을 받고 이 주제들에 대해 사색하고 글을 써온 저명한 교수를 가까운 곳에서 만날 수 있었다.

여덟 번째 인터뷰: J. P. 모어랜드 박사

서늘하고 안개 낀 어느 날 아침 모어랜드의 집 앞에 차를 세웠을 때, 그는 커피 한 잔을 손에 들고 밖에 나와 있었다. 이웃들과 한담을 나눈 뒤 방금 집으로 돌아온 듯했다. 짧게 자른 희끗희끗한 회색 머리, 깔끔하게 다듬은 콧수염의 그는 검은 슬랙스와 파란 셔츠 차림에 빨간 넥타이를 매고 있었다. "다시 만나 반갑습니다. 들어오시죠."

우리는 거실로 들어갔다. 그는 꽃무늬 의자에 자리를 잡았고 나는 옆자리 소파에 몸을 기댔다. 언젠가 본 모습이다. 나는 「예수는 역사다」와 「특종! 믿음 사건」에서 어려운 주제들을 놓고 그와 인터뷰를 한 적이 있었다. 두 번의 인터뷰를 통해 나는 그가 추상적인 쟁점들과 전문적인 문제들을 이해하기 쉬우면서도 정확한 언어로 논할 수 있는 대단한 능력의 소유자라는 사실을 알게 되었다. 과학자에겐 비범하고, 신학자에겐 흔치 않고, 철학자에겐 희귀한 자질이다!

모어랜드는 미주리 대학에서 과학 훈련을 받았고 화학 학위를 땄다. 콜로라도 대학이 핵화학 분야에서 박사학위를 받을 수 있는 특별연구원 자리를 제안했지만 그는 거절하고 댈러스신학교에서 신학석사학위를 받은 후 남가주 대학에서 철학 박사 학위를 받았다.

모어랜드는 일찍부터 인간 의식과 관련된 문제들에 관심을 가졌고 여러 책들을 통해 계속해서 그 주제를 다뤘다. 그는 여러 권의 책을 쓰고 수십 편의 논문을 저술했으며 여러 과학, 철학, 신학협회 회원이다. 현재 그는 탈봇 신학교에서 대단히 존경받는 철학 교수이며 심리철학을 포함한 여러 주제를 가르치고 있다.

 인터뷰를 시작하면서 우선 몇 가지 핵심 개념을 명확히 정의하는 것이 좋겠다는 생각이 들었다. 의식에 대해 논의한다는 것은 쉬운 만만한 일이 아니기 때문이다.

의식을 되찾기

 미국 대법원판사 포터 스튜어트는 포르노를 정의하는 건 어려울지 몰라도 "일단 보면 그게 포르노인지 알 수 있다"고 말했다. 의식 역시 이와 유사하게 묘사하기가 상당히 어려운 개념이다. 그러나 우리 자신의 의식은 우리에게 분명한 실체로 다가온다. 같은 맥락에서 에딘버러 대학의 J. R. 스미즈는 이렇게 말했다. '다른 사람들의 의식은 내게 추상적일 수 있지만, 내 자신의 의식은 내게 실재다."

 모어랜드: "의식이 뭐냐구요? 간단히 정의하자면 우리가 자기 관찰을 할 때 인식하는 것입니다. 자기 안에서 벌어지는 일에 주의할 때 발견하는 것, 그것이 의식입니다.

 이렇게 생각해 보십시오. 다리 수술을 받는다고 합시다. 어느 순간 자신에 대해 이야기를 나누는 사람들이 있음을 깨닫게 됩니다. 누군가 '이 환자는 회복 중인 것 같아요'라고 말합니다. 무릎의 통증이 느껴지기 시작합니다. 이렇게 혼잣말을 하게 되겠죠. '여기가 어디지? 무슨 일일까? 그리고 자신이 수술을 받았다는 사실을 기억하게 됩니다. 의식을 되찾고 있는 것입니다. 간단히 말해, 의식은 감각, 생각, 감정, 욕구, 신념, 자유로운 선택들로 이루어져 있습니다. 이것들은 우리를 살아 있는 존재, 인식하는 존재로 만듭니다."

 나 : "의식이 존재하지 않는다면 어떻게 될까요?"

 모어랜드 : "예를 하나 들어보지요. 사과는 여전히 빨갛겠지만, 빨간색에

대한 인식이나 빨간색에 대한 감각은 없을 겁니다."

나 : "영혼은 어떻습니까? 영혼은 어떻게 정의하시겠습니까?"

모어랜드 : "영혼은 자아, 자신이며 의식을 포함합니다. 영혼은 우리 몸에 생기를 줍니다. 그렇기 때문에 영혼이 몸을 떠나면 몸은 시체가 됩니다. 영혼은 비물질적이고 몸과 구별됩니다."

나 : "성경도 그렇게 가르치지요."

모어랜드 : "그렇습니다. 기독교인들은 2,000년 동안 이 사실을 알고 있었습니다. 예수님은 십자가에 달리셨을 때 그분 옆에 매달린 강도에게 그가 죽으면 그 직후부터 최후에 몸이 부활할 때까지 예수님과 함께 있게 될 것이라고 말씀하셨습니다. 예수님은 '몸은 죽여도 영혼은 능히 죽이지 못하는 자들을 두려워하지 말고' 라는 말씀에서, 몸과 영혼을 별개의 실재로 묘사하셨습니다. 성경을 보면, 사도 바울은 몸을 떠나는 것이 주와 함께 거하는 것이라고 말합니다.

나 : "기독교 외에도 이런 믿음이 있는지 궁금하군요. 기독교를 제외하면 어떻습니까? 다른 문화권에도 이런 개념이 있습니까?"

모어랜드 : "고대 그리스인들 역시 이원론을 가르쳤습니다. 물론 기독교인들과 달리, 그들은 몸과 영혼이 서로 이질적이라고 믿었습니다. 나는 물리주의자 김재권의 다음 말에 동의합니다. 나는 인간의 이러한 이원성이 대부분의 문화와 종교적 전통이 공유하는 공통 지식이라고 믿는다.' "[8]

그래도 이원론을 부인하고 순전히 물리적 존재라고 믿는 이들이 있다. 유전학자 프랜시스 크릭의 표현을 빌자면 그들은 인간이 "신경세포들과 그 관련된 분자들의 방대한 조합에서 나온 행동에 불과" 하다고 말한다.[9]

이 쟁점을 살펴보기 위해 나는 모어랜드에게 좀 특이한 방법을 제시했다. 잠시 동안만 이 물리주의자들이 옳다고 상상해 보자고 한 것이다.

물리주의가 옳다면 어떻게 될까?

나: "현실을 직시하자면, 비물질적 영혼의 존재를 단호하게 부인하는 사람들이 있습니다. 존 썰은, 의식은 두뇌 작용의 산물이라고 했습니다. 그들은 의식이 생물학의 산물이라고 믿습니다. 뇌과학자 배리 바이어스틴는 신장이 소변을 만들듯, 뇌는 의식을 만들어 낸다고 했습니다.

박사님, 부탁이 하나 있습니다. 잠시만 물리주의자들이 옳다고 가정해 보지요. 물리주의가 옳다면 그것이 논리적으로 함축하는 바는 무엇인지 말해 주십시오."

모어랜드: "아, 몇 가지 중요한 사항들이 있을 겁니다."

나: "세 가지 정도만 말씀해 주십시오."

모어랜드: "첫째, 물리주의가 옳다면, 의식은 존재하지 않습니다. 왜냐하면 일인칭 관점에서 기술해야 할 의식상태 같은 게 없을 테니까요. 모든 것이 물질이라면, 우주 전체를 그래프에다 표시할 수 있습니다. 각 별, 달, 모든 산, 리 스트로벨의 뇌, 리 스트로벨의 키 등을 표시할 수 있을 겁니다. 모든 것이 물리적이라면, 삼인칭 관점에서 모든 것을 묘사할 수 있을 것이기 때문입니다. 그러나 우리는 우리가 일인칭 주관적 관점을 갖고 있다는 걸 압니다. 그러니 물리주의는 옳을 리가 없습니다.

두 번째는 자유의지가 없을 것입니다. 왜냐하면 물질은 자연법칙의 완전한 지배를 받기 때문입니다. 아무 물체나 생각해 보십시오. 구름을 예로 들어봅시다. 구름은 물질적 대상일 뿐이고 그 움직임은 기압, 풍향, 풍속 등에 의해 완전히 결정됩니다. 그러니까 내가 물질적 대상이라면 내가 하는 모든 일은 환경과 유전자 등에 의해 고정되게 됩니다.

그렇다면 내겐 선택을 내릴 자유가 없다는 뜻이 됩니다. 앞으로 벌어질 모든 일은 이미 유전자와 환경으로 짜여 있으니까요. 내가 어떻게 행동할지 선택할 자유가 없다면 어떻게 내 행동에 대해 책임을 물을 수 있겠습니까? 이것이 우리가 월남전에서 진 이유 중 하나입니다."

나: "네? 생뚱맞게 월남전 이야기를 왜 하십니까?"

모어랜드: "스키너(B. F. Skinner)의 행동주의가 국방부의 전략에 영향을 끼쳤다는 말을 전 대통령 보좌관에게서 들었습니다. 스키너는 우리가 물체에 불과하므로 실험실 동물에게 전기충격을 가하여 조건반사를 일으키게 하는 것처럼 사람에게도 조건반사를 일으키게 할 수 있다고 믿었습니다. 어떤 일을 계속해서 하면 행동을 바꿀 수 있다고 본 거죠. 그래서 베트남에서 미군은 폭격하고 귀환하고, 폭격하고 귀환하고, 폭격하고를 반복했습니다. 베트콩에게 계속 충격을 가하면 머지않아 그들의 행동을 조작할 수 있다고 가정했던 거죠. 그들은 자극에 반응하는 물체들에 불과하니까요. 최종적으로 그들은 굴복해야만 했습니다."

나: "그러나 그들은 굴복하지 않았습니다."

모어랜드: "맞습니다. 그 방법은 통하지 않았습니다."

나: "왜죠?"

모어랜드: "월남인들에게는 자극에 반응하는 물리적 뇌 이상의 것이 있었기 때문입니다. 그들에겐 영혼과 욕구, 감정과 신념이 있었습니다. 미군이 폭격으로 그들에게 조건반사를 일으키려 했지만 그들은 고통을 감내하며 자신들이 믿는 바를 위해 굳건히 서겠다는 자유로운 결정을 내렸습니다.

그러니 유물론자들이 옳다면, 자유의지는 이제 안녕입니다. 그들의 견해에 따르면, 우리는 자연법칙과 미리 짜여진 프로그래밍에 따라 행동하는 매우 복잡한 컴퓨터일 뿐입니다. 그러나 리, 그들이 틀렸음이 분명합니다. 우리에게는 분명 자유의지가 있습니다. 우리 모두는 마음 깊은 곳에서 그 사실을 압니다. 우리는 단순한 물리적 뇌 이상의 존재입니다.

셋째, 물리주의가 옳다면, 육체에서 분리된 중간상태가 없을 겁니다. 기독교에 따르면, 우리가 죽으면 우리 영혼은 몸을 떠나고 죽은 자 가운데서 우리 몸이 부활할 때까지 기다립니다. 우리의 존재는 죽음으로 끝나지 않습니다. 우리 영혼은 계속 살아 있습니다.

이런 일이 임사체험(臨死體驗)에서 일어납니다. 임상학적으로 죽은 사람들이 가끔 공중에서 자신의 몸이 누워 있는 수술대를 내려다보는 경험을 할 때가 있습니다. 또 이것이 단순한 환상이라면 알 수 없었을 정보를 얻기도 합니다. 한 여성은 죽어서 병원 지붕 위에 있던 테니스화 한 짝을 보았습니다. 그녀가 그것을 어떻게 알았겠습니까?

내가 나의 뇌에 불과하다면, 몸 밖에 존재한다는 건 완전히 불가능합니다. 사람들이 임사체험에 대해 들을 때, 그들은 자신이 병실 천장을 올려볼 때 눈동자 두 개를 달고 움직이는 뇌를 보게 될 거라고 생각하진 않습니다. 그렇지요? 리, 사람들이 임사체험 이야기를 들으면 직관적으로 그 사람에게 몸을 떠날 수 있는 영혼이 있다고 생각합니다. 사실 여부를 확인할 수 없다 해도, 이 이야기들이 말이 되는 건 분명합니다. 우리가 육체 이상의 존재가 아니라면 이 이야기들은 터무니없는 소리로 들릴 겁니다."

나 : "음, 박사님은 이 문제를 회피하시는 것 같군요. 박사님의 개인적인 생각은 어떠십니까? 임사체험들이 정말이라고 생각하십니까?"

모어랜드 : "우리는 자료에 대해 주의해야 하고 그것들을 과장해선 안 됩니다. 그러나 그 체험들이 죽음 이후에도 의식이 있다는 최소한의 논거를 제공한다고 생각합니다. 사실 이미 오래 전에 심리학자 존 빌로프는 '임사체험은 마음이나 영혼이 물질 세계와 별도로 존재하는 이원론적 세계가 있음을 보여준다고 했습니다. 그는 이것이 '한 세기 전, 다윈주의 진화론이 기독교에 심각한 위협이었던 것만큼이나 인본주의에 심각한 위협'이 될 수 있음을 시인했습니다.[10]

임사체험에 대한 견해와 상관없이, 우리는 예수님이 처형을 당하신 후 믿을 만한 목격자들이 나중에 그분의 살아 계신 모습을 봤다는 것을 분명히 압니다. 이 사실은 우리의 육체가 죽은 후에도 생명이 끝나지 않는다는 강력한 역사적 보강 증거이고, 인간이 몸과 비물질적 영혼 두 가지를 다 가지고 있다는 예수님의 가르침에 신빙성을 더해 줍니다."

내면의 은밀한 마음

물리주의에 대한 모어랜드의 비판을 듣고 보니, 나는 의식과 영혼이 비물질적 실재라는 그의 적극적 논증을 듣고 싶었다.

나: "의식과 자아가 뇌의 물리적 작용에 불과하지 않다는 증거가 있습니까?"

모어랜드: "실험 자료가 있습니다. 신경외과의 와일더 펜필드는 간질환자들의 뇌에 전기자극을 주어 그들의 팔다리를 움직이게 하거나, 머리나 눈을 돌리게 하거나, 말을 하게 하거나 침을 삼키게 할 수 있음을 발견했습니다. 그런데 환자들의 반응은 언제나 이런 식이었습니다. '내가 한 거 아닙니다. 의사 선생님이 하신 거예요.' 펜필드에 따르면, '환자는 자기 자신을 자기 몸과 분리된 별도의 존재처럼 생각' 합니다.

펜필드는 대뇌 피질을 꼼꼼히 살펴본 후 이렇게 말했습니다. '전기자극으로 환자가 어떤 것을 믿거나 결정을 내리게 만들 수는 없다.' 그것은 그러한 기능들이 뇌가 아니라 의식적인 자아에서 나오기 때문입니다.

많은 후속 연구로 이 사실이 확인되었습니다. 로저 스페리와 그의 팀은 뇌의 우반구와 좌반구 사이의 차이를 연구하면서 마음이 뇌의 활동과는 다른 독립적이고 인과적인 힘을 갖는다는 걸 발견했습니다. 이 발견 때문에 스페리는 유물론이 틀렸다고 결론 내렸습니다.

또 다른 연구는 전기 충격이 피부에 가해지고 그 충격이 대뇌 피질에 도착하는 시간과 본인이 그것을 스스로 지각하는 시간 사이에 시간차가 있다는 걸

과를 보였습니다.[11] 이것은 자아가 자극을 받고 그에 단순하게 반응하는 기계가 아님을 암시합니다. 다양한 연구 프로젝트에서 나온 자료들이 너무 놀라워 로렌스 C. 우드는 이렇게 말했습니다. '내세에 대한 믿음은 받아들이지 않을지 몰라도, 많은 뇌과학자들이 비물질적 마음의 존재를 가정하지 않을 수 없게 되었다.'"

나: "실험실 바깥은 어떻습니까?"

모어랜드: "타당한 철학적 논증들도 물론 있습니다. 예를 들면 물리적인 어떤 것에도 해당되지 않고 내 의식에만 해당되는 것들이 있기 때문에, 나는 의식이 물리적 현상이 아니란 걸 압니다. 내 생각 중 일부는 옳고 일부는 틀릴 수도 있습니다. 그러나 내 뇌의 상태는 절대 옳거나 틀리지 않습니다. 어느 과학자도 내 뇌의 상태를 보고 '오, 저 특정한 상태는 옳고, 저 상태는 틀렸다'라고 말할 수 없습니다. 따라서 내 뇌의 어떤 상태에도 그것이 사실이 아니면서도 내 의식 상태에서는 사실인 그 무엇이 있으니, 결과적으로 그 둘은 같은 것일 수 없습니다.

내 뇌의 어떤 부분과 내 마음이 대응되지 않습니다. 내 머리를 열고 '모어랜드 뇌의 좌반구에 있는 이 전기 패턴이 보이나? 이것은 축구에 대한 거야'라고 말할 수 없습니다. 뇌의 상태는 무엇에 대한 것이 아니지만, 내 마음 상태의 일부는 그렇습니다. 그러니 둘은 다릅니다.

더구나 의식은 내 내면의 은밀한 것입니다. 나는 그저 자기 관찰을 통해 스트로벨 씨나 의사나 신경과학자는 알 수 없는, 내 마음에서만 벌어지는 일을 알 수 있습니다. 과학자는 나보다 내 뇌에서 벌어지는 일에 대해 더 많이 알 수 있겠지만, 내 마음에서 벌어지는 일에 대해선 나보다 더 잘 알 수 없습니다. 알고 싶으면 내게 물어봐야 합니다. 급속안구운동(REM)이라고 들어보셨습니까?"

나: "그럼요."

모어랜드: "그게 무엇을 나타냅니까?"

나: "꿈꾸는 거지요."

모어랜드 : "그렇습니다. 과학자들은 눈의 움직임을 보고 사람들이 꿈꾸고 있다는 걸 어떻게 알까요? 사람들을 깨워서 물어보고 나서야 알았습니다. 과학자들은 눈의 움직임과 뇌에서 물리적으로 벌어지는 일을 인쇄한 출력물을 보고 뇌의 상태와 눈의 움직임을 연결시킬 수 있었습니다. 하지만 마음속에서 어떤 일이 벌어지는지는 알 수 없었습니다. 왜 그럴까요? 마음은 내면의 은밀한 것이기 때문입니다.

그래서 과학자는 누군가의 뇌를 연구해서 뇌에 대해 알 수 있지만, 그 사람에게 마음을 털어놓도록 부탁하지 않고는 그의 마음에 대해 알 수 없습니다. 의식 상태는 내면적이고 은밀하기 때문입니다. 그러나 뇌의 상태는 그렇지 않습니다."

영혼의 실재

수 세기 동안 인간의 영혼은 시인들을 매혹시켰고 신학자들을 사로잡았으며 철학자들을 도전케 했고 과학자들을 놀라게 했다. 16세기 아빌라의 테레사 같은 신비가들은 영혼을 생생하게 묘사했다. "영혼은 다이아몬드나 아주 맑은 수정으로 만들어진 성 같다. 천국에 거할 곳이 많은 것처럼 영혼 안에도 방이 많다."[12]

그만큼 시적이지는 않지만 모어랜드는 그보다 정확하게 영혼을 분석했다. 그는 영혼이 우리의 의식을 담고 있다는 것을 분명히 밝혔다. 그러나 그는 아직 영혼이 하나의 실재라고 믿을 이유를 하나도 제시하지 않았다. 이제 이 문제에 대해 그를 재촉할 때라는 생각이 들었다.

나: "박사님은 무엇 때문에 영혼이 실재한다고 생각하십니까?"

모어랜드 : "첫째, 우리는 자신이 자기 의식과 몸과는 다른 존재라는 것을 인식하고 있습니다. 우리는 우리가 의식과 몸이 있는 존재임을 알지만, 단순히 우리의 의식적 삶이나 혹은 육체적 삶과 똑같지는 않다는 것을 압니다.

우리의 성격, 기억, 그리고 의식을 우리 자신과 동일시할 수 없는 이유를 예로 설명해 보겠습니다. 몇 년 전 내가 가르치던 학생의 누나가 신혼여행지에서 끔찍한 사고를 당했습니다. 그녀는 기억을 모두 상실했고 성격도 상당 부분 변했습니다. 그녀는 자신이 결혼했다는 사실을 믿지 않았습니다. 그녀의 몸이 회복되자, 가족들은 그녀가 결혼했다는 사실을 납득시키기 위해 결혼식 비디오를 보여 주었습니다. 결국 그녀는 그 사실을 믿게 되었고 남편과 다시 결혼했습니다.

우리는 이 여성이 줄곧 같은 사람이었다는 것을 압니다. 이 사람은 제이미의 누나였습니다. 그녀의 행동은 달랐지만 그렇다고 다른 사람이 된 건 아닙니다. 그러나 그녀는 완전히 다른 기억을 갖고 있었습니다. 옛 기억을 모두 잃어버렸고 성격조차 달라졌습니다. 이 사건은 우리가 옛 기억을 상실하고 새 기억을 갖게 되거나 옛 성격의 일부가 변해 새로운 성격을 갖게 된다 해도 같은 사람일 수 있다는 사실을 증명합니다.

내 의식이 바로 나라면, 내 의식이 달라질 때 나는 다른 사람이 되어야 합니다. 그러나 의식이 달라져도 나 자신은 변하지 않습니다. 그러니 내 의식과 나는 한 존재라고 볼 수 없습니다. 나는 의식을 담고 있는 '자아' 혹은 영혼이어야 합니다.

내 몸도 마찬가지입니다. 내 몸과 뇌와 나는 같은 존재일 수 없습니다. 수술을 받고 뇌의 53퍼센트를 제거한 간질환자의 사연이 텔레비전에 방송되었습니다. 그녀가 깨어났을 때, '여기 47퍼센트의 사람이 있다'고 말한 사람은 아무도 없었습니다. 사람은 조각조각 나눠질 수 없습니다. 사람이거나 사람이 아니거나 둘 중 하나입니다. 그러나 뇌와 몸은 나눠질 수 있습니다. 그것은 내가 내 몸과 다른 존재라는 뜻입니다."

나 : "도움이 되는 예군요. 하지만 영혼과 의식은 눈에 보이지 않는 것들이라 개념화시키기가 어렵습니다."

모어랜드 : "맞습니다. 내 몸은 보이지만 영혼과 의식은 보이지 않습니다. 그건 또 다른 구분입니다. 딸아이가 초등학교 5학년일 때 기도하다가 이렇게 말하더군요. '아빠, 하나님을 볼 수 있으면 하나님을 더 잘 믿을 수 있을 것 같아요.' 그래서 내가 말했습니다. '글쎄다, 문제는 우리가 하나님을 못 보는 게 아니란다. 문제는 네가 네 엄마를 한번도 못 봤다는 거야.' 그때 아이 엄마는 바로 옆에 앉아 있었죠. 딸아이가 말했지요. '무슨 말씀이세요, 아빠?' 그러자 나는 말했습니다.

'엄마를 아프게 하지 않고 세포 단위로 나눠 그 하나하나를 들여다볼 수 있다고 가정해 보자. 그럼 '봐, 여기 오늘 할 일에 대한 엄마의 생각이 있어.' 또는 '이봐, 이 세포가 엄마의 감정을 담고 있어.' 또는 '그러니까 이것이 아빠에 대한 엄마의 믿음이구나.' 이런 식으로 말할 수 있을까? 천만에. 우리는 엄마의 생각, 믿음, 욕구나 감정을 찾을 수 없을 거야. 우리가 찾지 못할 게 또 뭐가 있을까? 엄마의 자기나 자아도 찾지 못하겠지. 우리는 절대로 '드디어 찾았다. 바로 이 뇌세포 안에 엄마가 있다. 엄마의 자아가 있다.' 라고 말할 수 없을 거야. 왜냐하면 엄마는 인격이고, 인격은 보이지 않기 때문이야. 엄마의 자아와 엄마의 생각은 눈에 보이지 않아. 자, 엄마는 충분히 작아서 몸을 가질 수 있지만, 하나님은 너무 크셔서 몸을 가지실 수 없을 뿐이란다. 그러니 기도하자꾸나!'

리, 요점은 이겁니다. 나는 영혼이고, 나는 몸을 갖고 있습니다. 우리는 사람들의 몸을 연구해서 그들에 대해 배우지 않습니다. 우리는 사람들이 어떻게 느끼는지, 무슨 생각을 하는지, 무엇에 대해 열정을 갖는지, 어떤 세계관을 갖고 있는지 등을 발견함으로써 그들에 대해 알게 됩니다. 사람들의 몸을 보면 그들이 운동을 좋아하는지는 알 수 있겠지요. 그러나 그건 별 도움이 되지 않습니다. 그렇기 때문에 우리는 사람들에 대해 알려고 할 때 그들 '안으로' 들어가고 싶어 합니다.

내게는 의식과 몸 이상의 무엇이 있다는 것, 그것이 내 결론입니다. 나는 행동이나 말을 통해 내가 스스로 드러내지 않으면 보이지도 만질 수도 없는 '자아', 또는 '나'입니다. 나는 '자아' 또는 영혼이고 그저 뇌가 아닙니다. 그렇기 때문에 내겐 자유의지가 있습니다."

컴퓨터와 박쥐

뇌가 의식을 낳지 않는다는 모어랜드의 주장을 듣고 보니 미래의 컴퓨터가 지각을 가질 수 있는지를 둘러싼 논쟁이 떠올랐다. 나는 그 문제로 그를 끌어들이기로 했다.

나 : "기계가 인간과 동등하거나 인간보다 더 큰 뇌 능력을 가질 수 있다면, 일부 물리주의자들은 컴퓨터가 의식을 갖게 될 거라고 말합니다. 박사님은 그 주장에 동의하지 않으실 것 같은데요."

모어랜드 : "어떤 무신론자는 컴퓨터가 인간 행동을 모방하는 시점에 이르면, 컴퓨터에게 인권을 부여하는 일을 거부하는 건 인종차별주의자뿐일 거라고 말했습니다. 그러나 물론 그것은 터무니없는 소리입니다. 노벨상 수상자 존 에클즈는 컴퓨터의 지각력을 예견하는 이들의 '단순 무식함에 기겁했다'고 했습니다. 그는 '일정 수준의 복잡성을 갖게 되면 컴퓨터 안에 자의식이 생기게 될 거라는 말에는 어떤 증거도 없다'고 말했습니다.[13]

컴퓨터는 지성이 아니라 인공지능을 가졌을 뿐입니다. 둘 사이에는 엄청난 차이가 있습니다. '컴퓨터가 된다는 것은 어떤 것인가'란 없습니다. 컴퓨터에겐 '내심(內心)', 자각, 일인칭 관점, 문제에 대한 통찰력이 없습니다. 컴퓨터는

'그래. 이제 이 곱셈문제가 어떤 건지 알겠다'라고 생각하지 않습니다. 컴퓨터는 제대로 연결되기만 하면 행동에 들어갈 수 있습니다. 하지만 의식은 행동과 같지 않다는 걸 기억해야 합니다. 의식은 살아 있는 상태이고 의식적인 존재가 행동하게 만드는 원인입니다. 그러나 컴퓨터가 행동하게 만드는 것은 전기회로입니다.

우리가 물리적인 관점에서 모든 것을 알고 있는 컴퓨터 박쥐가 있다고 합시다. 우리는 박쥐의 모든 회로를 낱낱이 알고 있기 때문에 이 박쥐를 자연 속으로 내보내면 어떻게 행동할지 예측할 수 있을 겁니다. 그것을 진짜 박쥐와 비교해 보십시오. 우리가 살아 있는 박쥐의 혈관계, 신경계, 뇌, 심장, 허파 등 내부의 장기를 모두 안다고 합시다. 이 박쥐를 자연 속으로 내보내면 어떻게 행동할지 모두 예측할 수 있다고 합시다. 그래도 우리가 이 박쥐에 대해 모르는 게 한 가지 남게 됩니다. '박쥐가 된다는 건 어떤 것일까?' 박쥐가 듣고, 느끼고, 소리와 색깔을 경험하는 것은 어떤 것일까. 그 내용 속엔 박쥐의 '내부', 그 관점도 포함되어 있습니다. 이것이 의식과 지각이 있는 박쥐와 컴퓨터 박쥐의 차이입니다.

그러니까 컴퓨터는 어느 정도까진 지성을 모방할 수 있겠지만, 결코 의식을 갖지는 못할 겁니다. 살아 깨어서 지각이 있는 상태와 행동을 혼동할 수는 없습니다. 정보처리능력이 대단히 뛰어난 미래의 컴퓨터를 프로그래밍해서 의식이 있다고 말하게 하거나 의식이 있는 것처럼 행동하게 할 수는 있지만, 진짜 의식을 심어줄 수는 없습니다. 의식은 뇌와 별개인 비물질적 실재이기 때문입니다."

모어랜드가 박쥐를 예로 들어서, 뉴욕 대학의 철학자 토머스 네이글이 쓴 유명한 에세이, "박쥐가 된다는 건 어떤 것일까?"[14]를 간접적으로 가리키고 있었다. 박쥐의 관점에서 삶을 생각하니 문득 핵심에서 벗어난 질문 한 가지가 떠올랐다.

나 : "동물들은 어떻습니까? 동물들에겐 영혼이나 의식이 있습니까?"

모어랜드 : "물론입니다. 성경은 여러 곳에서 동물에 대해 말할 때 '혼' 이나 '영혼' 이라는 단어를 사용합니다.[15] 동물은 기계가 아니며 의식과 관점을 갖고 있습니다. 그러나 동물의 영혼은 인간 영혼보다 훨씬 더 단순합니다. 이를테면 인간의 영혼은 자유로운 도덕적 행동을 할 수 있지만, 동물의 영혼은 결정되어 있습니다. 어거스틴은, 동물들도 생각을 하긴 하지만 자기 생각에 대해 생각하지는 않는다고 말했습니다. 인간에게는 자신의 믿음에 대한 믿음이 있지만, 동물들은 그렇지 않습니다.

인간의 영혼은 하나님의 형상을 따라 만들어졌기 때문에 훨씬 더 복잡한 겁니다. 그래서 우리는 자기반성을 하고 자기사고를 합니다. 그리고 인간 영혼은 그 몸이 죽은 후에도 살지만, 나는 동물의 영혼은 몸보다 오래 살지 못할 거라고 생각합니다. 내가 틀릴 수도 있겠지요. 하지만 나는 동물의 영혼은 죽을 때 그 존재를 그친다고 생각합니다."

쯧쯧, 박쥐는 안됐군.

의식과 진화

모어랜드는 우리의 의식과 영혼이 뇌, 몸과 독립적이라는 설득력 있는 주장을 펼쳤다.

나 : "박사님의 주장이 다윈주의자들에게 어떤 문제가 될까요?"

모어랜드 : "철학자 제프리 메델은, '의식의 출현은 신비이고, 유물론은 그 답을 제시하지 못한다' 고 말했습니다. 무신론자 콜린 맥긴도 동의합니다. 그는 이렇게 묻습니다. '물질이 어떻게 의식의 근원이 될 수 있을까? 진화가 어떻게 생물의 세포조직이라는 물을 의식의 포도주로 바꿨을까? 의식은 대폭발(Big Bang)의 여파로 예상되지 않은, 우주에서 근본적으로 새로운 것인 듯하

다. 그렇다면 의식은 그 이전 것으로부터 어떻게 생겨났을까?'

무(無)에서 유(有)를 얻을 수는 없습니다. 하나님이 없다면, 생명체의 등장으로 이어지는 전 우주의 역사는 의식 없는 죽은 물질의 역사가 될 겁니다. 우리에겐 어떤 생각이나 믿음, 감정, 감각, 자유로운 행동, 선택, 목적도 없을 겁니다. 물리화학법칙에 따라 움직이는 물리적 사건들만이 이어질 겁니다. 그게 전부일 것입니다.

그렇다면 의식이 있고, 살아서 생각하고, 느끼고, 믿는 생물이라는 전혀 새로운 존재를 그런 것이 없는 물질에게서 어떻게 얻을까요? 그건 무에서 유를 얻는 겁니다! 그것이 바로 핵심문제입니다.

물리적 물질에다 물리적 과정을 가하면 물리적 재료들의 배열이 달라집니다. 예를 들어 물 한 그릇에다 가열이라는 물리적 과정을 가하면 수증기라는 새로운 산물이 생깁니다. 더 복잡한 형태이긴 하지만 여전히 물리적인 물입니다. 우주의 역사가 물리적 재료들에 물리적 과정이 가해지는 이야기일 뿐이라면, 결국 물리적 재료들이 점점 더 복잡해질 뿐 완전히 비물리적인 그 무엇이 생겨나진 않습니다. 그건 전혀 다른 종류의 도약입니다.

결국 필립 존슨이 말한 것처럼 둘 중 하나입니다. '태초에 입자가 있었다' 아니면 '태초에 로고스(하나님의 마음'을 뜻합니다)가 있었다' 입니다. 입자에서 출발하면 우주의 역사는 그저 입자 재배열의 이야기가 될 것이고, 결국 입자의 배열은 좀 더 복잡해지겠지만 여전히 입자가 전부일 겁니다. 마음이나 의식은 얻지 못합니다.

무한한 마음에서 출발하면 유한한 마음들이 어떻게 생겨나게 되었는지 설명할 수 있습니다. 그건 말이 됩니다. 하지만 생명이 없는 맹목적인 무생물에서 시작해 마음이 불쑥 생겨났다는 발상은 말이 안됩니다. 이 점은 많은 무신 진화론자들도 인정하고 있습니다. 그렇기 때문에 그들 중 일부는 의식이 실재가 아니고 우리는 컴퓨터에 불과하다고 말함으로써 의식을 제거하려 하고 있습니다."

말을 마친 후 그는 미소를 지으며 이렇게 덧붙였다.

"그러나 그것은 의식이 있는 동안에는 견지하기 상당히 어려운 입장이죠."

마음의 출현

나는 항변했다. "그래도 일부 과학자들은 의식이 우리 뇌의 복잡성에서 자연적으로 생겨나는 부산물일 뿐이라고 주장합니다. 그들은 일단 우리 뇌가 진화를 통해 충분한 용량을 갖추게 되면, 의식은 생물학적 과정으로 불가피하게 생겨난다고 믿습니다."

모어랜드 : "그 주장의 네 가지 문제점을 지적해 보겠습니다. 첫째, 그들은 물질을 더 이상 무신론자와 자연주의자의 입장, 즉 물리화학법칙으로 완전히 기술할 수 있는 무생물로 다루고 있지 않습니다. 그들은 물질에다 유령이나 영혼 비슷한 것, 혹은 정신적 잠재력을 부여하고 있습니다."

나 : "잠재력이라니, 무슨 뜻입니까?"

모어랜드 : "그들은 이 단계의 복잡성 이전에 물질이 마음을 출현시킬 잠재력을 갖고 있었다고 말하고 있습니다. 그리고 적당한 순간이 되자 어떤 일이 벌어졌는지 아십니까? 이 잠재력들이 활성화되어 '번쩍!' 하고 의식이 생겨났다는 것이죠."

나 : "그 이론에 무슨 문제가 있습니까?"

모어랜드 : "그건 더 이상 자연주의가 아닙니다. 범심론(汎心論)이지요."

나 : "뭐라고요? 처음 듣는 용어군요. 범…뭐요?"

모어랜드 : "범심론입니다. 물질이 활동력 없는 물리적 대상이 아니라 그 안에 원시정신상태를 담고 있다는 이론이죠. 그들은 갑자기 물질에 대한 엄격한 과학적 견해를 내팽개치고 무신론보다는 유신론 쪽에 가까운 견해를 채택

했습니다. 이제 그들은 세상이 그저 물질로 시작된 것이 아니라 물질적인 동시에 정신적인 재료로 시작되었다고 말하는 겁니다. 그러나 그들은 이 잠재적인 정신적 특성들이 어디서 나왔는지 설명하지 못합니다. 그리고 이것 때문에 하나님의 출현에 반대하기도 어려워졌습니다."

나: "하나님의 출현? 그게 무슨 말입니까?"

모어랜드: "물질이 어떤 단계의 복잡성에 이를 때 유한한 마음이 출현할 수 있다면, 수백만 가지 뇌의 상태가 더 큰 수준의 의식에 이를 때 훨씬 더 큰 마음 – 하나님 – 이 출현하지 못할 이유가 어디 있습니까? 자, 그들은 그 과정을 자신들이 원하는 지점, 그들 자신에게서 멈추고 싶어 하지만 논리적으로 볼 때 그렇게 선을 그을 수는 없습니다. 그들은 물질에서 아주 큰 하나님이 출현하지 않았다는 사실을 무슨 수로 알 수 있습니까? 결국 수많은 사람들이 하나님에 대한 종교적 체험을 하지 않았습니까?"

나: "그건 기독교의 하나님이 아닐 겁니다."

모어랜드: "물론입니다. 그러나 그것만으로도 무신론자들에게는 문제가 됩니다. 그리고 두 번째 문제가 있습니다. 그들은 여전히 결정론에서 헤어나지 못합니다. 의식이 뇌의 한 기능에 불과하다면, 나는 내 뇌이고 내 뇌는 물리화학법칙에 따라 기능하기 때문입니다. 그들에게 마음과 뇌의 관계는 연기와 불의 관계와 같습니다. 불은 연기를 일으키지만 연기는 아무 것도 일으키지 않습니다. 그건 부산물에 불과합니다. 따라서 그들은 결정론에서 빠져나오지 못합니다.

셋째, 마음이 초월적 지성의 지도 없이 출현했다면, 그런 마음에서 나오는 것을 어떻게 이성적이거나 옳다고 믿을 수 있습니까? 특히 이론적 사고의 영역에서 말입니다.

지성의 개입 없이 임의적인 힘이나 비합리적 법칙으로 프로그램된 컴퓨터가 있다고 합시다. 그 기계의 출력물을 믿으시겠습니까? 물론 아닐 겁니다. 마음의 경우도 마찬가지인데, 다원주의자들에게는 이것도 문제가 됩니다. 마음을 신뢰할 수 있는 이유에 대한 설명으로 진화를 사용할 수는 없습니다. 이론적 사고는 생물의 생존에 도움이 되지 않기 때문입니다."

모어랜드의 말을 듣고 있으니 영국의 진화론자 홀데인의 유명한 인용구가 떠올랐다. "내 정신작용이 뇌 속 원자들의 운동으로 완전히 결정된다면, 내 믿음이 옳다고 가정할 이유가 없고… 따라서 내 뇌가 원자로 이루어졌다고 가정할 이유도 없다."

모어랜드 : "네 번째 문제가 있습니다. 내 마음이 뇌의 한 가지 기능에 불과하다면, 통합된 자아는 없을 겁니다. 뇌의 기능은 뇌 전체에 퍼져 있기 때문에 뇌의 53퍼센트를 잃었던 소녀의 경우처럼 뇌를 반으로 자르면 기능 중 일부를 잃게 됩니다. 47퍼센트짜리 인간이 된 거지요. 하지만 아무도 그렇게 생각하지 않습니다. 그녀는 통합된 자아입니다. 그녀의 의식과 영혼이 그녀의 뇌와 구별된 실재임을 알기 때문입니다.

여기에는 '결합 문제(binding problem)'라는 또 다른 측면이 있습니다. 방을 둘러볼 때 우리는 동시에 여러 개를 봅니다. 탁자, 의자, 벽, 액자에 든 그림을 봅니다. 모든 사물에서는 그 물체에 부딪혀 반사된 광파(光波)가 나오고 그것이 안구의 다른 위치에 각각 부딪쳐 뇌의 다른 영역에 전기활동을 일으킵니다. 이것은 이 모든 경험으로 활성화되는 뇌의 단일부분이 없다는 뜻입니다. 만약 그저 단순히 나의 물리적 뇌가 곧 나라면, 결과적으로 나는 내 시야에 들어오는 여러 물체 조각들을 인식하는 다양한 뇌조직 부분들의 집합에 불과할 것입니다.

그러나 사실은 그렇지 않습니다. 나는 동시에 이 모든 경험을 하는 통합된 '나'입니다. 이 모든 활성화 부위들을 포괄하는 뇌의 영역은 없지만, 이 모든 경험을 한데 묶어 한 사람의 경험으로 통합시키는 뭔가는 있습니다. 그것은 나의 의식과 '자아'가 뇌와 구별되는 실재이기 때문입니다."

나 : "잠깐만요. 명상이나 기도 중에 뇌의 특정 부위가 활동함을 보여 주는 최근의 뇌 연구 결과는 어떻습니까? 이러한 종교적 체험들의 토대가 물리적인 것이라는 사실을 입증하지 않습니까?"

모어랜드 : "아니오. 그렇지 않습니다. 그 연구가 보여 주는 것은 뇌와 종교적 체험 간의 물리적 상관관계뿐입니다. 내가 기도하거나 장미꽃 향기를 맡거나 무언가에 대해 생각할 때 내 뇌가 여전히 존재한다는 사실에는 의문의 여지가 없습니다. 내가 의식적 활동을 할 때 뇌가 갑자기 생겨나는 것은 아니죠. 기도할 때도 마찬가지입니다. 내가 기도하고, 용서받았음을 느끼고, 점심에 뭘 먹을지 생각할 때 내 뇌에서 벌어지는 일을 과학자들이 측정해 준다면 정말 즐거울 것 같습니다.

그러나 명심해야 할 사실이 있습니다. 두 가지 사물 사이에 상관관계가 있다고 해서 그 둘이 같은 건 아니라는 겁니다. 불과 연기 사이엔 상관관계가 있지만 연기와 불이 같진 않습니다.

뇌의 상태가 의식 상태를 좌우할 때가 있습니다. 알츠하이머병 때문에 뇌의 기능을 상실할 수도 있고, 머리를 심하게 부딪쳐서 의식의 일부를 상실할 수도 있습니다. 그러나 이것이 반대 방향으로 진행된다는 증거도 있습니다. 의식이 실제로 뇌의 모양을 바꿀 수 있다는 것입니다. 이를 보여 주는 자료가 있습니다.

과학자들은 염려를 많이 하는 사람들의 뇌를 대상으로 연구를 진행하여, 염려할 때의 정신상태가 뇌의 화학작용을 바꿔 놓았음을 발견했습니다. 또 사랑과 제대로 된 양육을 받지 못한 어린아이들의 두뇌 패턴도 연구했는데, 그 패턴은 따뜻한 사랑과 양육을 받은 아이들과 달랐습니다. 그러니 뇌만 우리 의식에 영향을 끼치는 것이 아니라, 의식 상태도 뇌에 영향을 끼칩니다.

결과적으로, 나는 비록 그 둘 사이에 상관관계가 있을지라도 종교적 체험에 대한 물리적 근거가 있다고 말하고 싶지는 않습니다. 때때로 뇌는 마음에 영향을 끼칠 수 있겠지만, 마음 역시 뇌에 영향을 끼칠 수 있습니다. 가령 내가 기도를 할 때 나의 뇌가 기도에 영향을 줄 수도 있지만, 실제로는 나의 기도 생활이 내 뇌에 어떤 일이 일어나도록 영향을 줄 수도 있는데, 과학자들이 이것을 어떻게 구분할 수 있겠습니까?[16]

돌아온 오캄의 면도날

인간의 마음에 대해 이야기를 나누다 보니 지난 인터뷰에서 윌리엄 레인 크레이그가 소개했던 과학적 원리, '오캄의 면도날'이 떠올랐다. 모어랜드가 이원론 개념을 옹호하는 것을 듣다 보니, 과학은 가능하면 더 단순한 설명을 선호한다는 오캄의 면도날 원리에 따르자면 뇌만 존재한다는 견해가 더 바람직한 게 아닌가? 나는 그 도전장을 모어랜드에게 내밀기로 했다.

나: "오캄의 면도날이라는 과학적 원리를 잘 아시겠지만…."

모어랜드: "무슨 말을 하고 싶은지 알겠습니다. 그렇습니다. 뭔가를 설명하기에 필요 이상으로 실재를 늘려서는 안 된다는 원리죠. 그러니까 오캄의 면도날에 따르면 이원론처럼 두 실재를 말하는 복잡한 설명보다는 모든 걸 뇌가 설명한다는 간단한 대안이 낫지 않느냐는 반론을 제기하시려는 거죠?"

나: "그렇습니다. 이것은 이원론의 논거를 약화시키는 것 같은데요."

모어랜드: "아닙니다. 절대 그렇지 않습니다. 오캄의 면도날은 이원론을 선호합니다. 그 이유를 말씀드리지요. 오캄의 면도날의 취지가 무엇일까요? 이 원리의 요점은, 어떤 현상을 설명하려 할 때는 그 현상을 설명하기 위해 꼭 필요한 요소만 포함시켜야 한다는 것입니다. 그리고 내가 과학적 증거와 철학적 추론으로 보여 드린 바처럼, 이원론은 의식의 현상을 설명하기 위해 꼭 필요합니다. 이원론만이 모든 증거를 설명할 수 있습니다. 따라서 그것은 오캄의 면도날에 위배되지 않습니다."

나 : "하지만 아직 모든 증거가 나오지 않았기 때문일 수도 있지 않겠습니까? 박사님의 결론은 시기상조인지도 모릅니다. 물리주의자들은 의식을 순전히 물리적인 용어로 설명할 수 있는 날이 올 거라고 확신하고 있습니다."

모어랜드 : "마음과 의식에 대한 과학적 설명은 결코, 절대 없을 겁니다."

그의 강하고 명료한 단언에 나는 깜짝 놀랐다. "아니, 왜 그렇지요?"

모어랜드 : "과학자들이 어떤 식으로 상황을 설명하는지 생각해 보십시오. 그들은 선행하는 조건을 들어 그 때문에 어떤 일이 발생했음을 입증합니다. 예를 들어 봅시다. 과학자들이 기체의 움직임을 설명할 때, 부피를 고정시키고 온도를 높이면 압력이 올라간다고 말합니다. 즉, 압력 밥솥을 가열하면 압력이 높아집니다.

과학자들은 온도와 압력을 연관시키는 것으로 그치지 않습니다. 그들은 그저 온도와 압력이 같이 가는 경향이 있다고 말해 버리지 않습니다. 그들은 압력이 왜 올라가야 하는지, 온도상승이 있을 때 왜 다른 식으로는 될 수 없는지 설명하려 합니다. 과학자들은 원인이 주어지면 왜 어떤 일이 발생해야 하는지 설명하기 원합니다. 그들은 사물을 서로 연관시키는 차원에서 만족하지 않습니다.

그러나 의식에 대해서는 이런 방법이 통하지 않을 겁니다. 마음과 뇌의 관계는 우발적이거나 독립적이기 때문입니다. 마음은 **발생해야 했던** 그 무엇이 아닙니다. 한 무신론자가 이렇게 물었습니다. '작은 입자들이 서로 부딪치고 전류가 이리저리 흐르는 일련의 물리적 사건들이 어떻게 의식적 경험으로 나타날 수 있을까? 왜 통증과 가려움으로 끝나서는 안 되는 걸까? 뇌에서 뉴런들이 활동전위를 쓸 때 왜 꼭 어떤 경험이 나타나야 하는 걸까?' 그는 의식상태와 뇌 사이에 필연적인 연관성이 없음을 지적하고 있습니다.

그러니 앞으로 과학자들은 의식상태와 뇌의 상태 사이의 상관관계를 더욱 발전시킬 수 있을 것이고, 그건 멋진 일입니다. 그러나 내가 말하고 싶은 요점은 이겁니다. **상관관계는 설명이 아닙니다.** 무엇인가 과학적으로 설명하기 위해서는 원인이 주어질 때 그 현상이 발생할 수밖에 없었던 이유를 설명해야 합니다. 과학자들은 의식 배후의 '이유'를 설명할 수 없습니다. 뇌와 의식 사이에는 필연적 연관성이 없기 때문입니다. 의식은 이런 식으로 나타날 필요가 없었습니다."

하나님에 대한 연역

살아 있는 가장 위대한 미국철학자로 자주 불리는 이원론자, 노트르담대학의 앨빈 플랜팅거는 현대의 심신 논쟁을 살펴보다 이런 결론을 내렸다. "다윈주의 자연주의자들에게 희망적인 상황은 아닌 듯하다."

이원론을 뒷받침하는 자료와 논리 앞에서 무신론자들은 의식이 맹목적인 물질에서 어떻게 생겨날 수 있었는지에 관한 그럴듯한 이론을 제시하지 못하고 있다. 그들은 물리주의에 대한 자신들의 신념을 정당화하는, 그러나 아직 밝혀지지 않은 과학적 발견에 희망을 걸고 있다. 그나마 그들 중 일부는 그것을 그리 확신하지도 못하고 있다. 무신론자이자 물리학자인 스티븐 와인버그는 "인간 의식의 문제는 너무 어렵기 때문에 과학자들이 돌아가야" 할 거라고 말했다. 그들은 인간 의식에 관해 원하는 해답을 얻지 못하고 있다.

모어랜드는 무신론자들에 대한 플랜팅거의 냉혹한 평가에 동의한다. '다윈주의 진화론은 결코 의식의 기원을 설명하지 못합니다. 시간의 추이에 따라 의식이 특정한 방식으로 어떻게 형성되었는지는 설명할 수 있을지 모르죠. 의식이 일으킨 행동은 생존 가치가 있었으니까요. 그러나 다윈주의는 의식의 기원을 결코 설명할 수 없습니다. 무에서 유를 얻는 방법을 설명할 수 없기 때문입니다.

다윈은 그의 노트에서 자신의 이론이 설명할 수 없는 것이 있다면 다른 설명, 즉 창조론적 설명이 그것을 대신할 거라고 말했습니다. 글쎄요, 그는 마음의 기원을 설명할 수 없습니다. 그는 의식을 뇌의 차원으로 끌어내리려 시도했습니다. 뇌가 어떻게 진화했는지에 관한 이야기를 만들 수 있었기 때문입니다. 그러나 우리가 살펴본 것처럼 의식은 그저 물리적인 뇌로 환원될 수 없습니다. 이것은 무신론적 창조 이야기가 부적합하고 틀렸다는 뜻입니다. 하지만 모든 증거에 부합하는 설명이 있습니다. 그것은 우리 의식이 더 큰 의식에서 나왔다는 겁니다.

보십시오, 기독교 세계관은 생각과 감정, 믿음과 욕구, 선택으로 시작합니다. 하나님은 의식을 가진 분입니다. 하나님께는 생각이 있고 믿음이 있고 욕구가 있고 인식이 있습니다. 그분은 살아 계시며 목적을 가지고 행동하십니다. 우리는 거기서 출발합니다. 우리가 하나님의 마음에서 출발하기 때문에, 우리 마음의 기원을 설명하는 데 아무 문제가 없습니다."

나: "그렇다면 이 증거들로 인해서 우리는 하나님에 대해 어떤 것을 알 수 있습니까?"

모어랜드: "그분은 합리적이고 지적이고 창의적이며 감각적인 분입니다. 의식적 존재들이 다 그렇듯, 그분은 눈에 보이지 않습니다. 나는 하나님을 보거나 만지거나 냄새 맡거나 그분의 소리를 들을 수 없지만 지금 바로 이 방이 그분의 임재로 충만하다는 사실을 의심하지 않습니다. 앞에서 설명한 것처럼 나는 내 아내조차 볼 수 없습니다! 나는 그녀를 만질 수도, 볼 수도 없고, 냄새 맡거나 들을 수도 없습니다.

또한 나는 내 영혼의 존재 덕분에 하나님이 어떻게 모든 곳에 계실 수 있는지 새로운 방법으로 이해할 수 있습니다. 그것은 내 영혼이 내 몸의 어느 부분에도 위치하지 않으면서 내 몸을 차지하기 때문입니다. 내 몸에는 '내가 여기 있다'라고 말할 수 있는 부분이 없습니다. 내 영혼은 내 뇌의 왼쪽이나, 내 코에나, 내 폐 안에 있지 않습니다. 내 영혼은 내 몸 곳곳 어디에나 온전히 있습니다. 그렇기 때문에 내가 몸의 일부를 잃어도 영혼의 일부를 잃지 않습니다.

이처럼 하나님은 어디에나 충만하게 계십니다. 그분은 화성 바깥에 계시지 않습니다. 영혼이 몸을 차지하는 것과 같은 방식으로 하나님은 공간을 차지하십니다. 공간이 반으로 잘린다 해도, 하나님은 온전하게 존재하실 겁니다. 그러니 이제 나는 내 자아에 근거해 하나님의 무소부재(無所不在)에 대해 새로운 모델을 갖게 됩니다. 이것이 예상할 수 없는 일일까요? 우리가 하나님의 형상으로 만들어졌다면, 우리와 하나님 사이에 어떤 평행관계가 있을 거라 예상해야 하지 않을까요?"

나 : "앞으로 더 많은 과학자들이 영혼은 비물질적이지만 분명히 실재한다는 결론을 내리게 될 거라고 보십니까?"

모어랜드 : "그렇습니다. 그들이 과학 외적 지식에 마음을 연다면 그럴 겁니다. 나는 과학을 믿습니다. 과학은 매우 중요하고 훌륭한 정보들을 제공합니다. 그러나 사물을 아는 데는 과학 외의 다른 방법들도 있습니다. 명심하십시오. 의식과 영혼의 실재에 대한 증거 대부분은 우리 자신에 대한 일인칭 인식에서 나오는 것이지 뇌 연구와는 아무 상관이 없습니다. 뇌 연구는 뇌와 의식상태를 연관시킬 수 있게 해 주지만 의식 자체에 대해서는 아무것도 말해주지 않습니다."

나 : "하지만 박사님은 과학자들에게 너무 무리한 것을 요구하고 계신 것 아닙니까? 과학적 지식을 무시하라고 말입니다."

모어랜드 : "아닙니다, 절대 그렇지 않습니다. 나는 그들에게 모든 증거에 귀를 기울이고 그것이 어디로 이어지는지 보라고 요구할 뿐입니다. 그것이 바로 진리 탐구의 핵심이니까요."

나 : "그들이 그렇게 한다면 어떤 일이 벌어질까요?"

모어랜드: "영혼의 실재와 의식의 비물질적 본질을 믿게 될 겁니다. 그리고 그렇게 될 때 그들은 개인적으로 더 중요한 대상, 훨씬 더 큰 마음이자 훨씬 거

대한 의식, 태초에 로고스였고 우리를 그분의 형상대로 만든 하나님에게 마음을 열 수 있을 겁니다."

나는 생각한다, 고로 하나님은 존재한다

나는 모어랜드에게 감사한 후 밖으로 나왔다. 차의 시동을 걸러다 말고 열쇠를 내려놓았다. 의자에 등을 기대고 잠시 (모어랜드의 말처럼) 자기관찰을 했다.

나는 이 자기관찰 행위로 모어랜드가 사실과 논리로 이미 입증해 준 내용을 직관적으로 확인할 수 있었다. 생각하고, 추론하고, 추측하고, 상상하고, 인터뷰의 정서적 충격을 느낄 수 있는 능력은 내 마음이 무감각하고 맹목적인 물질이 진화해서 생긴 부산물이었을 리 없다는 것을 확실히 보여 주었다.

철학자 스튜어트 해케트는 말했다. "자아…는 물질적 또는 물리적 용어로 설명할 수 없다. 인간의 본질적인 영적 자아는 절대적 마음이신 하나님의 초월적인 영적 자아에서만 적합한 근거를 찾을 수 있다."

나는 물리적 뇌와 신체 부위의 총합 그 이상의 존재다. 아니, 나는 영혼이고 몸을 가졌다고 하는 게 낫겠다. "나는 생각한다, 고로 나는 존재한다." 해케트의 표현을 빌자면, "데카르트에게 양해를 구하고 이렇게 말하겠다." 코기토 에르고 데우스 에스트!(Cogito, ergo Deus est!) 나는 생각한다, 고로 하나님은 존재하신다."[17]

나는 심신 논쟁을 깊이 있게 검토한 철학자 로버트 어그로스와 물리학자 조지 스탠시우의 다음과 같은 결론에 흔쾌히 동의할 수 있었다. "물리학, 신경과학, 그리고 인본주의 심리학은 모두 마음이 물질로 환원되지 않는다는 동일한 원리에서 만난다. … 물질이 언젠가 마음을 설명할 수 있을 거라는 헛된 기대는… 납에서 금을 만들어 내려는 연금술사의 꿈과 같다."[18]

나는 차의 시동을 걸었다. 몇 달 동안 지구 한바퀴에 맞먹는 거리인 43,000

킬로미터를 다니며 하나님에 대한 과학적 증거를 조사한 결과, 마침내 충분한 양의 정보를 얻었다. 이제는 배운 내용을 종합하고 소화할 시간이다. 그리고 인생을 뒤바꾸는 놀라운 사실을 함축하는 결론을 내려야 할 시간이다.

+ + +

참고 문헌

- John W. Cooper, *Body, Soul, and Life Everlasting*. Grand Rapids, Mich.: Eerdmans, 1989.
- Gary Habermas and J. P. Moreland. *Beyond Death*. Wheaton, Ill.: Crossway, 1998.
- J. P. Moreland, "God and the Argument from Mind." In *Scaling the Secular City*. Grand Rapids, Mich.: Baker, 1987.
- —. *What is the Soul?* Norcross, Ga.: Ravi Zacharias International Ministry, 2002.
- —. and Scott B. Rae. *Body and Soul*. Downer's Grove, Ill.:InterVarsity, 2000. Charles Taliaferro, *Consciousness and the Mind of God*. Cambridge, England: Cambridge University Press, 1994.
- Larry Witham, "Mind and Brain." In *By Design: Science and the Search for God*. San Francisco: Encounter Books, 2003.

최종 질문

1. 사람이 몸과 영혼으로 이루어져 있는지, 본질적으로 "살로 만든 컴퓨터"인지 여부를 놓고 논쟁에 벌어졌다. 어느 주장이 더 설득력이 있다고 생각하는가? 당신은 자신의 입장에 대해 어떤 증거를 제시하겠는가?

2. 한 전문가는 뇌가 의식을 어떻게 일으키는지에 관한 적합한 이론은 없지만, 과학이 결국 완전한 자연주의적 설명을 발견할 거라고 믿는다고 말했다. 노벨상 수상자 존 에클즈는 이러한 희망을 "터무니없고 채워질 수 없다"고 말한다. J. P. 모어랜드와의 인터뷰를 고려할 때, 당신은 어느 쪽의 말이 정확하다고 생각하는가? 그 이유는 무엇인가?

3. 모어랜드는 무에서 유를 얻을 수 없으므로 우주가 물질로만 이루어져 있다면 인간의 의식은 설명될 수 없다고 했다. 그러나 그의 말대로 모든 것이 하나님의 마음에 의해 생겨났다면, 유한한 마음들의 존재는 해명이 된다. 이 논증이 설득력이 있다고 생각하는가? 그 이유를 말해 보자.

4. 기술예측자 레이 쿠르츠바일은 컴퓨터가 언젠가 의식을 갖게 될 것인지의 문제를 제기했다. 모어랜드가 제시하는 증거와 논증에 근거할 때, 이 문제에 대한 당신의 입장은 무엇인가? 왜 그렇게 생각하는가?

11 이 탁월한 설계자는 도대체 누구란 말인가!

> 우주의 광활한 신비는 창조주의 확실성에 대한 우리의 믿음을 확증해 줄 뿐이다. 나는 과학의 진보를 부인하려는 신학자도 이해하기 어렵지만, 우주의 배후에 놓인 초월적 합리성의 존재를 인정하지 않는 과학자도 이해하기 어렵다.
> ― 우주 과학의 아버지, **베르너 폰 브라운**

> 신앙은 닫힌 마음이 아니라 열린 마음을 뜻한다. 신앙은 맹목이 아니다. 신앙은 유물론자들이 순전히 물리적인 것들에 사로잡혀 간과하는 광대한 영적 실재들을 인식한다.
> ― **존 템플턴 경**

자신만만한 검사는 금방이라도 덤벼들 권투선수 같은 포즈로 전국에 방송되는 다섯 대의 방송국 카메라에 손가락을 흔들며 유명한 변호사 윌리엄 닐을 비웃었다.

"닐 변호사에게 그 핀토를 멈춰 보라고 하시오!" 그 말은 인디애나의 한 고속도로에서 십대 소녀 세 명을 태우고 가던 포드 핀토가 도로에 정지한 상태에서 뒤에서 오던 시보레 밴과 부딪쳤음을 입증해 보라는 야유였다.

전 미국인을 사로잡았던 선구적 형사 재판의 또 다른 극적인 순간이었다. 미국 역사상 처음으로, 검사 측은 소녀들의 죽음을 차량 제조사의 책임으로 돌리고 적당한 저속 내지 중속의 후방 충돌로도 폭발하기 쉬운 차량을 설계한 포드자동차를 미필적 고의에 의한 살인 혐의로 고발했다.

검사 측은 핀토가 안전했더라면 상대적으로 경미한 충돌사고가 되었을 것이고 그 십대소녀 세 명도 별 상처 없이 살아나왔을 거라고 주장했다. 그러나 연료통이 취약한 위치에 있었기 때문에 차가 폭발했고 그들 모두 화염에 휩싸이고 말았다는 것이다.

핵심 문제는 충돌의 강도였다. 닐은 핀토가 고속도로에서 멈춰 있었고 밴은 시속 80킬로미터로 달리고 있었다고 주장했다. "이 경우에 밴과 충돌하고도 멀쩡할 소형 자동차는 없었을 겁니다." 닐은 배심원단에게 그렇게 말했다.

그러나 검사는 핀토가 밴과 같은 방향으로 움직이고 있었다고 반박했다. 그렇다면 충돌의 힘은 훨씬 약했을 것이다. 실제로 몇몇 목격자들은 차량이 움직이고 있었다고 증언했다. 그러나 증언은 제각각이었고, 반대 신문에서 닐은 그들이 핀토를 본 위치에 대해 의문을 제기하려 했다.

그때 검사는 핀토를 들이받은 밴의 운전자를 핵심 증인으로 내세웠다. 머리가 덥수룩한 21살의 그 운전자는 충돌사건에 대해 형사 고발을 당하지 않았고 검사 측에 협조하고 있었다. 그는 충돌 당시 핀토가 24-32킬로미터의 속도로 움직이고 있었다고 증언했다. 닐은 비웃으며 그 산만한 운전자가 핀토를 본 시간은 충돌 직전 1/6초뿐이었다고 지적했다. 그러나 3년 동안 다섯 번이나 교통사고 유죄 판결을 받았던 그 운전자는 자기 주장을 고수했다.

텔레비전 카메라 앞에서 검사는 힘이 넘쳤다. 자신의 승리를 확신하고 닐이 반대 증언을 내놓을 수 없으리라 믿은 그는, 닐에게 핀토를 세우겠다던 약속을 지키라고 대담하게 요구했다.

그러나 검사의 허세는 오래 가지 못했다. 며칠 후 닐은 적극적, 소극적 증거를 모두 제시해 검사가 불가능하다고 확신했던 일을 해냈고, 검사 측이 깜짝 놀라게 만들었다.

우선 닐은 밴 운전사의 증언을 의심스럽게 만들었다. 그의 가벼운 부상을 치료했던 의사는, 그가 핀토가 서 있었다고 실토하는 걸 들었다고 했다. 그것만으로도 검사 측의 피해는 컸다. 더 나아가, 닐은 두 명의 깜짝 증인을 제시했다. 병원 직원이던 그들은 각기 따로, 핀토의 운전자가 죽기 전 밴이 덮쳤을 때, 자신들은 133번 고속도로에서 정지해 있었다는 말을 그녀에게 직접 들었다고 증언했다.

검사는 어안이 벙벙했다. 뜻밖의 두 증인의 등장으로 재판의 전체 흐름이 순식간에 달라졌다. 검사는 침을 튀겨가며 말했다. "아무도 이들의 존재를 몰랐습니다. 그들은 갑자기 튀어나왔습니다." 법정 바깥에서 닐은 좋아서 어쩔 줄 몰랐다. "검사는 우리에게 그 핀토를 세워보라고 했죠. 이제 우리는 그 차를 두 번 세웠습니다."

한때 자신만만했지만 엄청난 곤경에 처하게 된 검사는 그의 조사에서 왜 이 증인들이 드러나지 않았는지 묻는 기자들의 질문공세에 시달리면서 자신이 수세에 처했음을 깨달았다. 결국 검사의 주장을 더욱 약화시키는 판사의 몇 차례 판결이 있은 후, 배심원단은 포드사가 무죄라는 평결을 내렸다.

닐의 변호는 내가 법률 전문 기자로 지내면서 본 장면 중 단연 돋보였다.[1] 그의 성공은 교묘한 법률적 조치나 영리한 논증, 법정 수완이 아니었다. 평이하고 단순하며 집요하게 조사했기에 깜짝 증인들을 찾아낼 수 있었다. 변호인 측 조사자들은 사건을 당연하게 여기지 않았고 다른 사람들이 묻지 않았던 질문들을 던졌다. 경찰 수사관들보다 열심히 일했고 단서들을 충실하게 조사했다.

몇 년 후, 나는 그날 검사의 기분이 어땠을지 정확히 이해할 수 있었다. 한때 나는 다윈주의가 내 무신론을 정당화시킨다는 확신에 넘쳐 있었다. 나는 학교에서 생물학, 화학, 지질학, 인류학, 그 외 다른 과학들을 공부했고 내 믿음을 강화시켜 주는 책들을 읽었으며 그 문제에 대해 충분히 조사했다고 생각했다. 의심의 여지도 없었다. 무작위적인 변이에 대한 자연선택이 신의 역할을 완벽하게 대체했다.

기독교인들이 신앙의 증거를 제시하며 내게 다가왔을 때, 나는 그 검사처럼 자신만만하고 도전적이었다. 나는 「종의 기원」이 성경을 물리쳤고, 과학자들의 비판적 사고가 신앙인들의 소망적 사고를 압도했다고 여겼다. 내가 볼 때 그것은 종료된 사건이었다.

그러나 아내가 예수를 믿었고 긍정적으로 변했다. 나는 그 변화에 자극을 받아 아무것도 당연하게 여기지 않고, 선입관을 버리고, 전에는 묻지 않았던 질문들을 던지며 과학과 역사의 단서들을 충실하게 따라가기 시작했다. 나는 자연주의적 입장만으로 탐구의 범위를 제한하지 않고 모든 가능성을 열어 놓았다. 그러나 솔직히 나는 그 후 발생할 사태에 대처할 준비가 되어 있지 않았다.

핀토 사건에서 소극적 증거의 등장으로 밴 운전자의 증언이 의심스러워진 것처럼, 과학적 사실들로 인해 다윈주의의 토대가 체계적으로 허물어졌고 결국 내 무신론적 결론의 무게를 더는 지탱할 수 없는 지경에 이르렀다. 내 회의론의 지적 토대가 갑자기 무너진 것이다.

나는 깜짝 놀랐다. 온몸에서 힘이 쭉 빠지는 듯했고 두려웠다. 그러나 나는 어떤 대가를 치르더라도, 심지어 내 잘난 자부심을 내려놓아야 한다 해도 사실을 따라가기로 맹세했다.

첫 번째 가능성 : 다윈주의 가설

나는 "모든 생명이 진화라는 방향이 유도되지 않은 순전히 자연주의적 과정으로 설명될 수 있다"는 가설이 사실들에 얼마나 잘 부합하는지 검토했다. 생물학자 조나단 웰스는 이렇게 말했다. "다른 모든 과학이론들과 마찬가지로, 다윈주의 진화론은 계속해서 증거와 비교해 보아야 합니다. 증거와 들어맞지 않으면 재평가되거나 폐기되어야 합니다. 그렇지 않다면, 그것은 과학이 아니라 신화입니다."

그토록 오랫동안 내 무신론을 뒷받침했던 다윈주의 교리를 살펴보고, 그것이 너무 억지스러워 신빙성이 없다는 결론을 내리는 데는 그리 오래 걸리지 않았다. 나는 다윈주의와 그 근본전제인 자연주의를 받아들이려면 다음 내용을 믿어야 한다는 것을 깨달았다.

- 무에서 모든 것이 생겨난다.
- 무생물에서 생물이 생겨난다.
- 무작위성에서 미세조정이 생겨난다.
- 혼란에서 정보가 생겨난다.
- 무의식에서 의식이 생겨난다.
- 비이성에서 이성이 생겨난다.

이것을 고려할 때, 다원주의를 받아들이려면 내키지 않는 맹목적 믿음의 도약을 해야 한다는 결론을 내리지 않을 수 없었다. 진화론의 대들보는 엄밀한 검사 앞에 노출되자 급속히 부식했다.

일례로 자연주의적 과정들은 무생물인 화학물질들이 어떻게 자기조립을 통해 첫 번째 살아 있는 세포가 되었는지 전혀 설명하지 못했다. 현재로선 그럴법한 이론들이 없을 뿐 아니라 후보이론조차 없다.

주도적인 생명기원 전문가이자 생화학자 클라우스 도제는 이렇게 시인했다. "현재 이 분야의 주도적인 이론들과 실험들에 대한 모든 논의는 교착상태에 빠졌거나 무지를 자백하는 것으로 끝나고 있다."

과학저술가 로버트 로이 브릿은 이 문제를 더 생생하게 표현한다. "괴물에게 쫓겨 달아나려고 애를 써 보지만 제자리걸음만 계속하는 꿈을 꿔 본 적이 있는가? 생명의 기원을 이해하려는 탐구는 이와 별반 다르지 않다."

스티븐 마이어는 인터뷰에서, "생물학적 정보의 기원은 도무지 넘을 수 없는 장애물이고 더 많은 연구와 노력으로도 해결될 수 없다"고 지적했다. 생명기원 과학자들은 악몽에서 깨어나지 못할 것이다. 나는 이것이 진화론의 아킬레스건이라고 본다. 생화학자 마이클 덴튼이 말한 바처럼, 방향이 유도되지 않은 과정들이 어떻게든 죽은 화학물질들을 생물체가 갖고 있는 그 모든 놀라운 복잡성으로 바꾸게 할 수 있다는 생각은 우리 시대의 "거대한 우주생성신화, 그 이상도 그 이하도 아닌 것"이 분명하다.

　게다가 화석기록은 한결같이 다윈주의 변이의 거창한 주장을 뒷받침하지 않았다. 다윈 시대 이래 수많은 발견들이 있었지만 "중간형은 언제나 나타나지 않았다"라고 덴튼은 말했다. 화석들은 다윈의 이론이 예측하는 바와 달리 엄청난 불협화음을 이루기 때문에 다윈주의가 맞다면 반드시 있어야 할 어류와 양서류, 또는 양서류와 파충류로 곧바로 넘어가는 이런 엄청난 도약들을 설명할 수 없다.

　화석 기록의 결함을 가장 잘 보여 주는 예는 생물학의 빅뱅, 캄브리아기 폭발이다. 동물계의 최고분류단위인 문(門)의 대다수(약 40개)-일부 전문가에 따르면 전부-가 5억 년 이전에 독특한 체제(體制)를 갖고 거의 불쑥 생겨났다. 이전의 어떤 전이형도 없이 전혀 새로운 생물형태가 갑작스러운 출현했으니 다윈의 생물계통수(生物系統樹)가 거꾸로 뒤집힌 것이다.

　핀토 사건의 자신만만한 검사처럼, 다윈은 새로운 발견들로 생물학적 복잡성의 비약적인 도약이 설명될 거라고 예측했다. 그러나 상황은 악화될 뿐이었다. 전이 단계의 생물들은 몸이 너무 연하거나 작아서 화석이 되지 못했다는 변명은 엄격한 검사 앞에서 설 자리가 없다. 스티븐 제이 굴드의 "단속평형설" 같은 대안이론들은 합리적인 대안이 되지 못한다. 캄브리아기 폭발은 내 가설로 "설명이 안된다"는 다윈의 평가는 한 세기 반이 지난 지금도 여전히 정확하다. 이것은 다윈주의의 치명적인 단점이다.

　다윈주의의 이러저러한 결함을 가능한 한 객관적으로 검토한 나는, 우리가 진화를 동식물 세계에서 볼 수 있는 소진화적 변이라고 정의할 때에 한해서만 진화는 확증된 사실임을 굳게 확신하게 되었다. 물론 진화를 동식물 세계에서 볼 수 있는 소진화적 변이라고 정의할 때의 이야기다. 시간의 경과와 더불어 상당한 양의 변화와 다양화가 벌어졌다는 사실은 부인할 수 없다. 그러나 그로부터 대규모의 대진화적 변이들이 일어났다는 매우 도발적인 결론을 도출하기에는 증거가 턱없이 부족하다.

「사이언스」지와 「뉴사이언티스트」지의 편집장이었고 상도 여러 번 받은 저술가 로저 르윈은 대진화를 놓고 개최된, 역사적으로 중요한 과학학술대회의 결과를 이렇게 요약했다. "핵심 문제는… 소진화의 기초가 되는 메커니즘을 가지고 대진화 현상을 설명할 수 있다고 추정할 수 있는지의 여부였다. 입장이 달랐던 일부 참석자를 제외하면, 회의의 답변은 분명히 아니라는 것이었다."

가장 포괄적이고 논쟁의 여지가 많은 다윈주의의 주장들을 믿는데 필요한 믿음의 양은 과학의 엄밀한 증거가 합리적으로 보장하는 수준을 훌쩍 뛰어넘는다. 게다가 자연주의는 맨 처음 우주가 어떻게 시작되었는지에 대해 믿을만한 설명을 전혀 제시하지 못한다. 자연주의와 다윈주의 개념들의 이러한 실패는 다른 가설을 고려할 문을 열어 주었다. 그것은 우주와 그 안에 사는 생명이 모두 지적 설계자의 작품이라는 것이다.

두 번째 가능성: 설계 가설

물리학자 출신 신학자 존 폴킹혼은 이렇게 말했다. "하나님에 대한 믿음(또는 불신) 같은 근본적이고 큰 문제는 단일 논증으로 해결되지 않는다. 그러기에는 문제가 너무 복잡하다. 여러 다른 문제들을 고려하고 답변들을 종합할 때 전체적 상황이 타당한지 살펴야 한다."

자연주의를 능가하는 설명의 가능성에 마음을 열고 보니 설계 가설이 과학의 증거를 가장 잘 설명한다는 걸 알게 되었다. 설계 가설의 "설명력"은 다른 모든 이론을 능가했다. 내가 조사과정에서 발견한 몇 가지 사실을 놓고 생각해 보자.

1. 우주론의 증거

지난 50년 동안 이어진 과학적 발견들 덕분에, 고대의 칼람 우주론적 논증은 강력하고 설득력 있는 새 힘을 얻게 되었다. 윌리엄 레인 크레이그가 묘사한 바와 같이, 그 논증은 간단하면서도 훌륭하다. 논증의 내용은 이렇다. 첫째, 존재하기 시작한 것에는 원인이 있다. 회의론자로 유명한 데이비드 흄조차 이 전제는 부인하지 않았다. "우리는 무에서, 무에 의해, 무를 위해 생겨났다"라고 말한 무신론자 마틴 스미스의 주장은 너무나 터무니없지 않은가?

둘째, 우주는 존재하기 시작했다. 이제 거의 모든 우주론자는 그간의 자료에 근거해 우주가 과거의 구체적인 어떤 시점에 대폭발로 시작했다는데 동의한다. 크레이그는 우주의 기원에 대한 다른 이론들도 시작점을 요구한다고 강조했다. 스티븐 호킹은 "허수"를 사용하여 그의 모델에서 시작점을 숨겼을 뿐이다. 그는 자신의 모델이 실제로 일어나는 현실에 대한 기술이 아니라는 사실을 인정하고 있다.

이 두 가지 전제로부터 불가피하게 따라오는 결론이 있다. "그러므로 우주에는 원인이 있다"는 것이다. 한때 불가지론자였던 천문학자 로버트 재스트로 또한 기독교와 현대 우주론의 핵심 요소가 같다는 것을 시인했다.

2. 물리학의 증거

현대 과학의 가장 놀라운 발견 중 하나는 물리법칙들과 물리상수들이 뜻밖에도 비범한 방식으로 협력해 이 우주를 생명이 살 수 있는 곳으로 만들었다는 사실이다. 물리학자이며 철학자인 로빈 콜린스의 말에 따르면, 중력은 10^{53}분의 1로 미세 조정되어 있다고 한다. 우주공간의 에너지 밀도를 나타내는 우주상수는 우주공간에서 다트를 던져 지구상에 있는 지름이 10^{24}분의 1인치

되는 크기의 표적 중심을 맞추는 것만큼이나 정밀하다. 한 전문가는 생명을 유지할 수 있는 우주를 만들기 위해 정밀한 조정이 필요한 물리적, 우주적 매개변수가 30가지가 넘는다고 말했다.

콜린스는 우연으로는 이 '인간중심원리'를 합리적으로 설명할 수 없다는 사실과 가장 많이 논의되는 다중우주론은 그 증거가 전혀 없는데다가 이 다른 우주들이 존재하려면 그 자체가 또한 고도로 설계된 과정이 있어야 할 것임으로 결국엔 무너지게 된다는 사실을 보여 주었다.

이 증거가 너무나 강력했기 때문에 패트릭 글린은 이것에 힘입어 무신론을 버렸다. 그는 이렇게 말했다. "오늘날의 구체적 자료는 '창조주 가설'의 방향을 강하게 가리킨다. '창조주 가설'은 인간중심원리라는 퍼즐을 해결할 가장 간단하고 분명한 방법이다."

3. 천문학의 증거

물리학의 미세조정과 유사하게, 우리의 지구는 (우주에서 차지하는 그 독특한 위치와 함께) 그 안에서 복잡하게 조화를 이루며 나타나는 지질학적·화학적 작용들이 놀랄 만큼 효율적으로 함께 작용하여 인간들이 살기에 최적의 장소를 만든다.

천문학자 곤잘레스와 과학철학자 리처즈에 따르면, 우리의 태양처럼 대단히 비범한 특성–적합한 질량, 적합한 빛, 적합한 나이, 적합한 거리, 적합한 궤도, 적합한 은하계, 적합한 위치 등–을 가진 별이라야 그 주위를 도는 행성 안의 생물에게 살 수 있는 여건을 제공할 수 있다. 수많은 요소들 덕분에 우리 태양계와 우주에서의 지구의 위치는 바로 지금처럼 생명이 살기 적합한 환경을 갖게 되었다.

게다가 어찌된 일인지 생명을 가능하게 만드는 예외적 조건들 덕분에 지구는 희한하게도 우주와 우리 주변의 환경을 관찰하고 분석하기에 적합한 곳이

된다. 이 모든 사실은 우리의 행성 지구가 만약 유일한 것이 아니더라도 적어도 매우 희귀하고, 창조주는 또한 우리가 우주를 탐구하길 원했다는 걸 의미한다.

미항공우주국(NASA)에 있는 하버드 출신의 천체물리학자 존 오키프는 이렇게 말했다. "우주가 가장 엄밀한 정확도로 만들어지지 않았다면, 우리는 존재하지 못했을 것이다. 이런 환경들을 고려할 때, 이 우주는 인간을 위해 창조되었다고 볼 수 있다. 이것이 내 견해다."

4. 생화학의 증거

다윈은 이렇게 말했다. "연속된 수많은 작은 변이들로는 도무지 생겨날 수 없는 복잡한 기관(器官)의 존재가 증명된다면, 나의 이론은 깡그리 무너질 것이다." 생화학자 마이클 베히는 "환원불가능하게 복잡한" 분자기계들에 대한 묘사로 바로 이 점을 증명했다.

섬모와 박테리아 편모 같은 복잡하고 미시적인 기계들이 다윈주의 과정을 통해 조금씩 만들어졌을 가능성은 극도로 희박하다. 그것들이 제 기능을 하려면 모든 요소가 다 갖춰져야 하기 때문이다. 다른 예로는 세포 내에서 단백질을 수송하는 믿기 어려운 체계와 혈액응고라는 정밀한 작용이 있다.

인간의 기술 역량을 훨씬 능가하는 이 놀라운 생물학적 체계들은 다윈주의에 대한 치명적인 도전일 뿐 아니라 초월적 창조주의 증거이기도 하다. 베히는 이렇게 말했다. "내 결론은 **설계**, 이 한 마디로 요약할 수 있습니다. 물론 과학에 근거해서 하는 말입니다. 나는 환원불가능하게 복잡한 체계들이 지적 행위자가 목적과 의도를 가지고 그것을 설계했다는 강한 증거라고 믿습니다."

베히의 논증은 회의론자들의 도전에도 손상되지 않았다. 베히는 앞으로 생화학 분야에서 새로운 발견들이 계속 있겠지만 그렇다고 이미 발견된 복잡성이 부인되지는 않을 것이고, 그러한 복잡성은 창조주를 통해 가장 잘 설명될 수 있다고 말했다.

5. 생물학적 정보의 증거

우리 몸속에 대략 100조 개의 세포가 있고, 그 안에 말려 있는 1.8미터의 DNA 속에는 네 글자의 화학 알파벳이 들어있다. 그것은 우리 몸을 이루는 모든 단백질에 대해 정밀한 조립지시를 내린다. 케임브리지에서 수학한 스티븐 마이어는 어떤 가설도 자연주의적 방법으로 생물체에 정보가 주입되었음을 설명하지 못한다는 걸 보여 주었다.

그는 독립적 패턴이나 기능에 부합하는 복잡한 순차적 배열은 언제나 지성의 산물이라고 말했다. "책, 컴퓨터 코드, DNA는 이 두 가지 특성을 모두 가지고 있습니다. 우리는 책과 컴퓨터코드가 지성이 설계한 것임을 압니다. DNA 안에 이런 유형의 정보가 있다는 것은 그것이 지적 원천에서 나왔다는 뜻이 됩니다."

마이어는 새로운 생물 형태들이 줄줄이 등장한 캄브리아기 폭발 때에는 엄청난 양의 새로운 생물학적 정보가 주입되어야 했을 거라고 말했다. 새로운 생물 형태들이 이전의 전이 형태도 없이 완전한 형태로 갑자기 화석 기록에 등장했기 때문이다. 마이어는 이렇게 말했다. "정보는 마음의 특징입니다. 그리고 우리는 유전학과 생물학의 증거를 토대로 우리의 마음보다 훨씬 거대한 마음의 존재를 추리할 수 있습니다. 의식과 목적이 있고 합리적이고 지적이며 놀랍도록 창의적인 설계자 말입니다."

6. 의식의 증거

많은 과학자들은 물리화학법칙들이 인간의 의식 경험을 설명할 수 없다고 결론 내린다. 모어랜드 교수는 "의식은 우리를 또렷하고 생기 있게 만드는 자기 관찰, 감각, 생각, 감정, 욕구, 신념, 자유로운 선택"이라고 정의했다. 영혼은 우리 의식을 담고 있고 우리 몸에 생기를 준다.

사람의 뇌가 활동을 멈춘 후에도 의식이 계속될 수 있다는 것을 보여 준 연구자에 따르면, 현재의 과학적 연구 결과는 "'마음', '의식', '영혼'이 뇌와 구별되는 실재라는 견해를 지지하는 듯하다."

모어랜드가 말한 것처럼 "무에서 유를 얻을 수는 없다." 우주가 의식이 없는 죽은 물질에서부터 시작되었다면 "의식이 있고 살아있고 생각하고 느끼고 믿는 생물이라는 전혀 다른 존재를 그런 것이 없는 물질로부터 어떻게 얻을 수 있을까?" 그러나 그는 모든 것이 하나님의 마음에서 출발했다고 가정하면, 우리 마음의 기원을 설명하는 데는 문제가 없다고 말했다.

다윈주의 철학자 마이클 루스는 "다윈주의자는 물론이고, 이 문제에 대해 답을 가진 이는 아무도 없는 듯하다"라고 솔직히 시인했다. 노벨상을 수상한 신경생리학자 존 에클즈는 과학적 증거들을 토대로 이렇게 말했다.

"나는 자의식이 깃든 유일한 내 마음과 내 유일한 자아나, 혼에 대한 초자연적 기원이라는 것이 있다고 믿을 수밖에 없다."

설계자의 정체

나는 조사를 통해 확보한 산더미 같은 정보를 살펴보면서 지적 설계자에 대한 증거가 신빙성 있고, 설득력 있고, 강력하다는 사실을 알게 되었다. 우주론과 물리학의 연구 결과만으로도 설계 가설을 뒷받침하기에 충분한 것 같았다. 거기에 나머지 자료를 더하면 다른 반론들을 압도하는 더욱 강력한 누적적 논증을 쌓게 된다.

그러나 이 탁월한 설계자는 누구(또는 무엇)일까? 점선 잇기 놀이를 할 때처럼, 내가 조사한 여섯 가지 과학 분야의 증거 하나하나는 창조주의 정체를 드러내는 단서가 되었다.

크레이그가 인터뷰에서 말한 것같이, 우주론의 증거에 따르면 우주의 원인은 자존하며 언제나 있었고, 시간을 초월하고, 비물질적이고, 의지의 자유와 엄청난 능력을 갖춘 인격적인 존재가 분명하다. 콜린스는 물리학 영역에서 창조주가 지적인 존재이고 대폭발 이후에도 피조세계에 계속 개입했음을 보여 주었다.

　창조주가 자신이 만든 생물들을 위해 믿기 어려울 만큼 정밀하게 그들의 거처를 창조했음을 보여 주는 천문학의 증거는 피조물에 대한 그의 관심과 배려를 논리적으로 함축하고 있다. 또 곤잘레스와 리처즈는 창조주가 피조물들에게 최소한 한 가지 목적을 부여했는데, 그것은 그가 설계한 세계를 탐구하여 창조주를 발견하는 것이라는 가설의 증거를 제시했다.

　생화학과 생물학적 정보의 존재는 대폭발 이후 창조주의 활동을 보여 줄 뿐 아니라 그분이 믿기 어려울 만큼 창의적이라는 점도 보여 준다. 모어랜드의 말처럼 의식의 증거는 창조주가 이성적인 분임을 의미하고, 그분의 무소부재를 이해할 수 있는 근거가 되며, 사후 생명이 믿을 만한 것임을 암시한다.

　이상은 우주를 만든 후에 손을 뗐다는, 이신론이 말하는 신의 모습이 아니다. 마이어가 인터뷰에서 설명한 바와 같이, 최초의 창조 사건 이후 우주에서 계속된 창조주의 활동에 대한 풍성한 증거를 고려할 때 이신론은 믿을만한 가능성이 되지 못한다.

　창조주와 우주가 공존한다는 개념의 범신론도 증거를 설명하기엔 역부족이다. 우주가 어떻게 생겨났는지 설명할 수 없기 때문이다. 결국, 범신론적 신이 물리적 우주 이전에 존재하지 않았다면 우주를 만들 수 없었을 것이다.

　크레이그는 '오캄의 면도날'이라는 과학 원리가 다신론의 많은 신을 깎아 내고 하나의 창조주만을 남겨 둔다고 설명했다. 더욱이 창조주의 인격성은 일부 뉴에이지 종교의 중심에 있는 비인격적인 능력으로서의 신을 허용하지 않는다. 그러나 대조적으로, 과학적 자료에 등장하는 창조주의 초상은 성경에 그 정체성이 분명히 기록된 하나님과 신기하게도 일치한다.

- 창조주? "주께서 옛적에 땅의 기초를 두셨사오며 하늘도 주의 손으로 지으신 바니이다."(시편 102편 25절)
- 유일한? "이것을 네게 나타내심은 여호와는 하나님이시요 그 외에는 다른 신이 없음을 네게 알게 하려 하심이니라."(신명기 4장 35절)
- 자존하고 초시간적인? "산이 생기기 전, 땅과 세계도 주께서 조성하시기 전 곧 영원부터 영원까지 주는 하나님이시니이다."(시편 90편 2절)
- 비물질적? "하나님은 영이시니."(요한복음 4장 24절)
- 인격적? "나는 전능한 하나님이라."(창세기 17장 1절)
- 의지의 자유? "하나님이 가라사대 빛이 있으라 하시매 빛이 있었고."(창세기 1장 3절)
- 지적이고 이성적? "여호와여 주의 하신 일이 어찌 그리 많은지요 주께서 지혜로 저희를 다 지으셨으니 주의 부요가 땅에 가득하니이다."(시편 104편 24절)
- 엄청나게 능력이 많은? "여호와는… 권능이 크시며."(나훔 1장 3절)
- 창의적인? "주께서 내 장부를 지으시며 나의 모태에서 나를 조직하셨나이다 내가 주께 감사하옴은 나를 지으심이 신묘막측하심이라 주의 행사가 기이함을 내 영혼이 잘 아나이다."(시편 139편 13-14절)
- 배려하는? "세상에 여호와의 인자하심이 충만하도다."(시편 33편 5절)
- 무소부재? "하늘과 하늘들의 하늘이라도 주를 용납지 못하겠거든."(열왕기상 8장 27절)
- 인류에게 목적을 주셨다? "만물이 그에게서 창조되되 하늘과 땅에서 보이는 것들과 보이지 않는 것들… 만물이 다 그로 말미암고 그를 위하여 창조되었고."(골로새서 1장 16절)

- 사후의 생명을 주신다? "사망을 영원히 멸하실 것이라." (이사야 25장 8절)

같은 맥락에서 사도 바울은 2천년 전에 이렇게 썼다. "이 세상 창조 때로부터, 하나님의 보이지 않는 속성, 곧 그분의 영원하신 능력과 신성은, 사람이 그 지으신 만물을 보고서 깨닫게 되어 있습니다. 그러므로 사람들은 핑계를 댈 수가 없습니다" (로마서 1장 20절 참조).

고대 역사와 고고학 연구를 통해 내가 발견한 증거를 더해 볼 때 이 속성이 다른 세계종교의 신을 묘사할 수도 있다고 보기는 어려웠다.

설득력 있는 증거들이 신약성경의 본질적 신뢰성을 입증하고, 나사렛 예수의 생애를 통해 고대 예언들이 우여곡절 끝에 성취되었음을 보이고, 예수의 부활이 시공간 상에서 벌어진 실제 사건임을 뒷받침하고 있다는 사실은 「예수는 역사다」에서 기술한 바 있다. 죽은 자의 부활은 전례 없는 초자연적 위업이고, 예수가 유일한 하나님의 아들이라는 그의 주장이 옳았음을 입증해 준다. 과학과 역사가 제시하는 증거들의 폭과 다양성, 그 깊이와 숨 막히는 설득력은 내게 기독교의 신빙성을 의심의 여지없이 확증해 주었다.

성경의 하나님을 신뢰하기로 결정한 것은 강한 증거의 흐름을 거슬러 헤엄쳐 올라가야 했을 다원주의와 달리, 내가 할 수 있는 가장 합리적이고 자연스러운 일이었다. 나는 그저 사실의 급류에 몸을 맡기고 가장 논리적인 결론에 도달하기만 하면 되었다.

과학과 신앙의 융합

신앙에 대한 오해는 무궁무진하다. 어떤 사람들은 신앙이 사실과 반대된다고 믿는다. 「스켑티컬 인콰이어러」지의 편집장 마이클 셔머는 이렇게 비웃었다. "신앙의 요체는 증거와는 상관없이 무조건 믿는 것이다. 그런 면에서 신앙은 과학과 대조적이다."

그러나 내 생각은 분명히 다르다. 나는 신앙이 증거가 가리키는 동일한 방향으로 내딛는 합리적인 발걸음이라고 본다. 다시 말해, 신앙은 과학과 역사의 사실들이 하나님을 가리킨다는 사실을 인정하는 것에서 한 차원 더 나간다. 신앙은 그 사실들에 반응하여 하나님을 신뢰하는 일이다. 그것은 탄탄한 증거의 도움으로 확실하게 보장된 발걸음이다.

옥스퍼드의 알리스터 맥그래스는 모든 세계관에는 믿음이 필요하다고 지적했다. "무신론이 진리라는 주장은 증명될 수 없다. 하나님이 없다는 것을 어떻게 알 수 있는가? 무신론은 주어진 증거의 범위를 넘어서서 훨씬 더 많은 결론을 도출하는 하나의 신앙체계가 분명하다."

한편, 점점 더 많은 과학자들이 내놓는 최신 연구 결과를 보면 신앙이 사실에 근거한다는 확신은 더욱 커진다. 저널리스트 그레그 이스터브룩은 이렇게 말했다. "존재에는 눈에 보이는 것 이상이 있다는 오래된 개념이 갑자기 참신한 사상으로 느껴진다. 우리는 계몽주의 이후 처음으로 과학과 종교가 융합하는 위대한 시대로 접어들고 있다."

이것은 많은 사람들에게 충격이다. 그들 중 한 명인 물리학자 폴 데이비스는 이렇게 말했다. "이렇게 말하면 이상하게 들릴지 모르겠지만, 나는 과학이 종교보다 신에게 가는 더 확실한 길이라고 생각한다."

라이스 대학의 나노 과학자 제임스 투어는 이렇게 덧붙였다. "과학에 대해 아무 것도 모르는 문외한만이 과학이 신앙을 앗아 간다고 말할 것이다. 과학을 제대로 연구하면 그로 인해 하나님께 더욱 가까이 가게 될 것이다." 천체물리학자이자 성직자인 조지 코인은 같은 말을 이렇게 표현했다. "우주에 대해 배우는 어떤 내용도 우리 신앙을 위협하지 않는다. 오히려 신앙을 풍성하게 할 뿐이다."

케임브리지에서 수리물리학자로 인정을 받다가 이제는 전임 사역자가 된 폴킹혼은, 과학적인 사고가 하나님에 대한 중요한 결론을 도출하는 데 도움이 되었다고 고백한다.

> 이제껏 쿼크를 본 사람은 없고, 앞으로도 그럴 것이다. 쿼크는 양성자와 중성자 안에 너무나 단단히 결합되어 있어서 그것만 따로 튀어나오게 만들 수 없다. 그렇다면 나는 왜 보이지 않는 쿼크를 믿을까? 쿼크 때문에 많은 물리적 현상들을 이해할 수 있기 때문이다. 보이지 않는 하나님의 실재도 이런 방식으로 설명하고 싶다. 그분의 존재 덕분에 물리계의 질서와 비옥함, 현실의 다층적 특성, 예배와 소망에 대한 거의 보편적인 인간의 체험, 예수 그리스도 사건 등 우리의 지식과 경험의 많은 측면을 이해할 수 있다. 나는 매우 유사한 사고과정이 이 두 경우에 개입한다고 생각한다. 과학에서 종교로 옮겨갈 때 어떤 이상한 지적변화를 겪는다고 생각하지 않는다. 진리 추구에 있어서 과학과 신앙은 한 꺼풀 차이의 지적 사촌이다.[2]

그러나 폴킹혼은 중요한 구분을 덧붙였다. "종교적 지식은 과학지식보다 더 많은 것을 요구한다. 종교적 지식은 진리에 대한 세심한 주의뿐 아니라, 발견된 진리에 대한 헌신도 요구하기 때문이다."[3]

맥그래스에 따르면, "진리"에 해당하는 히브리어 단어는 "신뢰할 수 있는 대상"을 가리킨다. 따라서 진리는 단순히 옳은 상태보다 더 큰 개념이다. 그는 이렇게 말한다. "진리의 핵심은 믿음직함이다. 그것은 관계적 개념이고, 우리가 완전히 신뢰할 만한 존재를 가리킨다. 진리에의 초대는 또 다른 사실을 배워야 한다는 의미가 아니라 우리의 존재를 유지하고 위로하시는 분과 관계를 맺으라는 요구다."

과학과 역사의 사실들은 거기까지만 안내한다. 어느 시점이 되면, 진리는 반응을 요구한다. 우리가 설계자라는 추상적 개념을 생각하는데 그치지 않고 그분을 우리의 설계자로 받아들이기로 결정할 때, 그분을 우리의 진정한 하나님으로 모실 때, 우리는 그분을 인격적으로 만나고 그분과 매일 교제하고 그분의 약속대로 그분과 영원토록 함께 거할 수 있게 된다.

그리고 그 순간 모든 것이 달라진다.

과학에서 하나님으로

남부 캘리포니아의 어느 식당, 하나님에 대한 과학적 증거에 누구보다 놀랐던 사람이 내 맞은편에 앉아있었다. 일흔 일곱의 그는 상냥한 은발의 의사였다.

크레이그가 인터뷰에서 말한, 우주론을 통해 하나님을 발견한 동유럽 물리학자처럼, 이 의사도 구도자에게 하나님을 보여 주는 과학의 힘을 증언했다. 그뿐 아니다. 그의 이야기에는 하나님에 대한 신앙이 사실적인 증거로 뒷받침되는지 알고 싶을 때 어떻게 해야 하는지 알려주는 지침이 담겨 있다.

비고 올슨은 평생 과학에 몰두해 온 총명한 외과의사다. 의대를 우등으로 졸업한 그는 미국외과의사회 전문의, 미국외과학회 정회원이 되었다. 그의 이름 뒤에는 다음과 같은 직함이 잔뜩 붙어 있다. M.S.(이학석사), M.D.(이학박사), Litt.D.(문학박사), D.H.(인문학박사), F.A.C.S.(미국외과학회 정회원), F.I.C.S.(화학연구소 정회원), D.T.M.&H.(열대의학및위생학 전문의).

올슨은 예전에 자신이 영적으로 회의적이었던 것이 과학적 지식 때문이었다고 말한다. "나는 기독교와 성경을 불가지론적 시각으로 보았습니다. 아내도 회의주의자였지요. 우리는 창조주가 존재한다는 독립적 증거가 없다고 믿었어요. 생명은 진화과정을 통해 생겨났다고 믿었죠."

문제는 독실한 기독교인이었던 아내의 부모님이었다. 1951년, 비고와 아내 조안은 뉴욕의 한 병원에서 처음으로 인턴과정을 시작하러 가는 길에 그녀의 부모님을 방문했다. 밤늦도록 이어진 대화에서 비고와 조안은 기독교가 왜 현대 과학과 상충하는지 부모님께 참을성 있게 설명했다. 새벽 두 시까지 식탁에서 대화를 나누던 그들 부부는 마침내 자포자기의 심정으로 기독교 신앙을 살펴보겠다고 말했다. 하지만 그건 진심이 아니었다. "우리는 마치 외과의사가 흉부를 절개하듯, 성경에게 달려들어 당혹스런 과학적 오류들을 몽땅 발라낼 생각이었거든요."

새 집으로 이사한 비고와 조안은 종이 한 장을 준비해 "성경의 과학적 오류들"이라고 써 놓았다. 그들은 종이의 여백을 쉽사리 채울 수 있으리라 생각했다. 그들은 조사 과정에서 발견한 내용을 서로 토의하기로 했다. 비고가 병원에서 일하는 동안은 조안이 남은 쟁점들을 조사했다. 비고의 근무가 없는 격일 밤이나 주말에는 두 사람이 함께 연구하고, 분석하고, 토의하고, 논쟁을 벌였다.

문제는 곧 발생했지만, 그들의 예상과는 완전히 달랐다. 비고는 이렇게 말했다. "과학적 오류들을 찾을 수가 없었다오. 이게 오류인가 싶어 좀 더 생각하고 연구하면 우리 생각이 짧았다는 걸 알게 되었지요. 그래서 정신을 차리고 이 문제를 다시 생각하게 되었습니다."

그 무렵 한 학생이 「현대 과학과 기독교 신앙(Modern Science and Christian Faith)」이라는 책[4]을 그들에게 건네주었다. 그 책은 13명의 과학자가 자기 분야에서 하나님을 가리키는 증거들을 모아 기록한 것으로 총 13장으로 이루어져 있었다. 비고가 말했다.

"정신이 아찔했지요! 기독교를 뒷받침하는 근거가 있다는 사실을 처음으로 깨닫게 되었으니 말이오."

세상에서 가장 멋진 모험

올슨 부부는 그 책과 참고 문헌에 인용된 다른 책들을 탐독했다. 그들은 증거를 분석하는 과정에서 몇 가지 결론을 내렸다.

첫째, 그들은 과학적 사실을 근거로 할 때 우주가 영원하지 않다는 것을 알았다. 우주는 어떤 시점에 생겨났다. 우주는 힘-열 에너지나 원자 에너지 등-으로 가득 차 있기 때문에, 그들은 어떤 강력한 힘이 우주를 만들어 낸 게 분명하다고 추론했다.

둘째, 그들은 우주와 인체, 기관과 세포에 이르기까지 그 안에 담긴 명백한 설계의 흔적을 보고 나서 우주를 만든 힘은 지적(知的)인 존재임이 분명하다고 결론을 내렸다.

셋째, 그들은 인간의 지성이 대단하긴 하지만, 공감이나 사랑, 연민 등 인간에게는 더 고차원적인 능력이 있다고 판단했다. 창조주는 그 피조물보다 큰 것이 분명하므로, 그는 이러한 특성들 또한 갖추고 있음이 분명하다.

성경과는 별개로 과학적 증거와 추론에만 근거해 그들은 그간의 조사를 토대로 만든 세 가지 질문 중 "우주를 창조한 하나님이 있는가?"라는 첫 질문에 답할 수 있었다. 그렇다, 인격적인 창조주 하나님이 분명히 존재한다는 그들의 판결에 그들 자신도 깜짝 놀랐다.

이 부분을 확실히 한 후, 그들은 그 다음 두 질문을 살피기 시작했다. "하나님은 성경이나 다른 경전을 통해 인류에게 자신을 드러내셨는가? 예수는 하나님의 아들이고 그의 주장대로 우리를 도울 수 있는가?"

이 주제에 대한 조사는 계속되었다. 어느 날, 병원에서 일하던 비고는 기독교를 반박하는 강력한 논증을 생각해 냈다. "내가 생각해도 정말 자랑스러운 논증이었죠. 하루 종일 머릿속으로 그 논증을 다듬었지요. 조안에게 말해 주고 싶어서 안달이 났다니까요!"

퇴근 후, 그는 세 블록을 걸어 집으로 갔다. "조안이 문을 열고 내게 키스했을 때 떠올랐던 생각이 아직도 잊혀지지 않아요. '임신한 내 아내는 얼마나 작고 예쁜가.'"

비고는 집안으로 들어가 문을 닫고 입구에 선 채 기독교에 대한 새로운 반론을 설명했다. "어때, 내 생각이?"

그는 당시를 이렇게 회상했다. "잠시 침묵이 흘렀어요. 아내가 그 아름다운 눈으로 나를 쳐다보며 말하더군요. '여보, 우리는 다 살펴봤잖아요. 그런데 당신은 아직도 그리스도가 하나님의 아들이라고 믿게 되지 않았나요?'

그녀가 말을 마치고 나를 바라봤을 때, 그 눈에 담긴 무언가 때문에 내 마음에 남아있던 모든 장애물이 일시에 넘어져 버렸어요. 증거를 가로막고 있던 것이 모두 사라졌어요. 우리가 배웠던 모든 것들이 함께 모이면서 아름답고, 장엄하고, 빛나고, 굉장한 예수님의 모습이 드러났어요.

나는 주저하다가 이렇게 말했어요. '그래, 정말 그래. 난 그게 사실이란 걸 알아. 난 정말로 믿어!' 사실 그 순간까지도 나는 믿지 않고 있었어요. 하지만 마음의 장애물이 허물어지면서 나는 아내가 옳다는 걸 알았지요. 우리는 거실로 들어가 소파에 앉았어요. 그리고 내가 말했어요. '당신은 어때?'

아내는 이렇게 말했어요. '난 며칠 전에 이 문제를 정리했지만 당신에게 말하기가 겁이 났어요. 우리가 연구하고 배웠던 모든 내용으로 인해 성경에 대해, 그리스도에 대해, 그리고 우리에게 그분이 필요하다는 사실을 확신했어요.' 아내는 벌써 하나님의 죄용서와 영생의 선물을 영접하는 기도를 했더군요. 그렇게 우리 생애 가장 멋진 모험이 시작되었어요!"

비고와 조안은 사람들에게 가능한 많은 영향을 끼치기 원했고, 하나님께 기독교인들과 의료시설이 없는 곳으로 자신들을 보내달라는 대담한 기도를 드렸다. 하나님은 그 기도를 들어주셨고 그들은 결국 가난에 찌든 나라 방글라데시에서 33년을 보냈다.

그곳에서 그들은 의료센터와 그 나라의 영적 등불인 메모리얼 기독병원을 설립했다. 수많은 사람들이 거기서 치료받고 소망을 발견했다. 그들과 동료들은 120개의 교회 설립을 도왔다. 그들은 방글라데시 국민들과 정부의 따스한 환대를 받았다.

내가 말했다. "그런 낙후된 나라에서 사시느라 힘드셨겠습니다."

비고는 미소 지으며 말했다. "그건 우리가 할 수 있었던 최대의 모험이었습니다. 어려운 곳에 있을 때, 감당할 수 없는 상황에 거듭 처할 때, 나락으로 빠지며 어찌할 바를 몰라 간절히 기도할 때, 나는 손을 뻗어 내 삶을 만지시고 도무지 바랄 수 없었던 방법으로 상황을 해결해 주시는 하나님을 보았습니다.

그건 정말 신나는 일입니다! 그보다 좋은 일은 없어요. 우리는 계속 그 일을 경험했어요. 온 세상을 준다 해도 그걸 버리진 않았을 겁니다. 나는 하나님이 우리를 만드신 목적을 발견하고 그것이 무엇이건 충실히 따라가는 것이 최상의 삶이라고 생각합니다."

당신은 발견하는 존재로 설계되었다

비고 올슨은 나보다 과학적 배경이 훨씬 더 탄탄했지만, 우리 두 사람이 신앙과 과학의 문제에 접근한 방식은 매우 비슷했다. 우리는 책을 읽었고, 질문을 했고, 단서를 추적했고, 어디건 증거가 이끄는 쪽으로 따라갔다. 마치 우리 목숨이 달린 문제처럼 우리는 체계적이고 열정적으로 그것을 조사했다.

그리고 결국, 우리의 삶, 태도, 철학, 세계관, 우선순위, 인간관계가 혁명적으로 개선되었다. 당신이 영적 회의자이거나 구도자라면, 스스로 증거를 조사해 보길 바란다. 올슨의 3단계 접근법은 훌륭한 지침이 되어 줄 것이다.

- 첫째, 우주를 창조한 하나님이 있는가?
- 둘째, 하나님은 성경이나 다른 경전을 통해 인류에게 자신을 드러내셨는가?
- 셋째, 예수는 하나님의 아들-인성(人性)과 결합한 신성(神性)-이고 그의

주장대로 우리를 도울 수 있는가?

당신은 우주를 다스리는 물리법칙과 영적법칙이 있다는 사실을 발견할 것이다. 우리는 물리법칙으로 창조주에 대해 알 수 있고, 영적법칙으로 지금 그리고 영원히 그분을 인격적으로 아는 방법을 배울 수 있다.

결국 그분은 단순히 포괄적 의미의 창조주가 아니라 바로 당신의 창조주다. 당신은 그분과 설레고 역동적이고 친밀한 방식으로 관계를 맺도록 창조되었다. 당신이 그분을 전심으로 찾는다면, 그분은 자신을 찾는데 필요한 모든 단서를 제공하겠노라 약속하신다. 실제로 당신은 이 책을 읽으면서 그분이 벌써 미묘하지만 아주 실제적으로 당신을 좇고 계심을 감지했는지도 모른다.

당신은 발견하는 존재로 설계되었다. 당신의 인생에서 가장 위대한 발견이 당신을 기다리고 있다. 과학적 지식을 추구하되 거기서 멈추지 말라. 과학적 지식의 매력을 목표로 삼아 거기에 안주하지 말고, 그것을 안내자로 삼아 당신의 인생과 영원에 대해 함축하고 있는 놀라운 진리를 발견하라.

알리스터 맥그래스가 생생하게 표현한 맺음말에 잠겨 보자. 그리고 이 말에 힘을 얻어 평생에 가장 멋진 모험을 떠나 보자.

많은 사람들이 별이 총총 빛나는 하늘의 경이로운 광경을 보고 경이감을 느끼거나, 초월성에 대해 인식하는 등 영적으로 매우 중요한 경험을 한다. 그러나 멀리서 가물거리는 별빛 자체가 마음의 동경을 낳는 것은 아니다. 그것은 이미 그 자리에 있던 것을 드러내 보여 줄 뿐이다. 그것은 영적 깨달음을 위한 촉매제 역할을 해서 우리의 공허함을 드러내 주고, 우리의 빈자리가 채워질 수 있는지, 그렇다면 어떻게 채워질 수 있는지 묻게 만든다. 우리의 진정한 기원과 운명이 어쩌면 저 별들 너머에 놓여 있지 않을까? 거기에 우리의 고국이 있는 건 아닐까? 지금 우리는 이곳에 유배당한 처지이고 우리의 영혼은 그

곳으로 돌아가길 갈망하고 있지 않을까? 현재 모습에 대한 불만과 환멸은 우리의 진정한 운명이 놓여있는 곳, 이렇듯 잊지 않고 바라보게 만드는 또 다른 땅이 있음을 의미하는 건 아닐까?

이곳은 우리가 계속 있을 곳이 아니고 더 나은 땅이 우리를 기다리는 건 아닐까? 우리는 이곳에 속하지 않았다. 어쩐 일인지 우리는 길을 잃었다. 이 사실로 인해 우리의 현재 모습은 낯설고도 근사해진다. 낯선 이유는 현재 모습이 우리의 진정한 운명이 아니기 때문이고, 근사한 이유는 우리가 진짜 소망을 발견할 수 있는 곳이 어딘가에 있기 때문이다. 아름다운 밤하늘이나 영광스러운 석양은 우리 마음 속 가장 깊은 곳에 있는 갈망의 기원, 그것이 궁극적으로 채워질 수 있는 곳을 가리키는 중요한 단서다. 그러나 우리가 이정표를 목적지로 오해한다면, 우리의 소망과 갈망을 온전하게 추구하지 못하게 될 것이고 결국 의미를 향한 우리의 갈급함은 채워지지 않을 것이다.[5]

3장. 다윈주의를 의심하라

1. "A Scientific Dissent From Darwinism," two-page advertisement, *The Weekly Standard*(October 1, 2001).
2. *Getting the Facts Straight*(Seattle; Discovery Institute Press, 2001), 11.
3. Ibid., 9.
4. 웰스는 그의 '믿음의 여정'을 따라 통일교도 접했다. 부분적으로 통일교의 강력한 반공주의 때문이었지만, 나는 통일교의 신학에 전혀 동의할 수 없다. 그에 대한 비판으로는 다음을 참고하라. Ruth A. Tucker, *Another Gospel* (Grand Rapids, Mich.: Zondervan 1989), 245-66.
5. Philip H. Abelson, "Chemical Events on the Primitive Earth," *Proceedings of the National Academy of Sciences USA* 55(1996), 1365-72.
6. 리 스트로벨의 저서 「특종! 믿음 사건」을 참조하라.
7. 생물의 분류를 하위 단위부터 소개하면 이렇다. 종(種), 속(屬), 과(科), 목(目), 강(綱), 문(門), 계(界). 예를 들어 인간을 분류해 보면 다음과 같다. 종(사피엔스), 속(호모), 과(사람과), 목(영장목), 강(포유강), 문(척색동물문), 계(동물계).
8. Jeffrey H. Schwartz, 'Homebox Genes, Fossils, and the Origin

of Species," *Anatomical Record* (New Anatomist) 257(1999), 15-31.

9. 교과서들이 배아발생도를 얼마나 다양하게 사용하는지 보려면 Jonathan Wells, *Icons of Evolution*, 101-104를 참고하라.

10. Pierre Lecomte du Nouy, *Human Destiny*(New York: Longmaus, Green and Co., 1947), quoted in: Hank Hanegraaff, *The Face That Demonstrates the Farce of Evolution* (Nashville: Word, 1998), 37.

11. Kathy A. Svitil, "Plucking Apart the Dino-Bird," *Discover* (February 2003).

12. Ibid.

13. 뉴스 기사들이 "날개 넷 달린 공룡"으로 묘사했던 발견은 2003년 센세이션을 일으켰다. 그러나 *The Scientific American Book of Dinosaurs*지의 공동편집장 하워드 짐머맨(Howard Zimmerman)은 뉴욕타임즈에 보낸 편지에서 이 발견이 "조류의 진화에 새로운 빛을 비출 것으로" 생각하지 않는다고 말했다. 그는 "그 화석들이 발견된 지층은 대략 1억 2천 5백만 년 되었으므로, 이 동물은 조류의 조상이었을 리 없다"고 말했다. 다시 말해 그는 그것이 "잃어버린 진화의 고리"가 아니라고 말한 것이다. "Do Birds and Dinosaurs Flock Together?" *New York Times* (January 26, 2003).

14. Hank Hanegraaff, *The Face That Demonstrates the Farce of Evolution*, 50.

15. Martin L. Lubenow, *Bones of Contention*, 86-99.

16. Hank Hanegraaff, *The Face That Demonstrates the Farce of Evolution*, 52.

17. Constance Holden, "The Politics of Paleoanthropology," *Science* 213(1981).
18. Henry Gee, *In Search of Deep Time: Beyond the Fossil Record to a New History of Life* (New York: The Free Press, 1999).

4장. 과학과 신앙이 만나는 자리

1. J. P. Moreland, *Christianity and the Nature of Science*, 103
2. Stephan Jay Gould, "Nonoverlapping Magisteria," *Natural History* 106(March 1997). 동일 저자의 *Rocks of Ages*(New York: Ballantine, 1999)도 참조하라.
3. Stephan Jay Gould, *Rocks of Ages*, 14.
4. Phillip E. Johnson, "The Church of Darwin," *Wall Street Journal*(August 16, 1999).
5. Malcolm W. Browne, "Clues to Universe Origin Expected," *New York Times*(March 12, 1978).
6. Fred Hoyle, "The Universe: Past and Present Reflections," *Annual Review of Astronomy and Astrophyics* 20(1982).
7. Steven H. Gifis, *Law Dictionary* (Woodbury, N. Y.: Barron's Educational Series, 1975), 33-34
8. David Briggs. "Science, Religion Are Discovering Commonality in Big Bang Theory," *Los Angeles Times*(May 2,

1992).

9. Michael Shermer, *How We Believe* (New York: W. H. Freeman, 2000), 72-73, 251.
10. Sharon Begley, "Science Finds God," *Newsweek* (July 20, 1998).
11. Kenneth R. Miller, *Finding DArwin's God* (New York: Cliff Street Books, paperback edition, 2000), 101.
12. Ibid.
13. G. C. Williams, *Natural Selection: Domains, Levels and Challengers* (Oxford: Oxford University Press, 1992), 73, 72.
14. George Ayoub, "On the Design of the Vertebrate Retina," *Origins & Design* 17:1, Winter, 1996.
15. "피조물이 다 이제까지 함께 탄식하며 함께 고통하는 것을 우리가 아나니"(로마서 8장 22절).

5장. 태초에 설계된 빅뱅이 있었다?

1. *Discover* (April 2002).
2. 이것은 우주의 나이에 대한 질문들이 중요하지 않다는 뜻이 아니다. 그러나 이 시점에서의 내 목표는 이 문제에 대한 성경적 논쟁들을 접어놓고 비기독교인 과학자들이 폭넓게 받아들이는 증거가 하나님을 가리키는지 그 반대쪽을 가리키는지의 여부를 살피는 것이다.

3. Steven Weinberg, *The First Three Minutes* (New York: Basic Books, 개정판, 1988), 5.
4. Bill Bryson, *A Short History of Nearly Everything* (New York: W. W. Norton, 증판, 1992), 104.
5. Ibid., 13.
6. Bill Bryson, *A Short History of Nearly Everything*, 13.
7. Stuart C. Hackett, *The Resurrection of Theism* (Grand Rapids, Mich.: Baker, 증판, 1982).
8. Brad Lemley, "Guth's Grand Guess," *Discover*(April 2002).
9. 스티븐 호킹 등저, 「시간과 공간에 관하여」(까치글방)
10. 국내에는 아직 미출간된 리 스트로벨의 책 *The Case for Easter*의 부활 요약 부분을 참고하라.
11. Edmund Whittaker, *The Beginning and End of the World* (Oxford: Oxford University Press, 1942), Robert Jastrow, *God and the Astronomers*, 103에서 인용, 강조함.
12. 아인슈타인은 윌렘 드시터(Willem DeSitter)에게 보낸 편지에서 이렇게 언급했다. Robert Jastrow, *God and the Astronomers*, 21.
13. Robert Jastrow, *God and the Astronomers*, 21. 로버트는 아인슈타인에 관해 이렇게 말했다. "그는 신에 대한 세련된 의식을 갖고 있었지만 그것은 창조주나 제1운동자로서의 신이 아니었다. 아인슈타인에게 신의 존재는 자연 법칙, 즉 우주에 질서가 있고 인간이 그것을 발견할 수 있다는 사실로 증명되었다."
14. Ibid., 105
15. Bill Bryson, *A Short History of Nearly Everything*, 13.
16. Deborah Zabarenko, Reuters News Agency, "Princeton

Physicist Offers Theory of Cyclic Universe," *Orange County (Calif.) Register* (April 26, 2002).

17. 마이클 화이트 & 존 그리빈 「스티븐 호킹 과학의 일생」(해냄).
18. Michael Shermer, *how We Believe*, 103.
19. 스티븐 호킹, 「시간과 공간에 관하여」.
20. www.hawking.org.uk/about/aindex.html (2003년 6월 7일 접속)
21. 사영리는 대학생선교회(CCC)의 설립자 고(故) 빌 브라이트(Bill Bright)가 복음을 요약해 만들었다. 제 1 원리. 하나님은 당신을 사랑하시며, 당신을 위한 놀라운 계획을 가지고 계십니다(요 3:16, 요 17:3). 제 2 원리. 사람은 죄에 빠져 하나님으로부터 떠나 있습니다. 그러므로 하나님의 사랑과 계획을 알 수 없고, 또 그것을 체험할 수 없습니다(롬 3:23, 롬 6:23). 제 3 원리. 예수 그리스도만이 사람의 죄를 해결할 수 있는 하나님의 유일한 길입니다. 당신은 그분을 통하여 당신에 대한 하나님의 사랑과 계획을 알게 되며, 또 그것을 체험하게 됩니다(롬 5:8, 고전 15:3-6, 요 14:6). 제 4 원리. 우리 각 사람은 예수 그리스도를 '나의 구주, 나의 하나님'으로 영접해야 합니다. 그러면 우리는 우리 각 사람에 대한 하나님의 사랑과 계획을 알게 되며, 또 그것을 체험하게 됩니다(요 1:12, 엡 2:8,9, 요 3:1-8, 계 3:20).
www.campuscrusadeforChrist.org (2003년 6월 9일 접속).

6장. 물리학은 지구에 박힌 창조주의 지문이다

1. 아내가 기독교인이고 내가 무신론자였던 시기가 있었다. 우리 부부의 그러한 경험에 근거해 도움이 될만한 책을 한 권 집필했다. 남편이나 아내 한쪽만 기독교인인 경우의 부부간 역학관계에 대한 묘사를 보려거든 우리 부부의 책 *Surviving a Spiritual Mismatch in Marriage* (Grand Rapids, Mich.: Zondervan, 2002)를 참조하라.
2. Patrick Glynn, "The Making and Unmaking of an Atheist," in: *God: The Evidence* (Rockling, Calif.: Forum, 1997), 1-20.
3. Ibid., 22.
4. Fred Hoyle 경의 유명한 말을 가리킨 것이다. "사실을 상식적으로 해석하자면 초지성이 물리학과 화학 생물학에도 끼어든 것으로 봐야 하고 자연에는 특별히 언급할 만한 맹목적 힘이 없다고 해석해야 한다. 사실에 대한 계산으로 나오는 수치는 내게 너무나 압도적인 것이어서 이 결론은 거의 의심할 여지가 없는 듯 하다." Fred Hoyle, "The Universe: Past and Present Reflections," *Engineering & Science* (November 1981).
5. 자연의 네 가지 힘—중력, 전자기력, 약력, 강력—의 상대적 크기를 나타내는데 널리 쓰이는 방법은 핵 안의 두 양성자 사이에 작용하는 힘들 사이의 상대적 크기로 생각하는 방식이다. John Barrow and Frank Tipler, The Anthropic Cosmological Principle (Oxford: Oxford University Press, 1986), 293-95를 보라.
6. Stephen C. Meyer, "Evidence for Design in Physics and

Biology" in Michael J. B, William A. Demski, and Stephen C. Meyer, editors, *Science and Evidence for Design in the Universe* (San Francisco: Ignatius, 2000), 60.

7. Steven Weinberg, "A Designer Universe?" *New York Review of Books* (October 21, 1999).

8. Brad Lemley, "Why Is There Life?"

9. Ibid.

10. Clifford Longley, " Focusingon Theism," *London Times* (January 21, 1989).

11. Steven Weinberg, "A Designer Universe?"

12. 폴 데이비스는 형이상학에 대해 이렇게 정의한다. "그리스 철학에서 '형이상학'(metaphysics)이라는 용어는 원래 '물리학(physics) 이후에 오는 것'을 뜻했다. 그것은 아리스토텔레스의 형이상학이 그의 물리학에 대한 논문 다음에 제목 없이 발견되었기 때문에 붙여진 이름이다. 형이상학은 물리학 너머(오늘날 같으면 과학 너머라고 말할 것이다)에 놓여있지만 과학적 탐구의 본성과 관련된 주제들을 뜻하게 되었다. 그래서 형이상학은 과학적 주제 자체가 아니라 물리학(또는 과학 일반)에 대한 주제들을 연구한다. 전통적인 형이상학적 문제들은 우주의 기원과 본질과 목적, 우리가 오감으로 받아들이는 외형의 세계가 그 근저에 놓인 '실재'와 질서에 어떻게 연결되는지, 정신과 물질의 관계, 자유의지의 존재 등이다. 과학이 그런 문제들에 깊이 관련된 것은 사실이지만 경험과학만으로는 그런 질문들이나 '인생의 의미'를 묻는 모든 질문들에 답할 수 없을 것이다." (Paul Davies, *The Mind of God*, 31.)

13. Brad Lemley, "Why Is There Life?" 이어진 인터뷰에서 리스는 물리학자들이 다른 우주들의 가능성을 생각하는 것은 유익하다고 말하

며 이렇게 덧붙였다. "나는 다른 우주가 있다고 믿지 않지만, 과연 그런지 알아내는 것이 과학의 역할이라고 생각합니다." Dennis Overbye, "A New View of Our Universe: Only One of Many," *New York Times*(October 29, 2002).
14. 산요(Sanyo)에서 만든 The Bread Factory Book에 따르면, "굳은 밀로 만든 밀가루에는 글루텐이라 불리는 단백질 성분이 많다. 잘 섞어 반죽하면 글루텐이 늘어나 공기방울을 만들어내는데, 그래서 잘 부풀고 부드러운 빵이 만들어진다." 통밀 빵을 만들 때 빵을 부풀게 하려면 글루텐 4큰술을 넣어야 한다.
15. Freeman Dyson, *Disturbing the Universe* (New York: Harper and Row, 1979), 251.
16. Dennis Overbye, "A New View of Our Universe: Only One of Many."
17. Owen Gingerich, "Dare a Scientist Believe in Design?" in John M. Templeton, editor, *Evidence of Purpose* (New York: Continuum, 1994), 32.
18. Patrick Glynn, *God: The Evidence*, 55, 26.

7장. 우리는 특별히 계획된 행성에 살고 있다.

1. Peter D. Ward and Roy Abraham Barghese, editors, *Cosmos, Bios, and Theos* (LaSalle, Ill.: Open Court, 1992), 83.

2. David Darling, *Life Everywhere*(New York: Basic Books, 2002).
3. Ibid., xii, xi.
4. Michael J. Denton, *Nature's Destiny* (New York: The Free Press, 1998), 387.
5. Peter D. Ward and Donald Brownlee, *Rare Earth*, xxiv.
6. Ibid., xiv.
7. Ibid., 33.
8. Michael J. Denton, *Nature's Destiny*, 88-89.
9. Frank Press and Raymond Siever, *Earth*(New York: W. H. Freeman, 1986), 3.
10. Ibid., 4.
11. Ibid., 3.
12. Michael J. Denton, *Nature's Destiny*, 3-4.
13. Quoted in Hans Blumenbergm *The Genesis of the Copernican Revolution*, translated by Robert M. Wallace(Cambridge, Mass.: MIT Press, 1987), xv.
14. Philip J. Sampson, *Six Modern Myths*,(Downers Grove,Ill.: InterVarsity, 2000), 33(강조 구문)
15. Philip J. Sampson, *Six Modern Myths*, 38, citing Jerome J. Langford, *Galileo, cience and the Church*, (Ann Arbor: University of Michigan Press, 1971), 134.
16. David Koerner and Simon LeVay, *Here Be Dragons*(Oxford: Oxford University Press, 2000), 5.
17. R. J. Charlson, J. E. Lovelock, M. O. Andrea, and S. G, Warren, "Oceanic phytoplankton, atmospheric sulfur, cloud

albedo and climate," *Nature* 326(1987); and R. J. Charlson et la., "Reshaping the theory of cloud formation," *Science* 293(2001).

18. www.geocities.com/CapeCanaveral/Campus/4764/OkeefeObiteEOS.pdf (2003년 6월 1일 접속)

19. 천문학자 휴 로스가 그와 관련해서 한 말은 흥미롭다. 그는 지구에서 나온 미생물이 화성에 안착했을 가능성이 높다고 믿는 일곱 가지 이유를 제시한다. 그는 "지구 생명체들의 이동성과 생존가능성"에 근거해 "지구의 수백만 미생물들이 화성과 다른 태양계 행성들 표면에 가라앉았다고 믿을만한 이유가 많다."고 말했다. 화성의 유해한 환경 때문에 그런 생명체가 자라나기는 어려웠을 것이고 '따라서 '복잡한' 유기체들은 화성에서도 아주 드물 것이다." 그는 이렇게 덧붙였다. "화성에서 선충류만큼 큰 미생물이나 생명체가 발견된다면-기술발전과 더불어 기대할 수 있는 발견이다- 자연주의적 진화의 증거라고 떠들어대겠지만 사실 그것은 그런 내용을 증명하지 않는다. 그러나 그것은 하나님이 창조하신 생명체의 놀라운 생명력을 보여 주는 증거가 될 것이다." Hugh Ross, *The Creator and the Cosmos* (Colorado Springs: Navpress, 1993), 144-46.

8장. 다윈에게는 세포가 블랙박스였다

1. Michael Behe, *Darwin's Black Box* (New York: Touchstone,

1996), 뒷표지

2. www.arn.org/docs/behe/mb_mousetrapdefended.htm (2002년 11월 2일 접속).

3. Kenneth R. Miller, "The Flaw in the Mousetrap." *Natural History* (April 2002).

4. Edward M. Purcell, "The Efficiency of Propulsion by a Rotating Flagellum," *Proceedings of the National Academy of Sciences USA* 94(October 1997).

5. Joe Lorio, "Four of a Kind," *Automobile* (August, 2003).

6. Kenneth R. Miller, *Finding Darwin's God* (New York: Cliff Street, 1999), 145.

7. Michael J. Behe, "A True Acid Test: Response to Ken Miller," www.arn.org/docs/behe/mb_trueacidtest.htm (2003년 7월 3일 접속).

8. 모든 철학자와 과학자가 반증 테스트에 동의하는 것은 아니다. 철학자 모어랜드는 이렇게 말했다. "과학에서 반증의 역할은 분명하지 않다. 그럼에도 불구하고 반증이 과학에 적절하다는 것은 분명하다. 그러나 반증이 과학의 필요조건인지 충분조건인지 판단하는 건 이와 전혀 다른 문제이다." J. P. Moreland, *Christianity and the Nature of Science*, 32-35.

9. J. A. Shapiro, "In the Details…What?" *National Review* (September 16, 1996).

10. Allan Sandage, "A Scientist Reflects on Religious Belief," Truth: An Interdisciplinary Journal of Christian Thought, Volume 1(1985). www.clm.org/truth/1truth15.html (2000년 7

월 31일 접속).

9장. DNA는 인간 창조의 설계도이다

1. Nancy Gibbs, "The Secret of Life," *Time* (February 17, 2003).
2. Michael Denton, *Evolution: A Theory in Crisis*, 334.
3. *Unlocking the Mystery of Life*, produced by Illustra Media. www.illustramedia.com.
4. Larry Witham, *By Design*, 172.
5. 디스커버리연구소는 기술, 과학과 문화, 법률 개혁, 국방, 환경과 경제, 민주적 제도의 미래, 교통, 종교와 공공생활, 해외문제와 다른 영역 등의 분야에서 광범위한 주제들을 다루는 연구소다. www.discovery.org 를 참고하라.
6. Fazale R. Rana and Huge Ross, "Life from the Heavens? Not This Way," *Facts for Faith*, Quarter 1, 2002.
7. Bernd-Olaf Kuppers, *Information and the Origin of Life* (Cambridge, Mass.: MIT Press, 1990). 170-72
8. Michael Denton, *Evolution: A Theory in Crisis*, 260.
9. Richard Dawkins, *Climbing Mount Improbable* (New York: W. W. Norton, 1996).
10. "Stephen C. Meyer Replies," *First Things* (October 2000).
11. Interview in *Unlocking the Mystery of Life*.

12. Francis Crick, *Life Itself*, 88.
13. Robert Shapiro, *Origins: A Skeptic's Guide to the Creation of Life on Earth*, 188.
14. J. W. Valentine et la., "Fossil, Molecules, and Embryos: New Perspectives on the Cambrian Explosion," *Development* 126 (1999).
15. Chi Lili, "Traditional Theory of Evolution Challenged," *Beijing Review*(March 31-April 6, 1997).
16. Stuart Kauffman, *At Home in the Universe* (Oxford: Oxford University Press, 1995).
17. Michael Denton, *Evolution: A Theory in Crisis*, 330.

10장. 맹목적인 물질이 진화하면 '마음'이 만들어질까?

1. Michael ruse, *Can a Darwinian Be a Christian?* (Cambridge: Oxford University Press, 2001), 73.
2. Lee Edward Travis, "Response," in Arthur C. Custance, *The Mysterious Matter of Mind*(Grand Rapids, Mich.: Zondervan; and Richardson, Texas: Probe Ministries, 1980), 95-96.
3. *The British Dedical Journal*(March 15, 1952), quoted in Arthur C. Custance, *The Mysterious Matter of Mind*, 51.
4. 이원론에는 크게 두 가지 종류가 있다. 실체 이원론과 속성 이원론이 그

것이다. 둘 사이의 구분에 대한 간략한 설명을 원한다면 Gary R. Habermas and J. P. Moreland, Beyond Death (Wheaton: Crossway, 1998), 37-66을 보라. 이번 장의 목적상 "이원론"이라는 용어는 실체 이원론을 가리킨다.

5. S. Parnia, D.G. Waller, R. Yeates, and P. Fenwick, "A Qualitative and Quantitative Study of the Incidence, Features and Aetiology of Near Death Experience in Cardiac Arrest Survivors," *Resuscitation* (February 2001).

6. Sam Parnia, "Near Death Experience in Cardiac Arrest and the Mystery of Consciousness," www.datadiwan.de/SciMedNet/library/articlesN75+/N76Parnia_nde.htm에서도 찾아볼 수 있다 (2003년 6월 13일 접속).

7. "Do Brains Make Mind?" on *Closer to Truth*.

8. Jaegwon Kim, "Lonely Souls: Causality and Substance Dualism," in Kevin Corcoran, editor, *Sour, Body, and Survival* (Ithica, NY: Cornell Univ. Press, 2001), 30.

9. Francis Crick, *The Astonishing Hypothesis* (New York: Scribner's, 1994), 3.

10. David winter, *Hereafter: What Happens after Death?* (Wheaton, Ill.: Harold Shaw, 1972), 33-34에서 인용.

11. Laurence W. Wood, "Recent Brain Research and the Mind-Body Dilemma," *The Asbury Theological Journal*, vol. 41, no. 1(1986).

12. Mark Water, compiler, *The New Encyclopedia of Christian Quotations* (Grand Rapids, Mich.: Baker, 2000), 972. Teresa's

reference to mansions is an allusion to John 14:2.

13. Robert W. Augros and George N. Stanciu, *The New Story of Science*, 170 인용.
14. Thomas Nagle, "What Is It Like to Be a Bat?" *Philosophical Review* 83(October, 1974).
15. 창세기 1장 30절, 레위기 24장 18절, 전도서 3장 19절, 요한계시록 8장 9절 등.
16. 뇌가 종교적 체험을 하도록 만들어져 있다는 "신경신학"에 대한 추가적 비판을 보기 원한다면 Kenneth L. Woodward, "Faith Is More Than a Feeling," *Newsweek* (May 7, 2001)를 보라.
17. Stuart C. Hackett, *The Reconstruction of the Christian Revelation Claim* (Grand Rapids, Mitch.: Baker, 1984), 111.
18. Robert W. Augros and George N. Stanciu, *The New Story of Science*, 168, 171.

11장. 이 탁월한 설계자는 도대체 누구란 말인가!

1. Lee Strobel, *Reckless Homicide: Ford's Pinto Trial* (sound Bend, Ind.: And Books, 1980).
2. John Polkinghorne, *Quarks, Chaos, and Christianity*, 98–100.
3. Ibid., 13.
4. American Scientific Affiliation, *Modern Science and Christian*

Faith (Wheaton, Ill.: Van Kampen, 1948).

5. Alister McGrath, *Glimpsing the Face of God*, 51, 53.